现代服务管理

MODERN SERVICE MANAGEMENT

李 雷◎编著

ZHEJIANG UNIVERSITY PRESS
浙江大学出版社
·杭州·

图书在版编目（CIP）数据

现代服务管理 / 李雷编著. —杭州：浙江大学出版社，2023.12
ISBN 978-7-308-24491-6

Ⅰ. ①现… Ⅱ. ①李… Ⅲ. ①服务业－企业管理－教材 Ⅳ. ①F719

中国国家版本馆 CIP 数据核字（2023）第 226501 号

现代服务管理

李 雷 编著

责任编辑	李海燕　徐素君
责任校对	朱梦琳
封面设计	雷建军
出版发行	浙江大学出版社
	（杭州市天目山路 148 号　邮政编码 310007）
	（网址：http://www.zjupress.com）
排　　版	杭州好友排版工作室
印　　刷	广东虎彩云印刷有限公司绍兴分公司
开　　本	710mm×1000mm　1/16
印　　张	22.75
字　　数	408 千
版 印 次	2023 年 12 月第 1 版　2023 年 12 月第 1 次印刷
书　　号	ISBN 978-7-308-24491-6
定　　价	69.00 元

前　　言

　　虽然服务和服务管理的重要性不言而喻，但是在长期的实践以及理论研究中，人们往往将无形的服务与有形的商品割裂开来，并将服务看成商品的附属品。这一问题最早可以上溯至"经济学之父"亚当·斯密（Adam Smith）。早在 1776 年，亚当·斯密就对英国工业革命中出现的种种现象进行了深入剖析。当时，由于航运和通信的落后，亚当·斯密认为国民财富的主要来源是可供出口的、具有生产性特征的商品，而把非生产性的服务（如仆人的劳动）视为次优产出。在随后的两个世纪里，萨伊（Say，1821）、马歇尔（Marshall，1927）等经济学家以及柯普兰（Copeland，1923）、科特勒（Kotler，1997）等营销学家都曾直接或间接探讨过商品与服务的问题。但是细读他们的论著不难发现，他们还是无一例外地将商品与服务区分开来，并且把商品放在主导地位，对服务则冠以无形性、不可分离性、异质性和易逝性四大典型特征，将其置于次优地位加以看待。

　　实际上，商品与服务之争只是问题的表象，其背后是长期以来占据上风的商品主导逻辑（goods dominant logic）。商品主导逻辑形成于工业革命背景之下，那时工厂是世界经济的基本生产单位。有形商品是国民财富的基本来源，专业化和劳动分工的理念深入人心，商品与服务之争正是当时社会经济的真实写照。传统的服务管理体系就是以商品主导逻辑为拱心逐渐形成的，虽然在我国服务管理还是一个相对较新的教学和研究领域，但是从世界范围来看，服务管理的相关理论积累已经比较成熟，相关的著作、教材、论文并不鲜见。立足这一视域，笔者于 2020 年以理解服务—设计服务—保障服务—变革服务为逻辑主线，对传统服务管理的相关教学及研究积累进行了梳理，编写了《服务管理》一书，并由浙江大学出版社出版。

　　随着时代的发展和进步，尤其是数字经济时代的到来，人们的工作习惯与生活方式发生了重大改变，关系营销、服务质量管理、服务营销、资源管理、网络分析等新兴研究领域也相继涌现。这些领域的学者普遍认为，在数字经济背景下,商品与服务的关系已变得扑朔迷离,有时很难辨别企业向市场提供的究竟是什么。例如,苹果公司推向市场的是 iPhone、iPad 等智能终端还是基于 App Store 的开放式创新服务? IBM 公司卖给顾客的是便携式电脑还是以业务连续、灾难恢复为代表的高端信息化服务?这些难以回答的问题更是加大了区分商品与服务的难度。因此,商品与服务之争陷入了僵局,大家关心的不再是在这场旷日持久的争战中商品和服务谁能最终胜出,而是有没有必要继续对两者进行主次区分。

面对这种状况,瓦格(Vargo)和卢斯克(Lusch)于 2004 年在国际顶级杂志《市场营销杂志》上发表了题为《演变为一种新的营销主导逻辑》的文章。他们建议遵循一种全新的服务主导逻辑(service dominant logic)来重新审视商品和服务,他们将服务定义为:某实体为了实现自身或其他实体的利益,通过行动、流程和绩效对自身知识、技能等专业化能力的应用。这一服务定义超越了商品主导逻辑中"分"的思想,而把商品和服务统一于服务本身。由此,商品作为传递服务的工具就成了间接服务的手段,商品与服务的争斗也就不复存在了。

本书将服务主导逻辑的理论体系归纳为价值主张、资源整合、价值创造、价值传递、价值评价、服务生态系统 6 个模块,以此为框架,在对传统服务管理进行批判和反思的基础上,尝试构建了现代服务管理的内容体系。作为笔者 2020 年出版的《服务管理》的延伸,本书可能存在 3 个方面的意义:一是本书改变了现有服务管理教材或著作(包括笔者 2020 年出版的《服务管理》)通常以商品主导逻辑为理论基础,构建服务管理体系的局面,为读者理解和把握服务管理提供了一个新的、更加现代的视角;二是作为分析现代服务管理的基本框架,服务主导逻辑的相关观点在本书中得到了系统的梳理和深化,有助于读者对服务主导逻辑进行更加深入的理解,而不是仅仅停留在几个基本假设上;三是本书兼具理论观点和案例研究,可以为实业界读者进一步理解现代服务管理的实操问题提供借鉴。

本书是集体智慧的结晶,由笔者制定总体框架,笔者和笔者指导的桂林理工大学商学院的研究生分别完成各章内容。第 1 章由李倩、李雷负责,第 2 章由杨雪怡、李雷负责,第 3、4、5 章由何果、杨雪怡负责,第 6 章由李倩负责,第 7 章由李倩、李雷负责,第 8 章由李倩、李雷、刘博负责,第 9、10、11 章由牛佳欣、邹宇昕负责,第 12 章由李雷负责,第 13 章由刘旭负责,第 14 章由李雷、刘博负责。最后,由牛佳欣协助笔者统稿。这些研究生,有的已经毕业并考上了博士研究生,有的走上了工作岗位,有的还在为毕业而努力奋斗。期望他们通过承担本书的撰写工作,都能够有所得,期望这项工作能够对他们未来的学习和工作有所启发和帮助。

本书得到了相关研究基金的资助,主要包括:国家自然科学基金面上项目"创业孵化型平台企业的合法性策略研究"(72074058)、2023年广西重大课题招投标项目"后疫情时代推动广西服务业提质升级研究"(GXZC2023-G3-000948-GTZX)、广西八桂学者专项经费资助项目"服务管理研究"(厅发〔2019〕79号)、广西十百千人才工程第二层次人选专项资金资助项目(2019206)、广西高等学校千名中青年骨干教师培育计划(桂教人〔2018〕18号)、广西高等教育本科教学改革工程重点项目"学科专业与组织模式双向嵌入视角下广西高校'新商科'建设与改革实践"(2022JGZ133)、广西新文科研究与实践项目"数智技术驱动下的地方高校经管类专业优化研究与实践"(XWK2022013)、桂林理工大学"四新"项目"新文科培育项目"(桂理工教函〔2022〕8号)、桂林理工大学一流本科课程建设项目"服务管理"(桂理工教函〔2022〕8号)。

本书借鉴了服务管理、营销管理、创新管理、新制度理论等领域的重要观点,整合了笔者团队近些年的相关研究成果,在此对于前辈学者的卓越贡献表示敬意,对于团队成员的辛勤工作表示感谢。笔者在华南理工大学攻读博士学位期间的导师赵先德教授,以及给予笔者深入指导的师长简兆权教授,是笔者进入服务管理领域的引路人。假如没有他们的谆谆教诲,笔者在服务管理这个领域可能会走不少弯路,师恩永生难忘。

本书是笔者对于服务管理框架的批判性反思和重构,是一个尝试,不妥之处,恳请各位读者批评指正。

李　雷

2023 年 2 月于桂林

目　　录

第二篇　价值主张

第三篇　资源整合

第四篇　价值共创

第五篇 服务生态系统

第一篇

从传统服务管理到现代服务管理

第1章 传统服务管理

1.1 导入案例

Fjord 食物电商与超市的服务设计

Hemköp 是瑞典最大的超市之一，因推崇"食物之乐"这一理念而深受顾客的喜爱。然而，即使这一优良传统曾为 Hemköp 带来了大量顾客，但其还是难以避免地受到了新的购物趋势的影响。总体而言，他们现有的顾客群主要是由在市中心附近的商店进行不定期以及少量采购的购物者组成，而批量采购的年轻且活跃的家庭越来越多地倾向于使用在线商店进行购物，以更好地适应他们繁忙的生活节奏。因此，为了更好地推广"食物之乐"的理念，Hemköp 选择进入电子商务这一领域。"我们希望'食物之乐'的理念不仅存在于线下超市，也可以通过在线购物传递给顾客。"Hemköp 的员工安娜说，"我们希望实体店成为电子商务的核心，但我们不打算把 Hemköp 的顾客分成两个部分。"

在此基础上，Fjord 从顾客使用在线商店的痛点入手，总结出了一系列问题：网站或应用本身难用、商品不容易被找到、在选择之前无法触摸和感受食物以致缺乏对食物质量的信任等。对此，Fjord 的设计师提出了相应的解决方法，比如帮助顾客轻松找到商品、预订送货槽位，建立忠诚度积分、每日推送，甚至数字化食物称重的过程。整个服务设计方案通过多渠道、全方位的接触点来实现平滑、愉悦的顾客体验，将实体店作为电子商务的核心，而不是把 Hemköp 的顾客分成线上、线下两部分。比如整个服务设计方案中的"商店的忠诚度计划"，当顾客在新的在线商店创建账户时，它会自动将其链接到实体店的忠诚度计划中，以便顾客在线上线下都能获得奖励；并且线上线下都能显示顾客最频繁购买的商品,为 Hemköp 网站带来了巨大的流量。通过线上线下相结合,网站可以更好地了解顾客,并推送新的餐饮想法或顾客可能喜欢的相关内容。与此同时,网站内容设计的重点放在了餐饮上,而不仅仅强调商品或货物,以此向顾客传达 Hemköp 最原始的"食物之乐"的理念。此外,为了应对商品派送过程中可能出现的各种问题,Fjord 提出了多种交货方式的设计方案。顾客可以选择对他们而言最便利的一种,大大提高了顾客的购物体验。

资料来源:https://zhuanlan.zhihu.com/p/138864228.

思考:上述案例包含了服务管理的哪几个方面?体现了服务创新的什么特性?

1.2　商品与服务之争

关于新经济形势下如何进行产业结构调整,目前存在许多不同的观点,而不同观点之间争论的焦点可以简单地归结为商品与服务之争。在由来已久的商品与服务之争中,争论的一方认为,有形商品是国民财富的重要来源,政府应该大力发展制造业,而把服务业作为辅助产业适当加以关注;另一方则认为,随着社会经济的发展,服务业已经成为国民经济的重要命脉。在美国这样的发达国家,服务业的产值已经占国内生产总值(gross domestic product,GDP)的 80% 以上。因此,大力发展服务业已经成为发达国家政府的不二选择。

有关商品与服务的研究有着十分悠久的历史,最早可上溯至"经济学之父"、英国著名的经济学家亚当·斯密。早在 1776 年,亚当·斯密就对英国工业革命中出现的种种现象进行了深入剖析。当时,由于航运和通信的落后,亚当·斯密认为国民财富的主要来源是可供出口的、具有生产性(productive)特征的商品,而把非生产性(non-productive)的服务(如仆人的劳动)视为次优产出。在随后的两个世纪里,萨伊(Say,1821)等经济学家和柯普兰(Copeland,1923)、科特勒(Kotler,1997)等营销学家都曾直接或间接探讨过商品与服务的问题。但是细读他们的论著不难发现,他们还是无一例外地将商品与服务区分开来(见表 1-1),并且把商品置于主导地位。

表 1-1　商品与服务的区别

商品	服务
商品是物质的、有形的	服务是无形的
当交易发生时,所有权发生转移	服务的所有权通常不发生转移
商品可以验证	服务不易于验证
商品可以多次交易	服务无法重复出售
商品的生产、销售和消费是分开的过程	服务的生产、销售和消费是一体化的过程
交易双方可以储存商品	服务无法储存
商品可以运输	服务不能运输
顾客一般不参与生产过程	顾客参与服务过程
商品生产商与顾客之间可以是间接的联系	服务提供商与顾客之间通常是直接的联系
核心价值在工厂里被生产出来	核心价值在双方接触中产生

资料来源:詹姆斯·A.菲茨西蒙斯,莫娜·J.菲茨西蒙斯,2013.服务管理:运作战略与信息技术 [M].张金成,范秀成,杨坤,译.北京:机械工业出版社.

20 世纪末,信息革命对社会经济产生了强烈的冲击。互联网、信息通信技术(information communication technology,ICT)等新兴技术的普及应用从根本上改变了人们的工作习惯与生活方式(李雷等,2012),服务质量管理(Parasuraman et al. ,1985;Hauser ＆ Clausing,1988)、服务营销(Gronroos,1994)、资源管理(Hunt ＆ Morgan,1995)、网络分析(Webster,1992)等新兴研究领域也相继涌现。这些领域的学者普遍认为,在信息时代尤其是网络环境下商品与服务的关系已经变得扑朔迷离,有时很难辨别企业向市场提供的究竟是什么。例如,苹果公司推向市场的是 iPhone、iPad 等智能终端还是基于 App Store 的开放式创新服务? IBM 公司卖给顾客的是便携式电脑还是以业务连续、灾难恢复为代表的高端信息化服务? 这些难以回答的问题更是加大了区分商品与服务的难度。因此,商品与服务之争陷入了僵局,学者们关心的不再是在这场旷日持久的争战中商品和服务谁能最终胜出,而是有没有必要继续对两者进行主次区分。

可以说,技术的发展使得商品和服务能够有效地联系在一起,几乎所有商品的购置都是在服务的推进下完成的。同样,每一项服务的提供也都伴随着商品的支撑。我们通过手机订购所需的服务,使用相关设备在网上购物、支付,并通过网上银行办理业务。从某种意义上讲,商品与服务之间似乎并没有一道清晰的界线,两者是一个连续统一体的两端(见图 1-1)。

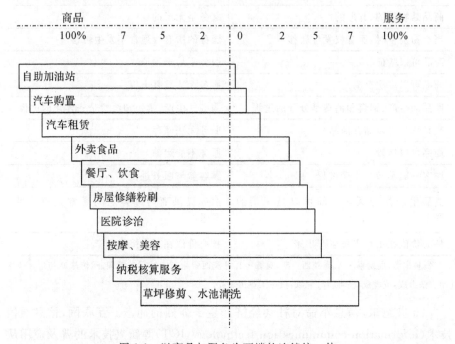

图 1-1　以商品与服务为两端的连续统一体

资料来源:詹姆斯·A.菲茨西蒙斯,莫娜·J.菲茨西蒙斯,2013.服务管理:运作战略与信息技术[M].张金成,范秀成,杨坤,译.北京:机械工业出版社.

1.3　基于对象性资源观的商品主导逻辑

实际上,商品与服务之争只是问题的表象,其背后是长期以来占据上风的商品主导逻辑。商品主导逻辑形成于工业革命背景之下,那时工厂是世界经济的基本生产单位,有形商品是国民财富的基本来源。专业化和劳动分工的理念深入人心,商品与服务之争正是当时社会经济的真实写照。

前文提到,在《国富论》中,亚当·斯密为了探索国民财富的来源,把商品看作"生产性"的,而把服务看作"非生产性"的。在 22 年后的 1798 年,英国经济学家马尔萨斯(Malthus)断言,随着人口数量以几何级数增长,人口压力与日俱增,国家必须获取充足的物质资源,才能保证各类商品的持续产出以及国民财富的不断增长。由此可见,两位著名经济学家对于商品在国民财富创造中的重要作用的理解是何等的相似。不过,马尔萨斯(Malthus,1798)看到了推动国民财富增长的核心要素——资源。在工业经济时代,马尔萨斯(Malthus,1798)的观点显示出了巨大的张力,在此后的近两个世纪里,经济学家、企业家、政府官员都把占有物质资源作为终极目标,由此引发了大量的政治和经济事件甚至军事冲突。直到 20 世纪末,人们对资源的认识才有所改变,开始关注有形的物质资源以外的无形资源,如信息、知识等。人们发现无形资源对于企业、经济和社会发展的作用并不亚于有形资源,在某些场合下甚至比有形资源的作用更加重要。康斯坦丁和卢斯科(Constantin & Lusch,1994)在总结前人观点的基础上不无创造性地把资源分为对象性资源(operand resources)和操作性资源(operant resources):前者主要是指有形资源(包括商品)、自然资源等,在生产活动中通常处于被动地位;后者主要包括知识和技能,在生产活动中通常处于主动地位。

　　根植于古典经济学、高度反映工业经济特征的商品主导逻辑把对象性资源视为最重要的资源,并把这种资源的最终表现形式"商品"看作创造和积累国民财富的核心要素,而没有给予商品生产和销售过程中所涉及的知识、技能等操作性资源以应有的重视,仅仅将其最终表现形式"服务"看作次优产出。商品主导逻辑所秉持的重对象性资源、轻操作性资源的观点(下面把这种观点称为对象性资源观,而把看重操作性资源的观点称为操作性资源观)是引发商品与服务之争的一个重要原因。在这种逻辑的主导下,许多学者把服务视为商品的对立面,并据此刻画服务的特征,甚至认为服务固有的特征会带来种种不便和麻烦,而对其极力回避。泽瑟摩尔等(Zeithaml et al.,1985)对服务特征的经典描述,主要包括无形性(intangibility)、不可分离性(inseparability)、异质性(heterogeneity)和易逝性(perishability)(简称 IIHP 特征),可以说是对象性资源观的充分体现。对象性资源观是商品主导逻辑的理论根基,影响了人们对许多问题的看法(见表 1-2)。

表 1-2　基于对象性资源的商品主导逻辑

主要维度	核心观点
交易目的	人们为获得商品而进行交易,商品被视为对象性资源
商品的作用	商品是对象性资源,并且由商品的最终营销者负责改变它们的形态、销售地点和时间以及它们的拥有状况
顾客的作用	顾客是商品的接受者,企业通过营销力争从顾客那里获得更多的收益,顾客被作为对象性资源
价值的决定与意义	价值被定义为交换价值(value in exchange),由生产者决定,在生产过程中被嵌入对象性资源(通常是商品)中
企业与顾客之间的交互	顾客被作为对象性资源,为与顾客进行交易,企业通常要采取行动来推动顾客
财富来源	财富源自剩余有形资源和商品,并且通过拥有、控制、生产对象性资源来创造

资料来源:Vargo S L, Lusch R F, 2004. Evolving to a new dominant logic for marketing[J]. Journal of Marketing, 68(1):1-17.

1.4　商品主导逻辑下的传统服务

1.4.1　传统服务的定义

社会的物质财富是通过使自然资源增值的方式来实现的。在现代社会里,有许多这样的机构:它们提取原材料,通过加工的方式使原材料增值,然后将中间材料与部件转化为商品。但是,也有一些机构专门为商品的生产与分配提供便利条件,依靠提供的各种无形资产增加价值。后者的产出被称为服务。

服务可被定义为生产时间、空间、形式以及心理效用的经济活动。服务是一种行动、行为,或者表现,它们是无形的。如,家政服务可以为顾客节省做家务的时间;百货公司和食品杂货店可以在一个方便的空间里销售许多商品;数据库服务可以以一种更加方便管理者使用的形式对信息进行整合;夜晚外出去餐厅或电影院可以让人们在繁忙的工作周放松心情。

在学术界，学者们从不同的角度对服务进行了如下定义。

泽瑟摩尔等（Zeithaml et al.，1996）认为，服务是行动、流程和绩效。格罗路斯（Gronroos，1990）认为，服务是具有或多或少无形性特征的一项活动或一系列活动，它大多数时候是发生在顾客和服务员、物质资源或商品以及服务供应商系统之间的交互活动，它为顾客提出的问题提供解决方案。奎因等（Quinn et al.，1987）认为，服务部门包括所有的产出不是实物产品或建构，它通常在生产的同时进行消费，并且以某种形式提供附加价值（例如便利性、娱乐性、时效性、舒适或健康），它特别强调与顾客相关的无形性。施波尔等（Spohrer et al.，2007）提出，服务体系是一个关于人、技术和其他内外部服务体系以及共享信息的价值联产的结构（如语言、过程、度量、价格、政策及法律）。洛夫洛克等（Lovelock，et al.，2015）提出，服务是由一方提供给另一方的经济活动，以换取买方的钱、时间和努力。顾客期望从获得的商品、劳动力、专业技术、设备、网络和系统中得到价值，但他们通常不拥有任何物质要素的所有权。

从上述学者们的表述来看，关于传统服务的定义都包含一个共同的方面，即强调服务的无形性以及生产和消费的同时进行。

1.4.2　传统服务的特征

泽瑟摩尔等（Zeithaml，et al.，1985）对传统服务的特征有过经典的阐述，他们认为传统服务主要具有无形性、不可分离性、异质性和易逝性 4 个特征。

1. 无形性

首先，与有形的消费品或者产业用品比较，服务的特质和组成的元素往往是无形无质的，让人不能触摸或凭肉眼看不见其存在。这一特性还使得服务不易于被评价和验证。其次，随着企业服务水平的日益提高，很多消费品或产业用品是与附加的顾客服务一起出售的。对顾客而言，相比于产品本身，更重要的是这些载体所承载的服务或者效用。由此看来，"无形性"并非纯粹是服务所独有的特征。

2. 不可分离性

服务的生产和消费无法清晰地分开，换言之，服务的生产过程与消费过程同时进行。服务人员为顾客提供服务时，也正是顾客消费服务的时刻，两者在时间上不可分离。服务的这种特性表明，顾客只有而且必须加入服务的生产过程才能最终消费服务产品。这使得服务业的运作与制造业不同,其表现得更为分散和本地化。

3. 异质性

异质性是指服务的构成成分及其质量水平经常发生变化,很难统一界定。由于服务是在互动过程中生产、提供的,因此服务的产出质量会因服务人员的不同而不同,也会因顾客的不同而不同,还会因服务经历和体验的心情、情绪的不同而不同。一方面,由于服务人员自身因素(如心理状态)的影响,即使由同一服务人员所提供的服务也可能会有不同的水准;另一方面,由于顾客直接参与服务的生产与消费过程,因此顾客本身的因素(如知识水平、兴趣和爱好等)也会影响服务的质量和效果。

4. 易逝性

易逝性是指服务无法被储存,未利用的生产能力也不能被保存,不像产品可以先存入仓库以后再出售。因此,服务只有在出现顾客需求时才会产生,如不使用将会导致机会损失。服务产品的生产在任何时候都是由需求决定的,服务不能像有形产品那样依靠存货来缓冲以适应需求变化。

1.4.3　传统服务经济

服务经济是指以服务活动为主导的经济活动类型,服务产业成为主导产业的经济形态,它是服务在宏观层面的表现。

1. 服务经济的概念

服务经济是指以服务活动为主导的经济活动类型,服务产业成为国民经济中主导产业的经济,是社会进入更高发展阶段的经济形态。从发展规律来看,国家会从以农业产品和工业产品的生产为主转向以服务产品的生产为主。当然,各个国家发展水平不同,所处的阶段也不同。发达国家已经显现出以服务业为主的经济形态,而发展中国家大多仍处于产品经济阶段。

2. 服务经济的特征

(1)服务业在经济结构中的比重日趋上升

服务业在全球范围内持续快速增长,目前全球各国 GDP 的 58% 来自服务业,且有继续扩大的趋势。其中,发达国家服务业的产值占其 GDP 的比重在过去 20 年中以每年 2%～5% 的速度递增,目前稳定在 60%～80%;而中等发达国家一般在 50%～60%,发展中国家也达到了 40%。

（2）服务业就业人数持续大幅度增加

服务经济还表现在就业结构随着生产力的发展和产业结构的演变发生巨大的变化。发达国家就业结构变化的基本趋势是：农业就业比重持续下降，工业，特别是制造业的就业比重大幅下降，服务业的就业比重持续大幅上升。20世纪 70 年代以来，大多数发达国家（日本除外）的工业，尤其是制造业的就业人数出现了明显的下降趋势。20 世纪 90 年代，美国制造业的就业人数下降了 8％，英国下降了 15％。大部分经济合作与发展组织（Organization for Economic Cooperation Development，OECD）中的国家的服务业就业比重从20 世纪 60 年代的 50％左右上升到 20 世纪 90 年代的 70％左右，欧盟国家平均达到 65.2％，美国和法国分别为 73.4％和 69.9％。

（3）服务贸易在国际贸易中逐渐占据主导地位

世界贸易组织（World Trade Organiztion，WTO）的统计表明，1990—1997 年国际服务贸易额的增长率为 8％，高于同期国际货物贸易的增长率。1997 年，国际服务贸易总额为 12950 亿美元，占国际贸易总额的 20％。据估计，服务贸易将在今后的二三十年间进入高速发展期，其在国际贸易中的比重预计每年提高 1％。到 21 世纪 30 年代，服务贸易比重将有望超过货物贸易的比重。随着全球经济的发展重心向服务业倾斜，服务贸易在全球经济中的地位也日益显现。在服务贸易迅速发展的同时也表现出区域发展的不平衡性，发达国家逐渐占据主导地位，并试图在全球范围内减少服务贸易壁垒，以获取更多的经济利益；而发展中国家试图在有限开放的过渡期内提高本国服务贸易的国际竞争力。近年来，我国服务贸易的发展速度日益加快，但也面临着国外服务企业的激烈竞争。

（4）服务业与工业、农业等生产型产业结合得越来越紧密

服务经济的一个明显特点是：不仅服务业本身得到了很大发展，而且其与工业和农业的结合也越来越紧密。不同产业具有相互依赖性，产业之间相互渗透，生产型产业表现出明显的"服务化"趋势。一方面，许多服务企业提供运输、金融、维修、通信等服务以支持产品的分销。制造业的成功需要具备对市场的快速反应能力，以及根据顾客需求设计产品的能力和快速运输的能力，所有这些都需要依靠服务的支持；另一方面，制造业的盈利能力逐渐依靠开发具有服务附加值的产品。此外，制造业的发展为服务业，尤其是为新兴服务业的发展提供了广阔的空间和平台。

(5)服务经济的内部结构越来越呈现出知识经济的特点

21世纪是知识经济世纪,服务经济化是知识经济时代的显著特征。在知识经济的发展和作用下,世界服务贸易的格局正在发生深刻的变化,服务贸易呈现出一些新的发展趋势。在知识经济背景下,各国知识密集型服务业发展迅速,其产值和就业比重不断增加,如金融、保险、信息服务业、房地产、商业服务等。即便在制造业和传统服务业中,各种新技术也得到了广泛应用,技术和知识密集特性更加明显。

3. 服务在经济中的促进作用

如图1-2所示,诸如通信、运输等基础服务是联结所有经济部门,包括最终消费者的纽带。在一个复杂经济体中,基础服务和贸易服务是联系采掘业和制造业的媒介,也是通向最终消费者的分销渠道。基础服务是经济工业化的前提,因此社会的发展离不开服务业。

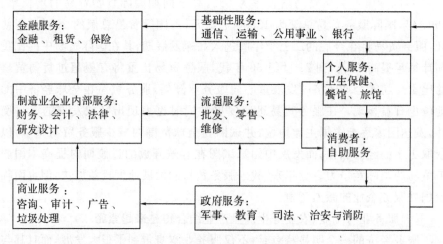

图1-2　服务在经济中的角色

资料来源:Guile B R, Quinn J B, 1988. Technology in service: Policies for growth, trade, and employment[M]. Washington D C: National Academy Press.

在工业化经济中,专业企业能够向制造企业提供比其自身所能提供的更为经济有效的商业服务。因此,服务企业向制造业提供了越来越多的广告、咨询和其他商业服务。

除去每个家庭可以自给自足的基本生存需求外,服务是经济社会平稳运行和提高生活质量不可或缺的因素。例如,银行在资金划转方面的服务可以为顾客提供资金周转的便利,运输服务则可以将食品运送到不能生产该食品的地区。此外,各种各样的社会及个人服务已经把原来的家庭职能推向了社会经济领域,诸如餐饮、住宿、清洁、看护儿童等。

公共管理在为投资和经济增长提供稳定环境方面起到了关键作用。公共教育、保健、道路维护、饮水安全、空气净化和公共安全等各项服务措施是国家兴盛、社会繁荣、人民生活富裕的必要条件。

制造业的盈利能力逐渐变得要依靠开发具有附加值的产品来维持。例如,汽车制造业发现融资和租赁汽车可以使其获得更大的利润。奥的斯电梯很早以前就发现从售后服务中获得的收入大大超过电梯产品销售所得的收入。同样,当个人电脑成为低利润商品时,企业都转向了通过网络和通信服务来提高收益。

因此,我们应该尽快认识到服务不是可有可无的,而是一个社会的重要组成部分,也是经济健康发展的核心。服务不仅使制造业等行业的商品生产活动更加便利,而且也使之成为可能。

1.5 传统服务管理"三部曲"

传统服务管理一般包括服务设计、服务保障和服务创新 3 个部分。

1.5.1 服务设计

服务设计环节主要包括服务设施选址、服务设施布局、服务传递系统设计和服务能力规划。

1. 服务设施选址

对于服务行业的企业而言,主要受竞争的灵活程度、竞争地位、需求管理以及集中化等方面的影响。因此,设施定位在该类企业的决策中起到了很重要的作用。服务设施选址包括服务战略定位、地区选择和地点选择。

首先,企业进行战略定位。战略定位就是将企业的产品、形象、品牌等传递给潜在顾客,以在预期顾客的头脑中占据有利位置,它是一种有利于企业发展的选择。服务战略定位着重于通过为顾客提供便利性和地理位置的物理属性来吸引顾客。服务具有无形性和经验性的特征,因此明确的定位策略可以帮助潜在顾客把注意力集中在一个产品上。

服务定位战略包括竞争集群和饱和营销。竞争集群是对顾客在众多竞争对手中选择时所表现出来的消费行为的反应。为了便利,企业更乐意在众多竞争对手集中的地区进行搜寻。饱和营销是美国学者菲茨西蒙斯等(Fitzsimmons et al.,2001)提出的思想,其是一种企业通过发挥明显的形象效应来吸引顾客注意力的独特的市场定位。

其次,企业根据某一位置的收益和成本比较进行地区选择。选址先要考虑顾客基础、运营成本、竞争对手位置、配套系统、地理环境因素、经营环境、通信基础、交通基础、人力资源等因素;然后运用地理评估法、因素加权法、重心法和服务区域范围(规模)确定法等定量方法进行地区选择。

最后,在确定要进入的城市或地区后,企业需要进一步确定具体的地理位置和建筑物,即地点选择。在进行地点选择时,企业先要进行定性的微观分析,包括对商圈、建筑物、形象和投资收益等的分析;然后采用中值法、哈夫模型法、因素加权法、多地点定位法等定量方法确定地点。

2. 服务设施布局

在服务地区和地点都选定后,应该进行设施的布局设计。服务布局即在时间、成本和技术的具体约束下,寻找布置服务系统实体组件的最好方案。合理的设施布局能有效去除定向力障碍带来的焦虑,顾客可以确切地知道他们在哪里、将要去哪里,以及他们需要做什么。

在对服务设施布局时,需要考虑企业与布局相关的目标、人与服务、服务系统的流通量大小、业务流程中顾客的参与度、可用空间或理想空间的情况、应对未来变化的灵活性和把握更多空间需求的时机 6 个方面。

服务场景是用来支持服务设施的物质环境,是经过布局和装饰设计后的服务设施。设计良好的服务场景会对顾客和员工的行为、感知产生影响,也是构成企业整体价值的重要组成部分。服务场景在服务传递过程中发挥着包装、辅助、交际和区别的重要作用,其设计要素有气氛(周边条件)、空间布局、标志、符号和制品。由于顾客倾向于从整体上感知这些要素,因此服务场景设计的关键在于不同要素间的相互协调与适应。

办公室布局的目的是解决信息的传递和交流问题,包括人的交流和文件的交流。对办公室进行布局时,要考虑其面积和形状、工作的流程、员工间的关系等。合理的布局不仅可以实现员工工作效率的最大化,也可以使整体工作效率最大化。

零售布局的目标是实现每平方米营业面积的利润最大化。对零售店进行布局时要先对商店进行整体布局,确定商店的流动模式,然后对该模式下的各类商品进行空间分配。

　　仓库布局的目标是在保持以低成本处理存货的基础上,充分利用仓库空间,使仓库的总体积利用率最大化。实现仓库布局最优的关键是储存的商品种类以及提取的商品数量。商品种类少,存放密度就可以大,反之存放密度应缩小。

　　3. 服务传递系统设计

　　服务传递系统是将服务从后台传递至前台并提供给顾客的系统。服务传递系统必须最大限度地使顾客满意,同时应能够有效提高服务组织的运营效率并控制运营成本。因此,服务传递系统是服务组织的核心竞争优势。

　　随着服务的开发,服务传递系统设计可以用服务蓝图表示。美国著名的服务管理学家肖斯塔克(Shostack,1987)认为,服务传递系统可以用一个可视图来描述,即服务传递系统可以用服务蓝图表示。服务蓝图又称为服务流程,是一种有效描述服务传递过程的可视技术。它是一个示意图,涵盖了服务传递过程中的全部处理过程,详细指出服务程序应该如何进行,同时也表明顾客的所见以及潜在可能的失误点所在。

　　服务传递系统设计的基本方法主要有 4 种:生产线方法、顾客参与法、顾客接触法和信息授权法。

　　(1)生产线方法

　　生产线方法的基本思路是将制造业的生产技术和管理方法用于标准化、大量型的服务类型。这种服务类型通常所需的服务技术较为简单、规范,而且要求服务过程对所有顾客一致。其主要管理问题是提高服务效率和服务质量的稳定性,而这正是制造企业管理方法的优势所在。服务设计的工业化方法一般应用于一些技术密集型、标准化、大规模的服务行业,如餐饮、零售业、银行、酒店、航空等。这种设计方法要考虑的主要问题是:个人有限的自主权;建立明确的劳动分工,使服务人员的行为规范化、服务程序标准化;应用各种硬技术和软技术(管理技术)来取代个人劳动。

　　(2)顾客参与法

　　顾客参与法是在设计过程中充分考虑顾客的个性化需求,使系统为顾客提供一种非标准化的、差异化的服务。一般来说,顾客在其中的参与程度较高,所需使用的服务技术也较为复杂、不规范。这种服务类型的特点是顾客的被动或主动参与会给服务结果带来一定影响,以及服务人员需要在服务过程中进行自主判断和自主决策。随着经济的发展和人们收入水平的提高,要求提供个性化、高档次服务的人也越来越多,因此基于顾客需求的服务设计方法应运而生。

这种设计方法要考虑的主要问题是:把握顾客的需求偏好和心理特点;引导顾客参与服务过程;授予服务人员必要的决策权力,让他们自己处理服务过程中可能出现的各种问题。

(3)顾客接触法

对于某些服务传递系统来说,可以分为高顾客接触和低顾客接触,即前台服务和后台服务。在后台,与顾客的接触程度较低,服务运作可采用工厂生产线的方法,以充分利用现代技术的力量;在前台,与顾客的接触程度较高,则采用顾客参与的方法,根据顾客的需求和喜好提供较为个性化的服务。基于这种思路的服务设计方法就被称为顾客接触法。这种设计方法要考虑的主要问题是:前台运作和后台运作之间的衔接;与顾客接触程度的区分和两种方法的结合使用;新技术的利用及其导致的前后台区分的变化。

(4)信息授权法

现在是信息时代,信息技术与我们的工作、生活息息相关。与此同时,信息技术是所有服务生存的前提。除了可以方便地保存记录之外,信息技术最重要的作用其实是员工和顾客授权。

信息技术的发展促使企业开始使用数据库协助管理,相关数据库的发展意味着每个员工都可以使用一项业务中方方面面的信息,员工授权的时代已经到来。例如,一位生产人员或前台工作人员可以根据存货清单申请必要的供应,甚至起草一份订单来取代存货清单,而不必通过采购办公室。同时,员工还可以通过计算机接口互相影响,甚至可与其他企业的员工实时联系。顾客则不再完全依赖于本地的服务供应商,他们可以在全球购物、预订旅行航班、在全球范围内寻求治疗方法。

4. 服务能力规划

服务能力是指一个服务系统提供服务的能力程度,通常被定义为系统的最大产出率。服务能力规划的基本思路是通过改变、扩展现有能力,达到与顾客需求相匹配的目的。通过改变限制服务能力的各种因素,企业需要在需求高峰期扩展能力,在需求低谷期压缩能力,以免丢失顾客和造成资源浪费。服务能力规划的策略是通过增加或延长人力、设施和设备的工作时间,扩展服务资源的现存能力以适应需求,以及通过雇用临时工、交叉培训员工、租赁或共享设施与设备、需求低谷期间安排休整时间等方法使能力和需求保持一致。

　　服务系统通常根据拥有的通道数量(例如服务台的数量)和服务阶段的数量(例如整个服务过程中需要逗留几处)进行分类,其可分为单通道单阶段系统、单通道多阶段系统、多通道单阶段系统以及多通道多阶段系统。排队系统的基本特征包括需求群体、到达过程、排队结构、排队规则、服务过程。我们可以通过单通道排队模型和多通道排队模型来权衡提高的服务成本和随之降低的顾客等待成本,以提供管理上的选择方案,从而提升为顾客服务的能力。

1.5.2　服务保障

1. 信息技术与电子服务

　　信息技术包括计算机应用技术和通信技术,其已成为服务创新背后的基础力量。信息技术的普及和网络环境的出现对传统服务产生了强烈冲击,并催生了电子服务这一全新的服务形式。服务逐渐从物理服务转变为更加高效、便捷、低成本的电子服务。企业借助电子服务改变了与顾客的交互方式,由传统的面对面交流转变为基于虚拟站点的沟通。企业利用网络提供复杂的信息和数据给顾客,并提供各种各样的新服务。

　　电子服务与传统服务有着明显的区别,电子服务传递成本低,信息反馈更便捷、透明,而且能进行持续的改进和创新。此外,由于电子服务的大部分活动发生在"后台",因此其外包程度高。电子服务在市场中有着很大的应用空间,如银行业作为金融服务的一部分,可以广泛应用网上银行、电子成像技术、ATM、支票磁墨字符识别读卡器等技术提高生产力。除此之外,电子服务在其他服务领域也有着很多类似的应用。

2. 服务质量管理

　　顾客会将服务感知与服务期望相比较,当期望与感知一致时,服务质量是令人满意的;当感知超出期望时,服务被认为是具有特别质量的;当感知没有达到期望时,服务质量是不可接受的。因此,企业要对服务质量进行有效的评价和管理。

　　顾客会从可靠性(reliability)、响应性(responsiveness)、保证性(assurance)、移情性(empathy)和有形性(tangibles)5 个维度对服务质量进行评价。通过将顾客基于上述 5 个服务质量维度所作的预期与其对实际服务感知的差异相比较,将服务质量概念化,从而形成服务质量差距模型。通过模型,可以对服务差距、认知差距、标准差距、传递差距、内部沟通差距进行测量。服务质量是服务质量差距的函数,测量企业内部存在的各种差距是有效测量服务质量的手段,差距越大则顾客对企业的服务质量越不满意。因此,差距分析可作为复杂的服务过程的控制起点,为改善服务质量提供依据。

前文讲到电子服务日益兴起,因此对电子服务质量的评价也成为服务质量管理的重点。电子服务质量是对电子服务效率和效果的评价,泽瑟摩尔等(Zeithaml et al.,2001)的研究表明,在通过互联网与顾客互动的企业中也存在类似的服务差距。此外,他们还构建了电子服务质量差距模型,该模型中的企业之间存在 3 种潜在差距——信息、设计和沟通差距。这些差距可能发生在网站的设计、运营和营销过程中,并导致顾客方面的"实现差距"——引发一系列对电子服务质量的感知、价值的感知以及购买/再购买行为的影响。

服务质量测量方法包括软性测量和硬性测量。软性测量是通过与顾客、员工或者其他人员交谈,收集他们的主观评价来测量服务质量,常用的方法有目标顾客群体访谈、顾客抱怨分析、售后调查、市场总体服务质量调查等。软性测量在工具上主要依赖服务质量量表(SERVQUAL)和步行穿越调查法。软性标准为员工提供了达到顾客满意的方向、指导和反馈,通过测量顾客感知和信念对软性标准进行量化。硬性测量和硬性标准是指可以通过检查进行计算、计时或测量的特征和活动。硬性测量通常指的是运营流程或结果,包括诸如正常运营时间、服务反应时间、服务失误率以及传递成本等。

由于服务是异质的,不同的服务提供商、同一服务提供商的不同服务人员,甚至相同的服务人员都会导致服务绩效存在差别,顾客承认并愿意接受该差别的范围称为容忍区(zone of tolerance)。不同的顾客,以及其所接受的不同的服务类型会导致其容忍区存在差异。如果出现服务失误或者服务接触过程失败,那么容忍区就会缩小乃至消失。面对服务失败的发生,顾客期望能够得到公平、充分的补救。企业的服务补救首先是顾客补救,通过采取行动恢复与顾客之间的关系;其次企业要进行问题补救,采取行动纠正问题,使其不再发生。

3. 服务接触

服务接触是顾客与服务组织的任何方面发生直接接触和相互作用,并对服务质量产生影响的事件。服务接触按照技术的介入程度分为人际交互型服务接触和人机交互型服务接触。

人际交互型服务接触即发生在顾客和服务人员之间、以技术为辅助或促进的人际交互,共包含 3 类:不含技术的人际交互型服务接触、以技术为辅助的人际交互型服务接触、以技术为促进的人际交互型服务接触。在人际交互型服务接触中,服务人员和顾客是核心因素,他们的交互对服务质量有着显著的影响;技术是非核心因素,在某些情形下存在,并与核心因素发生交互,对服务质量有一定的影响。

人机交互型服务接触即电子服务背景下的服务接触,是发生在顾客和技术之间、以服务人员为辅助手段的人机交互,主要分为两类:以技术为媒介的人机交互型服务接触和以技术为终端的人机交互型服务接触。在人机交互型服务接触过程中,企业通过技术(通常表现为交互界面)把自己的价值主张呈现给顾客,但这种传递必须依靠顾客所掌握的知识和技能才能实现。因此,从顾客与交互界面发生接触的那一刻起,他们就成了价值共创(value co-creation)的主导者或第一责任人。在电子服务失败的情况下,顾客通过与服务补救界面的交互可以共同创造价值。

4. 服务需求与供给管理

服务具有易逝性,企业不可能提前进行服务生产以应对未来的需求高峰。对每一个生产能力受限的服务企业来说,由于服务需求和供给的不平衡,企业很容易陷入需求与供给的困境。当企业清楚地知道生产能力的限制因素和需求模式后,它就要制定平衡服务需求和生产能力的策略。一般包括两种基本策略:改变需求以适应现存的供给能力;改变能力以适应需求波动,即调整生产能力以满足不同需求。

基于以上两种基本策略,服务企业需要进行需求管理和供给管理。服务需求管理的基本方法如下:一是不采取任何管理措施,放任需求变化;二是采取行动影响需求水平;三是采用排队或预约系统管理需求。服务供给管理可以考虑增强现存的供给能力,不追加投入新的资源,将人力、设施和设备工作时间变得更长、强度更大,以适应需求;或者创造性地调整服务资源,例如在需求低谷期执行维护和翻修,并提高顾客参与程度,将顾客作为合作生产者加以利用。

在平衡服务需求和生产能力的同时,企业要进行收益管理,即以合适的价格,分配最佳类型的产能给最适合的顾客以获得最大的财务回报。收益管理的评估方法是特定时期内实际回报与潜在回报的价值比,企业使用收益管理模型可以使产能被充分利用,达到最佳的平衡状态。收益管理的目的是在有限产能下,产生最大的财务回报。

1.5.3 服务创新

服务创新是现代服务业进行创新的重要活动,不仅关系相关服务企业的利润,而且直接影响国家的经济发展水平。只有不断地进行服务创新,才能推动企业快速发展并保持长期竞争优势。

近年来,学者们对服务创新进行了大量研究。他们分别从价值角度、知识和学习角度,以及经济、技术、社会、方法论角度对服务创新的内涵进行了界定。服务创新的特征在很大程度上来源于服务本身特有的属性,服务创新的特征主要表现为创新的无形性、创新的顾客导向性、创新形式的多样性、创新的适用范围。约翰逊等(Johnson et al.,2000)把服务创新分为突破性创新(radical innovation)和渐进式创新(incremental innovation)。埃尔托格(Hertog,2000)提出了四维服务创新模型,即服务概念创新、界面创新、组织创新和技术创新。

服务创新过程一直备受学者们的重视,20世纪80年代提出的服务创新过程模型在诸多方面受到了新产品开发研究成果的影响。但是,真正的服务创新过程必然不同于新产品的开发过程。在使用这些服务创新过程模型前,必须先进行适用性评估,认真分析这些模型的应用条件。20世纪90年代,学者们从服务本身的特性出发提出了更加便于应用、高柔性的服务创新过程模型。21世纪以来,学者们对于服务创新过程的研究更加专业化,基于不同视角提出了具有高度适用性的模型,并着重强调资源在服务创新过程中的作用。

服务创新活动的高绩效将为组织带来巨大的利益,因此衡量服务创新绩效也成为研究的重点。管理者一般习惯于利用财务标准(如收益、利润或边际利润等)或其他相关指标(如销售量或市场占有率)(Griffin & Page.,1996)测量服务创新的绩效。库珀和克莱因施密特(Cooper & Kleinschmidt.,1987)指出,服务创新绩效是一个三维概念,即财务绩效、机会窗口、市场影响力。库珀等(Cooper et al.,1994)对新金融服务业进行了类似的实证研究,他们用财务绩效、关系强度、市场开发3个维度共14个指标来测量服务创新绩效。沃斯等(Voss et al.,1992)指出,要对服务创新的过程绩效(process performance)和服务创新的结果绩效(outcomes performance)进行测量:前者与效率有关,主要涉及服务创新的实施系统;后者与效能(effectiveness)有关,主要关注服务创新的具体目标。

在学术界研究服务创新绩效的测量与维度的同时,也有大量学者开始思考哪些因素对服务创新的绩效会产生影响。例如约翰逊和斯托里(Johne & Storey,1998)认为,服务创新绩效的前因包含一系列因素,而且涉及多个方面,他们将其归纳为三大类:机会分析、项目开发、服务提供的组成,并指出服务创新管理人员必须全面掌控这些因素,使它们处于平衡状态,以保证服务创新绩效位于较高水平。

1.6　本章小结

　　本章以商品与服务之争为切入点,首先介绍了此问题背后潜藏的理论根源,即基于对象性资源观的商品主导逻辑。其次,对商品主导逻辑下传统服务的定义和特征以及传统服务经济的基本情况进行了说明,并从服务设计、服务保障、服务创新 3 个方面,阐述了传统服务"三部曲"。本章通过对传统服务管理的基本观点进行简要回顾,为下文引出并系统介绍现代服务管理作了铺垫,同时也有助于凸显本书的理论贡献和实践价值。

第2章 现代服务管理

2.1 导入案例

苹果：整体解决方案的提供商

按照传统商品主导逻辑理论,企业很自然地成了经济生活中的主导角色,并通过整合获得的各种资源为顾客提供所需的商品或服务。由此,企业成了唯一的价值创造者,顾客仅仅是价值的消费者或毁灭者。而按照服务主导逻辑,企业和顾客共同合作为顾客创造使用价值,且供应商和其他网络伙伴也都可以参与价值创造的过程。

起家于电脑组装的苹果公司,最开始聚焦于个人电脑业务。与当时的个人电脑大咖 IBM 公司仅关注产品性能不同,苹果公司一开始就将顾客体验放在了首要位置,即满足顾客简单易用和艺术般设计的需求。事实上,正是这一服务思维使得苹果公司的辉煌经久不衰。20 世纪 90 年代末期,乔布斯重返苹果之后,公司开始将顾客追求艺术时尚这一需求融入产品设计。2001 年 11 月推出的 iPod 凭借其漂亮的外观以及与 iTunes 的完美结合赢得了顾客的青睐,也代表了苹果企业的战略已从商品主导逻辑完全转向服务主导逻辑。

在服务主导逻辑的引导下,硬件(iPod)和软件(iTunes)都只是苹果公司提供相关服务的载体。其中,硬件及其周边产品企业只须提供一个设计思维或价值主张,其他的则交给制造商来完成。软件(iTunes)上的内容可以由第三方提供者提供,由此苹果公司、顾客以及产品或服务的第三方提供者就有机地联系起来。苹果公司作为看护者将硬件、软件和服务整合在一起,公司与顾客之间不再是一次性交易,而是与顾客的持久性交互,并通过这种交互共同创造价值。正是 iPod＋iTunes 模式的成功使得苹果公司看到了终端内容服务

22

市场的巨大潜力,开始从单纯的电子产品生产商向数字生活解决方案提供商转变。新的应用软件平台 App Store 的诞生以及"i"系列产品的发展则将这一理念付诸实施。此外,为了尽可能地贴近更多顾客,扩大"果粉"以外的顾客对苹果产品的认知,Apple Store 精心设计了呈现"数字生活中枢"的顾客体验场。店内区域以"方案解决区域"为中心进行设计,创造可以找到解决问题的"整体方案",以方便顾客。

总之,苹果公司凭借 iPhone、iPad、Mac、Apple Watch 等产品在引领全球创新的同时,致力于提供独特的、易于整合的数字生活解决方案,还将数字生活逐渐拓展到了视频、游戏、在线出版和在线广告等领域。

资料来源:李文秀,邱月明,马鹏,2016.基于服务主导逻辑的商业模式创新[J].广东行政学院学报,28(3):80-89.

思考:苹果公司的发展理念体现了服务主导逻辑的哪些观点?

2.2 商品与服务"和解"

商品主导逻辑把"商品"看作创造和积累国民财富的核心要素,没有给予知识、技能等的最终表现形式"服务"以应有的重视。然而,进入信息时代以来,行业分工已经变得不那么清晰。许多企业产出的既不是单纯的商品也不是纯粹的服务,而是把两者整合在一起的解决方案(solutions)。因此,现在还要区分商品与服务已经变得非常困难。

面对这种状况,瓦格和卢斯克于 2004 年在国际顶级杂志《市场营销杂志》上发表了题为《演变为一种新的营销主导逻辑》的文章,并进行了一系列相关研究。他们建议遵循一种全新的服务主导逻辑来重新审视商品和服务,不要对两者进行主次或优劣的区分,而是把两者统一在服务旗下,进而对市场交易、价值创造等问题进行重新思考。

2.3 资源观变迁与主导逻辑重构

2.3.1 由对象性资源观向操作性资源观变迁

与商品主导逻辑不同，服务主导逻辑根植于资源优势理论（resources advantage theory）（Srivastava et al. ，2001）与核心能力理论（core competency theory）（Prahalad & Hamel，1990；Day，1994），这两种理论把核心能力当作组织赖以生存和发展的高阶资源（high-order resources）。从本质上讲，高阶资源是一种整合了多种基础资源的知识和技能束（bundle of knowledge and skill）。因此在服务主导逻辑下，以知识和技能为代表的操作性资源就成了最核心的要素。与对象性资源相比，操作性资源通常是无形的，但又是动态的、无限的。在服务主导逻辑下，操作性资源充当了发掘对象性资源价值的角色。微处理器就是一个典型的例子：人类凭借自身的知识与技能（操作性资源）使二氧化硅（对象性资源）这种地球上十分常见的物质迸发出无限的能量。很显然，这种能量并非源自物质本身，而是人类的知识和技能。因此，人们通常把以微处理器为核心的机器称为"电脑"，而不是一般的物质或机器。

2.3.2 由商品主导逻辑向服务主导逻辑重构

资源观的变迁导致了主导逻辑的重构，服务主导逻辑也就应运而生（Vargo & Morgan，2005）。在此过程中，服务被重新定义，旷日持久的商品与服务之争也因此得以化解。基于操作性资源观，服务主导逻辑对商品主导逻辑下盛行的观点进行了彻底的批判性重构，并且顺应了当今后工业经济时代注重知识和技能的潮流（见表 2-1）。

表 2-1　基于操作性资源观的服务主导逻辑

主要维度	核心观点
交易目的	人们为获得由专业化能力（知识和技能）创造的收益而进行交易，专业化能力被视为操作性资源
商品的作用	商品是操作性资源的传递者，被视为价值共创过程中的一种手段

主要维度	核心观点
顾客的作用	顾客是价值的共同创造者,企业通过营销来推动价值共创各方的交互,顾客被作为操作性资源
价值的决定与意义	价值被定义为使用价值(value in use),由顾客感知并最终决定。价值源自对操作性资源的利用(即服务),有时也需要通过对象性资源来传递,企业只提出价值主张
企业与顾客之间的交互	顾客被视为操作性资源,会积极参与价值共创,主动同相关各方拓展关系
财富来源	财富源自对专业知识和技能的应用和交易,代表进一步使用操作性资源的权利

资料来源:Vargo S L, Lusch R F, 2004. Evolving to a new dominant logic for marketing[J]. Journal of Marketing, 68(1): 1-17.

2.4　基于操作性资源观的服务主导逻辑

2.4.1　服务主导逻辑的演化历程

瓦格和卢斯克(Vargo & Lusch,2004)从操作性资源观出发,提出了服务主导逻辑的 8 个基本假设,搭建起服务主导逻辑理论的初始框架,并在此后经历了 2006 年、2008 年、2016 年的 3 次完善,目前已经形成了比较成熟的理论体系。其基本观点由 11 个基本假设来呈现,其中 5 个基本假设被视为公理(见表 2-2)。

表 2-2　服务主导逻辑基本假设的演进过程

基本假设	2004 年	2006 年	2008 年	2016 年
1	专业技能和知识运用是交易的基本单位	无变化	服务是交易的根本基础(Service is the fundamental basis of exchange)	无变化(公理)

续表

基本假设	2004 年	2006 年	2008 年	2016 年
2	间接交易掩盖了交易的基本单位	无变化	间接交易掩盖了交易的根本基础（Indirect exchange masks the fundamental basis of exchange）	无变化
3	商品是服务提供的分销机制（Goods are distribution mechanisms for service provision）	无变化	无变化	无变化
4	知识是竞争优势的根本来源	无变化	操作性资源是竞争优势的根本来源	操作性资源是战略利益的根本来源（Operant resources are the fundamental source of competitive advantage）
5	所有经济都是服务经济（All economies are service economies）	无变化	无变化	无变化
6	顾客总是共同生产者	无变化	顾客总是价值的共同创造者	价值是由多个行动者共同创造的，总是包括受益者（公理）（Value is co-created by multiple actors, always including the beneficiary）
7	企业只能制定价值主张	无变化	企业不能传递价值，而只能提供价值主张	行动者不能传递价值，但是能够参与价值主张的创造和提供（Actors cannot deliver value but can participate in the creation and offering of value propositions）

续表

基本假设	2004 年	2006 年	2008 年	2016 年
8	服务中心观是顾客导向和关系性的	无变化	服务中心观必然是顾客导向和关系性的	服务中心观必然是受益者导向和关系性的（A service-centered view is inherently beneficiary oriented and relational）
9	—	组织的存在是为了将微观专业能力整合、转化成市场需要的复杂服务	所有社会和经济行动者都是资源整合者（All social and economic actors are resource integrators）	无变化（公理）
10	—	—	价值总是由受益者独特地运用现象学的方法来决定（Value is always uniquely and phenomenologically determined by the beneficiary）	无变化（公理）
11	—	—	—	价值共创通过行动者创造的制度和制度安排来协调（公理）（Value cocreation is coordinated through actor-generated institutions and institutional arrangements）

资料来源：Vargo S L, Lusch R F, 2004. Evolving to a new dominant logic for marketing[J]. Journal of Marketing, 68 (1)：1-17；Vargo S L, Lusch R F, 2015. Service-dominant logic：What it is, what it is not, what it might be [M]//Lusch R F, Vargo S L. The service-dominant logic of marketing：Dialog, debate, and directions. London：Routledge：43-56；Vargo S L, Lusch R F, 2008. Service-dominant logic：Continuing the evolution[J]. Journal of the Academy of Marketing Science, 36(1)：1-10；Vargo S L, Lusch R F, 2016. Institutions and axioms：An extension and update of service-dominant logic[J]. Journal of the Academy of Marketing Science, 44(1)：5-23.

2.4.2　服务主导逻辑的主要观点

服务主导逻辑的 11 个基本假设可以归为 6 类。其中,基本假设 7 被归为第一类,主要阐述价值主张;基本假设 4、9 被归为第二类,主要阐述资源整合;基本假设 6 被归为第三类,主要阐述价值创造;基本假设 1、2、3、5 被归为第四类,主要阐述价值传递;基本假设 8、10 被归为第五类,主要阐述价值评价;基本假设 11 被归为第六类,主要阐述服务生态系统。本节的后续内容将依次对这 6 类基本假设进行阐述。

1. 价值主张(涉及基本假设 7)

在商品主导逻辑下,企业把价值嵌入商品,通过市场交易来实现商品的交换价值。而服务主导逻辑把关注焦点由交换价值转向使用价值。在服务主导逻辑下,企业离开了顾客就无法单独创造价值,只能根据顾客需求提出价值主张,并对顾客参与价值共创的行为加以引导。因此,瓦格和卢斯克(Vargo & Lusch,2008)提出了基本假设 7:企业不能传递价值,而只能提供价值主张。在此基础上,瓦格和卢斯克(Vargo & Lusch,2011)对企业在价值共创方面所扮演的角色进行了进一步解析。他们认为企业充分整合自身和合作伙伴的资源,设法挣脱企业内外部各种约束因素的束缚,与合作伙伴沟通对话,并且共同提出价值主张、提供服务和构建价值网络,为最终实现服务的使用价值创造条件(见图 2-1)。2016 年,瓦格和卢斯克从一般化的角度将基本假设 7 修正为:行动者不能传递价值,但是能够参与价值主张的创造和提供。

2. 资源整合(涉及基本假设 4 和 9)

资源观的变迁是催生服务主导逻辑的根本原因。作为服务主导逻辑的一个基本假设,基本假设 4 把操作性资源作为战略利益的根本来源,这是操作性资源观在服务主导逻辑理论体系中的直接体现。这里的操作性资源由知识和技能组成。莫基尔(Mokyr,2002)基于宏观视角把知识分为命题性知识(propositional knowledge)和规定性知识(prescriptive knowledge)两种类型。瓦格和卢斯克(Vargo & Lusch,2004,2008)认为,操作性资源的两个组成部分(知识和技能)与莫基尔(Mokyr,2002)所区分的两类知识(命题性知识和规定性知识)是一一对应的。比较而言,技能对于组织获得战略利益具有更重要的意义,因为它是竞争对手在短时间内难以复制的。进一步地,可将技能理解为专有技术(know-how),重点解决产品、流程和管理等方面的问题(Capon &

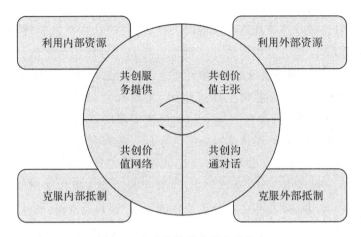

图 2-1　企业在价值共创中的角色

资料来源：Vargo S L，Lusch R F，2011. It's all B2B…and beyond：Toward a systems perspective of the market[J]. Industrial Marketing Management，40(2)：181-187.

Glazer，1987）。

根据商品主导逻辑，知识和技能是市场竞争的外在因素。市场行动者只能利用它们来增强战略利益，而竞争本身不对知识和技能作出任何反馈。事实上，这是一种单向思维的方式。服务主导逻辑对上述观点进行了修正，并且认为知识、技能等操作性资源是内生于竞争系统的。组织不但可以凭借操作性资源来获取战略利益，而且竞争也会对操作性资源作出反馈，甚至还会强化参与竞争的操作性资源。其双向互动的过程为企业构建可持续竞争优势提供了保障。在服务主导逻辑问世之前，就有学者发现了这种现象。如迪克森（Dickson，1992）曾指出，"在动态变化的环境中，只有那些善于在竞争中学习的企业才能实现可持续发展"。

在瓦格和卢斯克（Vargo & Lusch，2004）看来，利用操作性资源获取战略利益的观点不仅适用于单一组织，还可以扩展至供应链。在商品主导逻辑下，学者们虽然承认供应链中存在信息流，但是仍把物流作为关注重点。在服务主导逻辑下，供应链成了服务生态系统，以操作性资源为支撑的信息流成了这个系统中的主角；服务意味着提供信息或者利用信息来满足合作者的需求，在这个过程中不一定有物质资源投入。因此在服务主导逻辑下，信息流不但成了服务生态系统行动者赖以获取战略利益的源泉，而且也是提高整个服务生态系统适应性和可持续性的重要保障。为了保证信息流流动畅通，摩尔曼和拉斯特(Moorman & Rust，1999)建议把企业的组织形式由功能型转变为流程型，并且告诫企业管理者必须同时关注产品开发、供应链管理、顾客关系管理等重要环节，充分利用网络环境推动各种操作性资源的扩散。在服务生态系统中创建资源共享文化，最终推动整个服务生态系统战略利益的获取。

服务经济中充斥着各种主体或组织，瓦格和卢斯克(Vargo & Lusch，2008)把他们统称为"行动者"(actors)。各种不同的行动者出于经济或社会目的参与各种服务活动，为了实现自己心中的目标而进行资源整合。例如，某计算机硬件服务提供商必须整合上游提供各类零部件的供应商，倾听顾客的呼声，关注同行或竞争对手，遵守国家法律，才能向顾客提供优质的计算机服务。同样，顾客也必须在相关的计算机技能、软件和其他资源(如电能)的支撑下，才能高效地使用计算机服务。通过整合资源，企业、顾客和其他合作伙伴共同完成价值创造，并实现服务的价值。基于此，瓦格和卢斯(Vargo & Lusch，2008)从宏观层面描述了服务经济中不同行动者的角色，并且提出了服务主导逻辑的第 9 个基本命题——所有社会和经济行动者都是资源整合者。卢斯克等(Lusch et al.，2010)曾经指出，不同行动者溶解(liquefy)自身掌控的资源并调节资源溶解后的密度，是资源整合和价值共创的前提。他们认为知识、技能等操作性资源都是无形资源，通常被淹没在服务经济的海量信息中，或附着在各类物质资源上。行动者必须充分利用自身的知识和技能来溶解它们，剔除低价值或无价值的信息，才能实现资源利用效果的最优化。卢斯克等(Lusch et al.，2010)所说的"密度"是指资源被溶解后所处的状态，而密度的最大化则意味着在恰当的时间和恰当的地点可利用恰当的资源。这是一种理论上的最优状态，在现实中很难达到。为了促使资源密度趋于最大化，行动者必须在形态、时间、地点等方面对溶解后的资源进行调整和配置。工程、流程再造等技术也许对他们有所帮助。

3. 价值创造(涉及基本假设 6)

在商品主导逻辑下，生产者与顾客被人为地割裂开来。因此，价值创造也被视为一个离散的过程：生产者通过完成一系列生产活动把价值嵌入商品中，然后把商品投入市场与顾客进行交易，最终实现商品的交换价值。可见，商品主导逻辑不但把顾客排除在价值创造过程之外，而且把他们视为纯粹的价值消耗者或毁灭者。而服务主导逻辑把价值创造看作一个连续的过程，并认为顾客与其他相关主体一起完成价值共创。无论直接服务提供者还是以商品为载体的间接服务提供者,提供服务只是价值共创过程中的一个环节,价值共创不会随着这一环节的结束而终止。在服务传递到顾客那里之后,顾客就会利用自身的知识和技能来享受和维护服务,这其实就是在延续价值创造过程。服务主导逻辑把人们关注的焦点由商品主导逻辑下的交换价值转向了使用价值,并且发现顾客在价值创造过程中扮演着不可替代的角色。因此,我们可以这样来理解:在服务主导逻辑下,顾客被作为一种作用于对象性资源的操作性资源,并且由他们来最终完成价值创造过程。由此,瓦格和卢斯克(Vargo & Lusch,2008)提出服务主导逻辑的基本假设 6:顾客总是价值的共同创造者。2016 年,瓦格和卢斯克从更一般化的角度将基本假设 6 修正为:价值由多个行动者共同创造,总是包括受益者。

4. 价值传递(涉及基本假设 1、2、3、5)

知识、技能等操作性资源在经济活动中的支撑性作用已经十分明显,我们也已经从理论上接受了服务主导逻辑。但在我们的观念深处仍然没有彻底摆脱商品主导逻辑的影响,目前通行的 3 个产业划分即是典型的例子。目前,3 个产业划分法不但与服务主导逻辑相悖,而且会扭曲国民经济统计数据。早在 1994 年,美国经济分类政策委员会(American Economic Classification Policy Committee,AECPC)就已经指出:"由于运营策略不同,企业组织的某些业务在不同情境下被归入不同的产业,最终导致社会经济统计数据的扭曲。"以汽车制造企业的整车物流业务为例,如果这项业务由汽车制造企业自己完成,所实现的利润就归入制造业的统计数据;如果汽车制造企业把这项业务外包给第三方物流公司,所得利润就被视为服务业的产出。针对这种状况,舒甘(Shugan,1994)曾经指出对于经济的理解应由"制造型"向"服务型"转变。瓦格和卢斯克(Vargo & Lusch,2004)也提出了服务主导逻辑的第 5 个基本假设:所有经济都是服务经济。在服务经济中,市场被视为服务流通的场所。因此,应该依据与服务相关的操作性资源来重新划分不同的产业。例如,农业主要涉及耕作、培育等方面的知识,工业以大规模定制、组织管理等为依托,而信息服务业则与信息技术以及纯粹的、非显性的知识交易为前提。由此,服务在经济中的作用不但会变得日益重要,而且必将成为整个经济的主导因素。

操作性资源的分布是不均衡的,就不同市场主体的生存与福祉而言,实际分布不可能达到理论上的最优状态。因此,进行专业化分工就成了各市场主体乃至整个社会发展的有效方式。专业化分工为市场主体实现自身规模效益最大化创造了必要条件，但也迫使他们局限于某个狭窄领域。为了争取更多的资源以谋求进一步发展，各主体之间必须进行市场交易。但问题也随之而来——市场主体究竟交易什么？关于这个问题，商品主导逻辑和服务主导逻辑给出了两种截然不同的观点：前者认为有形商品是市场交易的根本，而后者把服务视为市场交易的基石。

亚当·斯密早在《国富论》中就探讨过这个问题。起初，他认为市场交易的基础是人类对于知识的应用。但作为经济学家，他又必须对"如何积累国家财富"等重大社会问题作出合乎时代背景的解释。在亚当·斯密所处的那个时代，通信技术十分落后，有形商品输出为国家积累财富作出了巨大贡献。因此，亚当·斯密把商品交换视为市场交易机制的核心，而忽视了操作性资源在其中发挥的重要作用，也没有重视顾客如何使用商品的问题。最终，亚当·斯密违背了他的初衷，把商品作为市场交易的基础。这一思想也成了古典经济学的拱心，并对众多领域产生了深远影响。不过，也有学者发出过不同的声音。比如巴斯夏（Bastiat，1860）指出，经济活动的目的是满足人们的需求，根本的市场法则是"为获得服务而进行服务交易"；也有学者认为，"我们需要的不是解释市场交易所产生的价值，而是基于市场阐述价值的产生过程"。这些观点在当时虽然引起了一些反响，但由于受到时代的限制，始终被古典经济学的阴影所笼罩，没能对亚当·斯密所倡导的主流理念产生实质性的冲击。20世纪80年代以后，全球经济快速发展，国际交流日益频繁，以 ICT 为代表的新兴技术大大促进了知识、技能等操作性资源的传播。在全球范围内，大量知名企业（如阿迪达斯、耐克等）通常仅保留知识最密集、最具价值的业务流程，而把其他业务流程全部外包出去。人们逐渐意识到知识和技能已经成为最重要的资源，也是市场交易中最根本性的因素，顾客对于这些因素的感知决定了市场交易的最终价值。基于此，瓦格和卢斯克（Vargo & Lusch，2008）提出了"服务是交易的根本基础"（服务主导逻辑的基本假设1），由此回答了"市场主体究竟交易什么"这个问题。

基本假设1在理论上的合理性是毋庸置疑的，但随着市场规模的扩大以及组织层级的增加，在现实生活中已经很难发现市场主体之间直接进行的服务交易。在外部市场上，不同的市场主体通常以货币为媒介，以自身的需求为动力，通过间接交易实现资源的重新配置。而服务这个一切经济交易的根本性基础逐渐被隐没在各种不同的间接交易中,"为获得服务而进行服务交易"的市场法则也被间接交易过程的繁杂环节所掩盖。人们的关注点集中在以货币为代表的市场媒介物上,把市场交易的目的通俗地理解为获取更多的钱财。例如,某矿工为某煤矿企业服务后获得了一定的货币收入,然后用它来购买粮食。根据基本假设1,在这个例子中,矿工提供的采矿服务与农民提供的耕作服务进行了交易。但是,这一交易因煤矿企业的加入变得复杂。随着组织规模的逐渐扩大,这一现象也会发生在组织内部。例如在一家大型制造企业里,每个员工都面对两类顾客:一类是外部市场顾客,另一类是内部市场顾客(即企业内部员工)。除一线市场服务人员外,大企业的员工往往不会认为会用自身的知识和技能同外部市场上的顾客发生交易,因为两者之间存在大量中间环节;同时,除非有类似于流水线上、下道工序的合作关系,否则大企业的员工也很难意识到自己与其他员工之间存在交易关系。因为员工之间的交易是间接的、不易察觉的,而且也不会给他们带来直接的回报。员工们只把自己看作企业的雇员,对自己的交易对象不承担任何直接责任。为解决这些问题,全面质量管理等先进管理方法应运而生(Cole & Mogab,1995),这些方法对顾客、质量等问题进行了重新界定。为了避免基本假设1的观点被上述现象所隐没,瓦格和卢斯克(Vargo & Lusch,2008)提出了基本假设2:间接交易掩盖了交易的根本基础。基本假设2是对基本假设1的补充,它提醒我们:虽然市场交易通常是间接交易,但"服务是交易的根本基础"这一观点依然成立。

基本假设1和基本假设2确立了服务在市场交易机制中的主导地位。但以知识、技能为支撑的服务有时不能直接用于交易,需要依附于某些载体,通常由商品来充当这种载体。例如,上文提到的采矿技术、耕作技术并不能直接用于交易,而需要借助矿工开采的煤炭和农民耕种的粮食才能在市场上交易。早在20世纪90年代,普拉哈拉德和哈默尔(Prahalad & Hamel,1990)以及古米森(Gummesson,1994)等学者已经意识到不能只从物质的角度看待商品,而应该把商品作为知识和技能的具体体现或者传递服务的手段。后来,里夫金(Rifkin,2000)也认为,商品是实现顾客高层次需求的平台。商品带给人们的不只是物质上的占有,还有更高阶的体验,如自尊、社会地位、自我实现等。为了阐明商品在市场交易机制中所扮演的角色,瓦格和卢斯克(Vargo & Lusch,2004)提出了基本假设3:商品是服务提供的分销机制。

5. 价值评价(涉及基本假设8和10)

瓦格和卢斯克(Vargo & Lusch,2016)进一步描述了不同行动者之间的关系,并且提出了服务主导逻辑的第 8 个基本命题:服务中心观必然是受益者导向和关系性的。其中,"关系性"表明了不同资源整合者之间相互制约、相互影响的关系,这种关系性使得服务经济成为一个庞大的系统;而"受益者导向"则强调受益者在服务经济中的核心地位,并且规定了资源整合者之间"关系性"的利益取向,即通过合作实现合作伙伴利益的取向。

在明确了行动者(含受益者)在价值共创中所扮演的角色之后,瓦格和卢斯克(Vargo & Lusch,2008)进一步解释了受益者对价值共创结果的影响,并提出了基本假设 10:价值总是由受益者独特地用现象学的方法来决定。此处的价值当然是指使用价值,与之相关的实例在现实生活中比比皆是。例如面对一款智能手机,技术经验丰富且倾向于率先采用新技术的顾客通常可以自如地操作智能手机,使得该手机的使用价值得以充分体现;同样的手机在技术经验欠缺的顾客手中,使用价值就大打折扣。选修同一教授的课,基础好且对该课程感兴趣的学生可以接受更多的知识,取得良好的学习效果,使教授的讲课服务充分发挥其使用价值。通常来讲,同样的服务在同一时间针对不同的受益人就会产生不同的使用价值;同样的服务在不同的时间针对同一受益人所产生的使用价值也可能截然不同。某种服务的使用价值本身并无客观的评判标准,完全取决于受益者的自身特征(如知识、技能)和使用服务的情境。用瓦格和卢斯克(Vargo & Lusch,2008)的话来说,使用价值必须由受益者独特地用现象学的方法来决定。它是一种主观感知价值,并且具有体验性和情境依赖性。因此,瓦格和卢斯克(Vargo & Lusch,2008)认为,用情境价值(value in context)来取代使用价值或许更加贴切。

6. 服务生态系统(涉及基本假设 11)

瓦格和卢斯克(Vargo & Lusch,2016)意识到,各类行动者共同推进价值共创并不是无组织进行的,他们必然会受到某些因素的制约,或在某些因素的协调下开展工作。因此,两位学者基于新制度理论,进一步对服务主导逻辑的理论体系进行拓展,提出基本假设 11:价值共创通过行动者创造的制度和制度安排来协调。

从一个更加宽泛的层面来看,瓦格和卢斯克(Vargo & Lusch,2016)把服务经济中的不同行动者看作一个旨在汇集各种资源的服务系统(service system)。而服务系统要以组织网络、信息网络为支撑,在服务经济这个大环境下进行资源整合、资源共享和价值共创,从而构成一个名副其实的价值共创网络,即服务生态系统。它是"一种不同的社会性和经济性行动主体基于自发感知和响应,根据各自的价值主张,以制度、技术和共同语言为媒介,为了共同生产、提供服务和创造价值而进行互动的松散耦合型时空结构"。在服务生态系统中,行动者的最终目的不再局限于实现自身和合作伙伴的利益,而是提高整个服务生态系统的适应性和可持续性(见图 2-2)。

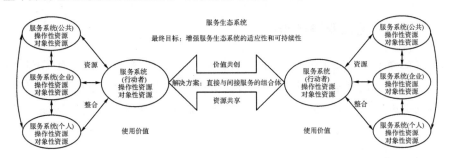

图 2-2　服务生态系统

资料来源:李雷,赵先德,简兆权,2012.电子服务概念界定与特征识别——从商品主导逻辑到服务主导逻辑[J].外国经济与管理,34(4):2-10.

2.5　服务主导逻辑下的现代服务

2.5.1　现代服务的定义

在服务主导逻辑视域下,服务被定义为"某实体为了实现自身或其他实体的利益,通过行动、流程和绩效对自身知识、技能等专业化能力的应用"(Vargo & Lusch,2004)。这一服务定义超越了商品主导逻辑中"分"的思想,而把具体的商品和服务统一于服务本身。由此,具体的商品作为传递服务的工具就成了间接服务的手段。必须注意的是,这并不意味着商品与服务之争中的服务最终胜出。其实在服务主导逻辑下,商品与服务已经不是同一水平上的概念。因此,两者的争斗也就不复存在了。

针对此问题,卢斯克和瓦格(Lusch & Vargo,2006)进一步解释道,英文中复数形式的服务"services"属于商品主导逻辑的范畴,被视为一种无形产出,与复数形式的商品"goods"相对立;而单数形式的服务"service"属于服务主导逻辑的范畴,作为"对操作性资源的利用"的解释。服务主导逻辑认为服务是一个过程,在这个过程中需要为他人或者与他人一起做某些事情,这个过程有时需要借助商品作为提供服务的工具。在服务主导逻辑下,复数形式的服务"services"是不存在的,商品也成了单数形式的服务"service"的一部分,从而解决了商品与服务之争。

2.5.2 现代服务的特征

泽瑟摩尔等(Zeithaml, et al. , 1985)认为,传统服务主要具有 IIHP 特征。由于受时代背景的限制,IIHP 特征所描述的服务概念均是以商品主导逻辑为前提的。但是,服务主导逻辑下的现代服务是否还具备上述特征,值得反思。

1. 是否具有无形性?

在服务主导逻辑视域下,商品与服务不再是同一层面的概念,商品已经成为传递服务的物理载体和工具。在这种背景下,商品并非完全无形。例如,我们购买的智能手机,就本质而言,我们购买的是一种服务,可以简单地将这种服务概括为"设计和制造智能手机的知识和技能"。然而,这些无形的知识和技能必须依托看得见、摸得着的物理载体,才能传递到顾客手中。此时,服务既包含了无形的成分,也包含了有形的成分。

2. 是否具有不可分离性?

就服务主导逻辑所秉持的基本观点而言,"不可分离性"在服务主导逻辑视域下依旧存在。但是从服务主导逻辑所扎根的信息化、数字化背景而言,"不可分离性"或许会被打破。以当今时代常见的电子服务为例,电子服务的大部分活动发生在"后台",顾客无须出现在服务的物理现场。当他们需要体验服务时,只需在"前台"的虚拟站点发出指令,即可通过虚拟渠道便捷地享用服务。在此过程中,传统服务的"不可分离性"特征被打破。服务提供者无需与顾客面对面、完全同步地参与服务提供过程,他们在电子服务发生之前就可以对服务内容进行设计和生成。

3. 是否具有异质性?

服务主导逻辑的基本假设 10 指出,价值总是由受益者独特地用现象学的方法来决定。从这一点出发,无论商品主导逻辑视域下的传统服务,还是服务主导逻辑视域下的现代服务,都具有异质性。但是在当今数字化的背景下,即插即用的服务模块更加常见,标准化服务也更加流行,这就为现代服务打破"异质性"提供了条件。

4. 是否具有易逝性

服务主导逻辑并未对"易逝性"进行直接论述,但是就当今数字化时代背景而言,"易逝性"这一问题可以得到有效解决。例如,大量电子服务在顾客使用之前事实上已经储备在后台数据库或云端,顾客需要时随时调用即可。但是,纯粹发生在物理空间中的服务,无法解决这一问题。

2.5.3　现代服务经济

现代服务经济主要受信息技术、互联网等因素的影响,这些因素可以被视为知识进步的产物。因此,现代服务经济的本质可以被认为是知识经济。

20 世纪末,在 OECD 明确提出"知识经济"的概念之后,全球范围内掀起了一股讨论知识经济的热潮(张乾友,2021)。梳理相关文献不难发现,学者们对知识经济的内涵有着较为一致的认知,即知识经济是指以知识为基础、以知识信息为核心、以知识劳动为主要形式,建立在知识生产、分配和使用的基础之上,通过对知识进行创新和使用扩大劳动的功能,进而产生高质量、低消耗、知识密集型的产品,并且实现社会生产过程高效管理的一种经济形态。

知识经济是和农业经济、工业经济相对应的概念,具有以下 4 种特征。

1. 知识密集型

知识经济的主要支柱是以高新技术为代表的科学知识和以智能为标志的人才教育,其中知识是知识经济的基础。随着产品制造模式向知识密集型产品转移,知识将全面渗透社会生产的各个环节。在包括农业和制造业在内的所有产业中,知识的密集度会越来越高。

2. 结构立体型

在知识经济中,科学、技术、生产三位一体,构成了立体式经济结构。与此同时,知识经济使工业企业和服务业之间的界限变得模糊,缩短了科学技术转化为生产力的周期,使得科技研究完全面向生产,理论和实践的结合达到了前所未有的最佳点。

3. 服务全球化

知识经济的表现形式是数字化信息经济。随着计算机互联网技术和现代通信技术的发展,知识经济缩小了国家之间的空间,使得研究开发活动更加全球化。此外,知识的共享性有助于在知识经济社会中形成全球性服务的环境。

4. 知识商品化

知识是未来市场竞争中的决定性因素,知识经济赋予知识特殊价值。一般情况下,知识通过物质载体和生命载体体现它本身的经济价值。其物质载体是知识性的实物产品,其生命载体则是知识型人才。知识通过其物质载体的交换实现其价值,人才的价值则表现为人才为社会创造财富。

总体来看,以知识经济为本质的现代服务经济使我们的生存环境和生活发生了极大的变化,也使得当代世界、当代中国的经济生活达到了一个崭新的境界。

2.6 现代服务管理"六部曲"

在服务主导逻辑视域下,服务被定义为"某实体为了实现自身或其他实体的利益,通过行动、流程和绩效对自身知识、技能等专业化能力的应用"。这一定义从过程的层面对"何为现代服务"进行了诠释。因此,现代服务管理可以理解为对这一过程进行管理。

如上文所述,本书将服务主导逻辑的 11 个基本假设归纳为 6 类——价值主张(涉及基本假设 7)、资源整合(涉及基本假设 4 和 9)、价值创造(涉及基本假设 6)、价值传递(涉及基本假设 1、2、3、5)、价值评价(涉及基本假设 8 和 10)和服务生态系统(涉及基本假设 11)。

在此基础上,本书立足过程的层面,进一步将价值主张界定为现代服务管理的起点;将资源整合界定为现代服务管理的基础;将价值创造、价值传递、价值评价统称为价值共创,界定为现代服务管理的核心;将服务生态系统界定为现代服务管理的载体。本书将这 6 个因素统称为"现代服务管理'六部曲'"。

下文将依次介绍现代服务管理"六部曲"的各个部分。本书第二篇包含 3 章,主要介绍价值主张。其中,第 3 章对价值主张进行概述,第 4 章介绍价值主张的理论基础,第 5 章介绍价值主张的提出及其效用。第三篇包含 3 章,主要介绍资源整合。其中,第 6 章介绍传统资源整合的西方观点,第 7 章介绍传统资源整合的东方智慧,第 8 章介绍合法性资源整合。第四篇包含 3 章,主要介绍价值共创。其中,第 9 章介绍价值,第 10 章介绍价值传递,第 11 章介绍价值评价。第五篇包含 3 章,主要介绍服务生态系统。其中,第 12 章对服务生态系统的基本理论进行概述,第 13 章介绍制度和制度安排,第 14 章介绍制度创业与服务生态系统治理。

2.7　本章小结

本章从商品与服务的"和解"着手,首先介绍了由对象性资源观向操作性资源观的变迁,以及由此引发的由商品主导逻辑向服务主导逻辑的重构。其次,阐述了服务主导逻辑的演化历程和主要观点,并对服务主导逻辑视域下现代服务的定义、特征以及现代服务经济的概况进行了介绍。最后,指出本书将从价值主张、资源整合、价值创造、价值传递、价值评价和服务生态系统 6 个方面构建现代服务管理的内容体系,并对各部分内容加以阐释。

第二篇

价值主张

第3章 价值主张概述

3.1 导入案例

带你了解"价值主张"

"今年过节不收礼,收礼只收脑白金""怕上火,喝王老吉"……这样的广告语你一定听过,而通过产品的广告语来了解企业的产品定位是顾客感知企业或企业提供的产品或服务的最直接的方式。事实上,一个企业的广告语在一定程度上可以体现其价值主张,这是因为从广告语中就可以看出企业产品或服务定位和拟解决的顾客痛点。价值主张告诉顾客为什么他们应该选择你而不是你的竞争对手,并且从一开始就把你的产品或服务能带来的好处、拟解决的顾客痛点清晰明了地传达给顾客。下面,通过一个具体的案例带大家了解企业如何通过设计"价值主张"赢得市场。

腾讯公司微信旗下的企业微信组织是中国数字化沟通与办公管理领域的领先组织,主要围绕微信组织面向 B 端企业级顾户开展企业人员与办公管理、供应商沟通与管理等以数字化平台工具为基础的相关业务。企业微信作为"企业的专属连接器",于 2016 年 4 月 18 日上线。截至 2020 年底,企业微信已拥有超过 1.3 亿的活跃用户数,连接微信用户数超过 4 亿,拥有 1300 多万名企业服务人员,覆盖全国 50 多个行业的企业级办公管理业务。短短 4 年时间的发展,为什么企业微信能在市场中占据如此重要的地位?

企业微信把自身的价值主张定位为:无微不至、协同共生,好沟通造就不一样的价值。其独特的价值主张赋予了其独特的地位。通过分析我们发现,企业微信价值主张的特征以"内部管理数字化"与"数字化连接"为核心,其所提供的产品与服务是"连接力"的有效载体和充分实践。企业微信成功地串联了产业的上下游,为开发商、服务商、SaaS 提供商构建桥梁。同时,针对企业与外部生态的衔接,企业微信将内部员工、顾客、供应商连接起来,实现了人与人、人与企业,人与顾客的价值孪生。例如中国交通建设集团作为企业微信的使用者之一,通过企业微信联通了 150 多个国家的超过 16 万名员工。"一键登录"500 多个系统,完美地诠释了企业微信所提供的"连接力"这一核心价值主张。在医疗、教育等行业,企业微信同样也发挥了非常重要的作用。

为了帮助读者对价值主张有更好的理解,我们还列举了部分企业的价值主张及其特征(见表 3-1)。

表 3-1 部分企业价值主张的定位与属性

典型企业	价值主张描述	价值主张特征
阿里巴巴	让天下没有难做的生意	阿里互联网平台与企业及个人商户做生意、改变生活水平的发展诉求
IBM	有"智"者事竟成	技术创新的价值及其与人类面临挑战的痛点间的匹配
格力	好空调格力造 & 让世界爱上中国造	格力研发质量领先的产品,满足顾客获得高性价比空调的需求
微软	以赋能为使命:予力全球每一人、每一组织,成就不凡	个人与企业客户创新能力不足及其持续发展需求

资料来源:陈春花,梅亮,尹俊,2021.数字化情境下组织价值主张的识别与开发:基于企业微信的案例研究[J].管理评论,33(1):330-339.

思考:你如何理解价值主张? 列举 3 家你所熟悉的企业的价值主张及其特征。

3.2　价值主张的定义与特征

3.2.1　价值主张的定义

价值主张这一概念源于麦肯锡公司顾问兰宁和麦克斯（Lanning & Michaels，1988）在一次工作中，将价值主张定义为向顾客群体提供的利益和顾客将要支付的价格的承诺。近年来，它作为一个专业术语，越来越频繁地出现在营销学、战略学等不同学科的文献中，成为管理学中应用最为广泛的概念之一（Carter et al.，2008）。然而，由于价值主张术语出现在不同学科，具有多种应用情境，不同学科领域的文献对价值主张的概念存在多样化的理解。梳理现有文献，关于价值主张的定义主要有以下几种观点。

1. 以产品定位为焦点的价值主张

营销学从 20 世纪 60 年代起便开始讨论"定位"问题，后来逐渐发展为一门经典理论，即定位理论。学者们普遍认为定位理论不仅可以激发企业的品牌生产力，还可以提升运营绩效。定位理论可以看作学者们对价值主张的早期理解，此时学者们更多地强调企业要以竞争为核心，以击败或超越竞争对手为目的，企业要想获得持久盈利就要为自身的产品或品牌设定一个与众不同的、简洁明了的以及易于传播的定位。与定位理论同时产生的还有以下观点，这些观点多将价值主张与产品本身以及企业品牌密切联系在一起。瑞夫斯（Reeves，1961）首先提出了基于产品本身的 USP 理论，其包括利益承诺、独特、强而有力 3 个要点。坎比尔（Kambil，1997）将价值主张描述为产品或服务满足顾客需求或提供增值服务的独特价值驱动因素。波特（Porter，1998）认为价值主张定义了供应商是用什么满足顾客需求，特别是界定了产品与服务是如何通过其独特性满足顾客需求并提高绩效的。巴奇等（Bagchi et al.，2000）指出，价值主张可以被理解为企业将产品或服务提供给顾客时所呈现和被感知的优点。安德森等（Anderson et al.，2006）提出，价值主张是指那部分能够为顾客、伙伴或内部员工创造价值并最终为企业带来显著价值的要素形态或要素形态组合。价值主张是对企业将在哪里以及如何创造或发掘价值的思路的清晰概要表达，具有与众不同、顾客感知、可衡量、可持续等特征。以产品定位为焦点的顾客价值主张是对企业、企业的提供物以及运行方式等方

45

面的描述,其清晰地阐明了企业的产品和服务与其竞争对手的不同以及企业自身的独一无二之处。

2. 以顾客和企业关系为焦点的价值主张

当前,越来越多的学者将价值主张与顾客紧密联系起来,认为价值主张是企业对顾客的一种"承诺"。这种承诺不仅要被顾客所感知,同时也能为顾客和企业关系带来一种互惠效应。兰宁(Lanning,1998)指出,价值主张必须精确地定义企业拟向顾客提供的内容,价值主张是与顾客相关的,但却是为了企业内部使用的。价值主张是"相对于竞争对手而言,顾客在与企业互动过程中所获得的体验"。巴特尔(Buttle,1999)认为价值主张是企业提供给顾客一个特定的产生利益的价值,是企业对顾客可以从企业提供的产品或服务中所能获得的有形结果的清晰阐述。瓦格和卢斯克(Vargo & Lusch,2004)认为企业不能创造价值,只能提供价值主张;价值也不是从企业到顾客的线性机制,而是在使用过程中由所有行动者共同创造,且价值主张设定了对使用价值的期望。一些学者认为,价值主张实际上是顾客与企业之间的一种"互惠承诺"。费罗和佩恩(Frow & Payne,2008)将价值主张进一步描述为"两个交易双方之间在共同创造价值上的互惠承诺"。科沃科夫斯基(Kowalkowski,2011)在服务主导逻辑的基础上指出,价值主张是一个互惠知识交换的共同创造实践。从上述定义中可以看出,以顾客和企业关系为焦点的价值主张被视为"企业从顾客视角出发,顾客所感知的一种价值承诺"。这种观点将价值主张研究从产品导向转变为顾客导向,从企业视角转变为顾客视角,使价值主张的研究逐步深入个体顾客的微观层级,拓展了价值主张的应用。

3. 以战略导向为焦点的价值主张

随着商业模式作为一门独立学科的兴起,价值主张作为商业模式的构成要素日渐为学者们所重视。蒂斯(Teece,2010)认为,价值主张是商业模式的灵魂,也是商业模式创新的源头和出发点。哈迪(Hardy,2005)提出一个清晰的价值主张是有效开展创新的前提,价值主张必须被严格定义,并被员工、顾客、股东和投资者所清晰沟通和深刻理解。马格勒塔(Magretta,2002)指出商业模式中的价值主张作为企业家的一种远见,回答了与企业战略有关的一系列问题,包括"谁是你的顾客?顾客看重什么?企业如何赚钱?"等。切斯伯勒等(Chesbrough et al.,2002)认为,价值主张是对顾客的问题、企业拟提供的解决方案和价值的一种描述。价值主张描述了一个企业提供物区别于其竞争对手的差异化之处,解释了顾客从该企业购买的原因。多兹等(Doz et al.，2010)将价值主张理解为企业家的"远见"，并认为这种远见是不能通过模型推理得出的，也不能通过聚敛趋势分析等予以识别。蒂斯(Teece，2010)指出企业家需要洞察顾客，对顾客的根本性需求、竞争对手是否满足这些需求等"深层真相"有很好的理解，而价值主张就是需要企业家提炼关于顾客的欲望、顾客如何评估、未来行为的本质和可能的成本，以及竞争能力等方面的根本性真相。从上述商业模式研究者对价值主张的描述中可以看出，他们将价值主张理解为一种战略导向，认为它是企业在开展新业务、设计新商业模式时，面对未知的顾客和市场，对潜在顾客需求以及企业如何运作才能满足这种需求所作出的一种假设。这种假设是一种创新性的理念，能够清楚地阐明企业的业务本质。

综上，在商品主导逻辑的背景下，顾客像资源一样，成为被俘获或作用的对象，传统营销文献所提及的"细分市场、吸引顾客"就是这种逻辑的鲜明体现。因此，部分学者从商品的角度出发，将价值主张理解为"商品营销口号"，体现为"企业如何感知企业本身所传递的价值"。作为一种营销口号，价值主张确认了企业对潜在顾客的实用意义，力求能够引人注目、传达信息、说服顾客。随着时代的发展，商品主导逻辑转变为服务主导逻辑。部分学者将价值主张定义从商品导向转变为顾客导向，从企业视角转变为顾客视角。在服务主导逻辑中，人们交换是为了获取特定能力的利益或服务。顾客不再是待俘获的资源，而是服务的共同创造者。营销是与顾客相互作用的互动过程，而价值主张就是企业和顾客通过多次往复沟通所达成的一种互惠的价值承诺。本书认为，应结合顾客和企业两个方面来理解在价值主张中，企业和顾客应该被看作一个价值共创的组合体，价值主张是企业与顾客对话的前提。企业和顾客提出自己的价值主张，最终目标是价值共创。

3.2.2　价值主张的特征

通过对现有文献的梳理归纳，本书总结出价值主张具有共创性、互惠性和动态性 3 种特征。

1. 共创性

诺曼等(Normann et al.，1993)认为供应商可以获得有关原材料来源的信息，以换取他们承诺以低价提供高质量的产品和服务。因此，价值主张确定了在顾客、焦点企业和其他供应商之间共同创造价值的机会。如果从狭义层面来看，价值主张的行动者是企业与顾客双方，一方面企业为顾客提供其所需的产品或服务,解决顾客痛点;另一方面顾客提供企业等值的价钱支付,也将实现企业和顾客双方的价值共创。

2. 互惠性

巴兰坦等(Ballantyn et al.,2011)指出,价值主张可以通过资源整合发起和指导利益相关者进行沟通。因此,价值主张的行动者有企业、顾客、利益相关者等多方主体,可以将这些主体看成一个生态系统。如果在价值主张表达过程中,行动者认识到他们之间是可以合作的,或者与相关方合作可以塑造更好的价值主张,那么行动者各方都会进行资源或知识的互惠。

3. 动态性

卢斯克等(Lusch et al.,2010)将价值主张描述为企业与其行动者网络之间动态且不断变化的连接点,最具吸引力的价值主张可以使企业和顾客产生最强的黏合。实践表明,企业一开始提出的价值主张并不总是成功的,顾客只能对少数企业提出的价值主张作出有利的回应。随着市场的发展,企业也需要根据顾客的需求变化不断地修正其价值主张。企业价值主张的变化不仅可以使新创企业将自身的核心认同和价值观有效地传达给顾客,还可以有效地帮助新创企业将其所拥有的能力和稀缺资源分配到可以满足顾客需求的商品和服务的开发和研究上,以保持持续性优势。因此,价值主张呈动态性。

价值主张典型案例如表 3-2 所示。

表 3-2 价值主张典型案例

企业名称	价值主张描述	表达对象	体现特征
阿里巴巴	让天下没有难做的生意	企业与顾客	共创性
小米	和用户交朋友,做用户心中最酷的公司	生态系统行动者	互惠性
万达地产	原价值主张:住宅地产开发 修正后的价值主张:集商业、娱乐、投资为一体的城市综合体	企业与顾客	动态性

3.3 价值主张的类别

林塔玛基等(Rintamaki et al.,2007)从零售业的角度出发把价值主张分

为 4 类:经济型价值主张、功能型价值主张、情感型价值主张、品牌型价值
主张。

3.3.1 经济型价值主张

经济型价值主张强调的是性价比、成本领先,一般企业进入市场阶段采用
的是经济型价值主张。企业往往会通过市场调研,分析顾客痛点和亟待解决
的问题。当企业准确把握顾客需求时,企业会将自身资源和技术与顾客需要
进行对比,分析其是否具备提供相关产品的能力以满足顾客需要。

创立之初的小米公司处于智能手机行业发展的黄金期,且作为科技型中
小企业具备税收减免的政策优惠条件。因此,在用户对智能手机的需求剧增
的情境下,小米公司选择满足用户对低价格高性能手机的需求。以性价比为
切入点进入手机市场,作出以强调提供性价比高和用户货币成本等要素的经
济型价值主张为主的决策,以此赢得市场、获得用户。

3.3.2 功能型价值主张

功能型价值主张强调的是高效率、核心科技,一般企业在市场稳固阶段采
用的是功能型价值主张。企业在进入市场之后,逐步建立起顾客群。顾客反
馈使用产品后的体验,企业须根据顾客的反馈意见将产品进行升级更新。尽
管建立起了顾客群,但在对产品升级更新的过程中可能会遇到技术壁垒等发
展瓶颈。因此,企业在激烈的市场发展中,以功能型价值主张为导向的战略模
式可以促进企业提升产品性能并区别于其他同类产品,做到差异化,从而实现
稳定市场的目标。

随着市场的发展,顾客需求逐渐攀升使智能手机厂商遇到新的瓶颈。企
业感知到手机行业进入淘汰赛阶段,顾客需求趋于多样化并更关注高科技水
平下的产品性能。基于此,小米公司采取“应用—操作系统—手机”多元化战
略,以颠覆性价格获得市场地位。自主研发芯片并成为第 4 个拥有自主芯片
的手机厂商,致力于解决用户痛点,更好地提供更多、更新的产品功能。因此
在市场稳固阶段,由于资源积累和能力提升为技术创新提供了基础条件,企业
在获得一定市场地位后需要围绕功能型价值主张寻求创新突破,逐步形成核
心技术优势,进而为顾客提供更优质的产品和服务。

3.3.3　情感型价值主张

情感型价值主张强调的是顾客黏性,顾客的感知价值和荣誉感等情感需要是企业在网络时代可以发掘的潜在竞争优势,一般企业在扩大市场阶段会以情感型价值主张为主。情感型价值主张可以增强企业和顾客之间的关系,可以建立企业与顾客之间的对话,便于企业利用顾客资源创新产品,让顾客参与设计以满足顾客多样化的需求,进而达到企业目标——建立顾客群。

在全面、高效的互联网生态环境下,顾客的创新热情和创新能力可为企业带来巨大的商业价值。随着顾客消费模式由功能式向体验式跃升,企业开始关注顾客资源并提出全新的"参与式消费"。小米公司在初期让种子用户跨越空间限制参与 MIUI 系统开发,由此验证了用户参与设计能够在用户需求触发下快速更新产品并赢得用户的情感依赖。同时,小米公司在开发系统期间积累了较多的粉丝资源,促使小米公司具备了基于"开放价值链"整合用户资源与企业内部资源的能力,进而充分发挥小米论坛和小米社区的主导作用,激励顾客参与产品创新。因此,小米公司在市场扩大阶段提出以情感型为主的价值主张,指导企业整合用户资源以满足市场需求。

3.3.4　品牌型价值主张

品牌能给顾客带来除产品实际功能以外的情感价值,产品品牌化能够给企业带来增值和溢价,增加顾客购买产品的可能性。这是因为品牌效应可以建立一种"生活方式",品牌型价值主张很可能会使顾客对产品认可。这种认可来自顾客内心,并会帮助顾客建立一种为企业提供源源不断的资源和价值的"生活方式"。

随着信息技术的发展与应用,以 5G、互联网等为代表的一系列现代信息技术正在快速更迭,5G 技术的成熟也为企业的发展转型带来了机遇。新时代的企业越来越重视产品品牌化,品牌在顾客心中也占据非常高的地位。越来越多的顾客购买产品时都倾向于购买自己喜欢的品牌。采取品牌型价值主张的典型代表之一是小米公司。小米公司创新发展战略,建立生态圈,提出品牌型价值主张。小米公司提供集智能手机、智能家居、日用百货等于一体的产品和服务,还宣布进军汽车生产,使得小米公司的产品逐步帮助用户建立起一种"生活方式",用户购买的产品逐步被小米这个品牌所"包围"。

3.4　价值主张的主要动因

根据对相关文献的归纳总结,价值主张的主要动因体现在 4 个方面,即用户需求、企业家精神、技术创新和市场驱动。用户需求、技术创新和市场驱动是外部影响因素,企业家精神是内部影响因素。

3.4.1　用户需求

需求是指人们在某一特定的时期内,在各种可能的价格下愿意并且能够购买某个具体商品的需要,用户需求是用户对其所要购买的产品或服务的偏好情况。一个产品的成功,一定是建立在对用户的深刻理解上,而不是简单的问用户需要什么。真正的挑战在于建立对用户的彻底理解,因为用户需要的往往不是一个独立的产品,而是一套整体的解决方案。产品需要充分地融入用户的思想,从用户的角度来看待和设计价值主张。只有当企业的价值主张与用户的价值主张高度契合时,两者才能实现价值共创。比如评价用户对电动汽车的偏好情况时,用户不仅需要汽车,更需要一辆可以随时有足够的电、能在路上行驶的汽车。车企不仅需要制造汽车,还要解决用户在意的充电网络问题,如此用户才会更倾向于购买电动汽车。因此,多样性、动态性的用户需求是影响企业价值主张最重要的一个因素。

3.4.2　企业家精神

企业家洞察、想象、思考和判断力的集合构成企业家精神。林德等(Linder et al. ,2000)提出企业家精神的本质就是创新的意识和创业的精神,企业领导层的个人能力和远见直接影响企业价值主张的提出。如何挖掘用户需求?一般而言,用户产生需求包括"主动"和"被动"两种形式。一种是对用户进行问卷调查,或通过大数据等技术手段进行用户偏好分析,获取用户需求;另一种是企业通常会在用户不知道自己需要什么的时候为用户创造需求。在这种情况下,企业家精神会直接影响企业的价值主张。360 集团创始人、董事长周鸿祎说:"战略上要看见未来。一个公司所有的商业逻辑,都藏在创始人对未来的价值主张上。"比如,苹果颠覆手机产业,特斯拉重新定义汽车,都是很经典的例子。特斯拉的销量不是最多的,但它的市值已经超过很多传统车企。为什么资本市场给了特斯拉如此高的估值？其实，这与特斯拉首席执行官马斯克有很大的关系。因为马斯克在布道，在告诉大家未来是什么。特斯拉提出"重新定义汽车革命"的价值主张并成功获得市场，充分证明了企业家精神对价值主张的影响。

3.4.3　技术创新

当技术创新发生并作用于企业所提供的产品或服务上时，企业的价值主张往往呈动态性变化。从用户的角度出发，用户需求随着技术创新发生变化，进而导致企业的价值主张跟随用户需求的变化作动态调整。从企业的角度出发，企业可以利用技术创新降低生产成本或附加产品功能。在满足用户需求的前提下，提出新的价值主张，以此实现和用户的价值共创。例如在网络和数字技术的影响下，用户的阅读习惯和购买习惯都发生了很大的变化，数字出版物、网络书店等对实体书店的生存和发展提出了巨大的挑战。实体书店行业曾在2010年前后陷入"关门潮"，即使有一些书店险渡难关，但也只是勉强维持生存。其中，一些书店迫于成本压力搬迁至城市边缘地带。南京先锋书店打破传统书店以销售图书为主的价值主张，以"书店＋文创"的模式与地方资源创意结合，成为一家包含书店、文化创意馆、艺术咖啡馆、文化大讲堂、画廊、网上书店等多种价值点的"复合式书店"。在每一家先锋书店的连锁门店里，均开设了独立先锋创意馆。馆内手绘地图、手绘明信片、纸质笔记本、南京特色文创等产品琳琅满目，创意十足。最终，南京先锋书店在受数字技术创新影响的这场实体书店转型变革的浪潮中立住了脚跟。

3.4.4　市场驱动

市场驱动影响价值主张的提出一方面表现在企业处于特定的制度环境中，要遵从市场宏观环境的制度；另一方面企业要根据市场的发展，精准获取用户不断变化的需求，调整企业自身的价值主张，以符合用户多元化的需要。比如当年称霸手机行业多年的诺基亚、摩托罗拉，如今早已被时代和用户所抛弃，取而代之的则是苹果、华为等新巨头们。同样，当年柯达、富士等胶卷企业称霸影像市场，无人可以撼动；如今胶卷成为极少数人的"玩物"，单反、微单以及智能手机等在拍照行业大行其道。这一系列行业变革的背后，正是由于市场的驱动。尽管诺基亚、摩托罗拉在手机行业风靡一时，但在智能手机问世以后,诺基亚、摩托罗拉没有应时而变、顺势而为,未能跟随市场的发展精准地获取用户需求,没有及时调整自身的价值主张,从而错过了智能时代的浪潮与风口。最终,被快速成长起来的新对手苹果、华为用智能手机所取代,错失时代变革的机遇。

3.5　价值主张的重要意义

3.5.1　企业表达观念的方式

一般企业表达其观念主要通过其提供的产品或服务,为了让用户能够快速记住自己的理念,企业往往都会用一句独特的、简洁的话对其价值主张进行描述。最为直接的莫过于通过广告语进行表达,而广告语在一定程度上可以被理解为企业的部分价值主张。汉庭酒店提出了"爱干净,住汉庭"的价值主张;知乎提出了"有问题,上知乎"的价值主张;阿里巴巴提出了"让天下没有难做的生意"的价值主张。因此,价值主张是企业表达观念的重要方式,是企业与用户进行对话的前提。

3.5.2　连接企业与用户的桥梁

从商品主导逻辑到服务主导逻辑的转换,是服务经济时代的核心理念。近年来,在互联网、大数据、云计算等技术日新月异的背景之下,用户越来越多地参与企业产品迭代更新和服务改善等方面。大批互联网平台企业迅速崛起,通过设计或重新设计价值主张赢得市场。如小米公司以"用户参与"为价值主张,与"米粉"持续互动,让"米粉"深度参与产品设计和品质管控全流程,让用户能享受高品质产品带来的卓越体验。也正是因为小米公司提供的与用户高度契合的价值主张,使其在 10 年左右的时间就成长为一家"最年轻的世界 500 强"企业。因此,价值主张在连接企业与用户方面具有重要的意义,在改善企业与用户关系方面发挥了重要作用。

3.6　本章小结

本章立足以产品定位为焦点、以企业与顾客的关系为焦点和以战略导向为焦点3个维度,概述了价值主张的定义,归纳了价值主张的共创性、互惠性和动态性等3个特征,并结合已有研究对价值主张进行分类,包括经济型价值主张、功能型价值主张、情感型价值主张和品牌型价值主张。此外,本章从企业内外部探讨了价值主张的主要动因,从两个方面阐释了价值主张的重要意义,指出价值主张对于企业战略实施、顾客参与企业活动具有重要的推动作用。

第4章 价值主张的理论基础

4.1 导入案例

匠心自然，饮水知源：农夫山泉有点甜

企业在开拓市场的过程中，开发与竞争对手有明显差异的产品是非常重要的。但广泛宣传这种差异，进而让顾客认同这种差异更为重要。1998年，娃哈哈、乐百氏以及其他众多饮用水企业的品牌大战已是硝烟四起。在娃哈哈和乐百氏面前，刚刚问世的农夫山泉显得势单力薄。此外，农夫山泉只从千岛湖取水，运输成本高昂。农夫山泉在这个时候切入市场，并在短短几年内抵抗住了国内外众多品牌的冲击，稳居行业三甲，其成功要素之一就在于差异化的价值主张。而差异化的直接表现来自"有点甜"的概念创意——"农夫山泉有点甜"。随着这种简洁、深入顾客内心的广告从1998年4月中旬开始在中央电视台的播放，"农夫山泉有点甜"的声音飞越千山万水，传遍大江南北，农夫山泉的品牌知名度也迅速打响。该广告还被人民日报等新闻媒体评为1999年最好的广告语、中国十大广告策划个案之一。

中文有"甘泉"一词，意思是甜美的水。"甜"不仅传递了良好的产品品质信息，还让人联想到了甘甜爽口的泉水，喝起来自然感觉"有点甜"。农夫山泉的水来自千岛湖，是从很多大山中汇集的泉水。经过千岛湖的净化，完全可以说是甜美的泉水，因此说"农夫山泉有点甜"是实在的。这句广告语不仅传递了良好的产品品质信息，还诠释了广告的艺术内涵，体现了农夫山泉的差异化宣传策略。"有点甜"在今天已经成为农夫山泉天然水品牌的传播标志。当初农夫山泉企业确定这一宣传标语时，饮用水市场正在集体以"品质如何纯净"为卖点，"有点甜"以口感承诺为诉求差异化，借以暗示水源的优质，使农夫山

泉形成了感性偏好、理性认同的整体策略。基于此,农夫山泉在比娃哈哈、乐百氏等企业后进入市场、市场环境更困难的情况下快速获得了成功。

资料来源:https://doc. mbalib. com/view/abd18730e082dea6fa507606f4afee82. html;https://www. sohu. com/a/120195043_467981.

思考:"农夫山泉有点甜"这句广告语好在哪里?

4.2 理论一:USP 理论

4.2.1 提出背景

20 世纪 50 年代,经济得到迅速恢复并飞速发展。社会产品的数量和品种明显增加,但产品之间的差异化程度较大,产品的同质性还不是很强。企业的生产能力进一步提高,市场格局已由卖方市场转向买方市场。由于产品品种的增多和竞争的加剧,单靠一般化、模式化的广告创意和表现已不能引起受众的注意和兴趣。必须力求详细介绍产品的特点,指出产品之间的差异,以增强广告销售的效果。于是,广告大师瑞夫斯(Reeves)在继承了霍普金斯科学的广告理论的基础上,结合达彼思公司多年的广告实践,于 1961 年在《实效的广告——达彼思广告公司经营哲学:USP》一书中系统地提出了 USP 理论,要求向顾客提出一个"独特的销售主张"(unique selling proposition),而且这个主张是其他竞争对手没法做到的。USP 理论应运而生,瑞夫斯因此被誉为"科学派"的旗手,他提出的 USP 理论被称为"科学的推销术"。

4.2.2 基本观点

通过梳理,USP 理论主要有以下 3 个基本观点。

第一,一则广告必须向顾客明确陈述一个消费主张。所谓一则广告必须向顾客明确陈述一个消费主张,即这一主张必须是独特的,与其他同类产品相比具有独特的功能,能给顾客带来独特的利益和好处,由此建立广告产品独一无二的"卖点"和"说辞"。我们所熟知的广告史上的两则经典案例:"比起其他过滤嘴香烟来说,总督牌的独到之处在什么地方? 只有总督牌在每一支过滤嘴中给你两万颗过滤凝气瓣""M&M 巧克力豆只溶在口,不溶在手",都是瑞夫斯给我们留下的基于 USP 理论的广告杰作。

第二,这一主张是其他竞争对手不能提出或不曾提出的。在产品同质化的情况下,同类产品往往表现出功能上的异同,有时很难在产品本身找到其功能上的独特性。在对产品进行客观分析、获取大量相关信息后,从中找出该产品值得购买并与竞争对手有所区别的功能,再把这种功能转化为对顾客的关键需求,包括产品材料的特性、产品价格的特性等。研究竞争对手也是必不可少的环节,对竞争对手的优劣势进行评估,了解竞争对手有哪些做不到而自身能做到的方面。对竞争对手的研究有助于对比发掘自身产品的独特性,找到独特的销售主张,使产品及其广告具有区别于竞争对手的独特属性,从而实现差异化。它强调的是第一声呐喊就要有特性,以达到一鸣惊人的效果,因为买方市场很难给你第二次机会。要让某一产品在琳琅满目的产品中突显出来,引起顾客的注意,就必须亮出特性。目前的状况是许多产品的设计千篇一律,质量、价格也相差无几,因此缺乏特性,难以引起顾客的注意。

第三,这一主张必须对顾客具有强大的吸引力和打动力。即广告向顾客提出的主张或利益承诺必须强有力地打动顾客,找到产品与顾客的共振点,使顾客产生共鸣,促使顾客做出购买行动,最终促进销售。相反地,一个对顾客来说无关紧要、不能打动他们的主张,即使再独特也没有效果。顾客会无视它的存在,这样的广告活动并不会产生实质性的效果。也就是说,广告所建立的销售说辞必须从产品本身出发,必须建立在产品的基点之上。但是又不能只见产品而不见顾客,还必须考虑广告人苦心从产品中寻找出来的 USP 是否能使顾客感兴趣,是否能为顾客所接受,而不是完全的"自说自话"。

4.2.3　理论应用

USP 理论目前多应用于营销领域。USP 理论的核心理念是企业要向顾客表达一个主张,让顾客明白购买自己的产品可以获得什么样的具体价值,并且这个价值是其他竞争对手做不到或无法提供的,以打动、吸引顾客购买产品。下面,我们通过一个案例来了解 USP 理论的应用。

脑白金:吆喝起中国礼品市场

在中国,"今年过节不收礼,收礼只收脑白金"的广告语人尽皆知。它看似简单,却创造了销售奇迹。脑白金曾一度成为中国礼品市场的第一代表。

睡眠问题一直是困扰中老年人的难题。据统计,国内至少有 70% 的中年人睡眠不足,90％的老年人经常睡不好觉。"睡眠"市场如此之大,然而在红桃K携"补血"、三株口服液携"调理肠胃"概念创造中国保健品市场的高峰之后,保健品行业的信誉跌入谷底。在这种情况下,脑白金单单依靠"睡眠"这一概念很难迅速崛起。但脑白金在1997年上市之后,经过5年的发展,从2002年开始,史玉柱新创的品牌"脑白金"变得家喻户晓。作为单一品种的保健品,究竟是什么原因促使脑白金在极短的时间内迅速赢得市场,并登上中国保健品行业"盟主"的宝座,引领中国保健品行业长达5年之久?

通过分析我们发现,脑白金成功的最主要的因素在于向顾客表达了一个"独特的销售主张"——"送礼"。在产品命名方面,脑白金的命名体现了其将产品功效从一般保健品的睡眠与肠道功效提升到大脑层面,将自身定位成一个完全独特的、与众不同的产品,给顾客一种直观的感受。在广告宣传方面,脑白金抓住了中国人礼尚往来的习惯,定位"礼品"这一特性。中国,礼仪之邦,有年节送礼、看望亲友送礼、年轻人对长辈送礼等种种送礼行为,脑白金独特的销售主张使得其成功地在极短的时间里跃居中国保健品行业首位。

资料来源:https://www.sohu.com/a/120195043_467981.

4.3　理论二:定位理论

4.3.1　提出背景

20世纪70年代初,在继承瑞夫斯 USP 理论的基础上,里斯(Ries)和特劳特(Trout)提出了具有里程碑意义的定位理论,使营销理论由传统走向现代,开创了一种新的营销思维模式。后经不断完善,其将相关观点集中反映在1981年出版的名为《广告攻心战略:品牌定位》的专著中,标志着定位理论的正式诞生。定位理论的提出主要基于当时的广告传播背景和生理学、心理学关于顾客心理机制的最新研究成果。《广告攻心战略:品牌定位》一书指出,我们生活在一个过度沟通的社会,传统及新型媒体使人们每天都受到大量信息的冲击。他们使用了一个经典比喻来形容这一情形:"市场上的噪声太多,普通人的大脑已经是一块吸满水的海绵,只有挤掉已有内容才能吸收新的信息。然而,我们却还在往那块过分饱和的海绵里灌输更多的信息。"一方面大脑的有限性使得人们面对这种令人无所适从的信息爆炸会本能地建立起一种防卫系统,只挑选和记忆其中的一部分信息;另一方面大脑的不变性使得人们会倾向于摒弃那些与其本观念相抵触的信息,容易接受符合已有认知的信息。人类大脑的有限性和不变性构成了定位理论最重要的认识前提。运用定位理论指导营销实践并且取得成功的具有代表性的企业有:王老吉、五谷道场、非常可乐、吉利汽车等。这些企业的成功证明定位理论不仅适用于中国企业的发展,而且具有非常光明的前景。

4.3.2　基本观点

里斯和特劳特认为,定位要从一个产品开始。产品可能是一种商品、一项服务、一个机构或者是一个人,也许就是顾客自己。但是定位不是企业对产品要做的事,而是企业对预期顾客要做的事。换句话说,企业要在预期顾客的头脑中传递产品定位,确保产品在预期顾客的头脑中占据一个真正有价值的位置。通过归纳,定位理论的基本观点包含以下 5 点。

第一,定位的目标是使某一品牌、企业或产品在顾客心目中获得一个据点,一个认定的区域位置,或者占有一席之地。

第二,定位应将重点集中在一个狭窄的目标上,在顾客心智上下功夫,要创造一个心理的位置。

第三,定位应该运用广告创造出独有的位置,特别是"第一说法、第一事件、第一位置"。因为只有创造第一,才能在顾客心中创造出难以忘怀、不易混淆的优势效果。

第四,定位表现出的差异性,并不是指出产品具体或特殊的功能利益,而是要显示出与同类品牌之间的区别。

第五,定位一旦建立,无论何时何地,只要顾客产生了相关需求,就会自动想到广告中的这个品牌、这家企业及其这个产品,从而达到"先入为主"的效果。

4.3.3　理论应用

定位理论目前也多应用于营销领域。定位是定位理论中最核心、最基础和最早的概念和观点,正是定位这个概念和观点奠定了定位理论的基础。因此,定位理论更多强调的是商业领域中,企业对产品或服务的定位。企业通过一句简单的广告语,向顾客传递企业提供的产品或服务的定位。当顾客一想到要消费某个品类的产品时,就会立即想到这个产品,进而增加产品销量。下面,我们通过一个案例来了解定位理论的应用。

王老吉:怕上火,喝王老吉

王老吉是凉茶品类,原来在市场上很少见到凉茶品类。尤其在北方地区,大家都没有喝凉茶的习惯。2003年,来自广东的红色罐装饮料王老吉,突然成为央视广告的座上常客。销售一片红火,销售业绩也一路飙升,红色王老吉究竟如何实现对销售临界点的突破?

通过分析我们发现,王老吉在定位上与传统饮料具有明显的区别。红色王老吉制定了"怕上火,喝王老吉"的推广主题,在传播上尽量凸现红色王老吉作为饮料的性质。在第一阶段的广告宣传中,红色王老吉都以轻松、欢快、健康的形象出现,强调正面宣传,避免出现对症下药式的负面诉求,从而把红色王老吉和"传统凉茶"区分开来。为了更好地唤起顾客的购买欲望,电视广告选用了顾客认为日常生活中最易上火的5个场景:吃火锅、通宵看球赛、吃油炸食品薯条、吃烧烤和夏日阳光浴。广告中刻画了顾客在开心享受的同时,纷纷畅饮红色王老吉。通过强化"怕上火,喝王老吉"的宣传,促使顾客在吃火锅、烧烤时,自然联想到红色王老吉,从而产生购买意愿。

定位理论的核心思想是让产品真正地进入人心,让顾客知道产品的定位,从而持久、有力地影响顾客的购买决策。在物资丰富的年代,市场主要讲什么?无非是产品的优点在哪、产品有多好,然后企业要告诉顾客其提供的产品有多么好,比如我公司生产的电脑,运行速度快或者外观具有观赏性。但是定位理论讲的是我们不仅要看我们的产品有多好,还要看产品的哪些点容易被顾客记住。王老吉不主要宣传其配方有多么经典、制作工艺有多么精良、选材多么严格,而直接说"怕上火,喝王老吉",这是定位里的反向思考角度。即不是考虑我们的产品有多好,而是考虑顾客到底需要什么样的产品,这正是应用了定位理论的思想。

资料来源:https://doc.mbalib.com/view/391bc4d6e6dc9ed0e14c98233
176f131.html;https://www.sohu.com/a/120195043_467981.

4.4 理论三:顾客感知价值理论

4.4.1 概念和内涵

管理学大师德鲁克(Drucker)认为,顾客购买和消费的不是产品而是价值。这一观点促成了顾客感知价值概念的产生。20 世纪 70 年代以来,企业在顾客层面上的竞争不断推陈出新。从以产品为中心、注重产品质量,到以顾客为导向、争取顾客满意与忠诚,直到泽瑟摩尔等(Zeithaml et al., 1988)从顾客角度出发提出了顾客感知价值的概念。

波特(Porter,1985)在《竞争优势》一书中提出了"买方价值链"的概念,并指出企业为买方创造的价值如果要得到溢价的回报,就必须为买方所觉察。虽然波特并没有明确给出顾客感知价值的概念,但为后人研究顾客感知价值提供了理论基础。泽瑟摩尔等(Zeithaml et al., 1988)从顾客心理的角度出发对顾客感知价值理论进行研究,认为顾客感知价值是顾客在市场交易中将所得利益和付出成本进行比较后对产品进行的总体评价。弗林特(Flint, 2002)从价值观、理想价值和价值判断 3 个方面来理解价值,认为顾客感知价值是顾客对放弃的特性与期望的特性的一种权衡比较。董大海等(1999)认为,顾客感知价值就是顾客在购买和使用某产品的过程中所获得的效用与所付出的成本的比较。白长虹(2001)在《西方的顾客价值研究及其实践启示》中指出,顾客感知价值是顾客基于其所得和付出而对产品或服务效用的总体评价。武永红和范秀成(2004)对顾客感知价值的含义作出了详细的阐述,他们认为顾客感知价值是具有特定需求的顾客针对企业对其提供的特定市场提供物,感知到在满足其需求的过程中能够得到的各种利益和付出并进行权衡后形成的总体性评价。

综上所述,顾客感知价值的核心是感知利益与感知付出之间的权衡。这一概念包含两层涵义。首先,价值是个性化的,因人而异。不同顾客对同一产品或服务所感知到的价值并不相同。其次,价值代表着一种效用(收益)与成本(代价)间的权衡。顾客会根据自己感受到的价值作出购买决定,而绝不是仅仅取决于某单一因素。因此,顾客感知价值理论不但为企业营销理论的发展提供了启示,也为核心竞争力的构建提供了新的思路和方法。为顾客提供优异的顾客感知价值是企业竞争优势的根本所在,研究基于顾客感知价值条件下的企业核心竞争力的培育,对于企业发展具有重要的现实意义。

4.4.2 主要特征

通过对顾客感知价值不同涵义进行分析与总结,可以发现顾客感知价值具有以下特性。

1. 主观性

泽瑟摩尔(Zeithaml, 1985)指出,感知价值是主观的,其随着顾客的不同而不同。顾客的感知心理活动作为进行其他消费心理活动的基础,顾客感知价值的形成受到感知者本身的属性特征和经历影响,并最终在使用情景中达成使用结果的认知偏好与评价。

2. 层次性

伍德拉夫(Woodruff, 1997)提出,顾客感知价值具有层次性,并建立了顾客感知价值层次模型。该模型认为,顾客通过手段—目的的方式形成期望价值。从最低层到最高层依次为属性层次的价值、结果层次的价值和终极目标的价值。从最底层往上看,在购买和使用某一具体产品时,顾客将会考虑产品的具体属性、属性效能以及这些属性实现预期结果的能力,并根据这些结果对顾客最终目标的实现能力形成期望。而从最高层往下看,顾客会根据自己的目标来确定产品在使用情景下各个结果的权重,而结果又确定属性和属性实效的相对重要性。除此之外,有学者在进行图书馆的实证研究过程中将顾客价值划分为 4 个层次,即基本价值、期望价值、需求价值和未预期的价值,每个层次都对应不同的顾客价值。

3. 动态性

顾客感知价值的动态性首先表现在同一顾客在不同时间会对某一产品产生不同的感知价值。顾客对某一产品的期望价值不仅在不同顾客之间会有差异,而且在同一顾客的不同时间也会有所不同。加迪等(Gardial et al.,1994)的实证研究支持了上述观点,也就是说顾客在不同的购买阶段对价值产生的感知是不一样的。顾客在与企业的互动过程中也会对价值产生不同的感受。帕拉苏拉曼(Parasuraman,1997)的研究表明,随着顾客从第一次购买到短期顾客再到长期顾客的转变,其价值评判标准可能会越来越全面、抽象。其次,顾客感知价值可能会随着不同的使用环境而发生变化。弗林特等(Flint et al.，1997)认为一些重要的情景或时间会引起产品要素的变化，并相应地改变顾客对价值的判断。

4.4.3 理论应用

顾客感知价值理论目前多应用于服务营销领域，其核心是采用关系营销的理念分析和理解顾客价值，找出顾客最关注的价值领域，将资源集中投入关键价值领域，引导顾客以更舒适的方式进行消费。下面，我们通过一个案例来了解顾客感知价值理论的应用。

宜家：体验式营销

我们经常会看到这样的现象：在购买服装时，如果一家服装店不能让顾客试穿的话，有很多顾客就会马上离开；购买品牌电脑时，如果顾客不能亲自试试性能感觉一下质量，大多数顾客就会对其质量表示怀疑；购买手机时，如果销售人员不太愿意让顾客试验效果，顾客马上就会扬长而去……其实我们分析一下这些现象背后的原理，就会发现顾客在购买很多产品时都需要有"体验"的过程，并且体验还会成为顾客最终是否产生购买决策的关键。因此，对于企业来说，提供充分的体验就意味着能够使顾客产生更多购买欲望的可能。同样，在与人们日常生活密切相关的行业——家居行业中，我们可以发现顾客在购买家居产品时是非常渴求体验的。比如，购买沙发就想坐上去试一试，购买衣柜就想检验柜门是不是好用等。但现在的问题是，很多家居市场并不是非常乐意让顾客进行充分体验。我们常常听到销售人员对顾客大呼小叫"别坐坏了""别弄了，没有问题的"等，以致很多顾客还不太明白是什么样的感觉就购买了产品，然后回到家才发现不合适，后悔莫及。让顾客感到欣慰的是，目前中国市场上家居行业的翘楚——来自瑞典的宜家有力地利用了体验营销的方式。其提供的体验营销真正让顾客感受到了"充分体验"和"顾客是上帝"的感觉。宜家在进入中国后不久，便吸引了中国顾客的眼球，甚至经常有顾客说："我不想经常去逛宜家，因为每次去都会不由自主地买一些东西回来，那里给你的感觉太好了。"也因为如此，宜家成了很多家居企业学习的对象。那么，宜家的体验营销是如何开展的呢？

宜家自 1943 年创立至今，已经成为全球最大的家居用品商场。宜家之所以能取得如此大的成功，主要是因为它早已将"体验"融入了骨子里。在国内，很多家居企业并不让顾客进行体验，往往担心顾客会将其弄坏，或者弄脏等。

但是宜家告诉顾客,产品的质量是禁得起考验的。同时,宜家还向顾客传递一种消费观念:一定要体验过,作出的决策才是最好的。宜家还告诉顾客,如果产品是最好的,就不要害怕让顾客知道。顾客知道得越多,就会更加信赖和喜爱这个产品。在宜家,顾客会发现其与很多家居商场的不同之处。顾客完全可以自由地选择他们喜欢的产品并体验逛商场的乐趣,因为轻松、自在的购物氛围是宜家商场的特征。宜家强烈鼓励顾客在卖场进行全面的亲身体验,比如拉开抽屉、打开柜门、在地毯上走走、试一试床和沙发是否坚固等。在宜家,所有能坐的产品,顾客无一不可坐上去试试感受。宜家在出售的一些沙发、餐椅的展示处还特意提示顾客:"请坐上去! 感觉一下它是多么舒服!"此外,宜家的店员不会像其他家居商场的店员一样,顾客一进门就喋喋不休,顾客到哪里他们跟到哪里,而是非常安静地站在另一边,除非顾客主动要求店员帮助,否则店员不会轻易打扰顾客,以便让顾客静心浏览,在一种轻松、自由的气氛中作出购物的决定。

体验代表了寻找感觉的机会,很多中国顾客还无法做到完全理性的消费,因此体验通常会在瞬间改变一个人的消费观念,就好像南方华南地产板块的"星河湾"楼盘开盘一样。在很多房地产商的样板间只能看而不能体验的时候,这个楼盘反其道而行之,允许大家在样板间充分体验,让顾客真正感受到了尊重的滋味,当天房子就一售而空。

资料来源:https://jz.docin.com/p-194946292.html.

4.5 理论四:需要层次理论

4.5.1 提出背景及基本假设

行为科学认为,人的各种行为都是由一定的动机引起的,而动机又产生于人们本身存在的需要。人们为了满足自身的需要,就要确定自身行为的目标。这种从一定的需要出发,为达到某一目标而采取行动,进而得到需要的满足,并在此基础上产生新的需要,引发新的目标行为,就是周而复始、不断循环的人的行为过程。"需要"既是这个过程的起点,也是这个过程的终点,是人的行为基础。需要层次理论是研究人的需要结构的一种理论,是美国心理学家马斯洛(Maslow)首创的一种理论。马斯洛在1943年发表的《人的动机理论》一书中提出了需要层次理论。马斯洛认为,动机是由多种不同层次与性质的需求组成。各种需求间有高低层次与顺序之分,每个层次的需求与满足程度将决定个体的人格发展境界。人类价值体系存在两类不同的需要,一类是沿生物谱系上升方向逐渐变弱的本能或冲动,称为低级需要和生理需要;另一类是随生物进化而逐渐显现的潜能或需要,称为高级需要。

这种理论的构成基于 3 个基本假设。第一,人要生存,他的需要能够影响他的行为。只有未满足的需要能够影响行为,满足了的需要不能充当激励工具。第二,人的需要按重要性和层次性排成一定的次序,总体遵循从基础到复杂的规律。第三,只有当人的某一级的需要得到最低限度的满足后,才会追求高一级的需要。如此逐级上升,成为推动继续努力的内在动力。

4.5.2　主要内容

马斯洛需要层次理论在层次结构上分为生理需要、安全需要、情感需要、尊重需要、自我实现需要。5 种需要是最基本的、与生俱来的,构成不同的等级或水平,并成为激励和指引个体行为的力量。5 种需要的高低层次排列如图 4-1 所示。

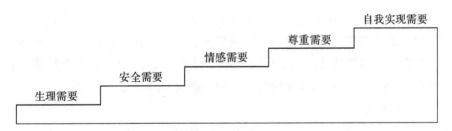

图 4-1　5 种需要层次

资料来源:周三多,陈传明,鲁明泓,2013.管理学——原理与方法[M].5 版.上海:复旦大学出版社.

马斯洛认为需要层次越低,力量越大,潜力越大。随着需要层次的上升,需要的力量相应减弱。在高级需要出现之前,必须先满足低级需要。在从动物到人的进化中,高级需要出现得比较晚。婴儿有生理需要和安全需要,但自我实现需要在成人后出现。所有生物都需要食物和水分,但是只有人类才有自我实现的需要。

低级需要直接关系个体的生存,也叫缺失需要(deficit or deficiency need)。

当这种需要得不到满足时,将直接危及个体生命。高级需要不是维持个体生存所绝对必须的,但是满足这种需要使人健康、长寿、精力旺盛,因此叫做生长需要(growth need)。高级需要比低级需要复杂,满足高级需要必须具备良好的外部条件:社会条件、经济条件、政治条件等。

满足需要不是"全有或全无"的现象,在人的高级需要产生以前,低级需要只要部分的满足就可以了。个体对需要的追求有所不同,有的个体对自尊的需要超过自我实现的需要。

4.5.3 主要特征

通过归纳总结,本书认为需要层次理论主要包含多样性、层次性、潜在性以及可变性 4 个特征,具体内涵如下。

1. 多样性

人类的需要是多种多样的。一个人在不同时期可以有多种不同的需要;即使在同一时期,也可能存在好几种程度不同、作用不同的需要。不同的人对各种需要的认知和迫切性差别很大。

2. 层次性

马斯洛认为,支配人们行为的需要是由低级向高级发展的。在低一级的需要得到满足以后,就会产生高一级的需要。人虽然有多种需要,但这些需要并不是在同时以同样的程度来影响人们的行为。在一定时期,只有那些表现最强烈、感觉最迫切的需要才会引发人们的动机,并影响人们的行为。

3. 潜在性

需要的潜在性是决定需要是否迫切的原因之一。顾客可能存在多种需要,但这些需要并非随时随刻全部被他们的主体所感知、所认识。其中,有许多需要以潜在的形式存在。只有到了一定时刻,由于客观环境和主观条件发生了变化,顾客才能发现和感觉这些需要。

4. 可变性

需要的可变性是指需要的迫切性、需要的层次结构是可以改变的。改变的原因有两个。第一,原来迫切的需要通过某种活动已在一定程度上得到了满足,紧张已得到消除,需要的迫切性也随之消除。第二,由于环境的影响,顾客改变了自己对各种需要迫切性的认识,使得一些原来迫切的需要现在"退居二线",而一些原来不是很迫切的需要现在成为影响顾客行为的迫切需要。这可能就是一些顾客"喜新厌旧""见异思迁"的原因。

4.5.4　理论应用

需要层次理论目前多应用于一个组织如何对员工进行激励。因为不同组织、不同时期的员工以及同一组织不同员工的需要充满差异性，并且经常变化，管理者应该经常性地用各种方式进行调研，弄清员工未得到满足的需要是什么，然后有针对性地进行激励。因此，了解员工的需要是应用需要层次理论对员工进行激励的一个重要前提。而对于企业来说，清晰地了解顾客需要是企业提出合适的价值主张的基础。企业可以根据需要层次理论，了解不同顾客、不同时期的需要，进而不断根据顾客需要，设计或修正价值主张。下面，我们通过一个案例来了解需要层次理论的应用。

小米：和用户做朋友

小米公司成立于 2010 年 4 月，是一家以智能手机、智能硬件和 IoT 平台为核心的消费电子及智能制造公司。小米的使命是始终坚持做"感动人心、价格厚道"的好产品，让全球每个人都能享受科技带来的美好生活。创业仅 7 年时间，小米的年收入就突破了千亿元人民币。截至 2018 年，小米的业务遍及全球 80 多个国家和地区。那么，究竟是什么原因促使了小米公司的快速成长？

通过分析我们发现，小米公司主要运用了需要层次理论，利用用户在不同阶段对产品的不同需求，合理配置自身资源，进而占据市场。小米公司在创立之初，捕获到手机市场中产品供给与用户需求不匹配的信息，进而全面分析企业外部情境及自身能力与技术基础等，明晰企业是否具备提供相关产品以满足市场需求的能力并析出可利用的资源信息。在用户对智能手机的需求剧增的情况下，小米公司选择满足用户对低价格高性能手机的需求，以性价比为切入点进入手机市场。随着用户消费模式由功能式向体验式跃升，企业开始关注用户资源并提出全新的"参与式消费"。小米公司在初期让种子用户跨越空间限制参与 MIUI 系统开发，由此验证了用户参与设计能够在用户需求触发下快速更新产品并赢得用户的情感依赖。同时，小米在开发系统期间积累了较多的粉丝资源，具备了基于"开放价值链"整合用户资源与企业内部资源的能力。小米充分发挥小米论坛和小米社区的主导作用，激励用户参与产品创新。用户需求逐渐攀升使智能手机厂商遇到新的瓶颈，企业感知到手机行业进入淘汰赛阶段、用户需求趋于多样化并更关注高科技水平下的产品性能。因此,企业在利用用户创新资源的同时,持续增加人才、技术、研发投入以积累技术资源,促进企业技术能力提升。小米公司选择移动应用—操作系统—手机全套业务,以颠覆性价格获得市场地位。自主研发芯片并成为第4个拥有自主芯片的手机厂商,致力于解决用户痛点,更好地提供产品更多、更新的功能。

小米公司是一家成长快速且较为成功的新创企业,它的成功证实了企业在成长过程中要根据用户需求的变化不断调整企业的价值主张,以促使企业的价值主张与用户的价值主张更加契合。

资料来源:长青,黄荟婕,张璐,雷婧,2020.企业能力视角下价值主张形成机理研究——以小米公司为例[J].科技进步与对策,37(13):102-111.

4.6　本章小结

本章我们主要从理论提出背景、基本观点以及理论特征等方面,介绍了USP理论、定位理论、顾客感知价值理论、需要层次理论等4个与价值主张密切相关的理论,并通过"脑白金:吆喝起中国礼品市场""王老吉:怕上火,喝王老吉""宜家:体验式营销""小米:和用户做朋友"4个典型案例,对这些理论的具体应用进行了解释。

第 5 章　价值主张的提出及其效用

5.1　导入案例

跨界书店:多价值主张融合

互联网技术的成熟和 AI 技术的兴起,让信息沟通日益便捷。"电子书"和网购的出现极大程度上冲击了传统实体书店,使实体书店一度萎靡,陷入"倒闭潮"。拥有 700 多家门店的美国最大的连锁书店巴诺,早在 2010 年 8 月就已表态"有意对外转让",而美国第二大连锁书店公司博德斯集团也于 2011 年 7 月正式申请破产保护,并关闭了旗下 600 多家门店中约 30% 的书店。对此,台北诚品书店创办人廖美立认为"传统书店的经营模式面临严峻的生存挑战,跨界发展势在必行"。事实上,诸如方所、诚品等跨界书店的确在这场互联网革命中"存活"了下来。

方所书店成立于 2011 年 11 月 25 日,由创始人毛继鸿一手打造。方所集书店、美学生活、咖啡、展览空间与服饰时尚等混业经营于一体,打破了传统书店以门店销售方式为顾客提供所需书籍的价值主张,将知识传递与人文体验、美学生活相融合,提出以阅读为核心的多样文化平台的新价值理念。诚品书店于 1989 年成立于我国台湾省台北市,营运范围包括画廊、出版、展演活动、艺文空间和课程等多种类别。诚品书店采用以文化创意为核心的复合式经营模式,致力于为顾客提供丰富全面的人文、艺术、创意、生活体验。同时,诚品书店采用连锁而不复制的扩展方式,结合书店所在地文化发展不同的场所精神和经营内容,极大地发挥了其满足顾客需求的优势。《中国时报》曾发表评论,"诚品书店不只是台湾的一家书店,它发展成与商场结合的一种新经营模式,曾被《时代》杂志评选为亚洲最佳书店,也成为台湾文化的一部分"。方所策划总顾问、台湾诚品书店创始人之一的廖美立强调:"我们做的不是书店,而是一个文化平台,一种未来的生活形态。"

方所书店打破了传统书店的价值主张,通过吸收融合诸如餐饮、艺术、影视等行业的价值主张,形成了以阅读、体验或交流为核心的新价值主张,同时建立了以书店为载体的复合经营模式。

资料来源:刘嘉慧,高山行,2021.数字经济环境下企业跨界内涵:价值主张视角[J].科技进步与对策,38(1):63-70.

思考:方所书店和诚品书店为什么要调整价值主张?

5.2 企业提出价值主张的原则

近年来,在竞争性市场环境下,"顾客流量"是企业生存的重要基础。企业提出什么样的价值主张来增强顾客关系、提高顾客流量是企业面临的一大挑战。通过梳理现有文献,本书归纳出企业在提出价值主张时所遵循的几个原则。

5.2.1 顾客需要

价值主张基于企业战略角度提出,一般具有针对性,能解决顾客的痛点问题。在企业进行目标市场和业务战略定位后,随之会对顾客进行细分。此时对顾客须有清晰的了解,他们喜欢什么、担心什么、抗拒什么,顾客痛点是什么等,接下来就是精准匹配顾客需求。因此,企业在提出价值主张时,其价值主张与顾客的价值主张要保持高度契合。企业提供的产品或服务须是顾客需要的,且应区别于其他同类企业提出的价值主张,以使顾客选择企业自身的产品和服务,而不是选择其他企业。

5.2.2 市场认可

企业无论采取什么样的战略,都须遵循相关制度要求。企业成长于市场环境中,须遵守整个市场环境的制度;与同行业竞争时,须遵循行业制度;处于平台系统,则须遵循平台制度。因此,企业所提出的价值主张须具有合法性,不仅要被市场认可,也要使目标顾客满意。与此同时,在中国特定的制度环境下,企业的价值主张也应获取政府的许可。

5.2.3　易于表达

价值主张的提炼是一个精炼、萃取的过程,这个过程要从企业的战略层面出发,因为价值主张是精准匹配企业的战略来进行的。所谓价值主张,广义讲就是对顾客所提供的产品或服务。通常情况下,企业会用一句话对价值主张进行概括。比如,汉庭酒店提出了"爱干净,住汉庭"的价值主张;知乎提出了"有问题,上知乎"的价值主张。言简意赅的一句话,却精准地向他们的目标顾客传递了他们是干什么的,能够提供什么样的价值。因此,企业向顾客传递的价值主张一定是易于表达的、言简意赅的、顾客一下就能记住的。

5.2.4　经济价值

现代经济学理论认为,企业本质上是"一种资源配置的机制"。其能够实现整个社会经济资源的优化配置,降低"交易成本"。企业都是在经济环境背景下运行的,因此企业的一个重要目标就是盈利,其所提供的产品或服务须是有经济价值的。企业只有在获利之后,才能有更多的资本和资源进行新的研发,进而为整个社会作出更大的贡献。因此,企业提出的主要价值主张一定是有经济价值,能为企业带来利润的。

5.3　企业提出价值主张的思路

企业可以从两个层面提出价值主张:一是企业通过市场调查,得出用户需求,进而有针对性地提供产品或服务满足用户需求;二是企业根据自身发展战略,凭借企业家"读懂未来"的智慧,向用户传递企业的价值主张,使得用户接受企业提供的产品或服务。

5.3.1　满足用户需求

市场上大多数企业从"满足用户需求"出发来构建自己的价值主张,这样的价值主张往往通过某种商业模式的创新或产品的迭代更新来实现。一个经典的案例就是小米公司的崛起。在创立至今的 10 年时间里,小米公司已成长为一家典型的互联网平台公司。小米公司通过"用户参与"的方式发现用户需求，进而通过不断修正其价值主张满足用户需求。如小米公司在起步阶段，采取经济型价值主张，通过高性价比产品吸引用户；在发展阶段，采取功能型价值主张，通过关键技术更新产品功能，以此满足用户需求；在稳定阶段，采取情感型价值主张，向用户提供优质服务，通过增强用户黏性、用户参与，满足用户需求。

5.3.2　创造用户需求

市场上绝少数企业从"创造用户需求"出发来构建自身的价值主张，这样的企业可以被称为伟大的企业，这样的企业家可以被称为伟大的企业家。一个经典的案例就是苹果手机的问世。事实上，在苹果手机被创造出来之前，顾客很难想象手机除了用来打电话以外，还可以拥有这么多的功能。顾客想象不到，自然也就不会提出相应的需求。在苹果手机被创造出来以后，顾客才产生了对智能手机的需求。苹果公司创始人乔布斯的梦想是"改变世界"，苹果手机的问世使得手机从此进入智能时代，而这也正体现了企业领袖的远见与洞察未来的能力。通过"创造用户需求"进而"满足用户需求"的方式构建企业自身的价值主张，这与企业家远见、企业价值观有着非常大的关系。

5.4　企业提出价值主张的过程

从现实案例来看，大部分企业都可能有一个隐含的价值主张，但拥有一个明确的价值主张构建过程比拥有一个隐含的价值主张更有可能促进企业愿景和业务战略的成功实现。通过对现有文献的梳理发现，安德森等（Anderson et al.，2006）提出了以下价值主张构建的 4 个步骤，以启发企业结合实际提出自身的价值主张。

5.4.1　挖掘优势

通常，企业提供的产品或服务的价值点不止一个。在设计价值主张时，企业根据能提供的产品或服务，可以列出顾客从市场产品中获得的所有好处，挖掘企业可以向顾客提供的整体利益。

5.4.2　凸显差异

好的价值主张往往只讲一件事,只需要目标顾客群记得一件事。企业应聚焦于市场产品相对于下一个最佳选择的所有优势点,确定相对于主要竞争对手提供的差异化优势,即凸显产品或服务的差异。

5.4.3　产生共鸣

价值主张被视为将组织与其最接近的竞争对手区分开来的灯塔和"差异点"。企业应该重点将产品或服务放在一两个不同点上,提供目标顾客高度重视的具体关键利益,使目标顾客的价值主张与企业的价值主张高度契合,以期在未来一段时间内为顾客带来最大的价值。

5.4.4　观念表达

经过以上 3 个步骤之后,企业大致明晰了所提供的产品或服务能否与顾客的价值主张和需求相互契合。此时,企业要将其价值主张传递给目标顾客,使目标顾客感知企业所提供的产品和服务是其需要的。传递的方式就是用一句话强调产品和服务的核心价值点,讲清楚产品和服务针对谁、可以解决什么痛点。例如"困了累了喝红牛""送礼就送脑白金"这种产品定位和文案描述直击顾客需求场景,经过时间沉淀就能对顾客形成一种条件反射,顾客产生需求时就会联想到本企业的产品或服务,进而产生强烈的购买欲望。

5.5　价值主张对价值共创的影响

企业管理者可以自主决定企业行为,但是无法直接影响顾客行为。顾客价值共创行为的产生有赖于顾客价值共创意愿。根据刺激—反应理论,顾客的内在意愿需要外界的刺激诱因。在价值共创领域,古米森等(Gummesson et al.,2010)认为各种不同形式的互动是价值共创的前提。其原因在于顾客往往在企业营造的互动氛围中逐步产生共创意愿,进而产生共创行为。因此,价值共创活动可以分为两个阶段(见图 5-1)。首先是价值共创活动的先导阶段,顾客在与企业的浅层互动中产生价值共创意愿。其次是价值共创活动的发生阶段,顾客有意识地、主动地、持续地深度参与价值共创活动。

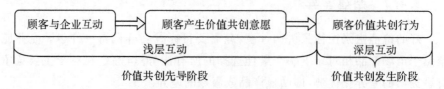

图 5-1　价值共创的两个阶段

资料来源:牛振邦,白长虹,张辉,陈晔,2015.浅层互动能否激发顾客价值共创意愿——基于品牌体验和价值主张契合的混合效应模型[J].科学学与科学技术管理,36(11):112-123.

5.5.1　价值主张是顾客产生价值共创意愿的前提

随着商品主导逻辑向服务主导逻辑的转变,研究也越来越关注企业和顾客的关系。企业营销的焦点不是影响和说服,而是鼓励顾客主动参与价值创造活动,贡献自己的资源和能力,进而产生价值共创。顾客意愿和企业产生价值共创的前提就是价值主张,因为价值主张传递的是企业的战略和理念,顾客对企业的第一印象来源于企业的价值主张。此时,顾客的价值主张与企业的价值主张比较契合,顾客才会有意愿与企业产生价值共创。因此,价值主张是顾客产生价值共创意愿的前提。

5.5.2　价值主张是顾客实施价值共创行为的基础

价值共创分为产生共创意愿和实施价值共创行为两个阶段。前面我们分析了价值主张可以建立企业与顾客之间的对话,是顾客产生价值共创意愿的前提。人类的行为意向源于环境等外界的刺激,在企业实践中,浅层互动的量变积累构成了顾客产生一定反应的刺激源。其是顾企双方发生价值共创的基础,而互动的程度也取决于价值主张。由此可见,顾客只有先接受了企业提出的价值主张,才会产生实施价值共创的行动。因此,价值主张是顾客实施价值共创行为的基础。

5.6　价值主张对商业模式创新的影响

价值主张是商业模式创新中的首要考虑因素,两者相互作用,从而驱动商业模式的创新和价值主张的实现。在商业模式创新的过程中，价值的发现、创造、传递和获取都是围绕价值主张展开的。

5.6.1　价值主张是商业模式创新的动因

价值主张、价值创造、价值传递以及价值获取这 4 个环节贯穿商业模式创新的始终。价值主张是企业最重要的一个组织原则，鲜明、独特、清晰的价值主张是战略的基石、产品营销的利器、商业模式创新的前提。企业的生存与发展都要依赖顾客，企业的价值主张通过特定的产品或服务给顾客带来价值。因此，顾客价值的满足程度是巨大利润获取和竞争优势提升的关键。创造卓越的顾客价值是企业获取竞争优势和持续创造利润的关键。价值主张作为商业模式创新的起始点，要求企业识别并挖掘顾客需求，根据顾客需求提出相应的价值主张，并为商业模式创新的其他环节提供方向和指导。由此可见，价值主张是商业模式创新实现概念化和实践性的必要基础和动因。

5.6.2　商业模式创新有助于完善价值主张

价值主张不是一成不变的，其呈动态性变化。从商业模式发展来看，其本身具有一定的系统性特征，能够及时有效地发现用户需求，并将用户需求作为自身实践的基础。商业模式创新往往体现在其构成要素改变的结果。当商业模式中一个或者多个构成要素被彻底改变，同时构成要素的价值传递方式也发生改变时，商业模式创新才得以真正产生。商业模式创新的构成要素之一是价值主张。一般商业模式创新以市场发展和用户需求为导向，不断修正企业的价值主张，进而形成新的价值主张。因此，商业模式创新与价值主张的形成和修正相辅相成，商业模式创新有助于完善价值主张。

5.7　本章小结

本章主要介绍了价值主张的提出及效用。首先，归纳了企业提出价值主张的 4 个原则，即顾客需要、市场认可、易于表达和经济价值；其次，从满足用户需求和创造用户需求两个角度出发，介绍了企业提出价值主张的思路；再次，阐述了企业提出价值主张的过程，即挖掘优势、凸显差异、产生共鸣和观念表达；最后，揭示了价值主张对价值共创和商业模式创新的影响。

第三篇

资源整合

第6章　传统资源整合的西方观点

6.1　导入案例

整合的时代

在中国的各个行业中,存在着一批因整合产业链各个环节的资源而获得成功的企业。比如成功将互联网、传统酒店、机票资源整合在一起的携程,将国内城市写字楼楼宇视频资源整合在一起的分众传媒,将占全国80%票房资源的影院的广告整合在一起的央视三维……

北京街头奔跑的汽车尾部越来越多地出现了一个黑黄色的标志,它的圆圈内部有"UAA"3个大写的英文字母。UAA 的全称叫作联合汽车俱乐部,其是陆正耀于 2005 年创办的一家汽车售后服务机构。2003 年底,携程的上市让他看到了这样一种可能性:不如和汽车服务领域内的各个专业机构建立战略合作,共同打造一个服务平台。他兴奋地说:"当别人在做专业时,我就做整合。"这是一个整合的时代,而他的梦想就是做一个汽车服务领域的沃尔玛。

俗话说,英雄所见略同。继携程打造旅游产品超市之后,很多人在不同领域都试图整合分散的资源,打造所谓的"超级市场"。2001 年,英语学硕士、天津人张洪昌创立精品学习网,其口号就是要做"教育超市",让学校找到学生,让学生找到课程和学校;2005 年,母婴用品一站式购物平台红孩子上线;2006年,何吉伦提出分时传媒要打造"户外广告媒体超级市场";2007 年,要把线下的饭店都整合到线上的大众点评网也获得了资本的认可。

1999 年,携程的 3 位创业元老舍弃建材和网上书店而做旅游,是因为1998 年中国的国内旅游收入已达 2391 亿元人民币,是世界旅游组织认定的21 世纪全球最大的旅游市场。但在经营上,国内旅行社的接待人数和盈利水平却不断下降,营业毛利率不足 10%;全国旅行社的总市场占有率不到 5%,其余 95% 都是散客。

庞大的市场是中国最吸引投资的因素,人人都需要衣食住行。而在如今这个特殊时期,中国的消费水平和消费档次正处于更新换代阶段,可能出现新的机会。因此,汽车、快速消费品、连锁店等领域的创新都是资本看好的,且经历整合的也都涵盖其中。

当年,梁建章们一起做携程时,是从酒店订房开始的。这种"帮人订房"的简单工作在携程之前国内早已存在,只是没有使用网络技术。"很多在西方早就有的模式,在中国就可能出现创新的模式。"后来投身红杉的携程创始人沈南鹏说,中国最吸引人的仍然是市场规模。当年即使只是提供订房,业务规模也很巨大。因此,后期的投资人都更强调盈利的商业模式而非创新。

资料来源:https://www.docin.com/p-2069233849.html.

思考:上述案例中提到的企业在进行资源整合时分别用的是什么样的整合手段?

6.2　传统资源的定义与类别

6.2.1　传统资源的定义

在资源基础理论中,资源是企业资源理论分析的基本单元。对企业资源的准确界定是企业资源理论研究的起点。在资源基础理论发展的过程中,学者们对资源的界定有所不同(见表 6-1)。

沃纳费尔特(Wernerfelt,1984)最早对资源进行明确界定,将资源定义成为特定组织带来优势或者劣势的各种有形和无形资产。该定义从广泛的资源优势、资源劣势两个方面理解资源对组织的影响,强调资源与组织之间的专有性、特定性联系。1991 年,巴尼(Barney)发表了推动资源基础理论发展的核心文献《公司资源和持续的竞争优势》,并在该文中将资源定义为"组织掌控的有利于其构思战略、实施战略从而提升效率和效果的各种要素的集合",提出"有价值、稀有、难以模仿、不可替代"4 种资源特征,并且这 4 种特征与组织持续竞争优势的获得密切相关。巴尼的这一研究结论在后续的资源基础理论研究中得到了最广泛的引用。

表 6-1　资源定义

作者	资源定义	资源分类	竞争优势来源
沃纳费尔特 (Wernerfelt，1984)	资源是任何可以被看成给定企业优势或劣势的东西，即特定时刻的资源是那些半永久性地附属于企业的资产	有形资产、无形资产	
巴尼(Barney，1991)	资源是企业控制的能使企业制定战略、提高效率及效果的所有资产、能力、组织流程、企业属性、信息、知识等	实体资本、人力资本、组织资本	有价值、稀缺性、不可模仿、非替代性
格兰特(Grant，1991)	资源是生产过程中的要素投入，包括机器设备、专利、品牌和雇员的个人技能等	财务资源、实体资源、人力资源、技术资源、声誉、组织资源	持久性、不透明性、不可转移性、不可复制性
阿米特和休梅克 (Amit & Schoemaker，1993)	资源是企业拥有或控制的要素，通过与其他企业资产的协同使用以及诸如技术、管理信息系统、激励机制、管理层与员工之间的信任等联结机制，资源被转换成最终的产品或服务	可交易知识、财务或实体资产、人力资本等	互补性、稀缺性、难以交易性、不可模仿性、不可替代性
蒂斯等 (Teece et al.，1997)	资源是企业特定的、难以模仿的资产	如交易秘密、某种专业、生产设备等	难以转移
科利斯和蒙哥马利 (Collis & Montgomery，2008)	资源包括企业的资产、技能和能力，是构建业务单位层面竞争优势的持久因素，也是有效企业战略的基础	有形资产、无形资产、组织能力	不可模仿性、稀缺性、可获得性

资料来源：李纪明，2012.资源观视角下企业社会责任与企业绩效机制研究：一个理论框架及其在浙江的实证检验[M].杭州：浙江大学出版社.

6.2.2 传统资源的类别和特征

企业的资源多种多样,可以是某种资产或实物,也可以是某种关系或属性;可以是一个单一的要素,也可以是一个复合的网络。同样,对资源的分类也是多种多样的,并没有统一的标准。比如,巴尼(Barney,1991)把资源分为3类:物质资本资源(physical capital resources)、人力资本资源(human capital resources)、组织资本资源(organizational capital resources)。物质资本资源包括企业的厂房设备、技术、地理区位以及原材料的供给情况等;人力资本资源指的是企业的培训、经验、知识、关系和员工的技能、教育水平等资源;组织资本资源则包括组织文化、组织系统、知识产权和其他无形资源等。物质资本、人力资本和组织资本共同构成了企业的资源基础。格兰特(Grant,1991)列举了6类主要的企业资源,即财务资源、物质资源、人力资源、组织资源、技术资源和创新资源。依据资源的物理形态,资源可以分为有形资源和无形资源两类。有形资源包括物质资本如工厂设备、人力资本数量和员工的技能水平以及财务资本。无形资源可进一步分为两类:一类是受法律保护的所有权资源,如专利、商标、版权、合约和许可证;另一类是能力。综上所述,学者们对资源分类的角度和标准不同,得到的结果也不同,但资源所包含的内容总体上是一致的。在此基础上,格兰特(Grant,2002)对资源分类进行了整理(见表 6-2)。

表 6-2　企业资源的分类

类别		内容
有形资源	财务资源	● 现金储备和其他可以迅速变现的资产 ● 内部生成财务资源的能力 ● 外部融资与举债能力
	实物资源	● 厂房设施与技术设备 ● 生产地点与土地占有 ● 原材料储备
无形资源	知识产权	● 商标、品牌、执照、资质鉴定、许可合同 ● 版权与技术专利 ● 技术诀窍与商业机密

续表

类别		内容
无形资源	人力资源	● 素质、技能与经验 ● 忠诚度和对企业的承诺 ● 团队合作、人际关系、应变能力
	管理资源	● 管理团队素质与技能组合 ● 社会关系网络与社会资本积聚 ● 管理者的内部威信与业界声誉
	组织资源	● 企业文化与精神风貌 ● 企业形象与名声信誉 ● 组织协调能力、学习能力与应变能力

资料来源：Grant R M，2002. Contemporary strategy analysis［M］. Cambridge, MA：Blackwell Publisher.

　　有形资源是最容易被识别的企业资源，主要体现在财务资源和实物资源上。财务资源包括企业的现金储备与其他类似于现金的资产。与此同时，财务资源还体现为企业的对外筹款和举债能力，以及通过盈利等途径创造资金的能力。企业的实物资源则体现在其地理位置、基础设施、厂房车间、机器设备等方面。例如，中国移动的基站设施与网络覆盖保证了其信号的质量和接通率。企业对原材料的拥有与获取也是企业实物资源的一个重要组成部分。例如，茅台酒厂等因为地理位置独特而对酿酒必需的优质水源的使用与控制。就特征而言，有形资产具有很强的通用性和可转移性，是企业生产经营活动必不可少的，但其也很难为企业创造更高的价值，成为企业竞争优势的来源（马浩，2015）。

　　企业的无形资源指的是那些通常难以从资产负债表上找到的企业资源，那些或无形或隐形，既看不见也摸不着，但又确实存在的资源。无形资源可以是技术方面的并且是受法律保护的资源，比如知识产权；也可以是没有法律含义的一般企业资源，比如组织资源。人力资源与管理资源介于有形资源与无形资源之间，但更多地倾向于无形资源。因为它们的重要性并不主要表现在可以轻易观察到的人数和出勤上，而主要在于它们所拥有的难以观察到的知识与技能及其有效应用上。企业的组织资源是企业在总体水平上的资源与能力指标，是个体资源的应用与整合，主要体现为企业文化与精神风貌、企业形象与名声信誉、组织的协调能力、学习能力与应变能力。

从特征方面来看,无形资源往往隐匿于企业的运作流程中,或共享于企业不同部门间经营活动中的隐性知识,难以被量化、外在化、指标化。因此,这些在经营活动中有机流动的、既鲜活生动而又难以捕捉和察觉的隐性知识与能力,不仅难以被企业自身系统正规地加以管理,也很难被竞争对手模仿和复制,从而为企业带来持久的竞争优势。在如今所谓的知识经济时代,资源的竞争已经不再是资本、土地和一般劳动力的竞争,而是知识资本的竞争和创造知识与应用知识的能力方面的竞争(马浩,2015)。特别需要注意的是,组织能力和无形资源可以在使用中不断积累,有形资源、无形资源和组织能力的总和构成了企业赖以生存和发展的基础条件。

6.3 资源基础观

6.3.1 历史背景与焦点定位

20 世纪 80 年代以来,战略管理理论从不同的角度对企业竞争优势根源的问题进行了探讨。虽然这一时期产业组织学派占据了主导地位,形成了以波特的产业分析理论为代表的企业竞争优势外生论,但另一种新的战略理论流派开始悄悄地萌芽并逐步发展壮大。这就是资源基础理论(resource-based theory/view),并逐渐形成了以其为代表的企业竞争优势内生论。

资源基础理论的产生有两个背景。一是归核化成为 20 世纪 80 年代企业管理的一大特征。在 20 世纪 80 年代,许多企业发现他们无法在众多领域成为世界级竞争者,于是纷纷清理非核心业务,从而使企业重心回归到几个核心业务上,形成适度多元化的状态。二是波特的竞争战略遭遇困境。波特的竞争理论是对美国 20 世纪 70 年代制造业实践的总结。外生论把注意力集中在市场和产品上,把企业的竞争优势归结为企业所处的市场结构和市场机会等,认为决定企业盈利能力的首要和根本因素是产业吸引力,其由 5 种力量决定。因此,企业选择一个正确的产业是获得竞争优势的关键。然而,随着企业战略理论研究与实证分析的不断深入,人们对于传统战略理论将竞争优势完全归功于行业结构和市场力量产生了质疑。学者们发现,产业分析理论过分强调企业的外部环境,强调"定位",忽略了具有竞争优势的企业的内在来源,导致企业为获得竞争优势而频繁转换行业。特别是利普曼和鲁梅尔特（Lippmam & Rumelt.，1982）实证提出产业内部长期利润率的差异要比产业间的利润率差异大得多，引发了人们对于传统战略理论将竞争优势完全归功于行业结构和市场力量的质疑。

　　在这样的背景下，20 世纪 80 年代中期出现了一股重新着眼于企业进行研究的潮流，研究者将探索竞争优势的着眼点再一次转向企业内部。在彭罗斯（Penrose，1959）提出的企业成长理论的强烈影响下，沃纳费尔特（Wernerfelt，1984）的论文《企业资源基础观》成为资源基础理论的奠基之作。具体而言，沃纳费尔特（Wernerfelt，1984）承袭了彭罗斯（Penros，1959）的观点，在其关于企业差异化战略的研究中提出资源基础观，指出对资源的关注是企业进行战略选择的逻辑起点，并强调企业依托异质性资源、知识及能力构建资源位置壁垒是解释企业获取高额利润的关键。这一资源—知识—能力视角在为企业资源分配及战略发展提供依据的同时，也为后续研究指明了方向（张璐等，2021）。在此基础上，巴尼（Barney，1991）进一步指出企业战略选择依赖于对自身独特资源与能力的分析，认为企业所掌握的信息充分与否对战略资源获取有重要影响，并提出企业获取竞争优势的基础在于其拥有的资源具备价值性、稀缺性、不可模仿性和不可替代性。这类资源不仅包括企业所拥有的资产、设备等物力资本资源，还包括组织结构、品牌、声誉、信息、知识、能力、员工综合素质等在内的组织资本资源与人力资本资源（Barney，2001）。它们不仅可以帮助管理者制定和实施企业战略，还可以助力企业构建隔离机制（Rumelt，1991），进而通过异质性资源构建、事前竞争限制、资源非完全移动以及事后竞争限制 4 种资源竞争战略实现企业交易成本的降低与利润的维持，最终促进企业战略目标的实现（Peteraf，1993）。

　　从 20 世纪 90 年代至今，资源基础理论成为企业战略管理研究中最为活跃的一个理论流派，并由此产生了能力基础论、核心能力理论、动态能力理论和企业知识理论等能力理论体系。

6.3.2　理论渊源与研究范式

　　企业资源基础理论的思想可追溯到彭罗斯（Penrose，1959）的工作，但真正的兴起则是在 20 世纪 80 年代以后。彭罗斯（Penrose，1959）聚焦组织内部成长，创造性地将企业看作资源的集合，指出企业对包括人力资源、实物资源等在内的异质性资源的有效获取和科学配置，可以助力其自身绩效的提升并进一步塑造其区别于其他企业的竞争优势,从而促进其自身的稳步成长。该理论率先敲开了资源异质性研究的大门,首次肯定了异质性资源对塑造企业竞争优势的重要作用,为资源基础理论的诞生奠定了理论基础。然而,该理论在当时并未引起巨大反响。

正如沃纳费尔特(Wernerfelt,1995)所言,企业资源基础理论在 20 世纪 80 年代虽然取得了一定的发展,但并没有受到重视。这一时期研究的热点主要集中在资源基础理论概念、范畴的界定上(Wernerfelt,1984;Barney,1986;Dierickx & Cool,1989),研究范式主要是以新古典微观经济学范式为主。直到普拉哈拉德和哈默尔(Prahalad & Hamel,1990)提出核心能力概念以后,资源基础理论的研究才得到重视。20 世纪 90 年代以后,资源基础理论的研究开始注重理论框架的搭建(Barney,1991;Peteraf,1993)和对特定能力的研究(Farjoun,1994),研究范式也从单一的新古典微观经济学范式扩展到产业经济学范式、演化理论范式和制度经济学范式。20 世纪 90 年代初期,产业经济学范式的研究主要集中在对结构—行为—绩效(即 SCP)研究范式的反驳上(Hansen & Wernerfelt,1989;Rumelt,1991),之后的发展则倾向于一种权变的研究视角(Miller & Shamsie,1996)。演化经济学范式(Makadok,2001)和新制度经济学范式的研究则是更近的事情,它们代表了资源基础理论发展的未来方向。

巴尼(Barney,2001)在《竞争优势的资源基础理论:资源基础观 10 年回顾》中对资源基础观的 4 种研究范式——新古典微观经济学范式、产业经济学范式、演化经济学范式和新制度经济学范式——进行了总结(见表 6-3)。

表 6-3　资源基础理论研究范式

研究范式	关注问题	代表人物和文献(部分)
新古典微观经济学范式	资源供给的异质性和短期内缺乏弹性	● 沃纳费尔特(Wernerfelt,1984):企业资源基础观 ● 巴尼(Barney,1986):战略要素市场:远见、运气和企业战略 ● 迪瑞克斯和库尔(Dierickx & Cool,1989):资产存量积累和竞争优势的可持续性

续表

研究范式	关注问题	代表人物和文献(部分)
产业经济学范式	对 SCP 范式的验证和权变发展	● 库尔(Rumelt,1982):企业战略理论 ● 汉森和沃纳费尔特(Hansen & Wernerfelt,1989):企业绩效的决定因素:经济因素和组织因素的相对重要性 ● 鲁梅尔特(Rumelt,1991):产业发挥了多大的作用?
演化经济学范式	演化环境、路径、方向	● 纳尔逊和温特(Nelson & Winter,1982):经济变迁的演化理论 ● 巴内特(Barnett,1994):组织绩效的演化模型 ● 马卡多克(Makadok,1999):企业间规模经济的差异和市场份额演化
新制度经济学范式	主要是资源基础观与交易成本经济学的结合	● 奥利弗(Oliver,1997):可持续竞争优势:制度观和资源基础观的结合 ● K.福斯和 N.J.福斯(Foss & Foss,2005):资源和交易成本:财产权利经济学如何深化资源基础观

资料来源:李纪明,2012.资源观视角下企业社会责任与企业绩效机制研究:一个理论框架及其在浙江的实证检验[M].杭州:浙江大学出版社.

6.3.3　理论共识与主要流派

从 20 世纪 80 年代开始,研究人员开始系统地从资源角度出发研究企业竞争优势的来源,正式意义上的企业资源基础理论渐渐成型。从沃纳费尔特(Wernerfelt,1984)的《企业资源基础观》,到巴尼(Barney,1986,1991)的《战略要素市场:远见、运气和企业战略》《企业资源与持续竞争优势》,以及彼得拉夫(Peteraf,1993)的《竞争优势的基石:基于资源的观点》,资源基础理论的假设条件相差不大:都认为企业是各种资源的集合体;企业拥有的资源各不相同,具有异质性;企业资源的异质性导致了企业之间的异质性。同时,由于资源不是自由流动的,使得企业之间的异质性可能长期存在,而绩效优良的企业比绩效一般的企业在所控制的资源方面更具优势。因此,巴尼(Barney,1991)提出,资源基础理论有两个基本假设:第一,资源不同质地分布于各个企业中;第二,这些资源具有黏性,不会无成本地在企业之间转移。企业的特质资源是企业形成竞争优势、实现战略管理的基础。以上两个假设条件也被认为是资源基础理论的公理性原则。

根据资源观,企业的持久竞争优势来自异质性资源,异质性资源的特殊属性能引致防止或减缓异质资源效能损耗的机制。并非所有资源都能为企业带来竞争优势,也并不是所有资源都是资源基础理论中所指的企业资源。只有那些有助于制定和实施企业战略,达到提高企业绩效目的的资源才被称为企业资源。这也正是资源基础分析方法的主要应用方式:识别企业资源,探讨具备何种性质的企业资源才是产生长期竞争优势的源泉(Barney,1991;Amit & Schoemaker,1993;Peteraf,1993)。巴尼(Barney,1991)认为,作为竞争优势源泉的资源应当具备以下 4 个标准:(1)有价值;(2)稀缺;(3)不能完全被仿制;(4)其他资源无法替代。但是有学者提出从经济学的角度来看,上述说法显得有些重复。因为资源如果不稀缺就不会有价值,所以稀缺资源一般都是有价值的资源,而不可模仿和非替代性才是这类资源的关键特征。不过总体而言,大多数战略研究领域学者都对巴尼(Barney,1991)提出的这 4 个标准表示认同。

资源基础理论把企业看作"一系列资源的集合"(Penrose,1959;Wernerfelt,1984)。它放松了经济学理论的假设条件,提出了与新古典经济学的理论模型不同的假设,即企业是异质的。企业的异质性不仅表现在投入品或资源配置的差异上,而且表现在要素资源组合方式的差异上。由于企业资源的异质性以及不完全要素市场,企业之间的差异可能长期存在,那些长期占有独特战略资源的企业更容易获得持久的经济租。从这个角度来看,企业不仅是投入要素的结合体,还是异质性生产要素的创造者。

资源观对资源的重视必然引出对企业资源的认识问题。经济学中对资源的认识囿于这样的范围:第一,企业资源主要是资本品、原材料和人;第二,这些资源是稀缺的,彼此在一定程度上可以相互替代;第三,各种资源都是同质的,并可以按相同的价格从市场上得到供应。资源观扩展了资源的概念,界定了更为广泛的资源范畴,资源的成分涵盖了更为活跃的技能和人力资源。企业的资源被定义为"企业拥有的或者控制的要素的集合"(Amit & Schoemaker,1993)。资源可以结合其他广泛的资产和机制如技术、管理信息系统、激励系统、管理层和劳动力间的信任等而转化为最终的产品或服务。资源包括可交易的知识产权(如专利和许可证),也包括财务资产、物质资产和人力资产等。

在企业资源中,除了资金和原材料等属于对所有企业有着同等意义的同质资源外,其他资源所含有的活性因素如知识、经验、技能、判断力、适应力,以及企业组织系统内外的各种联系等,使每一种资源都富有变化且呈现出千差万别的形态。也就是说,这些资源基本上属于异质性资源,也有学者称其为战略资源(Dierickx & Cool,1989)。

彼得拉夫(Peteraf,1993)从资源流动性角度区分了两种性质的企业资源:完全不可流动的资源(perfectly immobile)和不可完全流动(imperfectly mobile)的资源。完全不可流动的资源是指不能交易的资源。迪瑞克斯和库尔(Dierickx & Cool,1989)指出,产权不清或者不能记录(bookkeeping feasibility)问题的资源也属于完全不可流动的资源。除此之外,对其他企业毫无用处但具有显著的特异性的资源也属于此类资源。另一些资源属于不完全流动性资源。这些资源可以交易,但是在企业内使用比其他的应用方式更有价值。这些资源存在一定的专用性,适应企业的特有需求。资源不完全流动的原因主要是信息不对称或交易成本过高。

而有些学者如普拉哈拉德和哈默尔(Prahalad & Hamel,1990)认为企业是"能力的独特集合体",企业的长期竞争优势来自企业的核心能力(core competence)或动态能力(dynamic competence)。科古特和赞德(Kogut & Zander,1992,1996)则认为企业是"知识的独特集合体",蕴藏在企业或组织层次的社会知识或集体知识构成了企业长期竞争优势的源泉。

在此基础上,资源观分化成 3 个主要流派:企业资源观、企业能力理论和企业知识理论。这 3 个流派的基本思想是一致的,即企业在本质上是产品、业务背后的要素组成的独特组织,而竞争优势来自那些具有特殊性质的要素。不过不同流派的学者们认为这些要素应该是"资源""能力"或"知识"。而拥有特殊性质的要素是"特殊资源/战略资产""核心能力"或"社会知识/集体知识"。资源观研究的逐渐深化体现在分析层次的演变上:最初,分析集中在资源的个体层次上,着重分析资源的类别、与企业长期竞争优势相联系的资源所具有的特征等;随后,资源与资源之间的组合关系成为主要分析层次,主要研究关系的类别、特性,此为组合层;最后是企业层次。企业作为一个总体,具有终极意义。不论资源观基于何种假设,都要落实到这里(程兆谦、徐金发,2002)。

企业资源观认为企业是资源的集合体,具有独特属性的资源是企业竞争优势的来源。企业能力理论认为,企业是能力的集合体,核心能力是企业竞争优势的来源。企业能力理论的研究以企业层次的研究为主,即核心能力研究。普拉哈拉德和哈默尔(Prahalad & Hamel,1990)将核心能力定义为"组织中的一种集体知识,特别是如何协调不同生产技术和整合多个技术流的知识",是具有"协调"和"整合"功能的"集体知识"。核心能力也可以看成核心技术能力、核心研发能力、技能网络。蒂斯等(Teece et al.,1997)认为,企业的核心能力存在于组织惯例之中。但是程兆谦和徐金发(2002)认为在逻辑上还应该有层级更低的能力,并将企业所具有的能力分为 3 个层次:个体能力、职能能力、企业总体能力(成功的企业在企业总体能力中包含核心能力)。企业知识理论认为企业是知识的集合体,集体知识是企业竞争优势的来源。知识研究主要集中在个体层次上,即知识的类型、属性,对于知识与知识的关系——组合层及企业层的研究很少。

6.3.4 理论局限与发展空间

随着相关研究的持续丰富,探讨企业内部核心竞争优势来源、异质性资源和能力重要性,强调组织战略资源往往来自其内部自发合作而积累起来的隐性知识集群的传统资源基础理论体系在融合产业经济学、组织行为学等学科的基础上建立起来(Mueller,1996),为战略管理研究提供了新思路。然而,传统资源基础观过分强调企业所拥有的异质性资源对于构建核心能力与竞争优势的重要意义(Barney,2001),忽略了对资源形成与演变过程以及如何获取和配置关键资源以提升企业能力进而塑造竞争优势的深入探讨。后续研究则从以下两个方面进行了完善。其一,基于复杂多变的外部情境下企业突破核心能力的刚性诉求,引入动态能力理论并构建动态资源基础观(Helfat & Peteraf,2003;Teece et al.,1997),通过深入剖析组织资源存量与能力形成之间的内在关系,弥补传统资源基础理论仅基于静态视角探究资源存量在竞争中的重要作用,并且回答企业如何动态匹配外部环境以获取持续竞争优势的问题。其二,针对传统资源基础理论难以清晰阐释组织资源存量与能力构建之间的具体机制的缺陷,在动态能力理论的基础上,聚焦组织对内外部资源采取的有效行动,建立资源行动观,并形成资源拼凑与资源编排两类代表性理论分野(Baker & Nelson,2005;Sirmon et al.,2011)。虽然上述两个方面的研究在侧重点上存在一定差异,但两者在研究基础上相互承接,相关研究成果在继承传统资源基础观的同时对其进行了补充与完善,促进了资源基础理论的长足发展(张璐等,2021)。

6.4　资源整合的主要手段

格兰特(Grant，1996)总结了企业进行资源整合的 5 种基本方法:自行开发、企业兼并、战略联盟、单独孵化以及在产品更新换代中学习积累(马浩，2015)。

6.4.1　自行开发

对于那些难以借助兼并、联盟等方式获取的能力,企业可以采取自行开发的方式,通过积累这些能力构成要素来构建这种能力。首先,企业需要对构建这种能力所必需的资源进行识别,为资源获取和资源利用奠定基础。资源识别的目的是明确已有资源与构建能力所需资源之间的缺口,为企业获取资源指明方向。其次,企业可以通过内部培育和外部购买的方式来获取资源,然后对这些资源加以利用,进行能力构建。比如,一个企业想要构建某种研发能力,首先需要对所需资源进行识别,如创造力强的工程师;知识新颖的新人;既懂技术,又懂市场,还善于管理的牵头者等。其次,企业需要逐渐积累或从企业外部获取这些资源。最后,企业需要逐渐建立、积累、磨合不同的要素,形成研发实力。在这个过程中,企业所积累的能力要素之间必须相互匹配(马浩，2015)。

6.4.2　企业兼并

企业兼并是企业快速获取某种急需资源和能力的方式之一。企业兼并遵循优胜劣汰的逻辑,对产业结构、产品结构和企业组织结构进行调整,对整个经济结构进行优化和升级,以实现资源配置的优化和经济效率的提高。除此之外,企业也可以通过兼并迅速获取某种急需的能力。比如,思科通过不断兼并和发展,积聚了网络基础设施建设的多种技术实力;同样,联想兼并 IBM 的 PC 业务,使其获得了国外市场的营销能力以及一定程度上的技术研发能力。

对于想要迅速进入某一市场的企业而言,企业兼并也是其可选择的方式之一。因为企业兼并可以为其争取时间和资本,降低进入市场的交易费用。一般而言,在激烈的市场竞争中,企业要想获得规模效益、分散市场风险,必须实行跨行业多方位经营。而买方市场下的现有结构性商品市场已被基本"瓜分"完毕,因此形成了相对的市场壁垒。一个新企业进入市场所需的资本、时间及需求转向等因素的成本比较大,而企业兼并具有低成本、快速、便捷的优势,大大降低了企业进入市场的成本,同时又能强化企业的自我保护屏障。

从宏观上看,在市场机制的作用下,兼并这一方式使劣势资源流向效益高的优势资源,商品市场的集中和净化度得到提高,经济资产得到重新组合,企业组织结构得到优化,交易费用得到降低,从而使经济资源处于高效率状态。但是需要指出的是,在兼并过程中和兼并后的整合过程中,很多能力会因为冲突、内耗、忽略以及遗忘而迅速或者逐渐地丧失(马浩,2015)。

6.4.3 战略联盟

企业可以通过战略联盟获取和发展自身需要的知识与能力。比如,索尼通过与菲利浦的战略联盟与合作,增强了自身在盒式录音机与 CD 播放机等产品上的技术实力;通用汽车公司在 20 世纪 80 年代斥巨资与丰田等多家汽车制造厂商联盟,以期增进其微型和小型轿车的设计与制造能力(马浩,2015)。

基于企业战略联盟的考察,本书发现有效的战略联盟在建立过程中需要十分注意以下 3 个阶段的实施步骤。

1. 合适阶段

企业在联合与合作之前,首先要树立明确的战略目标,并据此寻找或接受能帮助其实现战略意图、弥补战略缺口的联盟伙伴。这是一项艰巨的任务,它需要高级管理层了解双方在一定时间内的目的和战略。一个合适的联盟伙伴的基本条件是:能够带来本企业所渴望的技术、技能、知识风险分担和进入新市场的机会等优势。此外,文化上相容、相似的企业比有较大文化差异的企业更适合成为本企业的联盟伙伴。

2. 设计谈判

成功的联盟不仅包括以交叉许可安排、联合开发、合资经营、股权共享等联盟方式为基础的初始合作协议,还包括厂址选择、成本分摊、市场份额获得等常规细节以及对知识创新、技术协同等方法进行的设计。

企业的高级管理层还应就联盟的共同目标与主要的中层经理和技术专家进行沟通。此外,由于联盟伙伴之间往往存在着既合作又竞争的双重关系,双方应对联合与合作的具体过程和结果进行谨慎细心的谈判,摒弃偏见、求同存异、增强信任。

3. 实施控制

战略联盟的最终目的是通过联盟提高企业自身的竞争能力。联盟内的企业应该把通过联盟向对方学习作为一项战略任务,最大限度地将联盟的成果转化为我方的竞争优势。联盟往往需要双方进行双向信息流动,每个参加联盟的企业都应该贡献必要的信息给对方,从而提高联盟的成功率。同时企业要合理控制信息流动,保护自身的竞争优势,防止对方得到我方应予以保护的关键信息,从而做出有损我方的行为,因为联盟伙伴极有可能成为将来的主要竞争对手。

战略联盟通过其协同性整合联盟中分散的资源,以提高组织的运作速度,分担风险、共享机遇,加强联盟伙伴间的技术交流,使他们在各自独立的市场上保持竞争优势。与竞争对手结成联盟则可以把竞争对手限制在它的地盘上,避免双方过度投入所带来的资源损耗。

6.4.4　单独孵化

由于某些资源和能力受限于自身特性和市场不完善等因素,难以在企业间流动;或者为了获取某种适应企业特有需求的专用性资源,企业可以选择通过在常规组织之外实行单独孵化和培育的方式来获取某种资源,或形成某种能力。比如,施乐的 PARC 研发中心(即 Palo Alto Research Center)创造了许多数据处理以及计算机技术的知识与能力。但这种方法面临的巨大挑战是如何将孵化的技术能力应用于企业或组织的主流经营活动中,而不是被弃置或者流落到竞争对手那里(马浩,2015)。

一般而言,单独孵化和培育以获取某种资源或形成某种能力是一个长期的过程,与企业所处的文化环境、市场环境等密切相关。为了更好地推动资源或能力的孵化,企业需要通过文化建设提升企业自主创新的氛围,并制定相关制度引导、鼓励创新以及创新行为。企业应首先使全体员工充分认识创新对企业发展的推动作用,增强创新意识,使创新成为企业的自觉行动,并不断探索独特的创新发展道路。其次,在企业中树立"双赢"的价值观念,塑造员工的献身精神,并赋予整个组织一种开放性、学习性的氛围。形成一种提倡自主创新的企业文化,从思想上培育全体员工的学习能力和自主创新能力。最后,企业应重视引进、培养高素质人才,在企业内聚集一批具备较宽知识面、敏锐观察力和富有创新精神的优秀人才，为企业的孵化活动保驾护航。

6.4.5　学习积累

企业可以通过产品的不断更新换代，学习先进的知识，积累能力、追赶潮流。本田公司从早期的代步车，到小摩托车、大摩托车，再到汽车、豪华车等，逐渐掌握并改进了小型引擎的设计与制造技术。同样，现代汽车公司从为福特组装散件，到开发自己的小车、中型车、豪华车，逐步提高了自身的技术实力。松下公司有一套独特的能力复制与发展方法。比如，所有的家电产品基本都要用到电池，因此松下公司每到一地，首先建立电池制造厂，训练员工掌握先进技术以及适应自动化生产的能力，然后逐步开展生产制造过程中复杂程度较高的业务，按部就班地提升总体生产与制造能力（马浩，2015）。

资源的积累过程具有一些独特的性质，为竞争对手或其他企业的模仿制造了很多障碍。积累过程的主要特点包括：时间压缩不经济性（time compression diseconomies）、路径依赖性（path dependence）、资源关联性（interconnectness of resource）、资源损蚀（erosion of resourece）、因果模糊性（causaul ambiguity）。

时间压缩不经济性指的是某些资源与能力的获取和保持需要长时期的积累以及系统的培育。对于这类战略资源的形成来说，时间是难以逾越的因素。短期内，即使花费若干倍的力气和钱财来购买、打造，也不可能一蹴而就，迅速达到预期效果，发挥应有作用。例如，组织的创新能力不可能在有限的时间内形成，而组织的新知识也不是组织人力资源与物质资源、组织资源短期相互作用所能创造的，组织的品牌、信誉、形象等资产更不可能一朝一夕建立起来。模仿企业可能加大其他要素投入，但不可能把时间压缩。因此，时间要素成为拥有战略资源的企业维持竞争优势的一道天然屏障（李纪明，2012）。

路径依赖性包含一定的运气成分。由于历史原因，企业的独特经历和特定的发展轨迹使得企业恰好拥有某种独特的资源和能力。而后来的企业，或者没有与该企业同时处于同一发展轨道上的企业，便不可能获取这种资源和能力；或者即使可以获取，但成本如此之高，可能已经没有任何经济意义。路径依赖性说明企业积累战略资源需要一定的必要条件，如果企业的初始条件（即资源存量条件和特征）达不到要求，那么模仿行为也是无效的。无形中为企业模仿行为设置了另一个门槛。

资源关联性指的是独特资源与其他资源的关联性或互补性。企业的资源和能力往往是一个相互关联的体系,互相影响、共同作用,既互相激发,也互相制约。某种资源和能力如欲完全发挥效用,通常需要其他资源做基础、配合或者补充,从而共同发挥作用,奠定优势。

资源损蚀指的是资源和能力的折旧、损耗、侵蚀及失效。尤其是有些独特资源和能力,需要连续不断地花重金和大力气维持,比如研发能力、品牌知名度和美誉度。

因果模糊性意味着导致竞争优势的资源和能力不能被确定,或者获取这种资源和能力的机制不能被清楚地了解。也就是说,在某些情况下,连拥有某种独特资源的企业自身也不明白这种独特资源是怎么来的,或者企业自身也很难说清楚到底是哪种独特资源在起作用(支撑企业的持久竞争优势)。企图模仿的竞争对手就更摸不着头脑,感到无从下手,这便是因果模糊性在起作用(马浩,2015)。

6.5　本章小结

本章首先介绍了传统资源的定义、类别和特征。其次,从历史背景与焦点定位、理论渊源与研究范式、理论共识与主要流派、理论局限与发展空间 4 个方面,阐释了关于传统资源的西方经典理论——资源基础观。最后,介绍了传统资源整合的主要手段,包括自行开发、企业兼并、战略联盟、单独孵化、学习积累。

第7章 传统资源整合的东方智慧

7.1 导入案例

天狮成功走向世界的东方智慧

有人说:"西方的智慧是科学,重理性;东方的智慧在于谋略,重情感。"正如医药保健行业:中国五千年的养生文化、中医中草药的精华,是东方的经验之谈;生物工程和基因工程,是西方科学的有效依据。作为一家立志全球化的中国企业,天狮集团通过中西方资源的整合和文化的融合,成就了天狮保健品,最终迈出国门,实现了全球化。

早在20世纪90年代,中国政府就提出了中国优秀企业要走出去的战略构想。很多中国企业在走出去的过程中,因为文化背景、价值观、经营理念等各种矛盾,折戟沉沙,对中国企业在海外的形象造成了一定的负面影响。但是,天狮不是。天狮通过结合东方智慧和全球视野,融合中西方文化,在理性与情感并重的过程中,走出了一条成功的道路。

人才整合:六网动全球,人才本地化。一般而言,大多数中国企业在开拓海外业务时通常抱有"上阵父子兵"的想法,因此他们更加倾向于从公司总部外派人员。然而,天狮没有这样做。他们对于一些已经相对稳定、规模也达到一定水平的海外市场,招聘并任用本土首席执行官,并重金吸引本土人才。

因地制宜,下放权力。天狮集团的全球基本管理架构属于层层剥离的模式,各大洲的区域子公司所实施的管理架构和总公司一致,按照总公司所设置的首席执行官、人力资源管理中心、财务中心、计算中心、教育中心等架构来配置部门,统管区域内的分支机构。这意味着区域子公司也是独立的法人实体,实行自主经营。

　　文化融合。西方人更看重"尊重"的文化,一家外来企业要想加速融入本土文化,首先要学会尊重:尊重当地的风俗习惯,尊重当地的文化信仰,尊重当地的政策法规,其次才是将自身文化的优秀部分与本土文化相融合。在这方面,天狮的做法给中国企业树立了榜样。如在南亚某些国家,员工可以穿拖鞋上班;在非洲,员工可以穿当地传统服装上班;在伊斯兰国家,员工上班时可以做礼拜;在处理政府关系时,充分了解当地的法律法规,尽量不给当地政府官员造成不必要的麻烦。天狮产品为保证尊重一些国家的民族习惯,通过了HACCP 认证、中国伊斯兰教协会的"哈拉认证"和美国犹太监管组织 KSA 的"犹太认证"等,部分产品还通过了美国 FDA 认证。与此同时,天狮还组织海外律师团,致力于加入当地的行业组织。

　　经过几年的运作,天狮集团的业务辐射 190 多个国家,在 105 个国家和地区建立了分支机构。与此同时,天狮深知家庭是华人社会的基石,是东方文化剪不断的根源,其在 2007 年的天狮全球战略中,将"家天下"定位为天狮品牌的核心。为了"集家成天下",让产品能够全球共享,天狮与美国辉瑞、法国欧莱雅、瑞士日远驰、日本资生堂、瑞典引茨浓、法国三橡树、加拿大克里斯托、印度杰姆斯、巴西玻拉尼托等 40 余家企业签署了战略合作协议,把全球优秀产品和资源引入中国。

　　经过一系列努力,天狮成功地以博大的东方智慧赢得了世界。

　　资料来源:http://blog.sina.com.cn/s/blog_40cffbdc0100dwt9.html.

　　思考:上述案例体现出了怎样的东方智慧? 你还知道哪些和东方智慧有关的企业案例?

7.2　东方背景剖析

7.2.1　东方文化背景

　　"复合"的思想起源于中国古典哲学,在道家、儒家、兵家以及杂家等的思想体系中都有所涉及。

　　首先,"复合"的理论框架根植于中国古代朴素的辩证唯物哲学思想——道家的"阴阳"学说。"阴阳"学说认为宇宙间任何事物都具有既对立又统一的阴阳两个方面,经常不断地运动,相互作用、生化不息。这种运动和相互作用是一切事物运动变化的根源。《道德经》有言:"反者道之动,弱者道之用。"《素问·阴阳应象大论》说:"阴阳者,天地之道也,万物之纲纪,变化之父母,生杀之本始,神明之府也。"意思是说,对立统一的存在是一切事物的根本法则,万物都不能违背这个法则而存在,事物的变化是由事物本身阴阳两个方面不断运动和相互作用形成的,事物的生成和毁灭都来自这个根本法则,这就是自然界一切奥妙的所在。阴和阳之间并不是孤立和静止不变的,而是存在相对、依存、消长、转化的关系。《易经》的卦象中有"泰"卦,表示乾坤相加,阴阳调和。此外,还有"否"卦,表示阴阳相隔,阻塞瘀滞。前者是事物向有利的方向转化,而后者则相反。因此,在成语中才有"否极泰来"的说法。

荀子作为继孔、孟之后的儒学大家,在《荀子·劝学》中提道:"君子生非异也,善假于物也。"即那些优秀的人并非天赋异禀,只是更加擅于利用外部的事物而已。因此,那些弱小的企业必须善用符合企业自身发展的规律,才能够更快地发展。复合基础观代表了一种新的哲学,并由此为我们带来新的战略理论、商业模式以及与众不同的战略发展路径。他们有别于传统的智慧和现有的管理理论,强调企业对普通资源进行极具特色的组合参与竞争并获得成长。另一儒家经典《左传·子产论为政宽猛》中也提及,"'不竞不絿,不刚不柔,布政优优,百禄是遒。'和之至也"。大体意思也是强调要阴阳调和、刚柔相济。

《孙子兵法》中强调"以正和,以奇谋",这与复合基础观在战略上强调"抱中守一",在战术上体现"实用主义"不谋而合。所谓"抱中守一",即企业有着十分明确的愿景和长期发展目标,但并不会在发展中过于偏执,而是采取综合权衡的思维,这是"以正合"。例如,既投入研发也努力加大营销力度,既关注竞争也致力于合作,既注重短期绩效也谋求长期发展。这样的思维模式使得企业可能不会在某一方面凸显特色但却具有更加全面、均衡的资源能力架构,而战术上的"实用主义",则与《孙子兵法》中的"以奇谋"不谋而合。即在日常经营发展过程中,牵涉某项具体的管理决策时,大可不必拘泥于现有的管理框架、流程乃至固有的思维,大胆采取突破式的、创新性的方法,充分利用企业、行业甚至制度方面的特色,最终以更快的速度、更低的成本和更加广泛的渠道超越竞争对手。作为宣称"兼儒墨,合名法"的杂家思想,则对上述各家进行了总结和发扬,如"阴阳不及和"(《淮南子·道应训》),以及"阴阳相接,乃能成和"(《淮南子·氾论训》)。在哲学二分法的基础上,进一步强调对不同事物的调和、兼具。可见,不走极端,将看似矛盾的事物"复合"在一起,兼容不同事物之间的差异,实现矛盾多样性的统一,才能生物、发展。

继承这样的思想,我们认为,"复合"意指在承认不同事物之矛盾、差异的前提下,把彼此不同的事物统一于一个相互依存的复合体中,并在不同事物整合的过程中,取各事物之长而克其短,使之达到最佳组合,由此促进新事物的产生,推动事物的发展。而战略的"复合基础观"重点强调企业通过对自身拥有或外部可购买的资源与能力进行创新、整合的运用,提供具有复合功能特征的产品与服务,从而以多元复合的竞争手段获取、创造独特的竞争优势或发展路径。这些能力、资源和战略通常被认为是相互独立或没有关联甚至相互矛盾的,而复合基础观更加注重对这些要素的综合运用和相互强化,而不是简单地依赖于其中的一两项(陆亚东、孙金云,2013)。

7.2.2　东方现实背景

尽管以中国为代表的新兴市场国家企业存在明显的不足,如缺乏核心技术、品牌知名度和美誉度不高、产品创新能力偏弱等,但是它们也具有显著的优势,包括成本优势、渠道优势和双元优势(Luo & Rui,2009)。通过巧妙运用这些优势,上述企业不仅在中低端市场取得了快速发展,而且开始逐步克服自身缺点,向中高端市场和发达国家市场进军。在此过程中,出现了能够与西方跨国公司抗衡的诸多明星企业。它们不断利用已有优势撬动、整合新的资源和能力,甚至在低成本的基础上开展"以成本为出发点的企业创新"(Zeng & Williamson,2007)。复合基础观之所以特别适用于新兴市场企业,与这些国家宏观环境所具有的特征是分不开的。宏观环境所具有的特征主要包括经济特征、市场特征和技术特征。

第一,经济特征方面。随着新兴市场经济的快速发展,出现了大量市场机遇。原本不具有太多资源能力优势的企业在面临机遇窗口时,大胆抓住机遇,运用自身仅有的优势,通过社会网络资源谋求外部支持,加快发展以弥补自身的不足。因此,它们产生了更加强烈的内外部复合的需求。随着全球化分工的深入,大量发达国家企业将生产转移到新兴市场,这一趋势催生了大量本地合资企业。更重要的是,合资企业知识的外溢帮助了那些并不具有技术和管理优势的本地企业更快地发展。打破企业原有的边界,充分利用外部机遇发展组织内部的资源与能力变得可行。

第二,市场特征方面。新兴市场庞大的中低端群体为企业采用复合视角,选择"居中定位",提供了稳定的市场基础。加上企业本身就具有的低成本特征,在以"模仿式创新"为代表的模式下快速、低成本地提供既具成本优势、又兼有差异化优势的产品成为切实可行的选择。

第三,技术特征方面。外包与分包、模块化与信息技术的发展,使得企业能够在面向广大中低端市场时取得局部的复合优势。企业原有的价值链可以在这样的趋势下重新进行调整,简单提供一个部件或仅提供组装也可以具有局部的竞争优势。而这样的分工又促进了企业和企业之间的合作与相互学习。复合优势不但体现在单个企业中,同时也通过企业网络体现在各企业之间的协同上。

此外,考虑到新兴市场国家还普遍存在制度环境的缺失、快速变化的市场环境以及广大但年轻的中小企业、新创企业、民营企业,这些企业又拥有一大批熟悉市场、具备敏锐商业嗅觉和丰富商业关系网络的企业家,我们认为,复合基础观是基于新兴市场情境下的核心战略管理理论。

通过上述分析还可以发现,复合基础观可以用来解释为什么那些看上去十分平凡甚至弱小的企业可以通过普通的资源达到卓越的绩效(陆亚东、孙金云,2013)。

7.2.3 东方企业实践

事实上,复合基础观的提出,既是对现有战略理论的补充,也是结合大量企业优秀经验的结果,如格兰仕的微波炉、振华港机的港口机械、中集集团的集装箱制造等。

中集集团是总部位于深圳的一家国有控股企业集团,主要经营集装箱、车辆装备等的制造和服务。虽然成立于1980年1月,但直到1993年麦伯良担任总经理后,公司才开始步入快速发展的轨道,并于1994年在深圳证券交易所上市。目前,中集集团总资产643.62亿元人民币,净资产186.28亿元人民币;2011年销售额641.25亿元人民币,净利润36.91亿元人民币。在北美、欧洲、亚洲、大洋洲等地区拥有150余家全资及控股子公司,员工超过6.4万人,初步形成跨国公司运营格局。在集装箱业务方面,中集是全球唯一能够提供全系列集装箱产品,并拥有完全自主知识产权的供应商。中集集团采用"低成本+高质量+集中研发"的复合策略在集装箱这一市场独树一帜。自1996年以来,中集的集装箱产销量一直保持世界领先地位,尤其在干货集装箱这一产品方面,长期位居全球产量第一。

以中集集团、振华港机等为代表的中国本土制造业企业,按照传统的战略理论,其在核心竞争力方面的表现并不突出,例如核心科技、品牌忠诚、卓越服务以及组织的全球化运营经验等。但是,它们却以惊人的速度超越了那些在核心竞争力方面表现更为突出的西方竞争对手,并赢得了以大规模市场为代表的顾客的认可。

因此,组织拥有的资源与能力固然重要,但是在这些资源和能力运用的过程中,运用何种机制对其进行权衡、协调、组合以及相互促动,从而带来企业整体竞争优势的提升或许可以成为解答上述现象的关键。

尤为重要的是,那些新兴市场的中小企业普遍缺乏独特的能力和资产,例如品牌和领先的技术,因此它们选择复合基础观将更加具有可行性,也更加明智。同理,发达市场的后进入者采用复合基础观同样也是有效的(陆亚东、孙金云,2013)。

7.3 复合基础观

7.3.1 复合基础观的定义

"复合基础观"的思想最早由陆亚东于 2012 年在剑桥大学贾吉商学院的一次演讲中系统提出,后又于 2012 年底在国内 SMS 广州会议、国家自然科学基金中国企业创新理论与实践重点项目群启动会议(广州)上拓展阐述。虽然陆亚东的观点目前仅以演讲稿的形式呈现,但这一思想的内涵已经论述。陆亚东认为,复合基础观中的"复合"概念是指对企业拥有的或从外部可购买的资源,通过创新、整合的方式进行使用,从而创造出独特的竞争优势或发展路径(Luo & Child,2015)。

进一步地,陆亚东和孙金云(2013)将复合的概念拓展到企业战略的产品、能力与竞争手段上,并指出复合基础观是指企业通过对自身拥有或外部可购买的资源与能力进行创新、整合的运用,提供具有复合功能特征的产品或服务,用复合竞争的手段获取、创造独特的竞争优势或发展路径。上述概念描述了复合基础观内涵的 3 个组成部分,即复合式提供、复合式竞争和复合式能力。其中,复合式提供是载体,复合式竞争是手段,而复合式能力则是复合基础观的动力。复合基础观与传统的战略理论在思维模式上的最大区别在于,复合基础观更加强调对已有产品特征、竞争手段和能力的独创性集成、整合,其常见的结果特征是高性价比、快速的市场响应、规模和范围经济性(陆亚东、孙金云,2013)。

7.3.2　复合基础观的内涵

1. 复合式提供

复合式提供(compositional offering)是指企业为最大化满足目标顾客群的延伸式、复合式需求,而提供的具有更多整合功能、特征的产品服务价值。这一策略之所以有效是因为与那些单一的产品或服务相比,复合式的产品服务组合能够在相对降低成本的基础上为顾客提供多样化的产品、服务、价值(尤其是方便性、快捷性)。在表现形式上,复合式的产品服务组合既可以体现为单一产品的更多性能组合,也可以体现为多种产品规格对不同目标市场的全面覆盖,还可以体现为融合多种产品与服务组合的解决方案的提供。"一站式购物""一路式体验""全面解决方案"或"无缝式整体解决方案"实质上都是复合式提供的表现形式。

在较早期的一些研究中,提供复合式的产品服务组合相较于提供集中度更高或更加聚焦的产品被证明使得企业绩效呈现显著降低(Lang & Stulz,1994),这一现象被称为"多元化折扣"。然而,更多证据表明,提供复合式的产品服务组合能够为企业在内部资源配置、外部融资偿债甚至国际化方面带来显著提升。例如,外部资本市场存在的缺陷将促使企业通过内部产品的多元化经营来实现内部资源配置效率的提升。勒韦伦(Lewellen,1971)认为,对于那些提供多种产品的企业,由于不同产品产生的现金流并不完全正相关,因此企业可以通过共同保险效应(coinsurance effect)来降低企业的偿债风险并进而提高债务融资能力。基于对中国454家制造业上市企业进行的实证研究,薛有志和周杰(2007)指出,中国企业提供多元化的产品与其国际化战略呈现显著正相关关系,而这种关系对于企业的绩效存在间接的互补效应。当然,复合式的产品服务组合并非简单的产品多元化,而是在对顾客综合需求进行充分研究的基础上,通过内部流程再造或产品功能再组合,为目标顾客群提供更加丰富的产品服务选择、更加便捷的整体体验或一站式全面解决方案,从而提高顾客的满意度和忠诚度,进而获取竞争优势。星巴克在中国内地用了短短13年时间就开设了900多家门店,成为其仅次于美国的全球第二大市场,这与它们的复合式提供服务组合有着密切的关系。

在以传统生产外包(origin entrusted manufacture,OEM)为主要经营方

式的企业中,开始出现融合了 OEM、设计外包(original design manufacturer, ODM)和品牌外包(original brand manufacturer,OBM)多种业务提供形式的企业。这实际上也是一种复合式提供。越来越多的中国制造业企业在给外资品牌代工的同时,开始推出自主研发和自主品牌的产品,如运动用品行业的特步、安踏、匹克,家电行业的格兰仕,电子信息行业的联想、华为,台资企业中的富士康和宏基等。

对于发展中国家的制造业企业而言,长期以来集中于简单加工和生产外包,导致"被长期俘获于全球价值链的低端",处于竞争的弱势地位(邱斌等, 2012)。然而,企业自主品牌的建设需要强大的固定资产、人力资本、社会资本以及动态能力作为基础。因此,从 OEM 出发,循序渐进地采用 ODM 和 OBM 复合的方式,构建发展中国家企业品牌的渐进化培养之路是切实可行的(宣烨等,2011)。在王朝辉等(2013)对广州 12 家企业进行的质性研究中,部分企业的实践表明,复合式地采用 OEM、ODM 和 OBM,将可以使企业兼具成本优势、创新能力和品牌优势,而上述复合式组织形式的构建取决于组织知识获取、内化和创新体系的建立。

复合式业务提供形式可以帮助企业创造一个更加柔性的内部生产管理体系,既能够获得 ODM 和 OBM 所带来的高收益,又能够兼具 OEM 的成本领先优势。更重要的是,在兼具多种生产组织形式的过程中,企业能够通过与外部组织的充分交流,获得自身并不具备的资源和能力,逐步学习,构建长期竞争优势。华硕是一家来自我国台湾地区的主板生产企业。在企业发展过程中,除了作为全球最大的电脑主板 OEM 生产商,其也开始逐步进入 PC 市场。与行业领先者惠普或联想相比,华硕显然在技术水平、渠道控制和品牌上都不具备优势。但是,通过聚焦中低端市场,不断降低成本,尤其是同时不断推出具有华硕特色的个性化产品,其成为 PC 行业中的一匹黑马。据 IDC 发布的数据显示,2012 年第三季度,惠普、戴尔等 PC 巨头的出货量均下降了 14％以上,但是华硕电脑的出货量却逆势增长了 10％,其全球市场份额达到 7.3％,排名第五位。

如上所述,复合式提供可以有 3 种不同的表现类型:第一种是单一产品多种性能的提升与整合,如智能手机作为单一产品但却复合了以往手机、电脑、MP3、照相机、传真机等多种设备所具有的各类功能;第二种是提供多种产品规格以满足顾客群的延伸式需求,如京东为顾客提供几乎各类能够在线下买到的商品;苹果商店以移动终端为接口,为顾客提供包括软件、音乐、游戏、学习课件等各类服务等;第三种是在业务提供方式上进行复合,在 OEM、OBM 和 ODM 几种方式上相互兼顾、资源共享或整合、复合并进。

简言之,复合式提供是满足顾客延伸的复合需求。当下的消费特征已经从单一选择(产品)、单一功能向便捷性、多功能、整合式、一站式解决方案转变。即从"产品"向"价值"转变,从"服务"向"全面解决"转变(系统集成、无缝合成、全面解决方案等都属于此),复合式提供的发展无疑契合了上述趋势(陆亚东、孙金云,2013)。

2. 复合式竞争

复合式竞争(compositional competition)是指企业采用组合式的竞争手段并将这些手段有效地整合在价值创造中,实现比竞争对手更高的性价比。通常企业在竞争中会选择一定的战略侧重,如低成本、产品创新、用户化的设计与界面、增加售后服务、技术升级、塑造卓越品牌等。复合式竞争的企业更加关注对上述竞争战略的组合,相较于竞争对手,它们能够提供更高综合性价比的产品或服务(Luo,2012)。对国内许多中小企业而言,单独从质量、人才、研发、品牌或市场响应等方面来看,它们不具备优势,甚至是企业的弱项,并且低成本或价格优势不能持久使用,但复合式地将上述手段有效地组合使用,却能够为它们带来独特的优势,至少是暂时性的竞争优势。高性价比或实惠性的产品或服务是其典型的结果特征。

波特(Porter,1980)曾经提出过 3 种经典的竞争战略,即成本领先、差异化和战略聚焦。然而,这种"倾向于分类和分析的西方思维"(Chen,2002)在面对中国等发展中国家的具体情境时却又显得过于简单和教条。中国的思维更加倾向于整合和平衡。当面对矛盾的选择时,西方思维典型的解决方案是选择一种答案,放弃或逃避其他的可能;而东方思维更加愿意从整体性的角度采取折衷或兼得(Nisbett,2003)。近年来,无论强调两者兼得的"双元战略"(Luo & Rui,2009)、立足于发展中国家企业战略创新的"低成本创新"思想(Zeng & Williamson,2007),还是"悖论整合""竞合超越"(Chen,2002;Chen,2008)等思想,都是希望能够将两种或两种以上的战略进行复合,以达到整体竞争优势的提升。

在企业实践中,对于发展中国家而言,尤其是像中国这样劳动力资源充裕但技术却相对落后的国家,选择差异化战略缺乏必要的技术、品牌和组织基础;选择战略聚焦又往往不能与庞大的中低端市场基础相适应,因此以成本优势为基础,结合其他竞争手段的复合式战略就成为特别适合的选择。当这些企业具有了成本优势、速度优势、战略柔性以及将之复合在一起的技能,就有可能在单一的价格、功能设计、产品质量、售后服务等方面进行整体性的设计。可能它们在上述方面都不是最杰出的,但是将上述竞争要素组合在一起,尤其是充分利用外部市场的有效资源,它们往往可以取得比单一战略竞争对手更高的综合性价比、更快的发展速度以及更高的顾客满意度。

华为作为世界级的通信设备企业,其创始人任正非倡导灰度思维(悖论整合)的思想:在产品创新中对于优化(exploitation)和新产品研发(exploration)的问题,强调两者都要,而且要围绕提高核心竞争力的目标;在面对低成本和差异化的选择时,强调有质量的低成本;在面对产权与利益分配时,通过员工股份制来寻找合二为一的利益平衡点等(武亚军,2013)。因此,任正非认为华为成功的基因就是在坚持原则和方向的前提下,将矛盾的双方创造性地加以平衡和融合,从而形成对立中的统一、动态中的平衡、有原则的妥协,在复合式竞争的战略选择下,形成局部或整体的竞争优势(陆亚东、孙金云,2013)。

3. 复合式能力

复合式提供和复合式竞争的支撑基础是复合式能力,复合式能力(compositional capability)是指企业能够协同整合来自其内部和外部现有有形或无形资源的独特能力(Luo,2012)。

新兴市场企业的模仿式创新能力就是一种复合式能力。这种能力,以模仿为起点,通过对外部资源和能力的模仿,以创新的方式构建企业自身的竞争战略,从而取得竞争优势和领先的企业绩效(Lieberman & Asaba,2006)。将模仿、创造与创新复合在一起,发展基于复合基础观的竞争优势可以帮助那些单纯依赖低成本的中国企业循序渐进地发展。模仿,不是单纯的抄袭,而是有选择地将行业的领先技术、设计、产品功能、服务方式、流程、系统等应用于企业自身的经营管理,通过对上述要素创造性地复合,取得超越竞争对手的竞争优势。例如,中集集团作为全球干货集装箱领域市场份额第一的企业,在发展初期,规模小、产品质量不高,也缺乏足够的研发能力,但是在与日本大公司的OEM 合作过程中,其逐步掌握了集装箱的生产技术。在此基础上,中集集团发展自有品牌,然后通过购买专利等方式发展其自身的研发能力,最终成为全球集装箱生产的领导者。

复合式能力的另外一种形式是对于企业家能力、商业模式、网络资源和组织适应性的复合。这种形式的复合式能力也特别适合新兴市场企业。由于这些企业相对较晚进入市场,同时规模不大,通常具有较高的创业导向(entrepreneurial orientation），对于外部机会具有极强的敏感性，在广泛的外部关系网络的基础上，能够取得显著的学习优势，在庞大的中低端市场需求的支持下，能够取得快速的发展（Luo et al.，2011）。

还有一种复合式能力体现在对于产品创新、过程创新和管理创新的复合。这种能力相较于前两种更加高阶，并且对于发展中国家和发达国家的企业具有同等的重要性。

以中国汽车行业的上汽、奇瑞、吉利、比亚迪等企业为代表，它们通过合资企业，从合作伙伴那里学到了生产管理和产品创新（如上汽分别与大众、通用合资）；通过开展并购，从被收购企业那里获得了研发能力和品牌管理能力（如吉利并购沃尔沃）；通过与供应商的合作，掌握了设计能力（如奇瑞与意大利几家汽车设计企业的外包合作）；通过境外投资者的帮助，从零部件供应商成长为整车生产企业（如比亚迪从电池行业拓展到整车生产）。上述企业在不断的发展实践中，不但善于通过各类外部渠道获得相应的能力，还能同时结合中国的企业实践积累大量本地化的管理创新经验，掌握了在中国情境下如何组织、领导、协调和激励的系统化管理方法。以上述四大品牌为代表的本土汽车企业在 2012 年度的国内市场份额已经超过 40%（按销量）（陆亚东、孙金云，2013）。

复合式提供、复合式竞争和复合式能力是复合基础观的 3 个重要组成部分，以复合式能力为动力，构建复合式提供，通过复合式的竞争手段超越竞争对手，三者相辅相成、相互促进、缺一不可。

7.3.3 复合式能力的动因

基于复合基础观独特的文化和现实背景，这一思想更加适用于那些发展中国家拥有普通资源的企业的生存与发展。因此，探讨其独特的外部环境动因与内部能力动因将有助于我们厘清该理论的适用约束条件。

1. 外部环境动因

企业面临的外部环境愈发动荡、复杂和全球化。资金、产品、人员和观念的跨地域流动，技术的扩散以及突破性技术的出现，信息时代带来的消费模式的变化和知识爆炸使得传统的战略管理理论面临多重挑战。

复合基础观试图推动企业对自身拥有或外部可购买的资源与能力进行创新、整合的运用。而这一切都首先取决于外部资源是否可以通过公开的市场或渠道获取。对于发展中国家的企业而言，全球化产业分工的细化、跨国公司知识的外溢以及信息技术的发展都使得外部资源的获取变得更加可行。产业分工细化不但使得组织能够聚焦于单一的活动从而提高技术水平和规模经济,而且也构筑了进入壁垒阻止其他竞争对手的模仿和侵入。相应地,组织与组织间的协作水平变得不可或缺,这种愈来愈广泛的合作提高了组织外部资源的可获得性(任曙明、原毅军,2003)。跨国公司在发展中国家的拓展,对于其本身而言,有效扩大了市场;对于发展中国家的企业而言,也提供了知识外溢的学习机会。建立在信任基础上的非正式网络和实体的空间集聚为这些企业开展组织学习,获得显性和隐性的知识提供了外部资源获取的良好机遇(梁启华、何晓红,2006)。在全球经济萎缩与经济危机的背景下,西方跨国公司正面临越来越高的出售资产和资源以获取或平衡现金流的压力。这也为发展中国家购买外部资源提供了新的机会。信息技术的快速扩张,从知识的密度和获取速度两个方面为企业从外部获得资源甚至改变企业边界提供了可能(曾楚宏、林丹明,2004)。突破企业固有的资源与能力界限,通过购买、合作、学习、聘用等一切合法手段积极获取外部资源并与企业的已有资源相结合,才能保证复合式战略的有效实施。从这一角度来看,正是由于从外部获得资源变为可能,企业采用复合式战略才具有相应的外部条件。

在不同周期的市场,即慢周期市场、快周期市场和标准周期市场中,企业的竞争动态也大相径庭(Wiersema & Bowen,2008)。像中国这样的发展中国家属于典型的快周期市场。在这一市场,由 GDP 持续高速上升带来顾客收入的连年增长,消费能力、结构和偏好处在快速变化当中。需求变化包括了生活节奏快、竞争周期短、一站式需要越来越高,即需求的满足越来越需要"高效"。需求变化还包括需求复杂性和差异性的增高,而复合式战略在这样的背景下可以十分灵活地适用。以竞争十分激烈的中国服装行业为例,城乡差异、顾客偏好的细分使得传统的休闲装企业很难满足大多数顾客的需求。而位于广东东莞的一家民营企业——以纯,则通过将自主生产与贴牌生产复合,直营店与加盟店复合,扩大产品品种,推出商务休闲、运动休闲、时尚休闲和儿童休闲等多个更加细分的产品种类,在市场上获得了高速成长,年销售收入达到近百亿元人民币。市场需求的复杂性和多变性促使企业不能再以单一的产品面对大量顾客,必须进行产品线拓展、产品服务组合的延伸,从而维持甚至扩大企业的市场覆盖面。因此,需求的复杂化直接推动企业采用复合式提供。在不断变化的复杂的市场需求面前,继续沿用单一的成本优势或差异化优势都难以使企业保持持续的领先地位。同时,对于中国大量的普通企业而言,要求它们无论在成本还是技术研发水平上做到与大企业抗衡都是十分困难的。市场需求的复杂化为具有复合式能力的企业找到目标市场带来了新的可能。因此,市场需求的变化推动了企业在已有有限资源的基础上务实地建立多种能力的复合参与市场竞争。同样地,在复合式能力的基础上,采用多种战略的复合则可以帮助企业更好、更快、更灵活地应对上述变化。在单一市场或局部市场上,顾客需求相对集中,因此采用成本领先或目标集聚的策略可以较好地满足大部分顾客的需求。但是在复杂的需求面前,尤其在以大规模、高差异、中低端为主的中国市场上,简单地依靠任意一种竞争手段都难以形成对市场的独占。因此在某种程度上,正是市场需求的变化催生了复合式战略在中国市场的应用(陆亚东、孙金云,2014)。

2. 内部能力动因

近年来,具有东方文化背景的管理思想在战略管理领域逐渐得到重视。关系、双元、竞合、东方企业家独特的领导力等均成为重要的理论研究课题。在复合基础观的理论框架中,企业家能力和合作导向对于复合式战略有着重要的推动作用。

企业家能力本身对于企业的贡献,在中国表现得尤其突出。由于制度环境的原因,中国企业现代化的起步相对较晚,而大部分民营企业的早期发展与企业家具备的冒险精神和个人资源积累是分不开的。组织的快速扩张反过来又推动企业家不断通过探索式学习和利用式学习强化个人的企业家能力。雅伦格是位于广州的一家石材经销企业。企业的首席执行官李家豪原先经营大理石矿山,但由于产品单一、销售渠道简单,他果断决定放弃矿山资源,转而从事国际市场优质石材的整合销售。经过10年的发展,雅伦格编织了涵盖全国的顶级设计师网络、包括欧洲多个国家优质矿山在内的资源网络和以国内领先开放商为核心的房地产商客户网络。在此基础上,雅伦格颠覆了传统的石材分级批销机制,将终端顾客与产品供应、设计、施工等环节整合在一起,成为国内著名的开发商石材需求全面解决方案的提供商。在这个例子中,我们能够看到企业家的市场导向、顾客导向和学习导向为一家传统企业带来了新生,而其创新性地利用整合外部的广泛资源,正是复合式战略思想的体现。正如前文所提到的,复合式战略特别适合那些拥有普通资源的中小型企业。而中小型企业的决策很大程度上取决于企业家个人的能力、视野和决策,企业家个人所拥有的能力往往是这些中小企业能力的雏形。因此,复合式战略的发展,具体到复合式提供的设计、复合式竞争的决断、复合式能力的养成等各个方面,都离不开企业家独特的哲学思维和能力。

　　竞争从不孤立存在,合作总是如影随形。从资源基础观注重内生的资源与能力,到复合基础观突破企业边界更加注重内外部各类资源的整合,具有高合作导向的企业显然更加容易实现这样的转变。合作导向是指企业从战略层面注重与企业外部利益相关者如供应商、顾客、其他企业之间和内部与管理层、员工之间的合作。就这一点而言,合作导向与复合式战略在"合"的思想上是一脉相承的。合作导向越高,外部组织网络可能越完善,有利于企业更好地获取机会、资源。专业化分工越强,合作导向和由此带来的外部网络越能够帮助企业更好更快地获取所需资源。现代战略管理理论针对合作的形式做了大量研究。如在企业层面,可以采取多元化战略联盟、协同战略联盟和特许经营(Hitt et al.,2012);在业务层面,可以建立互补型战略联盟、竞争性反应战略、降低风险战略和减少竞争战略等(Hitt et al.,2012)。通过与外部企业的合作,借助合作伙伴拥有而自身并不具备的资源和能力,能够为企业带来更高的创新能力、更低的财务成本以及更好的绩效(Uzzi & Gillespie,2002)。甚至在企业拥有的生产性资产由于被模仿而失去创造竞争优势能力时,复杂的企业间合作性资产组合也可以成为创造独特的竞争优势的来源(Mitsuhashi & Greve,2009)。复合基础观强调通过合作带来企业对外部资源和信息的获取、整合、利用,因此企业在合作导向的指引下,可以更加主动地建立并管理与外部的复合式竞争,从而提高复合式战略的执行(陆亚东、孙金云,2014)。

7.4　动态资源基础观

　　传统资源基础观认为,组织的竞争优势源于其所拥有的异质性资源与能力(Barney,2001)。其中,资源是用于生产的投入要素,而能力是运用资源完成任务的各项技能的集合。随着研究的深入,"能力"被资源基础理论研究者不断强化并逐渐从广义的研究中分离出来,并赋予更为抽象的内涵。如普拉哈拉德等(Prahalad et al.,1990)提出核心竞争力并将其定义为企业独有且难以模仿的、可以为其创造竞争力的知识和技能;伦纳德(Leonard,1992)进一步提出,核心能力是具有战略意义的、可为企业创造竞争优势的能力集合。然而,核心能力存在核心刚性,其在维持现有竞争优势的同时也抑制了创新的发生。随着外部情境日益呈现复杂动态性特征,这种负面作用被逐渐放大,如何动态匹配外部环境以获取持续竞争优势成为困扰资源基础理论研究者的重要议题(Helfat & Peteraf,2003)。

为助力企业突破核心能力刚性,蒂斯等(Teece et al.,1994,1997)提出动态能力理论(dynamic capabilities),并将其定义为组织构建、整合、重构内外部资源助力企业创造产品和流程以应对动态变化的市场环境的能力。其作为考虑动态情境下企业如何利用资源以获取持续竞争优势的重要理论构念,弥补了传统资源基础观仅基于静态视角探究异质性资源存量在竞争中的重要作用的局限,为资源基础理论的后续发展提供了演化视角和重要的理论基础,学界将其引入资源基础理论研究进而构建了以动态能力为代表的动态资源基础观(Helfat & Peteraf,2003)。随后学界进一步深化相关研究,指出动态能力是区别于一般能力的更具目的性与针对性的高阶能力,在组织积累经验、吸收外界知识与动态学习的过程中由组织所具备的基础能力或一般能力演化而来,是组织在应对动态变化的外部环境的过程中形成的一套适应性惯例或行为集合,通过高效开发和运用内外部战略资源助力企业的可持续发展(Eisenhardt & Martin,2000;Winter,2003)。对于动态能力维度的划分,一类研究从具体战略执行角度出发,认为其包括产品开发能力、联盟能力与战略决策能力(Eisenhardt & Martin,2000);另一类从抽象管理过程角度出发,将其划分为机会感知与识别能力、组织学习能力、整合布局能力(Teece,2007),强调其不仅包括能力的占有还包括部署与升级(Luo,2000),认为其建设不是简单地将动态维度纳入能力构建中,而是需要以额外的能力监控机制为保障助力企业突破能力和资源路径依赖、组织结构惯性以及高管团队承诺刚性(Barney,2007)。相关研究明晰了资源与能力间的区别与联系,回答了异质性资源与能力的来源。其指出,合理配置资源可以促进企业能力的提升;强调组织应及时响应环境变化,有效协调或重新配置内外部资源与能力,提升核心竞争力以实现自身的可持续发展(Teece et al.,1997;Eisenhardt & Martin,2000),从而为资源基础理论研究注入了活力(张璐等,2021)。

7.5 资源行动观

虽然动态资源基础观从动态演化视角出发阐释了资源存量与持续竞争优势间的连接关系,但资源形成及配置的具体机制依旧缺乏理论回应。学者围绕组织资源获取与整合的动态行为后续从两个方面进行完善。其一，通过分析组织如何基于自身资源基础发展新资源，探究资源形成机制。如沃纳费尔特（Wernerfelt，2010）指出，组织应在既有资源的基础上通过扩展资源组合获取新资源以放大组织在新资源竞争中的不对称优势；玛丽坦（Maritan，2010）指出，关注资源和能力投资、异质性资源评估、资源管理流程构建有利于促进资源获取与积累，从而实现异质性资源的位置跃迁。在这类研究中，最具有代表性的理论为从建构视角出发力图助力新创企业突破资源约束的资源拼凑理论（Baker & Nelson，2005）。其二，在动态能力理论的基础上基于过程视角探究资源配置的具体机制。在这类研究中，最具有代表性的理论为探索一般情境下企业全生命周期的跨边界资源管理行动、强调管理者在资源与能力间发挥重要作用的资源编排理论（Sirmon et al.，2011）。上述两类研究均从行动视角出发深入探讨组织聚焦内外部资源的动态行为在组织资源积累与能力构建之间的关键作用及内在机制，在继承传统资源基础理论和动态能力理论的同时弥补了"如何"方面的理论不足。在此基础上，网络编排聚焦于创新网络，进一步探讨了能力构建与价值创造之间的作用机理（张璐等，2021）。

7.5.1 资源拼凑

资源拼凑（bricolage）最早由法国人类学家列维-斯特劳斯（Levi-Strauss）在其 1967 年出版的专著《野性思维》中提出。列维-斯特劳斯将人在环境影响下表现出来的"利用手头一切可利用资源完成任务"的行为方式定义为拼凑，指出资源拼凑对已有资源的用途重新进行解构、认识和整合，从而创造出新的使用规则或用途组合。之后，学者们纷纷从哲学理论视角、组织社会视角、创业视角等方面对拼凑进行了概念演绎和界定。在此基础上，贝克和纳尔逊（Baker & Nelson.，2005）将资源拼凑定义为：对手头现有的各种资源重新进行组合，以解决新的问题和利用潜在的机会，包括立即行动（make doing）、现有资源（resource at hand）以及为新目的整合资源（combination of resources for new purposes）。立即行动是指创业者主观上会采取一种即兴而作的积极行动，主动抓住潜在机会。拼凑者以合适为评判标准，不一定追求最优解，强调的是立即行动，且不放弃任何可能的机会。现有资源是指已经存在却被忽视价值的资源，包括有形资源和无形资源两种。现有资源包括很多非标准化资源，如废弃资源或闲置资源。为新目的整合资源是指拼凑者根据新市场需求重新识别资源的非标准化用途，通过重新组合资源以实现对新市场机遇的捕捉。

根据拼凑需求的不同,资源拼凑可以分为资源导向、机会导向和顾客导向。资源拼凑理论秉持从无到有的建构主义观,其来源可以是遍布整个企业网络的任何利益相关者(包括竞争对手、用户等)以及他们所能调用的资源。在此基础上,瓦内霍芬等(Vanevenhoven et al.,2011)从内外两个角度对资源拼凑进行了划分:内部拼凑涉及企业家的内部资源,外部拼凑包括一些可以促使企业家在外部环境中获得潜在资源的活动。也有研究显示,拼凑与企业创新绩效间的关系还受到组织结构和文化、环境动荡性、关系属性、团队异质性等因素的影响。与此同时,拼凑者自身的资源整合能力越强,组织越能够授权和鼓励创新,越有利于拼凑现有资源开发市场机会,充分发挥资源的潜在价值(邓巍等,2018)。因此,资源拼凑可以很好地解释资源基础观所无法回答的问题:在资源约束条件下,为什么使用同质资源的不同企业可以创造出异质价值?

资源拼凑的提出在突破传统资源基础观对独特资源的强调并为其注入特定情境的同时,对资源基础理论既有研究尚未回答的关键资源建构问题进行了阐释,为新创企业的资源行动提供了学术借鉴与指导。然而值得注意的是,尽管资源拼凑可以助力企业通过主观能动性与创造利用性的发挥以较为平和稳定的方式打破情境约束的瞬态结构,但对资源拼凑的过度依赖可能会引发能力刚性进而导致企业创新绩效的部分丧失(Lanzara,1999)。因此,资源拼凑往往更多地适用于企业初创阶段。当企业能力和可用资源量因其资源行动得到提升从而进入成长或成熟阶段时,其适用性减弱(张璐等,2021)。

7.5.2 资源编排

21 世纪初,西方发达国家普遍步入信息社会和知识经济新时代,各类企业开始突破自身边界限制整合利用内外部资源协同构建创新网络以实现多元主体的互利共赢(Sirmon et al.,2007)。为建立更具普适性的资源行动理论以指导一般情境下企业全生命周期的跨边界资源管理行动,瑟蒙等(Sirmon et al.,2007)提出资源管理模型,指出企业资源管理是构建资源组合后整合资源升级能力进而协奏资源与能力创造价值的综合过程。为进一步厘清资源与能力的内在关系并打开从资源配置到持续竞争优势获取的流程黑箱,瑟蒙等(Sirmon et al.,2011)在动态能力的基础上融合"资源管理"的过程思想和"资产编排"的协同思想继而提出资源编排理论(resource orchestration)。

资源编排理论致力于解释"为什么拥有相同资源基础的企业具有不同的竞争地位?"这一问题(黄婉莹、谢洪明,2021)。资源编排从行动视角出发对资源基础理论进行完善,强调管理者的动态管理能力和行为在有效组织、捆绑和利用企业资源方面的能动作用(Sirmon et al.,2007,2011),其主要目的是回答企业如何更好地通过对资源组合的构建、整合及利用以主动匹配与适应外部环境,继而在新产品研发过程中实现其价值创造。因此,资源编排并不刻意强调对异质性资源和资源数量的拥有(Sirmon et al.,2007;Cui et al.,2017),而是认为资源只是企业发展的必要条件,即使是同质性或可替代性资源也可通过管理行动获得绩效,而管理者编排资源的行为受到已有制度的影响,为诸多传统问题提供了新颖洞见。此外,企业的资源编排遵循构建资源池—集合资源形成能力—利用能力创造价值的流程,且各流程之间相互补充(Sirmon et al.,2007,2011),每个流程又包括 3 个子流程。资源组合构建包括外部购买资源、内部开发资源和剥离没有价值的资源。捆绑资源形成能力根据捆绑的幅度以及是否产生新能力,可分为维持型、丰富型及开拓型 3 种捆绑形式,目的是整合资源以构建或改变企业的能力。利用能力创造价值,包括能力动员、协调和部署 3 个步骤(Chadwick et al.,2015)。根据企业实践的灵活性和差异性,资源编排流程或有所不同。

随后学术界聚焦企业全生命周期或特定情境下的资源行动,指出信息技术能力、网络能力等支持组织获取和运用内外部关键资源的资源协调能力对小型企业克服资源负债、提升企业绩效具有重要作用(William et al.,2013)。学术界认为资源协调能力的提升不仅需要高层管理者的引领,而且需要企业各层管理人员的参与及协调(Chadwick et al.,2015),强调关键战略实施过程中资源部署与企业战略的契合至关重要(Liu et al.,2016)。相关研究将组织资源基础与组织能力联系起来,聚焦组织内部各层级管理者资源配置行为,探讨组织资源禀赋向组织能力的转化过程,从企业边界、层级、生命周期 3 个方面丰富了资源基础理论,并助推其初步实现了由基于静态视角探究资源关键作用的资源基础观向探寻组织资源获取与管理动态过程的资源行动观的阶段性演化(张璐等,2021)。

7.5.3　网络编排

网络编排理论致力于解决企业如何从组织间网络中创造和获取价值这一问题。为了探讨企业如何协调网络资源,从而创造和获取价值,达纳拉杰和帕克(Dhanaraj & Parkhe，2006)以创新网络为研究对象，提出了"网络编排"概念，即焦点组织在寻求从网络中创造价值和提取价值时所采取的有意识的、有目的的行动。从焦点组织的角度来看，价值必须从网络中创造和提取(Kogut，2000)，而有效的价值创造和提取取决于某些深思熟虑的、有目的的行动。焦点组织应积极协调网络活动，以确保组织间资源的有利分布从而创造和提取价值，而不是受益于分级权威。通过研究创新网络发现，编排活动包括管理知识流动性、管理创新专用性和维持网络稳定性。在创新网络的特定背景下，知识是主要货币，并且是分散的，协调的首要任务是确保知识的流动性。知识流动即知识在网络中共享、获取和部署的难易程度(Dhanaraj & Parkhe，2006)。如果每个网络成员的专业知识大多局限在其组织边界内，那么就无法创造出显著的价值，网络创新的产出也将是最小的。作为协调者，中心企业肩负着增强知识流动性和利用网络能力的首要责任。提高知识流动性需要中心企业关注3个具体过程：知识吸收、网络身份和组织间社会化。中心企业还可以通过加强网络成员之间的共同身份来增强知识流动性。网络伙伴之间的共同身份对于"激励成员参与并公开分享有价值的知识"至关重要，因为它创造了"信任和诚信的逻辑"，并提供了"凝聚力"，这对创造知识流动环境至关重要。

知识在网络中的流动促进了价值创造。然而，中心企业必须采取下一步行动，确保创造的价值得到公平分配，并被网络成员视为公平分配。由于这种分配往往因搭便车和机会主义的问题而变得复杂，因此专有性是创新经济学的一个核心问题。网络编排的第二项任务涉及管理创新的专用性(Pisano，1990)。专用性是一种"支配创新者获取创新所产生利润的能力"的环境属性(Teece，1986)。通过专利、版权和商标等手段，可以减少未经授权的模仿的可能性，并加强可适用性(Teece，2000)。中心企业可以通过关注以下过程来确保价值的公平分配，并减轻对可分配性的担忧：信任、程序正义和共同资产所有权。此外，创新网络作为松散耦合的系统，其成员之间可能存在不稳定的联系。成员之间的竞争压力会加剧不稳定性，行动者可能会停止与中心企业的合作；或者更糟糕的是，开始与属于竞争网络的中心企业合作(Stuart，2000；Uzzi，1997)。因此，培养网络稳定性是网络编排的第3项任务。作为一个协调者，中心企业可以通过以下几种方式来提高网络的动态稳定性(随着时间的推移保持非负增长)：提高声誉、延长未来的阴影(网络成员预期的未来利益与其当前行为之间的这种联系被称为"未来阴影"。未来阴影越长，或者当前行为与未来后果之间的联系越紧密,网络稳定性就越高)以及建立多元性。

网络编排并非一个静态的结构位置,它是一套不断发展的实践。企业需要协调网络成员之间的关系,不断调整自己的位置从而获得资源优势。有学者研究,枢纽企业对于网络中其他成员的影响力没有如预期般那么大。他们认为网络编排强调的是网络内商业关系的相互依赖性,而企业影响他人的能力取决于诸如网络位置这样的因素。研究发现,成功的编排不仅需要用理性的论据说服网络成员,还需要利用这种关系来影响他们,甚至利用间接关系向他们施加压力。总体来说,在网络编排的应用情境中,企业外部依赖性高,相应的战略制定依据主要是网络成员之间资源结构的调整。

7.6　新创企业资源行动案例研究

7.6.1　研究背景

穷则独善其身,达则兼济天下。近年来,一批拥有丰富资源储备的大型企业(如小米、海尔、华为、美的)开始由"产品冠军"向"创业孵化型平台企业"(platform enterprises of business incubation)转型,以此在当今时代寻求更大的发展空间。这些企业通过对自身资源进行大规模的集中和底层抽象,以"即插即用"的方式为新创企业(startups)持续赋能,在双方往复的沟通、互动甚至冲突之中,一个个创业生态系统(entrepreneurial ecosystem)应运而生。然而,这些创业生态系统并不是无所不能的"保育箱"。其中,新创企业的存活率并不高,促使我们认真思考——新创企业在创业生态系统中究竟要获得什么,或者如何获得这些东西,才能更好地生存和发展?

回顾已有研究,早期的学者们倾向于从资源角度出发,认为资源尤其是异质性资源的缺失是新创企业难以生存的原因。但辛格等(Singh et al.,1986)在其研究中指出,外部合法性在解释新生组织死亡率上更具解释力——外部合法性缺失才是导致新创企业死亡率高的主因。随后,开始有学者关注合法性获取对新创企业产生的影响,认为合法性是"新创企业成功的关键因素",有助于促进新创企业的资源获取、加速新创企业的成长等。综合来看,这些研究遵循的是合法性—资源—成长(legitimacy-resource-growth)这一基本逻辑,但较为零散,没有形成系统的框架。因此在整合已有研究的基础上,齐默尔曼等(Zimmerman et al.，2002)正式提出了合法性—资源—成长这一理论框架，指出新创企业可以采取战略行动以增强其合法性，进而获得生存和发展所需的资源，最终推动新创企业的生存和成长。然而，齐默尔曼等(Zimmerman et al.，2002)的研究仍然存在如下局限，导致其对于创业生态系统中新创企业合法性—资源—成长的逻辑缺乏解释力。

第一，齐默尔曼等(Zimmerman et al.，2002)仅探讨了一般意义上的新创企业所遵循的线性成长逻辑，并未围绕创业生态系统中的新创企业来考虑相关问题。

第二，齐默尔曼等(Zimmerman et al.，2002)的研究遵循的是单一合法性阈值(legitimacy threshold)假设，仅考虑了企业在创业初期所面临的情况。事实上，新创企业在发展的不同阶段依赖来自不同受众的资源和支持，而不同的受众有着不同的准则、信仰、规则和评估风险的程序。这表明了多个合法性阈值的存在，也意味着组织需要灵活运用多种策略才能顺利跨越每一个合法性阈值。而与一般的新创企业相比，创业生态系统中的新创企业面临的组织间的关系更加复杂，其合法性评价者更加多元。因此，研究应突破以单一合法性阈值为中心的分析逻辑，关注创业生态系统中新创企业为突破不同合法性阈值所采取的策略。

第三，齐默尔曼等(Zimmerman et al.，2002)仅立足传统资源基础观，将新创企业获取资源作为一个环节静态地或截面性地加以关注，而对新创企业资源配置的具体过程以及如何将资源转化为竞争优势却并未加以考虑。在资源基础观的基础上发展而来的资源行动观为解决这一问题提供了思路，资源行动是企业为了摆脱资源困境、改变资源现状而实施的一系列行动。沿此思路，学者们基于企业资源情境的变化提出了资源拼凑、资源编排和网络编排的概念。资源拼凑为新创企业指明了突破资源困境的方向，资源编排致力于探索企业从资源到能力的转化过程，网络编排则给出了焦点组织基于所在网络实现持续性价值创造的相关行动。它们本质上都是管理者聚焦于企业资源所采取的行动，但已有研究忽视了它们在企业发展过程中可能存在的演化关系。

第四，齐默尔曼等(Zimmerman et al.，2002)忽略了资源行动得以顺利开展的基础——动态能力。虽然组织合法性可以帮助新创企业获得关键资源以实现其成长，但这种影响会受到组织动态能力的影响，因为动态能力决定了组织能否准确把握机会、灵活整合资源，以更好地促进组织资源行动的顺利开展。综合来看，合法性(源于组织外部)和动态能力(源于组织内部)的共同作用才是企业顺利开展资源行动的"充分必要条件"。

综上,本书在齐默尔曼等(Zimmerman et al.,2002)研究的基础上,采用纵向单案例研究法,围绕创业生态系统中的新创企业,从多重合法性阈值出发,对新创企业在不同发展阶段所面临的合法性评价主体及其采取的合法性策略进行纵向案例分析。与此同时,本书将动态能力引入研究框架,进一步探讨新创企业开展资源行动的具体路径及其演化规律。在理论层面,本书立足当今创新创业与平台经济这一时代背景,与齐默尔曼等(Zimmerman et al.,2002)的研究进行了深度对话,所得结论有助于深化和发展新创企业合法性—资源—成长的逻辑框架。在实践层面,本书可以为新创企业在创业生态系统中寻求更有效的成长空间提供解决方案。

7.6.2 相关理论与研究综述

1. 创业生态系统与新创企业

随着创业孵化型平台企业与新创企业互动程度的加深,创业孵化型平台企业开始主导创业生态系统的打造。创业生态系统是一个隐喻,它从生物学中的生态系统概念演化而来,本书将其界定为:由创业孵化型平台企业、新创企业、用户以及其他创业行动者及其所处的创业环境构成的有机整体,他们彼此之间进行着复杂的交互,致力于提高创业活动水平(新创企业的数量和存活率)。其中,创业环境包括自然环境(地理位置、景观等)、制度环境(政策、法规、文化等)、市场环境(渠道、网络等)以及其他要素(基础设施、创业服务等)。

与单个企业相比,创业生态系统的关注点从要素的随机选择转变为结构化的社群,从要素的构成转变为要素之间、系统与环境之间的互动。创业生态系统中的各个行动者都不再是单个产业的成员,而是横跨多个产业的生态系统的一部分。他们通过彼此之间的合作甚至竞争,不断创新,进而输出产品和服务,共同为用户创造价值。

在创业生态系统中,既包括具有独立所有权的新创企业,也包括虚拟独立核算的新创企业(即"小微")。后者只是一个起步状态,经过发展壮大,大多数"小微"将演变为具有独立所有权的新创企业。此外,现有文献将新创企业的一般年龄界定为 8 年。

2. 组织合法性获取

苏特曼(Suchman,1995)对合法性概念做了如下界定:"所谓合法性,是指某个实体所进行的行动,根据社会建构的规范、价值、信仰和定义系统,被普遍认为是适当的、合意的。"因此,当组织价值观与组织所嵌入的社会情境与社会关系的价值观一致时,组织便具有了合法性。早期与组织合法性相关的研究一般都聚焦于成功的组织,并认为组织的持续盈利能力是其具备合法性的重要前提之一。但随着该理论的不断发展,开始有学者将合法性的概念应用于新创企业的相关研究中,认为合法性对于新创企业而言同样至关重要。目前,学者们主要从制度视角、战略视角和观众视角出发对组织合法性进行研究,本书重点关注观众视角。该视角立足合法性授予主体,认为组织合法性概念的核心是评价,即合法性的根源存在于旁观者的眼中。来自权威机构/组织的认可常常被视为组织具有合法性的重要标志。

已有研究指出,合法性水平较高的新创企业更能获得外部投资者的信任,从而有助于其获取成长所需的各种关键资源。而外部利益相关者向新创企业提供资源的前提是他们认为该企业确实胜任、有价值、适当和/或需要,故新创企业需要采取行动获取利益相关者的认可。但由于新创企业缺乏过往的经济表现,以致资源持有者很难根据已有表现对其进行理性判断。因此,新创企业需要采取能够提高合法性且成本很低的策略,以此来跨越某个门槛,从而被判定为合法。

对此,早期的制度学派认为,组织可以通过遵守系统的规范、信仰和规则来获得合法性。齐默尔曼等(Zimmerman et al.,2002)则从战略视角出发,认为组织可以通过"尝试改变自身"或"改变所处的环境及在这个环境中运作的其他组织"来谋求组织的合法化,并在苏特曼(Suchman,1995)所提出的3种策略(遵从、选择和操纵)的基础上增加了第4种策略——创造。但齐默尔曼等(Zimmerman et al.,2002)的研究遵循的是单一合法性阈值的假设,仅考虑了企业在创业初期所面临的情况。而费舍尔等(Fisher et al.,2016)在其研究中证实了多重合法性阈值的存在,指出合法性标准(或阈值)会随合法性评价者阶段性的转变而发生变化,这意味着新创企业需要采取不同的合法性策略才能顺利跨越每一个合法性阈值。基于此,费舍尔等(Fisher et al.,2017)从制度逻辑视角入手,对新创企业所面临的不同受众群体及其作出合法性判断的社会和制度背景进行了分析,并在已有研究的基础上将合法性获取机制分为三大类:身份机制(identity mechanisms)、关联机制(associative mechanisms)和组织机制(organizational mechanisms)。身份机制是指与创建和管理组织身份相关的策略,这一机制解释了企业家战略性地使用文化工具和身份主张如图像、语言和建立特定的身份,以使其与受众的身份期望保持一致,最终达到增强和管理新企业合法性的目的;关联机制解释了组织为建立和管理其合法性而建立的关系和联系,这种关系可以在组织层面、高管团队层面或个体企业家层面建立;组织机制包含了与描述组织成就或组织结构相关的策略,如组织实现某些里程碑。如果组织在某一领域内根据人们的标准期望实现了一定程度的绩效和专业化,那么它就会被视为是合法的。上述机制都关注组织内的行动者为建立组织合法性而采取的一系列行动,为更清楚地理解组织可能会采取什么样的策略来建立合法性提供了基础,也为本书的研究提供了重要的参考思路。

3. 资源行动观

传统资源基础观认为组织的竞争优势源于其所拥有的异质性资源与能力,但相关研究就资源形成及配置的具体机制缺乏理论回应。为解决这一问题,学者们开始基于过程视角关注企业进行资源配置的具体机制,由此形成了以资源拼凑、资源编排和网络编排为代表的资源行动观。资源拼凑理论和资源编排理论聚焦于组织的动态行为在组织资源积累和能力构建之间的机制和作用,网络编排则聚焦于创新网络,进一步探讨了能力构建与价值创造之间的作用机理。

(1)资源拼凑

资源拼凑理论聚焦于资源匮乏的新创企业,为新创企业提供了凑合运用手头资源或向外界拼凑资源等思路以突破其所面临的资源困境。资源拼凑包括识别手头资源、将就利用和为新目的重组资源 3 个关键维度,这 3 个维度包含了拼凑的对象、方式以及目的。资源拼凑的来源可以是遍布整个企业网络的任何利益相关者(包括竞争对手、用户等)以及他们所能调用的资源。目前,国内学者从创业网络、创业学习、组织合法性的调节作用等角度出发探讨了资源拼凑对企业行为和绩效的积极影响,但也有学者认为资源拼凑的有效性是有边界的,过度拼凑会给企业绩效带来负面影响,此时管理者所发挥的能动作用就显得异常重要。此外,学者们过于聚焦新创企业的资源拼凑行为,一般都将企业绩效和创新作为资源拼凑的最终结果,而没有考虑企业通过资源拼凑获取大量资源后如何将其转化为持续性竞争优势的问题,也没有考虑新创企业度过资源匮乏期后如何选择下一步的资源行动。事实上,随着企业的发展和资源状况的不断改善,企业逐渐从资源边缘进入资源中心,此时简单的资源拼凑显然不能满足企业进一步发展的需要,其资源行动必然会经历由简单到复杂的演进过程,因此拼凑之后的资源行动如何演化就需要进一步明确。

(2)资源编排

为了回答资源基础理论没有清楚解释的"从资源占有到组织能力产生之间的关系"这一问题,瑟蒙等(Sirmon et al.,2007)提出了资源编排的概念。资源编排理论从行动视角出发对资源基础理论进行完善,强调管理者的动态管理能力和行为在有效组织、捆绑和利用企业资源方面的能动作用,其主要目的是回答企业如何更好地通过对资源组合的构建、整合以及利用以主动匹配与适应外部环境,进而实现从资源到能力的转化。此外,企业的资源编排遵循构建资源池—集合资源形成能力—利用能力创造价值的流程,且各流程之间相互补充。每个流程又包括 3 个子流程:资源组合构建包括外部购买资源、内部开发资源和剥离没有价值的资源;捆绑资源形成能力根据捆绑的幅度以及是否产生新能力,可分为维持型、丰富型及开拓型 3 种捆绑形式,目的是整合资源以构建或改变企业的能力;利用能力创造价值,包括能力动员、协调和部署 3 个步骤。根据企业实践的灵活性和差异性,资源编排流程或有所不同。

目前,资源编排理论已经在创新、创业、战略变革等领域得到广泛应用,但已有研究主要关注的是在相对成熟的资源情境下组织资源与组织能力的转化过程,对资源编排行动与企业进入资源编排阶段之前以及完成资源编排之后的联系却鲜有探讨。

(3)网络编排

为了探讨企业如何协调网络资源,从而创造和获取价值,达纳拉杰等(Dhanaraj et al.,2006)以创新网络为研究对象,提出了网络编排的概念,即焦点组织在寻求从网络中创造价值和提取价值时所采取的有意识的、有目的的行动。网络编排活动包括管理知识流动性、管理创新专用性和维持网络稳定性。在创新网络的特定背景下,知识是分散的,协调的首要任务是确保知识的流动性。提高知识流动性需要焦点组织关注 3 个具体过程:知识吸收、网络身份和组织间社会化。网络成员之间的共同身份对于激励成员参与并公开分享有价值的知识至关重要,因为它提供了信任的基础。在促进资源流动的同时,焦点组织必须采取行动确保创造的价值得到公平分配。由于这种分配往往因搭便车和机会主义的问题而变得复杂,因此焦点组织需要通过构建信任、程序正义和明确共同资产所有权来管理创新的专用性。此外,创新网络作为松散耦合的系统,其成员之间可能存在不稳定的联系,可能导致行动者停止与焦点组织的合作。因此,焦点组织可以通过提高声誉、延长未来的阴影(网络成员预期的未来利益与其当前行为之间的这种联系被称为"未来阴影"。未来阴影越长,或者当前行为与未来后果之间的联系越紧密,网络稳定性就越高)和建立多元性来提高网络的动态稳定性。

目前网络编排理论与其他资源行动理论之间的联系还不清晰,但可以明确的是,网络编排并非一个静态的结构位置,它是一套不断发展的实践。成功的编排不仅需要用理性的论据说服网络成员,还需要协调网络成员之间的关系,不断调整自己的位置从而获得资源优势。

4. 动态能力

对于新创企业而言,只具备合法性而不具备跨越合法性阈值的关键所在——动态能力,也是无法促使资源行动顺利开展的。动态能力可以促进组织资源的合理配置,其与资源环境的匹配会推动企业资源行动的开展和演进,最终促进企业竞争优势的形成和持续的价值创造。但现有关于企业动态能力的研究大多基于成熟企业,而新创企业有其自身特性,若直接将基于成熟企业的动态能力研究复制到新创企业的研究中是不合适的。因此,立足新创企业开展研究的学者认为,由于新创企业并不具备丰富的资源和能力,因而创业动态能力应该具备为组织搜寻资源与识别机会的内容。在此基础上,科纳等(Corner et al. , 2011)将创业动态能力界定为创业者识别、利用、整合与再定义新创企业资源的过程;周键等(2017)认为新创企业动态能力就是在发现和识别资源的基础之上,重新整合和配置资源以不断识别和开发新创业机会应对动荡环境市场变化的能力。

不难发现,上述众多分类的本质都是为了实现对资源的探索和利用,这与马奇(March, 1991)在其研究中使用利用能力和探索能力来对双元能力进行描述的思想如出一辙。因此本书在此基础上,将本书研究中所提到的动态能力划分为动态利用能力和动态探索能力。其中,动态利用能力是指企业依靠既有技术和资源对现有业务、市场等进行拓展的行为,与筛选、改进、选择、实施等具体活动有关,其本质是对现有惯例的适应和修改;动态探索能力则是指企业脱离现有资源发现新业务、新技术、新渠道和新客户等的行为,它与搜索、发现等具体活动有关,其本质是对组织惯例的变革和升级。对于新创企业而言,其在创立之初所面临的最大问题是生存问题。而动态利用能力能够帮助企业借助已有资源拓展产品或服务,提高企业的生存机会。在生存问题得到解决之后,企业面临的是发展和盈利问题。而动态探索能力可以帮助企业开发新的消费需求和合作伙伴,增强企业的竞争优势。从中可以发现,组织动态能力的发展是一个动态演进的过程。需要指出的是,动态利用能力和动态探索能力并不相互排斥,虽然在不同的发展阶段某一种能力可能更突出,但两者的共同作用对企业特定时段的发展具有很强的促进作用。

5. 研究框架构建

通过文献回顾可以发现,与齐默尔曼等(Zimmerman et al.，2002)提出合法性—资源—成长这一理论框架时所面临的理论研究现状相比,基于组织合法性以及资源相关理论的研究已经取得了长足的发展。因此,本书结合相关理论的最新发展和现实实践情况,对这一理论框架进行完善,提出合法性策略—资源行动—成长这一基础研究框架。与此同时,本书基于动态能力对组织合法性和资源行动之间关系的调节作用,将动态能力引入上述框架中。具体研究框架如图 7-1 所示。

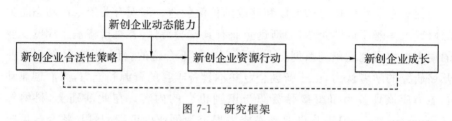

图 7-1　研究框架

7.6.3　研究方法与样本选择

1. 研究方法

本书所探讨的问题本质上属于"如何(how)"型范畴,因此为了更好地对研究问题进行解答,本书选取纵向探索性单案例分析法开展相关研究。选取该方法的原因如下:案例研究侧重通过细致的过程描述,清晰地解释"如何"和"为什么"的问题;案例研究适用于解答过程和机理的问题,有助于有效展示研究过程的整体性、动态性和辨证性;案例研究可以对某一特定现象或问题进行深入的描述和剖析,有助于理解某一特定现象背后动态、复杂的机制,提炼解释复杂现象的理论或规律。

2. 案例选择

本书采用理论抽样的方法,选取华米作为案例分析对象,原因如下。第一,鉴于本书致力于探索创业生态系统中新创企业合法性—资源—成长的逻辑,因此所选研究对象应归属于某一创业生态系统。而小米打造的小米生态链作为我国知名的创业生态系统,具有极高的典型性和知名度,其孵化的创业企业已经超过 100 家,且其中不乏市值逾 10 亿美元的"独角兽"企业。小米生态链模式作为一种新的商业模式,是对传统企业经营模式的颠覆,并在发展过程中展现出了巨大的优势和潜力,具备极高的研究价值。第二,华米作为小米生态链成功孵化的典型企业,是小米生态链的早期行动者,也是国内第一家美股上市的智能穿戴企业。其作为小米生态链内为数不多市值突破 10 亿美元的"独角兽"企业,具有极高的代表性。因此,对其进行研究得出的结论更具启发性和典型价值。第三,华米自 2013 年成立以来,经历了发展目标和资源行动具有显著性差异的多个阶段,其发展历程与研究主题非常吻合。此外,华米的发展已经比较成熟,与其有关的资料也在不断增多,便于我们后期资料的获取。

3. 案例描述

华米由小米公司和华恒电子联合成立,主营智能可穿戴设备。在华米成立之前,华恒的核心业务是平板电脑研发。2013 年 1 月,华恒在平板电脑的基础上转型可穿戴设备,并于 9 月推出了 Zwatch 智能手表。在此之前,华恒团队还做过智器阅读器、MP4 以及摩托罗拉半导体,并上线过电子杂志线上商城,与摩托罗拉、魅族、OPPO 等公司均有过合作,其用户中不乏华为、中兴和联想等知名企业。通过多年的发展,华恒在供应链、技术、资金等方面均有一定的积累,其研发的平板电脑曾获得美国 CTIA 平板电脑创新大奖,其智器阅读器也得到了用户的广泛好评,后期研发的 Zwatch 手表不仅获得了搜狗首席执行官王小川的高度认可,也是和小米开展合作的"敲门砖"。从其发展情况及多次成功转型的经历来看,华恒已经具备了识别机会、获取、协调和更新资源等能力。

2013 年 12 月,华米正式成立,并于 2014 年 1 月加入小米生态链,专注于小米手环的研发。小米手环推向市场后,成为小米电商平台上最受追捧的产品之一。2015 年,基于优化利润结构、提高毛利率的需求,华米开始研发自有品牌 Amazfit。目前,除了智能手环和手表等可穿戴终端外,华米还研发了运动耳机、跑步机、体重秤等众多品类,组成以"健康"为核心的产品布局,并尝试打造"芯＋端＋云"三位一体的健康生态系统。华米发展的关键事件如图 7-2 所示。

本书根据华米发展目标的转化和资源存量的不同,将其发展过程划分为 3 个阶段(见图 7-3)。阶段一,华米致力于小米手环这一单品的研发,此时其资源比较匮乏;阶段二,华米已经有了一定的资源积累,开始在此基础上布局

图 7-2 华米发展时间轴

自有品牌的建设;阶段三,华米开始丰富产品种类,并往健康领域扩张,此时其资源已经比较丰富。需要指出的是,由于华米是由华恒和小米共同成立的,在华米正式成立之前小米手环就已经开始研发,鉴于这一特殊性,我们将案例研究的起点放在了 2013 年 9 月。

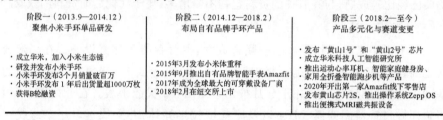

图 7-3 华米发展阶段

4. 数据收集与筛选

为保证数据的可靠性,本书采取三角验证法对数据进行验证,并选取多种渠道和方式获取信息。资料来源主要包括一手资料和二手资料(见表 7-1)。

一手资料来源于正式和非正式的半结构化访谈,访谈提纲以开放式内容为主。为了保证记录的准确性,每次访谈至少有 2 名团队成员参与。完成访谈后,我们对访谈录音进行了及时地整理并交叉核对。此外,我们还通过线下和线上会议(如 2017 中国企业未来之星年会)、讲座(如 2018 年 6 月消费升级机会与硬件创业经验分享)和沙龙(如 2018 年 8 月朗润企业家高端对话)等获取一手资料。二手资料则来源于报纸、杂志、企业年报和相关档案等。在文章撰写的过程中,对于需要进一步核实或补充的内容,我们会通过微信或邮件的形式与访谈对象核实。

表 7-1　案例资料获取方式

资料类型	资料来源		资料收集结果	优势	来源编码
一手资料	访谈次数	17 次	总录音时长：1036 分钟 有效录音时长：918 分钟 录音资料字数：20.1 万字 受访者职位：董事长、财务总监、首席技术官、首席工程师等	有助于形成对研究问题的深刻见解，针对性较强	E1
	访谈人数	13 人			
	线上/线下会议		参与了 3 场会议	补充访谈和官方资料未能披露的细节	E2
二手资料	相关报道、视频、研究报告		收集了 68 份媒体/网站报道及研究报告，观看相关视频 332 分钟	覆盖面较广，查漏补缺，形成对案例企业的完整认识	E3
	参考书籍		阅读了官方授权编写的《小米生态链战地笔记》和《一往无前》	能够了解更多官方资料未能提供的细节，官方授权出版的书籍也更具权威性	E4
	企业档案资料		收集了华米自成立以来的公司年报 6 份，以及访谈时企业提供的其他相关材料	连续性较强，能够反映公司各方面指标的持续性变化	E5
	相关学术论文		通过知网等获得与本书研究相关的论文 97 篇	具有较强的理论性，可借鉴其他研究团队的访谈资料	E6

5. 数据编码

本书参考科利（Corley，2004）、乔亚（Gioia，2010）采取的结构化数据分析方法对案例资料进行分析，通过对收集到的定性数据进行筛选、比较、概念化等，从大量原始定性资料中提炼、归纳主题，进而探究构念之间的逻辑关系。编码分为一阶构念、二阶主题和聚合维度 3 个层次。一阶构念代表当事人的声音，是在初步梳理资料的基础上将内涵相近的资料进行归纳；二阶主题基于研究者的理论视角，是对一阶构念的进一步抽象提炼，具备一定的理论内涵；

聚合维度则是在二阶主题的基础上对其性质和内涵的进一步抽象和整合,其理论导向和概念化程度更强。

为了保证编码的完整性和准确性,本书由参与案例企业访谈的 2 名团队成员同时进行编码。为了避免同源偏差、主观性和认知差异,本书由 2 位编码成员在正式编码前确定一个初步编码方案,在此基础上展开正式的编码工作,并由团队其他成员对编码结果进行讨论和补充,直到达成较为一致的意见。具体而言,首先,本书将收集到的多种来源资料进行归纳总结,并对受访者的语言进行凝练和归纳,得出 27 个一阶构念;其次,通过文献指引,将一阶构念进行概念化,得出 12 个二阶主题;最后,将这些主题与相关理论中的表述进行对比和联系,对相似的二阶主题进行归类并进一步概念化,形成合法性获取、动态能力、资源拼凑、资源编排和网络编排(统称为资源行动)5 个核心构念。在编码过程中,如果出现数据不充分或逻辑不完整的情况,则返回数据收集阶段对数据进行补充。完整编码结果如图 7-4 所示。

6. 核心构念解析

结合理论研究和案例归纳,对图 7-4 中的关键构念作出如下界定与描述。

(1)合法性获取

合法性获取是指新创企业采取相关策略突破组织在不同阶段所面临的合法性阈值,以获取不同评估主体的合法性认可。在本书中,我们将合法性评价者等同于授予新创企业相关资源的群体,只有获得他们的认可,新创企业才能获取发展所需的相关资源。

(2)动态能力

通过整合已有研究,我们将本书中提到的动态能力划分为动态利用能力和动态探索能力。需要说明的是,本书虽然将样本企业视为一个新创企业进行研究,但该企业可以看作由其前身转化而来,其在成立之初就已经具备了相应的能力,在本书中主要是对相关能力进行调用。因此,本书不再描述其能力形成的过程。

(3)资源行动

资源行动是企业为了应对不同阶段的资源情境而采取的聚焦于内外部资源的不同行动,目的是摆脱困境、实现企业情境与资源情境的良性互动。本书中的资源行动主要包括资源拼凑、资源编排和网络编排。

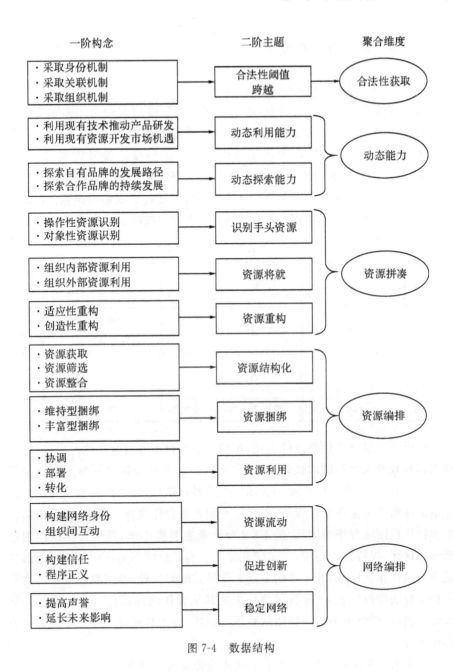

图 7-4　数据结构

7.6.4 案例分析与发现

1. 新创企业的合法性评价者转变

参照陈衍泰等(2021)的研究,本书将华米在发展过程中由于需求变化所引起的合法性评价者的变化视为其产生多个合法性阈值的原因。随着各阶段资源需求的变化,合法性评价者也发生了相应的转变。参考迈耶(Meyer,1983)对合法性及合法性判断受众的定义,本书基于所获取的一手资料和二手资料对华米在发展过程中所涉及的合法性评价者进行了收集与识别。经过两轮独立筛选,我们将资料中提及的合法性评价者频次进行了汇总(见表7-2)。

表 7-2　合法性评价者频次汇总

身份	提及次数	频率(%)	身份	提及次数	频率(%)	身份	提及次数	频率(%)
小米	546	100	华恒团队	56	10.85	高校/医院研究团队	39	7.14
华米团队/员工	147	26.92	合作伙伴	111	20.33	媒体	7	1.28
用户	169	30.95	投资者	54	9.89	政府	2	0.37

根据前文对合法性焦点的表述,用户并不符合本书对合法性焦点的界定,而媒体和政府被提及的次数较少,因此将以上3种身份排除。参照陈衍泰等(2021)的研究,结合案例企业的实际情况及其特殊性,本书将其他6种合法性评估群体归类为企业内部成员、平台企业和其他合作伙伴。其中,企业内部成员包括华恒团队和华米团队/员工;平台企业主要指小米,其他合作伙伴则包括合作伙伴、投资者和高校/医院研究团队。需要说明的是:第一,小米虽然也是华米的合作伙伴,但鉴于案例企业孵化模式的特殊性,本书将小米定位为平台企业合法性评价者,以显著区分华米的其他合作伙伴;第二,华恒团队为华米团队前身,因此本书将华恒团队和华米团队/员工共同确定为企业内部合法性评价者。

在华米发展的不同阶段,其合法性焦点也会发生变化。

阶段一:由于华恒所在的平板电脑市场已经面临崩盘,因此急需外部投资者(即小米)的资金和资源支持以进军可穿戴领域。此外,在与小米合作成立了华米并确立了研发小米手环的目标后,华米雪藏了"智器"品牌,由此导致团队成员在心理上对此事颇为抗拒,因此华米高管团队急需采取行动获取内部员工的支持。综上,平台企业和企业内部成员为本阶段主要的合法性评价者。

阶段二:华米一边继续和小米合作对手环产品进行更新,一边致力于发展自有品牌。但由于自有品牌无法在销售渠道、研发宣传等方面借助小米的力量,故华米急需开拓新的合作伙伴和销售渠道。因此在该阶段,华米开始提高对其他合作伙伴的重视,平台企业和其他合作伙伴成为本阶段主要的合法性评价者。

阶段三:华米的发展已经比较成熟,此时华米已经不满足于只做一家智能硬件的提供商,而是开始拓展产品种类,并致力于软件和芯片开发,以期往大健康方向转型。在本阶段,华米开始尝试构建以自身为核心的合作体系。因此,华米不仅需要获取投资者和市场的认可以获取资金支持,也需要获取合作企业和科研团队的合法性认可,其他合作伙伴成为本阶段主要的合法性评价者。

2. 新创企业的动态能力演变

通过对案例企业的相关资料进行分析可以发现,华米在不同的发展阶段所调用的动态能力是不同的。之所以是"调用",是因为华米是由华恒和小米联合成立的,其吸收了华恒原有的团队、资源和能力,因此其在成立之初就已经具备了相应的动态能力。

阶段一:虽然华米在技术方面具有一定的积累,但在企业知名度、销售渠道、供应链等方面都比较欠缺,而小米可以帮助其补齐这些方面的短板。因此,华米在本阶段主要通过动态利用能力对已有的技术积累和小米的各项资源如供应链、销售渠道等进行利用,并学习小米的产品方法论,以把握新的市场机遇。

阶段二:华米在小米手环成为爆款后开始探索独立品牌之路,但由于并无历史经验和过往案例可以参照,华米承担起了探索先锋的角色。因此在本阶段,华米在学习小米的多品牌和多种类产品管理经验的基础上,通过动态探索能力探索有别于小米的新的发展路径,并在此基础上尝试丰富手环产品系列。

阶段三:华米基于充足的资源开始拓展产品种类,尝试打造以可穿戴设备为入口的健康生态系统,并开始向国外市场扩张。因此,为了适应新的市场环境和布局,华米一边通过动态利用能力对已有资源进行利用,一边通过动态探索能力不断拓展业务领域和市场范围,并谋求新的合作关系。华米的动态能力演化过程如图 7-5 所示。

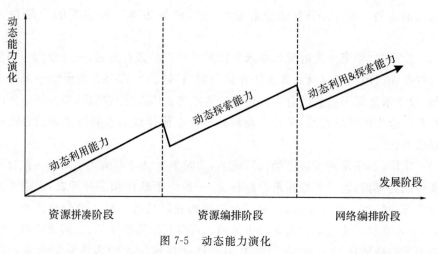

图 7-5 动态能力演化

3. 新创企业的资源行动演化

通过文献梳理和对华米进行案例分析,本书发现在不同的发展阶段,华米由于资源状况和发展目标的不同而采取了不同的行动,这与资源行动的 3 种方式相对应。换言之,华米的资源行动经历了资源拼凑—资源编排—网络编排的连续演化。在资源拼凑阶段,华米通过组织机制获取了小米的合法性认可,通过身份机制获取了企业内部成员的支持,并在此基础上调用动态利用能力进行资源获取,改善了企业资源匮乏的现状;在资源编排阶段,华米在资源情况得到改善的基础上,通过身份机制强化了小米对其合法性的认可,并基于发展自有品牌的需求,采取关联机制和身份机制获得了其他合作伙伴的合法性认可,而后通过调用动态探索能力进行资源组合的构建和利用,在研发新产品的同时构建竞争优势;在网络编排阶段,华米完成了从资源边缘到资源中心的转化,此时的华米通过身份机制和组织机制不断强化其他合作伙伴对自身的认可,并在此基础上调用动态利用能力和动态探索能力对已有资源进行利用并不断探索新的发展方向,以实现持续的价值创造。具体分析如下。

(1)资源拼凑阶段的合法性阈值跨越和资源行动

①合法性阈值跨越

华米的前身华恒电子虽已在电子行业深耕多年,但其所在的平板电脑市场已经面临崩盘。虽然其创始人黄汪看到了可穿戴设备的市场空间,但"仅靠华恒自己是很难有很大市场声量的"(E1)。因此,华恒急需获取外部投资者的支持以全力进军可穿戴领域。机缘巧合之下,华恒创始人黄汪和小米创始人雷军有了一次接触的机会。"和小米合作是最好的出路"(E1),但在此之前华恒面临如何让小米认可自己的问题。

对此,华恒采取了组织机制,借助已有的组织成就来获取小米的认可。作为由现有组织发起的新创企业,华恒可以获得原有组织的人力、智力、财务等资源。一方面,华恒团队有超过 10 年的嵌入式系统积累和完整的研发、售后团队。另一方面,华恒的创始人黄汪具有连续创业的经验,其对互联网的认识以及产品理念与雷军不谋而合,这也为华米提供了合法性来源。因此,小米很快便和华恒签订了合作协议,两者联合成立了华米。

签订合作协议之后,华米和小米确定了共同研发小米手环的目标。为此,华米停掉了之前所有的业务,仅保留部分人员进行库存清理及售后工作。但由于原有的品牌是大家一点一滴做起来的,所以华米团队成员在心理上对这件事情仍有抗拒。"他们感觉我们又回到了之前帮人家贴牌的那段日子,会说咱们也出个手环什么的,小米手环又不是我们的'孩子'。"(E1)因此,华米急需采取措施获取内部员工的认可。

对此,华米采取了身份机制,通过教育和话语策略来促进成员对企业活动及企业目标的理解。一方面,华米高管团队通过教育改变团队成员的观念,帮助团队成员认识行业的变化和发展趋势,并许下承诺"咱们先把小米手环做好,自有品牌可以聊,但是现在还没到时间"(E1)。另一方面,黄汪向团队成员分析了和小米合作的利弊,并在公司内部推崇小米的公司理念和制度,促进了团队成员对小米的认可。最终,黄汪"用尽自己的所有信誉和权威,hold 住整个公司上下百号人"(E1),全力以赴开始研发小米手环。

通过上述策略,华米成功突破了第一阶段的合法性阈值,华米由此成为以小米为中心的创新生态系统中的一部分,小米则将其各方面资源向华米开放,为华米顺利度过初创期提供了基础保障,而这是一般创业企业所无法具备的发展优势。

②资源行动

在具备基本的合法性之后,华米开始着手进行资源拼凑。在这个过程中,华米通过调用动态利用能力,对组织已有的技术积累进行了充分利用,并通过利用小米这一平台企业的资源,为其顺利拼凑资源以推动小米手环的研发和生产奠定了基础。具体而言,华米从资源导向出发,遵从识别手头资源—资源将就—资源重构的拼凑逻辑展开资源拼凑。首先,华米主要从操作性资源(指知识、技能和创新等动态的无形资源)和对象性资源(指物质和自然资源等静态的有形资源)两个方面对已有资源进行了识别,目的是对企业现有资源进行整理汇总。其次,华米在资源识别的基础上明确了其技术优势,通过调用动态利用能力对组织现有的内外部资源进行了积极的利用,在小米的帮助下完成了用户、资金、供应链等资源的拼凑。最后,华米对已有资源进行了适应性重构和创造性重构。通过一系列创新,小米手环一跃成为小米生态链中最受用户欢迎的产品,并在一定程度上推动了智能可穿戴设备的普及。该阶段华米进行资源拼凑的相关典型事件证据如表 7-3 所示。

③新创企业成长

在这一阶段,华米通过组织机制获取了小米平台的合法性认可,通过身份机制获取了企业内部的合法性认可,并在此基础上通过调用动态利用能力开展资源拼凑行动。在这个过程中,华米通过利用小米的供应链、制度、品牌热度等资源推进小米手环的研发和生产,体现了创业生态系统中新创企业所具有的独特的资源优势。经过一系列努力,小米手环一经发售就迅速引爆整个市场,只用了 3 个月时间其销量便突破了百万大关,市场占有率得到大幅提升。与此同时,华米一边吸收来自小米的营养,一边锻炼自己的团队,实现了从 0 到 1、从无到有的跨越,完成了资源体系的基本构建。

(2)资源编排阶段的合法性阈值跨越和资源行动

在资源拼凑阶段,华米通过资源拼凑获得了发展所需的关键资源,提高了外部利益相关者对华米实力的认知。但与此同时,对小米的严重依赖也使华米出现了一系列问题,如产品结构单一、关联交易严重等。此外,华米一直有着自己的品牌梦,"从团队心态来看,独立品牌可以让团队保持创业心态,对于整个公司都是锻炼"(E1)。因此,基于优化利润结构、提高毛利率的需求,华米开始研发自有品牌 Amazfit,并连续推出了多款智能运动手表,以寻求更大的发展空间,这被黄汪形容为"华米在用两条腿走路"(E3)。Amazfit 主要定位高端市场,定价都在百元以上,明显区别于小米手环 79～99 元的价格区间。为了更好地促进自有品牌的发展,华米开始将资源行动的重心转移到资源的组合和优化上,从而进入了资源编排阶段。

表 7-3　资源拼凑阶段典型数据例证

关键构念	二阶主题	一阶构念	典型数据
资源拼凑	识别手头资源	操作性资源识别	华恒电子在"供应链经验、硬件制造和监管等方面有所积淀"(E1) 黄汪的前 3 次创业都是在合肥,可以依靠中科大进行稳定的人才获取(E3) 小米会对华米输出产品方法论以共同定义产品、协助设计和研发,还会为华米进行供应链背书(E3)
		对象性资源识别	华米拥有一个具有 10 年嵌入式 Linux 软硬件设计技术积累的团队,该团队研发了中国第一款量产的平板电脑"智器 Q5"(E3) 小米向华米开放自己的人才库和销售渠道,华米可以共享供应链、用户群和市场数据等(E3)
	资源将就	组织内部资源利用	黄汪带领公司上百号人投入小米手环的研发中(E3) 黄汪利用自身积累的经验和影响力为团队争取更多的资源(E1)
		组织外部资源利用	小米拥有 1.5 亿活跃用户,华米主打的手环产品刚好属于小米庞大用户红利所在的领域(E3) 在加入小米生态链后,华米获得了小米和顺为资本的第一笔投资(E3) 小米为小米手环开放了小米商城等四大销售渠道(E3)
	资源重构	适应性重构	华米团队为手环加入了"MIUI 解锁"和"来电提醒"功能,打破了手环产品除计步和测量睡眠外功能乏善可陈的现状(E3) 华米摒弃了业内主流产品使用的旧方案,采用德国 Dialog 公司研发的最新芯片(E3)
		创造性重构	"我们采用设计首饰的理念……采用激光微穿孔技术,以达到极致的显示效果"(E1) 华米对小米手环进行了无屏幕设计,重塑了手环产品形态(E1) 华米创造性地将 TPSIV 材料和可穿戴产品进行了结合,并将用于军用头盔上的极度省电的传感器用到小米手环上,实现了小米手环超 30 天长续航的突破(E3)

续表

关键构念	二阶主题	一阶构念	典型数据
动态能力	动态利用能力	利用现有技术推动产品研发	华米拥有整套基于 Linux 图形界面的系统,其研发团队曾在 2013 年推出了 Zwatch 智能手表,这为其研发小米手环奠定了技术基础(E3)
		利用现有资源开发市场机遇	"在与供应商谈合作的过程中,通常让对方知道华米背后有小米背书就行了"(E1)
			"那时候我们在想,哪怕只能获取小米 1/5 的用户,那也有 300 万人了"(E1)

①合法性阈值跨越

在资源编排阶段,华米主要的发展规划是小米品牌和自有品牌的共同发展,该阶段的合法性评价者为平台企业和其他合作伙伴。

在平台企业方面,华米采取了身份机制,通过遵从小米的制度体系(包括规制遵从、规范遵从和文化遵从),并逐渐在组织结构等方面向小米趋同来强化小米对自己的合法性认可。如华米在研发小米手环一代时"收集了很多用户需求,但运用 8080 原则进行分析后,刚需陡然降至 3 个"(E1),极大地提高了定义产品的效率(规制遵从)。与此同时,华米为腕带部分选择了最顶级的 TPSIV 材料,以避免用户皮肤过敏情况的发生(规范遵从)。此外,华米不惜代价,"与供应商一起在振子零部件工厂进行设计"(E1),只为满足用户对手环震动功能的需求(文化遵从)。除此之外,华米团队在之后研发自有品牌的产品时也一直遵循这一原则。

为获取其他合作伙伴的合法性认可,华米主要采取了关联机制和身份机制。一方面,与某一领域其他强大且知名的行动者建立联系是新创企业获取其他合作伙伴合法性认可的重要方式之一。因为对其他合作伙伴而言,这意味着新创企业已经通过了"高声誉企业"的合法性审查。而华米自成立之始就携带小米生态链企业的身份,在华米发展的一些重要节点上也不乏小米的身影。如雷军出席华米上市答谢宴并在微博上公开发表祝贺(E3),将华米与小米之间的关联性以十分直观的方式传递给利益相关者。小米还凭借其在供应链领域积累的信誉和溢价能力,用自身的合法性为华米背书,帮助华米建立与优质供应商的合作关系。由此不难发现,有别于一般的创业企业,创业生态系统中的新创企业已不再是单个产业的成员,其与系统内其他成员的互动为其发展打造了独特的竞争优势,有助于提高其生存几率。另一方面,华米通过异化打法区分自有品牌产品与小米米家品牌,将 Amazfit 定位高端市场,塑造多维度的市场认知,向其他合作伙伴传递了其与小米不一样的价值主张,以打消他们对华米独立性不足的顾虑。

通过上述策略,小米对华米的合法性认可进一步提高,和华米共同研发了小米体重秤、体脂秤等产品。此外,华米不断拓展业务范围,并建立了新的合作关系。目前,从华米公司网站公布的合作伙伴来看,除了小米,李宁、美的、支付宝等均是其重要的合作伙伴,华米与钟南山院士团队合作共建的腕部智能可穿戴联合实验室也已正式揭牌启动。

②资源行动

经过资源拼凑阶段的资源积累,华米的内外部资源逐渐变得丰富,为了优化资源利用,华米进入了资源编排阶段。在这个过程中,华米通过调用动态探索能力,对自有品牌的发展路径和合作品牌的持续发展进行探索,明确了其往中高端市场延伸的战略布局,为其开展资源编排指明了方向。已有研究表明,企业在进行资源编排时遵循资源结构化—资源捆绑—资源利用的流程。通过对华米进行案例分析,我们发现华米在编排资源时同样遵循了这一流程,但在子过程方面略有偏差,体现了企业在实践中的灵活性。鉴于资源拼凑和资源编排的连续性,我们认为华米在资源拼凑阶段所进行的资源积累就是构建资源池、完善前期资源积累的一个过程。

根据对华米团队的访谈和相关资料,我们发现华米首先通过资源获取、资源筛选和资源整合完成资源池的构建,以形成不同的资源组合。具体而言,华米通过小米共享、资源并购和内部自研完成各方面资源的积累,利用外部利益相关者进行人才获取,逐步建立自有资源库。其次,华米对资源进行维持型捆绑和丰富型捆绑,完成了智能手表七大系列的完整布局,市场范围也从小米原有的市场圈层往更高端的市场延伸,这正是其动态探索能力的体现。最后,华米通过协调、部署和转化完成了目标用户、品牌调性与产品定位的重塑,最终实现了从小米的 OEM 厂商到全球最大的可穿戴设备供应商的身份转变。华米进行资源编排的相关典型事件证据如表 7-4 所示。

表 7-4 资源编排阶段典型数据例证

关键构念	二阶主题	一阶构念	典型数据
资源编排	资源结构化	资源获取	通过共享小米的资源,华米只需要专注做好产品,不需要考虑供应商、渠道、市场等(E3) 华米收购了 Zepp 和 PEI 的核心资产,以提升其在运动分析方面的技术实力和心肺健康算法能力(E3) 通过刘德的介绍,于澎涛成了华米在硅谷的第一个员工(E3)
		资源筛选	黄汪拒绝了三星伸来的橄榄枝,担心"最后对方不投资华米,却把华米的商业模式、供应链体系等全部摸得一清二楚"(E3)
		资源整合	除了小米,华米还和李宁、美的、高通等知名企业进行了合作(E3)
	资源捆绑	维持型捆绑	华米继续与小米合作对手环进行改造升级,目前已更新至第六代(E3) 华米不断巩固与小米的合作关系,共同推出了小米体重秤、体脂秤等多种产品(E3)
		丰富型捆绑	华米推出了更加高端化和智能化的 Amazfit,并专门引入了"高圆圆联名设计"这个 IP(E3)
	资源利用	协调	华米不断加大自有品牌的研发投入和销售渠道的拓展(E3) 小米手环的创收占比从 2015 年的 97.1% 降至 2020 年的 68%,降幅十分明显(E4)
		部署	自有品牌定位探索前沿科技,补全了原有小米系产品没有覆盖的中高端市场(E3) 华米在继续利用小米渠道的同时也在布局自有渠道的建设,不仅与国内知名电商平台天猫、京东进行了合作,也在不断开拓海外市场渠道(E3)
		转化	华米成为全球最大的可穿戴设备供应商,并于 2018 年 2 月 8 日在美国纽约证券交易所上市,成为小米生态链首家在美上市企业(E3)

续表

关键构念	二阶主题	一阶构念	典型数据
动态能力	动态探索能力	探索自有品牌的发展路径	"作为小米孵化的创业企业,和小米在手环产品上PK并不具备竞争优势"(E1) 小米主要聚焦于低端智能手表,因此往高端市场延伸是留给华米的出路之一(E2)
		探索合作品牌的持续发展	在小米手环的销量突破100万之后,华米尝试将手环与智能灯泡、小米电视、空调等更多设备进行了连接,以突破手环默认的功能限制,为手环产品提供了更大的想象空间(E3) 华米通过和支付宝合作,使小米手环成了支付宝独家手环密钥(E2)

③新创企业成长

在这一阶段,华米通过身份机制获取了平台企业的合法性认可,通过关联机制和身份机制获取了平台企业之外的其他合作伙伴的合法性认可,并在此基础上通过动态探索能力不断发展新的合作伙伴并探索自有品牌的发展之路,实现了品牌的多元化。此外,华米在通过自有品牌打入中高端市场的同时,全力推动自有渠道的建设和布局,并向海外市场进军,实现了"低端+中高端、国内+海外"的多元化市场布局。不仅大大提高了企业知名度,也成为全球最大的可穿戴设备厂商和小米生态链内第一家上市企业。

(3)网络编排阶段的合法性阈值跨越和资源行动

上市之后,华米不断加大其在技术、产品研发上的投入,推动智能可穿戴市场的不断创新和快速发展。与此同时,华米基于进一步发展需求开始往健康领域延伸。2018年9月,华米发布了全球智能可穿戴领域第一颗AI芯片"黄山1号"。随后,其接连发布了"黄山2号"和"黄山2S"芯片,并推出了真无线运动心率耳机、智能家庭健身房等全新Amazfit系列产品,实现了IoT健康品类的再次突破和更多健康场景的覆盖。与此同时,华米致力于智能医疗设备的研发和后端医疗服务体系的搭建,并通过芯片、智能硬件和云服务形成了一种牢不可破的商业闭环。"从产品到品牌到渠道布局的完成意味着华米真正走上了自己独立的发展道路"(E1)。在这个过程中,华米通过技术和战略转型,构建了全新的以其为中心的创新网络,从而打开未来市场。目前,华米已经成为全球最大的人体运动和健康大数据公司。

①合法性阈值跨越

在网络编排阶段,由合作伙伴、投资者和高校/医院研究团队组成的其他合作伙伴合法性评价者占据主导地位。为了获取他们的认可,华米采取了身份机制和组织机制。

首先,华米将"科技连接健康"正式升级为公司使命,并将公司全球英文名字正式变更为"Zepp Health Corporation"。"从华米的产品线来看,虽然各种类型的产品层出不穷,但都是围绕'健康'这一个场景"(E1),而"新的名字能够更好地反映公司的使命"(E1)。与此同时,华米重申了和小米的关系,表明华米不是小米的代工厂或子公司,而是"小米的兄弟公司"(E3),"两者互为同等条件下最优先的合作伙伴"(E3)。通过上述行动,华米表明了其独立性,并向观众传递了自身独特的身份主张,转变了观众对华米的固有印象。其次,华米通过已有业绩(如上市、成为全球最大的可穿戴设备厂商)向合作伙伴证明了自身的实力,并通过全新的战略架构向合作伙伴展示了自身的发展前景。此外,华米还与知名研究机构(如北大一院)或知名研究科学家(如钟南山院士团队)建立联系,增强自身的合法性信号。

通过上述策略,华米改变了外界对其的认知,并与众多企业建立了战略合作关系。此外,华米收购了 Zepp 与 PEI 等公司,进一步扩大了其在 RISC-V 物联网生态和人工智能技术的布局和积累,不断丰富并推进"芯端云"战略。

②资源行动

在资源拼凑阶段和资源编排阶段,华米主要处于以小米为中心的平台体系内。随着实力的增强,华米开始致力于打造以其为焦点的新的网络体系。在这个过程中,华米通过动态利用能力对其研发的技术进行利用以推动新品研发,丰富已有的产品种类;通过动态探索能力探索新的发展方向,尝试向健康领域转型。与此同时,华米致力于构建"芯+端+云"三位一体的健康生态系统,不断拓展新的合作伙伴,以期打造以其为中心的健康管理平台,为其进行网络编排指明了方向。

通过参考达纳拉杰等(Dhanaraj et al., 2006)提出的网络编排流程和对华米进行案例分析可以发现,华米在进行网络编排时遵循了资源流动—促进创新—稳定网络的流程。首先,华米通过构建网络身份和促进组织间互动来促进网络内的资源流动。共同的身份有助于提高网络成员之间的信任水平,进而激励成员参与并公开分享有价值的资源,而组织间的互动为成员之间开展合作奠定了基础。其次,在促进资源流动的基础上,华米不断采取措施来强化网络成员之间的信任,并通过一系列行动对网络成员自身的权益进行了维护,大大提高了网络成员进行创新的积极性,阻止了创新想法的囤积。最后,华米通过提高声誉和延长未来影响来稳定网络,以避免由网络的不稳定所造成的创新产出的减少。华米进行网络编排的相关典型事件证据如表 7-5所示。

表 7-5　网络编排阶段典型数据例证

关键构念	二阶主题	一阶构念	典型数据
网络编排	资源流动	构建网络身份	华米创建了一个开放平台,基于华米智能可穿戴设备、健康大数据及算法为合作伙伴提供数据、智能应用、IoT 设备接入等开放能力,所有的合作伙伴都是基于开放平台的开发者(E3)
		组织间互动	华米将通过 Amazfit 收集到的用户心脏监测数据资源和北大一院进行共享,以共同推进心脏健康管理项目(E3) 华米收购 PEI 后积极促进 PEI 与欧美大保险公司的合作,用 PEI 的算法帮助保险公司预测用户的寿险出险率(E3)
	促进创新	构建信任	"华米只专注于做好运动健康领域的核心,其他方面都交给合作伙伴。清晰的边界背后是合作伙伴充分的信任,有助于建立更好的产业生态"(E1) 华米在全球化的过程中对多样化的文化保持尊重和包容,与多元背景的伙伴高效协同(E3)
		程序正义	华米上线了廉政监察系统,对于任何触犯反腐"红线"的行为零容忍,并追究其造成的经济损失(E3) 华米注重对专利知识的保护,以减少机会主义和搭便车行为及其对网络成员创新积极性的影响(E3)

续表

关键构念	二阶主题	一阶构念	典型数据
动态能力	稳定网络	提高声誉	华米实现了从目标用户、品牌调性与产品定位等全方位的重塑，再造了一个"新华米"(E3)
			华米和国际知名企业(如高通)、国内顶级科研团队(如钟南山院士团队)等达成合作，以此来提高自身的知名度(E3)
		延长未来影响	华米过去是一家智能可穿戴设备公司，未来将是一个健康管理平台，是一个生态……路越来越宽(E3)
			华米正致力于推动 RISC-V 在 IoT 控制、AI 计算、医疗健康等领域的应用和便携式 MRI 核磁设备的研发(E3)
	动态利用能力	利用现有技术推动产品研发	2019 年 6 月，华米发布了以"黄山 1 号"为主芯片的米动健康手表，该手表可通过 RealBeats AI 生物数据引擎实时甄别心脏健康异常(E3)
		利用现有资源开发市场机遇	华米投资了 SiFive、诺领科技等公司，对未来的 5G 和物联网领域率先布局(E3)
			基于前期的积累，华米不断加速其国际化进程，形成了超越生态圈范围的全球竞争力(E3)
	动态探索能力	探索自有品牌的发展路径	华米致力于智能医疗设备的研发和后端医疗服务体系的搭建，将企业发展方向从可穿戴设备进一步延伸至健康领域(E3)
			华米在国际化的过程中十分注重产品端对海外用户的支持，并积极探索海外渠道合作(E3)
		探索合作品牌的持续发展	华米重申了和小米的关系，声明了自身的独立性(E3)
			华米将和小米持续在可穿戴产品开发、自研芯片、算法等方面深化合作(E3)

③新创企业成长

在这一阶段，华米通过身份机制和组织机制获取了平台外部合作伙伴的合法性认同，并在此基础上进行网络编排，以实现持续的价值创造。在本阶段,华米不断开发新的产品种类并积极促进其产品在不同领域的应用,实现了产品和业务的多元化。与此同时,华米从智能硬件产业向健康产业转型,在可穿戴设备的基础上不断推动 AI 等技术在健康领域的应用,并致力于便携式 MRI 核磁设备等医疗设备的研发。目前,华米基于对健康场景的优势形成了稳固的护城河,逐步实现了从"智能可穿戴设备公司"到"大数据健康医疗服务平台"的蜕变。

7.6.5　结论与讨论

1. 研究结论

本书在齐默尔曼等(Zimmerman et al.,2002)提出的研究框架的基础上,通过对华米进行纵向案例分析,探索创业生态系统内的新创企业如何采取不同的策略突破多重合法性阈值,以及其资源行动的演化。本书主要得出以下研究结论。

第一,在新创企业的发展过程中,其合法性评价者经历了以企业内部成员和平台企业为主—以平台企业和其他合作伙伴为主—以其他合作伙伴为主的演变过程。针对不同的合法性评估价者,新创企业采取了不同的策略(见表7-6)。在资源拼凑阶段,华米采取组织机制获取了小米的认可,并通过身份机制转变了团队成员的观念;在资源编排阶段,华米采取身份机制增强小米对其合法性的认可,并通过关联机制和身份机制获取了其他合作伙伴的合法性认可,与更多优秀的企业建立了合作关系;在网络编排阶段,华米采取了身份机制和组织机制,重新定义了公司的使命,并重申了和小米之间的关系,使其他合作伙伴对华米产生了新的认知。

表 7-6　华米各阶段合法性相关内容一览表

阶段	合法性评价者	合法性策略	突破合法性阈值的表现
资源拼凑阶段	平台企业	组织机制	联合成立华米
	内部成员	身份机制	全力研发小米手环
资源编排阶段	平台企业	身份机制	增加共同研发的产品种类
	其他合作伙伴	关联机制 & 身份机制	建立和小米之外的合作关系
网络编排阶段	其他合作伙伴	身份机制 & 组织机制	合作伙伴增多

第二,在新创企业发展的不同阶段,其为促进资源行动的顺利开展所调用

的动态能力也是有差异的。在资源拼凑阶段,华米通过调用动态利用能力对自身资源和小米的资源进行利用,为小米手环的研发和生产保驾护航;在资源编排阶段,华米通过调用动态探索能力,在小米手环的基础上和小米共同研发新产品,并在此基础上致力于自有品牌的研发,不断开拓新的消费市场和合作伙伴;在网络编排阶段,华米在已有成就的基础上不断拓展企业边界,往健康领域转型,体现了其对动态利用能力和动态探索能力的综合应用。

第三,新创企业的资源行动经历了资源拼凑—资源编排—网络编排的演化。首先,在确定研发小米手环的目标后,华米从资源导向出发,遵从识别手头资源—资源将就—资源重构的拼凑逻辑展开资源拼凑,完成了资源的获取。其次,华米遵循资源结构化—资源捆绑—资源利用的流程进行资源编排,完成了资源积累。最后,华米在进行网络编排时遵循了资源流动—促进创新—稳定网络的流程,实现了创新网络内的持续价值创造。

根据以上研究结论,本书构建了新创企业合法性策略—资源行动—成长过程模型(见图7-6)。

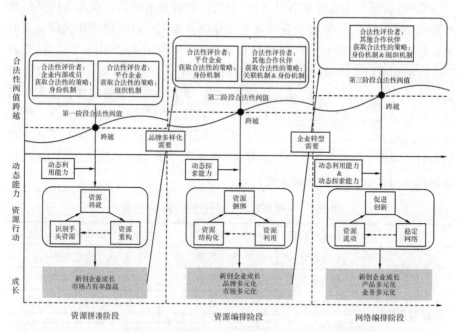

图 7-6 新创企业合法性策略—资源行动—成长过程模型

注:粗实线箭头表示各阶段内流程的演进,细实线箭头表示资源行动内部过程的发展方向,细虚线箭头表示资源行动流程间不断完善的过程

如图 7-6 所示,在发展的各个阶段,新创企业会选择不同的合法性策略来获取不同的合法性评价者的认可,并在此基础上开展相应的资源行动,从而获取、积累或优化资源以实现企业成长。在这个过程中,新创企业会调用不同的动态能力以更好地促进资源行动的顺利开展。

2. 理论贡献

第一,本书围绕创业生态系统中的新创企业,遵循合法性策略—资源行动—成长的逻辑,对新创企业的资源行动演化过程进行了探讨,弥补了齐默尔曼等(Zimmerman et al.,2002)仅立足于一般意义上的新创企业来探讨合法性—资源—成长这一逻辑的不足。

第二,齐默尔曼等(Zimmerman et al.,2002)的研究遵循的是单一合法性阈值假设,并没有考虑新创企业在不同阶段会面临不同的合法性评价者这一现实情况。本书则对这一局限进行了完善,并在这个过程中探讨了新创企业为跨越不同阶段的合法性阈值所采取的策略,对多重合法性阈值跨越相关文献做了完善和补充。

第三,齐默尔曼等(Zimmerman et al.,2002)在其研究中仅给出了一个线性研究模型,忽略了企业成长的周期性。本书则给出了一个分阶段的演化模型,并结合资源理论的最新发展,对应新创企业的周期性成长对其不同阶段的资源行动进行了分析,研究结论更具解释力。此外,本书从资源行动的视角出发明确了资源拼凑、资源编排和网络编排理论之间的联系,指出资源拼凑、资源编排和网络编排其实是一个纵向连续的过程,打破了资源行动理论相对孤立的研究现状,对资源行动的相关研究具有一定的启示作用。

第四,本书考虑了合法性策略得以实施和资源行动得以顺利开展的基础——动态能力,得出的研究结论更加符合现实实践情况。鉴于在现实情况中,单纯依靠企业外部的合法性认可无法确保资源行动的顺利开展,因此本书将动态能力引入上述过程中,使研究结论更加科学严谨。动态能力既是帮助企业更新其能力以发现、获取、组合和更新其他资源的一种能力,也是促进合法性策略顺利实施的重要"催化剂",外部合法性认可和内部动态能力的共同作用是企业资源行动顺利开展的"充分必要条件"。

3. 管理启示

本书主要得出以下实践启示。首先,对于新创企业而言,合法性是获取其他关键资源的前提和基础,而能否在不同发展阶段顺利获取不同合法性评价者的合法性认可以跨越合法性阈值对企业成长而言至关重要。在发展的不同阶段,企业应明确其合法性评价者,有针对性地采取相关策略获取不同合法性主体的认可。其次,新创企业应注重其动态能力的培养,并在不同的发展阶段精准调用不同的动态能力,为顺利开展资源行动打好基础。最后,新企业应根据不同的组织情境采取合适的资源行动,在充分、合理地利用拼凑资源所隐含的价值的同时,不要过度依赖资源拼凑而忽略对标准资源的获取,要根据企业资源情境适时往资源编排和网络编排阶段转变,以免影响企业的长期发展。

4. 局限性与未来研究展望

首先,本书所选取的研究对象为小米生态链体系内的新创企业,且所在行业本身处于快速发展期,在资源拼凑、资源编排的过程中可能存在行业的特殊性。其次,本书的结论建立在定性数据的基础上,虽然对理论构建有很大帮助,但外部有效性较低,易受质疑和挑战。未来研究需要进一步扩大研究样本,对本书的研究结论进行检验,以提高研究结论的普适性。最后,本书在参照已有研究的基础上仅考虑了资源拼凑的积极作用,忽略了资源拼凑可能存在的消极影响,这也是后续研究的一个重要切入点。资源拼凑的消极作用会在何时出现、以什么样的方式出现、如何避免这种情况发生都是值得我们深入探索的问题。

7.7 本章小结

本章首先从文化背景、现实背景、企业实践3个方面出发,对东方背景的特征进行了分析。其次,对基于东方背景的复合基础观进行了介绍,重点介绍了其定义、内涵以及复合式能力这一重要概念。再次,进一步介绍了动态资源观,以及包括资源拼凑、资源编排、网络编排在内的资源行动观。最后,对新创企业资源行动的案例进行了研究。

第8章 合法性资源整合

8.1 导入案例

滴滴打车的合法性获取

网约车是利用互联网平台整合驾乘信息、提供预约服务而不巡游经营的出租汽车。2016年7月,《网络预约出租汽车经营服务管理暂行办法》的出台标志着我国成为世界上第一个承认网约车合法性的国家。截至2019年底,我国共有网约车平台110余个,网约车用户规模达3.39亿。

受限于总量控制和准入管制,我国每天有40%的打车需求得不到满足。2012年6月,滴滴创始人程维借鉴国外打车软件和国内专车产品开发了滴滴打车App。

作为行业新进入者,滴滴首先面临低效率的问题,即在一个全新的领域和高运营难度的产品逻辑下难以获得行业的合法性认可。首先,已经存在的出租车场域的核心行动者拒绝合作。因为没有交通委员会的红头文件,北京的188家出租车公司拒绝了程维,最后仅有1家名为银山的公司愿意合作,200辆车中只有6辆车装上了滴滴打车软件。其次,缺乏资金。除了启动资金80万元人民币,没有获得其他风险投资,公司的资金流十分紧张。最后,缺乏高素质的技术合伙人,滴滴的早期产品花了8万元人民币用于外包开发,推出时间一拖再拖。

为解决创业初期遇到的困境,滴滴采取了多项实践。第一,加强地推。与拥有特许经营权的出租车公司合作,并雇佣专职打车人员保证司机接到订单。程维甚至对专职打车人员说:"我每天给你400块,你就绕三环打车,资金有限省着点花。"第二,加强融资。滴滴通过与主流风投合作获得了超过1亿美元的融资,缓解了资金压力。第三,加强技术研发。2012 年底,程维请来了百度的研发经理张博,建立了自己的开发和大数据团队。第四,加强项目合作。滴滴紧随苹果公司的发展,推出 iOS 版本的软件,并通过与腾讯合作在微信获得了入门接口,获取了更多的用户流量。

在这一阶段,滴滴度过了创业初期作为场域边缘企业资源匮乏、用户对产品认知不足以及缺少政府支持等低效率困境。通过与场域中心具备资金、技术、用户等资源的企业进行合作,业务初步布局全国。2013 年底,滴滴覆盖了北上广深等 30 余个城市,拥有千万用户,初步获得了行业的规范合法性认可。

资料来源:林晨雨,等,2020.互联网场域边缘企业合法性获取及其制度创业过程研究——以滴滴出行为例[J].东北大学学报(社会科学版),22(6):31-41.

思考:为什么合法性对新创企业而言如此重要?滴滴为获取合法性采取了什么策略?

8.2 合法性资源的定义与类别

8.2.1 合法性资源的定义

"如果要在社会环境中生存下来并兴旺发达,组织除了需要物质资源和技术信息之外,还需要其他东西。它们还需要得到社会的认可、接受和信任"(Scott et al.,2000)。简言之,它们需要合法性才能生存与发展。组织合法性是新制度主义理论的核心概念之一,当组织价值观与组织所嵌入的社会情境与社会关系的价值观一致时,组织便具有了合法性(Suchman,1995;彭伟等,2013)。

苏特曼(Suchman,1995)对合法性概念作了如下界定:"所谓合法性,是指某个实体所进行的行动,根据社会建构的规范、价值、信仰和定义系统,被普遍认为是适当的、合意的。"苏特曼(Suchman,1995)所说的各种"社会建构的系统"实际上就是制度框架,而制度的三大基础要素(即规制、规范和文化)提供了 3 种相关但明显不同的合法性基础。关注规制性制度要素的理论强调遵守规则是合法性的基础,认为合法的组织是那些根据相关法律与准法律的要求而建立和运行的组织。关注规范性制度要素的理论强调合法性背后较深层的道德基础。关注文化—认知性制度要素的理论则强调通过遵守共同的情境定义、参照框架,或者被认可的角色模板或结构模板才能获得合法性(Scott et al. ,2000)。为了与特定的情境联系而采纳正统的结构或身份,其实就是通过认知一致性来寻求合法性。

8.2.2　合法性资源的类别和特征

在合法性理论发展的过程中,学者们根据自身的研究内容和需要对合法性进行了不同的分类。虽然学术界对合法性的构成维度并没有统一的标准,但目前大家普遍认同的是斯科特(Scott,1995)提出的规制合法性、规范合法性和认知合法性这一分类方法。

规制合法性源自政府、专业组织、行业协会等部门制定的各种法律和规范。组织通过遵纪守法、遵守规章制度和积极获得各种专业认证来使自身具备规制合法性(Suchman,1995)。但规制合法性并不仅仅是纯粹地获得这些批准,同时还包括了对一个组织的行为是否符合法律条文和精神的判定,是对组织是否是一个"好公民"的评价。

规范合法性是基于社会公众在一定的价值观和道德规范的框架下对组织行为的正确性的一种感知,更具体地说,是对组织的产品、技术流程、组织结构和组织中关键个人的行为是否符合公众的共同价值观和道德规范的评价(Suchman,1995)。正是由于规范合法性来源的主观性,组织往往通过认证机构的合法性溢出来取得公众的认可(Deephouse,1996),或者进行正面的媒体宣传来提高其规范合法性(Zimmerman & Zeitz,2002)。

认知合法性有别于规范合法性,但也较难区分(曾楚宏等,2008)。杰普森(Jepperson,1991)认为,基于"广为接受"的认知合法性侧重于"被人们所理解和接受",而基于"评价"的规范合法性则强调符合共同的道德规范和价值观(Suchman,1995),两者是不同的。组织行为的"可被理解和接受"的程度往往取决于其所处的文化模式,如果组织的行为符合现有的文化模式,则组织的行为将是具有可预见性的、有意义的和诱人的;但如果缺少这种文化模式,组织的行为可能会因为公众的误解和忽视而一无是处(Suchman,1995)。迪马乔和鲍威尔(DiMaggio & Powell, 1991)认为,要取得认知合法性,组织行为在迎合大的信仰系统的同时,也与公众日常的生活经验保持一致。

除此之外,基于研究主题将合法性划分为内部合法性和外部合法性的做法也比较常见(Kostova & Zaheer,1999)。

8.2.3 合法性资源整合对传统资源整合的影响

已有研究表明,合法性水平较高的企业能够更容易地获取质量更好的外部资源(Deephouse,1996)、更能获得外部投资者的信任,从而获取外部利益相关者的支持(Certo & Hodge,2007),有助于其获取成长所需的各种关键资源(彭伟等,2013)。与此同时,组织合法性有助于组织构建竞争优势和提升组织绩效,与组织的存活率息息相关(Zimmerman & Zeitz,2002)。

在组织合法性研究中,费尔南德斯-阿莱斯和瓦莱-卡布雷拉(Fernandez-Alles & Valle-Cabrera,2006)针对已有研究中"组织依据资源基础理论追寻差异化以塑造竞争优势"与"依据制度理论获取一致性从而避免合法性丧失"的观点相左的现象,将制度理论与资源基础理论相结合,从获取合法性是组织在强制性、规范性与模仿性制度压力下获取关键资源的重要途径的角度指出,组织合法性作为可为组织提供充足社会回报的关键性资源对降低组织交易成本具有重要意义,并与其他稀缺性资源共同构成了组织创新的宝贵源泉。需要指出的是,被动屈服于制度压力以获取利益相关者的社会支持不能充分支撑组织的可持续发展,唯有采取积极的合法性战略主动适应、调控、创造情境才能推进组织的突破性成长。

作为分析和解释组织行为的一个有力工具,组织合法性逐渐成为学者们关注的热点话题。到目前为止,学者们主要从 3 个视角出发开展对组织合法性的探讨:制度视角、战略视角和评价者视角。下面,我们将分别对这 3 个视角进行说明。

8.3 制度视角下的合法性资源整合

8.3.1 制度视角的核心主张

新制度理论提出,当组织成员遵守组织制度并表现出组织所认可的行为范式时,便获得组织赋予的"合法性";而当"合法的"行为遍及了组织范围,组织"同构性"现象继而出现。"同构性"是指在相同或相似组织制度的约束下,组织成员行为的一致或相似程度(Oliver,1991)。在制度体系更为全面细致的组织中,成员行为之间的相似性程度较高;而在制度体系较为粗简和宽松的组织中,成员具有更多酌情处理的自由空间,其行为之间的相似性程度较低。

迪马乔和鲍威尔(DiMaggio & Powell,1983)指出,由于组织在制度场域中受到规制、规范和文化—认知3个制度基本要素的约束,为了生存,组织必须获取相应的合法性,故而组织会采取与制度三要素相对应的趋同行为——强制同构、规范同构以及模仿同构。这些机制界定了人们采纳新的结构和行为的不同的动力或动机,导致了组织在各方面的相似,即形成了制度同构现象。不过,虽然组织结构的强制性、规范性和模仿性同形机制会使组织彼此之间更为相似,但这不一定会直接提高组织的生产效率(DiMaggio & Powell,1983)。

8.3.2　强制同构

强制同构主要来自组织所依赖的其他组织向其所施加的正式或非正式的压力,以及其所处社会的文化期待对其的压力。这样的压力可能被认为是力量、说服力或邀请参加共谋。在某些情况下,组织变革是对政府命令的直接反应:制造商采用新的污染控制技术来符合环境法规;非营利组织维持账户并雇用会计师,以满足税法的要求;组织也雇用平权行动官员来抵制歧视指控;学校将特殊学生主流化,聘请特殊教育老师,培养与他们相处的管理人员,并发布符合州标准的课程。这些变化很大程度上是仪式性的,但并不意味着它们是无关紧要的。比如从长远来看,员工参与其功能的宣传可以改变组织内部的权力关系。

在理性化了的国家和其他大型理性组织将它们的支配力扩展到更多社会生活的领域中时,组织结构就会越来越体现被国家制度化与合法化了的规则。由此,组织会越来越趋于同构,并且逐渐依照与更广泛制度一致的仪式来组织自身。同时,组织在结构上会越来越不被技术性活动产生的束缚所决定,也越来越不会被产出控制凝聚在一起。在这种情况下,组织会利用群体成员资格和群体团结来实施仪式化的控制。对组织直接施加标准操作程序、合法化规则与结构的压力的情况,在政府领域之外也时有发生。例如随着公司集团规模和运营范围的增长,母公司不一定会将标准的绩效评估标准强加给子公司,但是子公司仍然通常会遵从标准的报告机制。

中央政府的扩张、资本的集中化、慈善机构的协调,都通过直接权威关系促进组织模式的同构化。到目前为止,我们仅仅提到了组织模式在从属组织中被直接且明显推行的情况。然而强制同构比起上述例子来说,是更为微妙且模糊的(DiMaggio & Powell,1983)。

8.3.3 规范同构

规范同构产生于职业规范和专业化网络对组织行为的约束。有学者将专业化解释为一种职业成员的集体斗争,他们定义了工作条件和方法,以控制"生产者的生产",并建立认知他们职业自治的基础和合法性。专业化有两个方面是同构化的重要来源:一是正规教育的测试和大学专家提供的认知基础的合法化;二是跨组织并使得新模型迅速扩散的职业网络的发展和完善。大学以及职业培训机构,在职业经理人和其员工之间的组织规范的形成和发展中起了重要作用。专业和行业协会是定义和传播组织与职业行为规范化条例的又一手段。这样的机制创造了一群几乎可以互相代替的个体,这些个体在大量组织中占据类似的地位,并且拥有类似的目标和特性,这些相似的目标和特性可能超越那些本来可以形塑组织行为的传统与控制的多样性(Perrow,1961)。

鼓励规范同构的一项重要机制是"职员过滤"。在许多组织领域中,过滤产生于雇用那些从同行企业中来的员工;或者在小范围的培训机构中进行的快速人员招募;或者通过常见的升迁惯例,例如总是从财务或法律部门雇用高端管理者,以及通过选择具有特定技能水平的职业人员。

管理的专业化与组织领域的结构化总是并驾齐驱的,但每个机构的同构化过程可能都不会增加组织的经济效率。一旦组织的绩效增强,其通常是组织与其所处领域中的其他组织同构化的回报。这种相似性可以使机构间的交易更加便利,吸引有职业心的职员,以使机构获得合法性和声誉,更能契合行政性的范畴。然而,以上任何一项皆不能保证因循守旧的组织比那些特立独行的不遵从制度性压力的同行,在生产绩效方面更有效率。

8.3.4 模仿同构

并非所有的制度同构都来自强制权威,组织环境的不确定性也是鼓励模仿的强大力量。当对组织技术的了解不多时,目标不明确或环境造成象征性不确定性时,组织可能会以其他组织为模板,模仿其规则或结构。模仿同构主要来源于组织通过模仿同行特别是领先者的做法来应对不确定性的需要,组织目标越模糊不清就越能导致组织间的同形。由于组织目标不清晰,组织很难为自身的生存找到合理的说法,所以它就需要把象征性的东西做得非常好,符合公共道德,以便得到环境制度的认同。迪普豪斯(Deephouse,1996)通过实证研究进一步证明通过模仿机制达到的组织同形将加强组织的合法性。他将组织合法性的构成分为社会规制及公众认同,指出面对不确定性时,个体组织行为可能会受到利益相关者的质疑或否定,为符合整个社会准则及期待,他们将模仿成功的企业战略,通过组织同形来获得合法性。同时,也有学者指出,模仿机制会带来组织在结构上的同形,同时强调如果组织无视这种同形压力而一味追求结构创新,由于价值观及道德规范的稳定性,组织合法性将面临危机。

总体来说,模仿同构来源于组织环境的不确定性。当组织面临不确定性、目标模糊时,往往以其他成功企业为标杆模仿其规则或结构。随后,政府、监管部门、公众等外部利益相关者意识到这种规则、结构的优越,从而给企业施加压力促使越来越多的企业同构。随着这种规则、结构被越来越多的企业采用以及教育培训的推广、相关法律法规的完善,该领域逐步成熟,规范同构日益重要。但要注意的是,模仿同构、强制同构和规范同构 3 种同构力量并非完全按照先后顺序发生,也可能同时进行。

8.4　战略视角下的合法性资源整合

8.4.1　战略视角的核心主张

基于战略视角的学者们往往把合法性视为组织从其制度环境中抽取的又一种资源,它决定了组织获取关键资源如人才和资本的能力,从而影响企业的生存(Suchman,1995)。在该视角下,组织对其自身的合法性可以起到显著的影响作用。组织合法性决定其利益相关者对组织的行为,组织的观众更愿意为那些看起来更合理、更符合期望、更有意义或价值以及更值得信赖的组织提供资源(Suchman,1995)。失去合法性,组织就会失去获取关键资源的能力,导致管理失控、组织声誉遭受损害、失去外部联系甚至消亡。因此,如何通过有效的管理控制来达到预先设定的目标,从组织所处的文化环境中获得合法性便成为组织生存的关键。

对此,苏特曼(Suchman, 1995)等提出组织可以通过适当的策略行为改变其合法性的类型及程度,这种策略行为被齐默尔曼和蔡茨(Zimmermann & Zeitz,2002)称为合法性途径(strategic legitimation approach),其强调组织为赢得社会支持而对认知系统及情感符号进行操控的理性行为。同时,苏特曼(Suchman,1995)对组织在特定环境下获得合法性的策略行为作了深入全面的考察,描述了单个组织对环境控制的 3 种常见策略:遵从策略、妥协策略和操纵策略。而奥利弗(Oliver,1991)、齐默尔曼和蔡茨(Zimmerman & Zeitz,2002)等在这一基础上加以扩展,即在苏特曼(Suchman,1995)提出的 3 种组织应对策略的基础上,指出组织可以根据所处的环境主动反应,采取遵从、妥协、回避、反抗、操控等策略,主动获取合法性。

8.4.2 遵从策略

如果一个组织想要在一个新环境中存续下去,需要遵从其制度要求与规则,且必须展现出某些结构性特征,使自身获得制度环境的认可,增加其合法性,进而得到组织生存所需的支持与资源(Meyer & Rowan,1977)。大多数制度理论家认为组织存在这种应对策略。应用这种策略的组织会选择其他样板组织进行模仿,或者遵从其所感知的各种文化、规范或规制性权威的要求。组织选择和实施这种应对策略,可能出于增强合法性、担心受到制裁或者希望得到额外资源等简单或复杂的动机。如小米生态链内的生态链企业为了获取资源以迅速度过初创期,会选择遵从小米平台所创建的制度,以获取小米和其他观众的认可。通过对小米生态链企业发展过程的分析,本书发现组织在采取遵从策略时,会分别从各方面入手,对所处场域的规制、规范和文化进行遵从。

8.4.3 妥协策略

妥协策略涉及组织的各种反应,包括对制度要求进行权衡、展开协商和谈判等。在那些存在相互冲突的各种权力机构的环境中,组织往往会采取这种应对策略。德奥罗等(D'Aunno et al.,1991)的研究,就探讨了精神健康机构把反对药物滥用的程序结合起来的妥协过程。尽管这似乎是个别情况,但是在自由主义与多元主义的社会中,各种相对冲突的、竞争性的制度框架会同时存在(Berman,1983)。这意味着组织往往发现自身处于各种情境中,在这些情境中它们有着相当大的空间来运作、理解、讨价还价或妥协。例如阿布祖格和梅齐亚斯(Abzug & Mezias，1993)发现，为了应对法院援引 1972 年《公民权利法案》第七条关于可比价值的主张所进行的裁决，有的单位和组织就采取各种妥协性的应对策略。联邦制的美国司法系统允许联邦、州与地方法院作出各自相对独立的裁决，使得组织可以进行多次诉讼，也为组织谋求改判提供了途径。如果在某一层次的法院中受阻，还可以到上一层次的法院继续申诉、控告等。亚历山大(Alexander)发现，美国高雅艺术博物馆的馆长们会把各种妥协策略结合起来，因为他们的博物馆日益依赖于各种基金资助——富有的个人、企业、政府和基金会等，这些提供资金资助的个人和组织有着各自不同的目标。亚历山大还发现，那些"依赖于工作质量与学术性以及他们所举行的展览"的馆长们会经常调整展览形式以取悦各种资助人，例如进行"大型展览"或"巡回展览"，以取悦企业资助者或政府资助者。不过，他们对于到底展览什么却坚持自己的主张，少有妥协。他们的其他特殊策略还包括"与其他(商业)组织合作，相互利用彼此的资源""扩大展览的观众类型"，即举办可能吸引各种未来股东的综合展览，以及"进行创造性的活动"，即在特定艺术类型与关注特殊利益的潜在资助者之间建立各种联系等。

8.4.4　回避策略

正如奥利弗(Oliver，1991)所指出的，采用回避策略的组织往往试图把自身隐藏起来，并防止组织的某些部分受到制度要求的影响。迫于外部压力或要求而采纳特定结构或秩序的组织，往往倾向于采取一种象征性的应对方式，在其正式结构中作出变革以显示自身遵从这种压力或者要求，从而使内部单元的运行不受这种外在要求或压力的影响。尽管并非所有的组织都会采取这种应对策略，但是迈耶和罗文(Meyer & Rowan，1977)认为，当组织遵从制度的要求，采用所谓适当的结构与规则时，组织内部成员的活动往往是与组织的那些正式结构"脱节/脱耦"的，这确实是一种普遍现象。也就是说，组织成员的实际行为往往并不会遵守官方的正式规定或墙上的制度。他们对这种脱节或分离现象提出了两种解释。其一，本地对于组织提出的技术上要有效率的要求与外部对于组织提出的保持结构一致性的象征性要求之间，往往存在矛盾。其二，那些来自组织外部环境的象征性规则，往往可能"出自不同的部门，因此彼此之间相互冲突"。迈耶和罗文(Meyer & Rowan，1977)关于同形与脱节/脱耦的主张，有助于解释所有当代组织所具有的两个重要特征。其一，运行于同一组织场域中的组织，其结构形式往往具有明显的相似性。一个组织要存续下去,不仅必须在技术层面的竞争过程中获胜,而且必须展现出某些结构性特征,使自身既获得认可,又遵从外部环境的规范性、规制性要求。其二,在组织中既存在正式结构,也存在非正式结构。前者反映的是官方赞成设立的职位以及行事方式,后者反映的是实际的行为模式和行事惯例。

8.4.5 反抗策略

反抗策略是指组织不仅会抵制,而且会大胆公开地抵制制度要求。当焦点组织的规范与收益与那些试图向焦点组织施加要求的组织存在实质性的分歧时,或当其利益不被现有制度所服务时,这种反抗就可能发生。科瓦列斯基和迪尔史密斯(Covaleski & Dirsmith,1988)对威斯康星大学试图反抗州政府实施新的预算系统进行了分析。威斯康星大学试图设计一种替代性的预算系统,以获得公共支持,实现自身的研究和教育计划并防止优秀职员流失。但是,最后州政府获得了胜利,这所大学被迫接受政府以学生注册入学数量为基础的预算方法。

8.4.6 操控策略

组织可能试图使用操控策略来应对制度要求,即组织"有目的地和机会主义地与环境合作,影响甚至控制其环境"(Oliver,1991:157)。萨兰西克和普费弗(Salancik & Pfeffer,1978)发现组织试图通过与掌握重要权力者建立各种关系,以保护自身并增加自身讨价还价的权利。制度理论家们特别关注组织用来直接管理其合法性的技术。艾尔巴赫和萨顿(Elsbach & Sutton,1992)发现激进改革组织"地球优先!"(Earth First!)和艾解组织(艾滋病解放力量联盟,ACT UP)会使用印象管理技术,并通过"非法行动获得认可和实现其目标"。他们认为,这些组织往往会利用这类技术来获得媒体的关注,使人们了解它们的目标。一旦获得关注,这些组织的代言人就会强调其组织更为传统的层面,试图把其组织程序与其某些成员的非法活动分离开来。组织的代言人有时以现实中存在比他们所主张的更不公正的现象为借口,来证明自己是无罪的,以及自己的行动是正当的。组织的代言人会特别强调自己得到了其他支持者的认可与支持。这些组织通过诸如此类的方式,试图管理它们的印象并提高它们的可信度。不过,阿希福斯和吉布斯(Ashforth & Gibbs,1990)指出,如果组织"过于反抗",那么也可能损害其自身的合法性。萨奇曼

（Suchman,1995）也对组织获得、维持和重新获得合法性的各种策略进行了深入的研究。

8.5　评价者视角下的合法性资源整合

8.5.1　评价者视角的核心主张

评价者路径是组织合法性研究的新动向和新视角，该路径的核心概念为合法性判断，即评价者围绕特定组织是否具有合法性所进行的自我判断。

从学者们给出的定义中可以看出，组织合法性概念的核心成分是评价（evaluation），合法性的根源存在于旁观者的眼中（Zimmerman ＆ Zeitz, 2002）。既然是评价，那就涉及被评价者（评价客体）、评价者（评价主体）等系统要素。就组织合法性而言，被评价者当然是既定组织，评价者就是观众（audience）或观察者（observer），实质上就是既定组织的利益相关者群体。然而，不管制度路径还是战略路径，着眼点都是合法性的接受方（组织），关注组织为什么追求合法性以及组织怎样获取、维持和修复自身的合法性，而没有关注合法性的授予方（评价者）是如何围绕既定组织作出合法性评价的。基于此，学者们逐渐关注评价者如何判断组织的合法性，并提出合法性判断（legitimacy judgment）的概念。这就是组织合法性研究的评价者路径（evaluator approach），该路径的着眼点是组织合法性的授予主体，即评价者。

基于评价者视角，托斯特（Tost，2011）认为，组织合法性包括个体层次的合法性和集体层次的合法性。集体层次的合法性（collective-level legitimacy）是多恩布什和斯什特（Dornbusch ＆ Scott，1975）所说的有效性（validity），也就是苏特曼（Suchman，1995）所定义的组织合法性，是指群体观察者们关于"某个组织对于其社会情景来说是合理的"的知觉在多大程度上达成普遍一致性。个体层次的合法性（individual-level legitimacy）就是多恩布什和斯科特（Dornbusch ＆ Scott（1975）所说的正当性（propriety），是指个体观察者关于"某个组织在多大程度上对于其社会情景来说是合理的"自我判断。

尽管组织合法性最终是一个集体层次现象，反映了评价者群体对组织的集体认同程度，但关注单个评价者的学者们认为，一个组织在社会中是合法的，并不能代表其被社会中的所有个体观察者都视为正当的。因此，应该关注单个评价者关于组织的合法性判断。因为个体评价者的合法性判断和知觉构成了一个微型马达，正是这个微型马达引导他们的行为，继而影响个体评价者之间的互动，最终合并构成集体层次的合法性和社会现实（social reality）（Tost，2011）。

8.5.2 合法性判断的模式

合法性判断的模式（modes of legitimacy judgments），意指评价者在合法性判断形成过程中所使用的认知加工模式（Tost，2011）。评价者通常采取两种认知加工模式进行合法性判断，即被动模式（passive mode）和主动模式（active mode），其中主动模式又被称为评价模式（evaluative mode）。

1. 主动模式

合法性判断的主动模式，就是评价者在进行组织合法性判断时没有受到组织有效性的影响（或者说制度层面的组织有效性还未形成），而是主动积极地对组织进行实实在在的评价。在合法性判断的过程中，受使用信息资源、认知努力程度等方面的影响，不同认知加工模式所使用的信息输入是不同的。如果采用主动模式进行信息加工，知觉信息源来自评价者对被评价组织的行为和特征的观察。

2. 被动模式

合法性判断的被动模式，就是评价者在进行组织合法性判断时消极地接受制度环境关于组织合法性的评判，而不是积极主动地对组织进行合法性评价，或者说，制度层面的组织有效性左右了评价者关于组织的合法性判断。若采用被动模式进行信息加工，知觉信息源则主要来自组织有效性线索（organizational validity cues）。组织有效性线索主要包括以下几个方面：(1)周围环境中其他评价者关于该组织是否具有合法性的公意（majority opinion）；(2)该组织的行为与社会文化期望（cultural expectations）保持一致的程度；(3)媒体、司法机关和政府等判断验证机构（judgment validation institutions）关于该组织的合法性判决。

在合法性判断中，如果评价者采用主动模式进行认知加工，对组织进行实实在在的评价，则涉及评价视角选择的问题。合法性判断的视角，也称为合法性判断的基础（bases of legitimacy judgments），或者合法性判断的关切点（concerns），意指评价者判断某个组织是否具有合法性的出发点。

关于合法性判断的视角,社会心理学家们早先提出了两种视角,即工具性视角(instrumental)和关系性(relational)视角(Tyler,1997)。如果一个组织"因为有助于评价者达到自我定义的目标和结果"而被评价者视为具有合法性,那么评价者就是基于工具性视角进行合法性判断;如果一个组织"因为能肯定评价者的社会身份(social identity),支持他们的自我价值(self-worth)感,确保他们的尊严得以维护,并得到与他们资格(entitlement)相称的回报"而被评价者视为具有合法性,那么评价者就是基于关系性视角进行合法性判断。社会心理学家们提出了合法性判断的第 3 种视角,即道德性(moral)视角(Skitka et al.,2009)。如果一个组织因为"拥有与评价者保持一致的道德和伦理价值观"而被评价者视为具有合法性,那么评价者就是基于道德性视角进行合法性判断。

以上 3 个合法性判断视角具有显著区别,按照马斯洛的需求层次理论,工具性视角意味着评价者基于物质利益的自我算计来评价组织的合法性,关注点是组织对自我低层次需要的满足程度;关系性视角意味着评价者基于精神价值的自我算计来评价组织的合法性,关注点是组织对自我高层次需要的满足程度;道德性视角意味着评价者基于一种"亲社会逻辑"(Suchman,1995)来评价组织的合法性,关注点是组织对社会福利(评价者的社会建构价值观体系所定义的社会福利)的促进程度。工具性视角属于自利导向(self-interested orientation),道德性视角属于利他导向(other-interested orientation)。需要注意的是,合法性判断的 3 个视角不是相互排斥的,评价者可以在 3 个视角上同时对组织进行合法性评价,也可以在 3 个视角的子集上对组织进行合法性评价(Tost,2011)。此外在评价模式中,尽管评价者理论上可以从 3 个视角对组织作出合法性判断,然而某个或某几个视角可能会在判断过程中处于优先地位。

8.5.3　合法性判断的流程

学者们对合法性判断的流程(process of legitimacy judgments)也进行了描述。合法性判断的流程是指个体评价者对特定组织进行合法性评价的心理历程。比特克汀(Bitektine,2011)认为,合法性判断始于评价者意识到对组织进行合法性判断的需要,然后评价者选择合适的判断模式,收集关于组织特征的信息,对这些信息进行可靠性评价后产生一个判断,最后把这个判断作为自己与组织进行互动的基础。托斯特(Tost,2011)认为,合法性判断流程是一个三阶段循环程序,包括判断形成阶段(judgment formation)、判断使用阶段(judgment use)和判断再评估阶段(judgment reassessment)。比特克汀和哈克(Bitektine & Haack,2015)探讨了在制度稳定(institutional stability)和制度变革(institutional change)两种情景下评价者进行合法性判断的流程。在制度稳定的情境下,场域中的有效性线索具有一致性,感知的组织有效性对评价者所进行的合法性判断有决定性影响;在制度变革的情境下,场域中的有效性线索通常是相互矛盾和冲突的,评价者往往依赖自己的独立评价来进行合法性判断。

刘云等(2017)在托斯特(Tost,2011)观点的基础上,结合其他学者的观点,梳理出了一个评价者围绕既定组织进行合法性判断的流程(见图 8-1)。评价者开始进行合法性判断时,首先在场域中搜寻组织有效性线索。如果存在有效性线索,通常会选择被动模式进行认知加工,根据有效性线索的提示直接作出合法性判断;如果不存在有效性线索,则会采取主动模式进行认知加工,选取某种评价视角对组织进行评价,从而形成合法性判断。不论采取主动模式还是被动模式,合法性判断一旦形成就进入使用阶段,从而影响评价者针对组织的态度和行为(即支持组织或反对组织)。此外,在合法性判断使用过程中出现的认知同化效应会巩固和强化初始形成的合法性判断。除非评价者的精神报警系统被激发,使得评价者重新审视原先形成的合法性判断,对组织的合法性再次进行评价,从而进入合法性再评价阶段。在合法性再评价过程中,评价者往往选择主动模式而非被动模式进行认知加工,从而开启另外一个合法性判断循环。

总体来看,合法性判断主要包括 3 个阶段。首先,判断形成阶段。在判断形成阶段,评价者通过主动模式或被动模式达成一个初步的合法性判断,并对判断模式和判断视角进行选择。评价者可以采用的视角包括 3 种:工具视角、关系视角和道德视角。评价者可以选择其中一个视角来进行评价,也可以同时选择几个视角来进行评价。其次,判断使用阶段。在判断使用阶段,组织不再被评价,前一阶段形成的初步合法性判断将作为一种轴心认知(pivotal cognition)来引导评价者的行为。一方面,如果组织被视为合法,它将受到评价者的支持,想改变它的企图将被抵制;另一方面,如果组织被视为不合法,人们将积极寻求改变它。因此在使用阶段,评价者不再关注合法性判断的形成,而是采用动机性推理(motivated reasoning)(Kunda,1990)的加工方式,吸收源源不断的信息和刺激来遵守和支持先前形成的合法性判断。最后,判断再

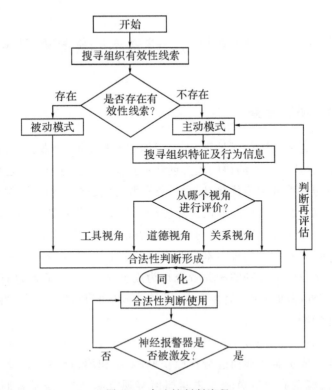

图 8-1　合法性判断流程

资料来源:刘云,王·格雷格,2017.基于评价者视角的组织合法性研究:合法性判断[J].外国经济与管理,39(5):73-114.

评估阶段。尽管在判断使用阶段存在认知同化效应,评价者最初形成的合法性判断不可能一劳永逸地存在,也不可能一直指导评价者的行为。认知同化效应之所以存在,主要是因为评价者具有认知惰性。然而,当评价者的神经警报系统(neural alarm system)被激发时,评价者将从事努力的和反思的信息加工,从而对先前形成的合法性判断进行重新审视,此时就进入了判断再评估阶段。至于评价者的神经警报系统何时会被激发,托斯特(Tost,2011)认为,当制度场域中存在突变(jolts)和制度矛盾(institutional contradiction),以及当评价者具有自反性特质(reflexive traits)时,评价者的神经报警系统可能会处于激活状态(刘云等,2017)。

8.6 生态型企业合法性溢出战略案例研究

8.6.1 研究背景

随着区块链、大数据、云计算、人工智能的不断发展,企业创新活动的复杂性骤然增加,异质性要素的协同成为创新范式演进的新方向。在这种态势下,一些拥有资源优势或规模优势,同时具备资源再组织能力的全国领军企业、行业龙头企业以及部分新生互联网企业,开始探索生态化创新路径(本书将此类企业称为生态型企业,它的外部利益相关者除了企业之外,还会涉及政府、高校、科研院所、非营利机构等。本书的着眼点是企业,为了突出这一研究意图,故将生态型企业的外部利益相关者统称为成员企业)。它们通过打造协调机制,将自身与外部利益相关者相融合,共同为顾客提供解决方案,由此打造出一个个企业创新生态系统。

在生态型企业战略理论的传统研究中,资源观是一个非常重要的视角。生态型企业或成员企业如何进行资源获取、资源积累、资源动态管理、资源撬动,或者生态型企业与成员企业之间如何实现资源共享,是学者们关注的热点。值得注意的是,学者们所关注的资源通常包括人力、设备、资金、知识、技能等资源,一种"能够帮助组织获取其他资源的重要资源"——合法性资源,却没有受到重视。事实上,生态型企业在着手构建企业创新生态系统之前,通常已经积累了丰富的合法性资源,而不少成员企业则是无法通过以往业绩为观众提供合法性证据的新创企业。在这种背景下,生态型企业通过实施合法性溢出战略,将自身的合法性资源溢出给成员企业,帮助它们突破合法性阈值,就显得尤为重要。

科斯托娃等(Kostova et al.,1999)指出,如果一个基本主体(源头)在保持自身合法性不变的前提下,改变了另一个与之认知相关的次级主体(接收者)的合法性,合法性溢出就发生了,其本质是观众依据启发式属性评价目标属性(接收者合法性)的过程。基于此观点,学者们立足两种情境对合法性溢出战略进行了初步探索。第一,在以跨国公司、产业、组织种群为代表的阶层情境中,学者们发现,无论同一层级还是不同层级的主体之间,在产品系列、组织结构、治理体系等方面都会呈现出一定的相似性,使得合法性溢出始于观众对接收者与源头相似性的判断。然后,再以此为依据,对接收者的合法性进行评价,即"基于相似性的属性替代"。学者们还发现,源头或接收者如果在组织形式、组织结构、市场地位、资源配置方式、网络中心性、声誉、发展阶段、地理位置等方面发生变化,观众对源头与接收者相似性的认知也会随之改变,从而影响观众对接收者合法性的评价。第二,个别学者还关注了跨国治理计划。这是一个跨国组织间网络,附属机构包括政府、非政府组织、企业等,相似性很低,学者们将其称为网络情境。在网络情境中,合法性溢出始于观众对源头的情感反应,并将此作为评价接收者合法性的依据,从而发生"基于情感的属性替代"。学者们发现,媒体对源头的报道对合法性溢出结果具有影响。

现有文献有助于了解合法性溢出战略,但它们在具体解释生态型企业合法性溢出战略方面仍存在局限。第一,现有文献虽然意识到源头特征或接收者特征的改变,或媒体对源头的报道,会影响合法性溢出结果,但这些文献并未从组织战略的高度对这些因素进行审视,对于如何战略性地操控这些因素,也没有作出解释。相关结论只能被视为合法性溢出的影响因素,不能为生态型企业合法性溢出战略所用。第二,企业创新生态系统是生态型企业面对的情境,随着行动者种类逐渐庞杂,企业创新生态系统将由简单的阶层情境向复杂的网络情境演变。现有文献虽然立足阶层情境或网络情境,截面性地揭示了各种影响因素如何作用于接收者合法性,但无法动态地解释在情境非同质性演变过程中,这些影响因素发挥作用的机理。事实上,无论战略管理领域之经典——SWOT 分析框架,还是以结构—行为—绩效为底层逻辑对战略管理学进行全面洗礼的波特革命,都特别强调外部环境对组织战略的触发作用(结构—行为—绩效理论范式源于产业组织经济学领域,其主要逻辑是产业结构决定产业内企业的行为,企业的行为决定该产业内企业的平均绩效)。据此,本书摒弃现有文献纯粹地将阶层情境或网络情境视为合法性溢出发生背景的处理方式,而是将其作为生态型企业合法性溢出战略的触发因素引入理论体系,遵循情境—战略—结果的逻辑框架,展开纵向研究。

综上所述,本书重点解决两个问题。第一,生态型企业的合法性溢出战略是什么?第二,在外部情境演变过程中,生态型企业通过实施合法性溢出战略帮助成员企业获取合法性的机理如何?本书的核心理论贡献在于:识别和界定了生态型企业合法性溢出战略,并基于纵向视角,提出了生态型企业合法性溢出战略的理论框架。在实践层面,可以为生态型企业合理利用自身合法性资源,帮助成员企业生存发展提供指导。

8.6.2　理论基础

本节遵循情境—战略—结果的逻辑，对相关理论基础进行述评。

1. 情境

(1)阶层情境和网络情境

绝大多数研究都立足以跨国公司、产业、组织种群为代表的阶层情境展开。跨国公司、产业、组织种群都具有层次分明的树状结构，在这种结构中，低层级主体继承了高层级主体的特征，低层级主体和高层级主体在治理体系、组织结构和产品系列等方面呈现相似性。

除此之外，以跨国治理计划为代表的网络情境也受到了个别学者的关注。跨国治理计划是一个包含企业、政府机构和非政府组织，围绕某个社会目的而存在的跨国网络。各类行动者之间的相似度很低，不具备直接的可比性，网络的上下层级之间也不具备继承性，网络中无法呈现鲜明的树状结构，通常依托非官方协会或者合作伙伴关系，以协商的方式维持运营。

(2)企业创新生态系统构成的情境及其维度

企业创新生态系统是指在创新环境下，企业同时利用企业内外部创新资源，各创新主体间基于创意产生、研发到市场化创新全过程交互竞合，从而形成的创新系统。新制度理论是分析企业创新生态系统的重要视角，它将企业创新生态系统视为一种组织场域。所谓组织场域，是指包括关键供应商、原料与产品购买商、规制机构，以及其他提供类似服务与产品的组织等，聚合在一起所构成的一种被认可的制度生活领域。

随着企业创新生态系统的不断繁衍，其行动者会变得繁多和庞杂，企业创新生态系统也将由简单的阶层式组织场域向复杂的网络式组织场域跃迁。艾森哈特(Eisenhardt，1989)指出，在案例研究中，根据推测事先确定一些构念有助于形成理论构念的最初研究设计，能帮助研究者在研究过程中更加精准地测量构念。如果随着研究的进行这些构念被证明是重要的，那么形成理论的实证根基就会更加坚实。由此，本书事先依据两个维度对企业创新生态系统所构成的情境进行刻画。维度一"各主体间技术重叠性"——阶层式组织场域与网络式组织场域的根本差异，在于各主体间是否存在相似性。同时，考虑到产品是企业创新生态系统各行动主体的重要表征，故引入维度一"各主体间技术重叠性"，其是指各主体间在产品线和产品类别方面的资源重叠程度。维度二"各主体间结构一致性"——无论阶层式组织场域还是网络式组织场域，都存在一个结构化的过程。所谓结构化，是指组织场域层次上出现的互动程度以及组织间结构的性质。组织场域的结构化程度越高，各主体间结构的一致性就越强，主要体现在"支配性组织间结构的出现"，以及"从事同一事业的系列组织中的行动者相互知悉的形成"。

2. 合法性溢出战略

(1)阶层情境下的研究成果

与合法性溢出战略相关的研究几乎都是立足阶层情境展开的，这些研究所秉持的基本逻辑，是接收者的客观特征或源头的客观特征会对"接收者与源头的相似性"产生影响，并以此为桥梁作用于接收者的合法性。学者们发现，与源头相关的客观特征主要包括组织形式的复杂性、组织形式的清晰度、企业的市场地位、企业的网络中心性等；与接收者相关的客观特征主要包括企业的发展阶段、企业的市场地位、企业的声誉等；与源头和接收者均相关的客观特征主要包括组织形式、组织资源的配置方式、组织的地理位置、组织结构等。

在阶层情境下，学者们虽然已经意识到对合法性溢出进行战略性操控的必要性，并进行了初步的研究尝试，但他们仅关注接收者的客观特征，或者源头的客观特征对于合法性溢出的影响，并没有从组织战略的高度来思考如何对这些客观特征进行操控。因此，只能将现有文献中的发现称为合法性溢出的影响因素，并不能直接作为生态型企业的合法性溢出战略。

(2)网络情境下的研究成果

在网络情境下，组织可以通过控制"观众对于源头的情感反应"，对接收者的合法性产生影响。仅见以哈克等(Haack et al.，2014)为代表的极个别学者，基于网络情境展开相关研究，他们发现媒体对源头的报道对合法性溢出结果具有影响。

然而，哈克等(Haack et al.，2014)所关注的，实质上是媒体自发地对源头进行报道对于合法性溢出有何影响，并没有考虑如何对媒体进行战略性的操控，进而控制合法性溢出的发生进程。换言之，哈克等(Haack et al.，2014)尚未立足战略层面对合法性溢出进行审视，在很大程度上仍然把合法性溢出视为现实中自然涌现的一种社会属性。因此，本书还无法一般性地把握网络情境下合法性溢出战略究竟是什么。

(3)合法性溢出战略的维度

现有文献虽然没有直接触及合法性溢出战略，但是已经暗涵了制定合法性溢出战略可秉持的基本逻辑：在阶层情境下，接收者特征或源头特征的改变,会对"接收者与源头的相似性"产生影响,进而影响接收者的合法性;立足网络情境,组织可以通过控制"观众对于源头的情感反应",对接收者的合法性产生影响。基于此,本书尝试提炼合法性溢出战略的 3 个维度。维度一"战略主体",即合法性溢出战略的制定者和实施者。从理论上讲,既可以是合法性溢出的源头,也可以是合法性溢出的接收者,还可以是独立于两者的第三方。维度二"战略对象",即合法性溢出战略的实施对象。从理论上讲,既可以是合法性溢出源头,也可以是合法性溢出的接收者。维度三"战略内容",即合法性溢出战略的基本内涵和体现形式。

3. 实施结果

(1)相关研究成果

实施合法性溢出战略后,最直接的效果是接收者合法性的改变。从过程的角度来看,学者们主要立足阶层情境或网络情境,遵循"基于相似性的属性替代"或"基于情感的属性替代",对一系列影响因素如何作用于接收者的合法性进行了截面性探析,但是这些研究结论尚无法基于一个整体的视角动态地解释:在诸如企业创新生态系统这样存在非同质性演变的复杂情境中,生态型企业合法性溢出战略的作用机理如何演化,其中涉及哪些中间环节,各环节之间的作用机制如何。本书认为一个可行的解决思路是:不能纯粹地将企业创新生态系统所构成的情境视为生态型企业合法性溢出战略的实施背景,而是应该遵循情境—战略—结果的逻辑,将其作为生态型企业合法性溢出战略的触发因素引入研究体系。

(2)实施结果的维度

为了深入考量合法性溢出战略的实施结果,有必要对其所涉及的维度进行识别与界定。依据科斯托娃等(Kostova et al., 1999)的观点,本书尝试利用如下 3 个维度对实施结果进行刻画:维度一"源头",即合法性溢出的起点;维度二"接收者",即合法性溢出战略的终点;维度三"所接收合法性的种类"。合法性是一种能够给组织带来互补优势、良好绩效和竞争优势,且可以被组织主动操控的关键资源,反映了组织文化对齐、规范支持和一致于相关法律法规的状态,包括规制合法性、规范合法性和认知合法性 3 类:规制合法性来源于组织对法律以及其他强制性监管的遵守;规范合法性来源于组织对社会道德规范和价值观的遵从;认知合法性来源于组织不受质疑,被认为理所当然。

8.6.3　研究方法

1. 方法选择

本书采用纵向单案例研究法,该方法尤其适用于研究那些新领域中纵贯发展变化的全过程。本书的目的,在于揭示生态型企业合法性溢出战略及其与相关因素共同演化的规律。目前,从合法性的角度出发探讨企业创新生态系统的相关问题尚处于起步阶段,本书不但要阐明生态型企业合法性溢出战略"是什么",还要将其纳入时间轴,动态地探讨企业创新生态系统特征、合法性溢出战略与合法性溢出结果之间"如何"以及"为什么"联动,由此揭示背后潜藏的规律。鉴于此,本书采用纵向单案例研究的方法是恰当的。

2. 案例选择

本书选择小米公司为研究对象,主要有以下两个原因。

第一,小米公司成立于 2010 年 4 月,发展初期主营手机。小米公司创始人于 2013 年底察觉到智能硬件和物联网的发展趋势,但是以当时小米的实力,很难在做好手机的同时快速布局智能硬件和物联网,于是小米公司创始人决定通过构建企业创新生态系统的方式,用小米做手机的成功经验来复制100 个"小小米",这一想法最终催生了小米生态链。在小米公司某位副总裁看来:"小米就像一个大火炉,它有余热释放出来,这份余热不能浪费,于是放了几块白薯,把它烤熟了,这就是小米生态链的逻辑。就是说小米生态链企业享受了小米的'用户群红利'。"事实上,"用户群红利"不仅是用户体量的象征,还意味着用户对小米的认可、接受与信任,即用户赋予小米高水平的合法性,小米通过生态链的模式将这些合法性共享给了生态链企业。由此,选择小米作为研究对象与本书所关注的研究问题是吻合的,符合"理论抽样"的原则。

第二,在小米的孵化和推动下,小米生态链中不仅出现了生产移动电源、耳机、手环等手机周边产品,以及生产电饭煲、空气净化器、扫地机器人等智能硬件的世界级企业,而且小米在生活耗材领域也孵化出了众多企业,这些企业同样取得了非常卓越的业绩。从本质上讲,小米是一家科技型企业,其产品系列并未涉及生活耗材。因此,小米也就难以和生产这些产品的企业共享与之相关的人力、设备、资金、知识、技能等资源。由此,小米通过合法性溢出战略共享其合法性资源,从而推动这些生态链企业取得成功,就显得尤为突出。综上所述,小米可以为研究生态型企业合法性溢出战略提供诸多成功的启示,它体现了"启示性个案"的特征。

3. 数据收集

本书选择 2012 年作为数据收集的起点,因为在 2012 年 2 月小米投资了第一家生态链企业——紫米科技,意味着小米生态链计划在现实中开始启动。本书从多种渠道采集数据,以期实现"三角验证"。

第一,广泛收集与小米公司以及小米生态链相关的报纸杂志、新闻报道、研究报告、网站信息、学术论文等,获取二手资料。其中,小米官方出版的《参与感》《小米生态链战地笔记》、小米公司内部刊物《饭米粒》、小米公司高管以及小米生态链企业高管的报告或讲话是最为重要的二手资料。

第二,由于学缘关系,笔者所在单位与小米公司以及小米生态链企业建立了深入的联系。借助这一优势,笔者进行了长达 3 年的访谈和数据收集,先后进行了 6 次面对面正式访谈(包括小米公司负责生态链企业投资的经理,小米公司负责生态链企业产品定义和产品设计的工程师,小米生态链企业智米科技、九号机器人、须眉科技的负责人),并借助电话、微信、邮件等即时通信工具进行了 20 余次非正式访谈。访谈提纲以开放式问题为主,主要包括小米生态链在不同发展阶段有何特征、小米和生态链企业的关系、小米通过哪些手段帮助生态链企业取得用户认可等。

第三,通过参加会议(例如 2017 小米投资生态年会、2017 中国企业未来之星年会)、讲座(例如 2018 年 6 月 8 日,小米生态链谷仓学院创始人在浙江大学管理学院举行的讲座"消费升级机会与硬件创业经验分享")、沙龙(例如 2018 年 8 月 27 日,北京大学国发院"朗润企业家高端对话"第七期活动——小米公司副总裁与北京大学国发院教授就小米的成长逻辑展开对话)、在线讲座(例如小米生态链谷仓学院创始人进行的两次在线讲座、小米生态链企业贝医生创始人进行的一次在线讲座)等途径获取相关资料。在此过程中,笔者与小米公司副总裁、小米生态链谷仓学院创始人、小米生态链企业智米科技创始人进行了面对面交流。

4. 数据分析

遵循情境—战略—结果的逻辑,通过以下 3 个步骤对数据进行分析。

第一步,将收集到的数据整理为"历史事件库",在此基础上,结合本书"理论基础"一节对企业创新生态系统构成的情境所区分的两个维度——"各主体间技术重叠性"和"各主体间结构一致性",将纵向案例划分为 4 个阶段(见表 8-1)。

表 8-1　案例阶段划分及其证据

案例阶段划分	阶段一	阶段二	阶段三	阶段四
维度一	各主体间技术重叠性			
	高		低	
案例依据	2015 年及之前,小米生态链的主要行动者为生产手机周边产品的企业和生产智能硬件的企业,各主体间技术重叠性高		自 2016 年起,小米生态链开始有生产生活耗材的企业加入,小米生态链各主体间技术重叠性低	
时间段/年	2012—2015		2016—2019	
维度二	各主体间结构一致性			
	低	高	低	高
案例证据	2015 年,小米官方明确提出小米生态链的概念,对小米生态链的结构与规则进行了界定,意味着小米生态链中"支配性组织间结构的出现"。因此,各主体间结构一致性高		2017 年,小米官方出版《小米生态链战地笔记》,对小米生态链的经验与关键成员企业进行了盘点,意味着小米生态链中"从事同一事业的系列组织中的行动者相互知悉的形成"。因此,各主体间结构一致性高	
时间段/年	2012—2014	2015	2016	2017—2019

第二,基于前文所述的合法性溢出战略的 3 个维度(战略主体、战略内容、战略对象),以及实施结果的 3 个维度(源头、接收者、所接收合法性的种类)进行数据梳理,依据共同的陈述,提炼案例企业各演化阶段中关于合法性溢出战略和实施结果的维度集合(见表 8-2)。

第三,运用图表进行辅助分析,在数据、文献与理论之间不断循环,反复提炼概念及其关系,直到案例数据与产生的理论达到牢固的匹配,实现理论饱和。

表 8-2　数据结构

序号	一级概念	二级主题	维度集合	构念
1	关于"企业创新生态系统的构建者"的陈述,例如小米公司	生态型企业	战略主体	
2.1	关于"与生态型企业技术重叠性高的成员企业"的陈述,例如生产手机周边产品的成员企业、生产智能硬件的成员企业	与生态型企业技术重叠性高的成员企业		
2.2	关于"由相互之间技术重叠性高的组织构成的制度生活领域"的陈述,例如由生态型企业、与生态型企业技术重叠性高的成员企业共同构成的制度生活领域	阶层式组织场域	战略对象	
2.3	关于"由相互之间技术重叠性低的组织构成的制度生活领域"的陈述,例如由生态型企业、与生态型企业技术重叠性高的成员企业、与生态型企业技术重叠性低的成员企业共同构成的制度生活领域	网络式组织场域		合法性溢出战略
3.1	关于"战略主体以充分利用自身资源为导向,对战略对象进行定义或设计"的陈述,例如,对战略对象的产品进行定义或设计,对战略对象的品牌进行定义或设计,对战略对象的结构进行定义或设计	利用型	战略内容	
3.2	关于"战略主体以探索如何帮助战略对象满足外部需求为导向,对战略对象进行定义或设计"的陈述,例如,对战略对象所倡导的道德规范进行定义或设计,对战略对象所践行的价值观进行定义或设计	探索型		

序号	一级概念	二级主题	维度集合	构念
4.1	关于"企业创新生态系统的构建者"的陈述,例如小米公司	生态型企业	源头	
4.2	关于"与生态型企业技术重叠性高的成员企业"的陈述,例如生产手机周边产品的成员企业、生产智能硬件的成员企业	与生态型企业技术重叠性高的成员企业		
4.3	关于"由相互之间技术重叠性低的组织构成的制度生活领域"的陈述,例如由生态型企业、与生态型企业技术重叠性高的成员企业、与生态型企业技术重叠性低的成员企业共同构成的制度生活领域	网络式组织场域		
5.1	关于"与生态型企业技术重叠性高的成员企业"的陈述,例如生产手机周边产品的成员企业、生产智能硬件的成员企业	与生态型企业技术重叠性高的成员企业	接收者	实施结果
5.2	关于"由相互之间技术重叠性高的组织构成的制度生活领域"的陈述,例如由生态型企业、与生态型企业技术重叠性高的成员企业共同构成的制度生活领域	阶层式组织场域		
5.3	关于"与生态型企业技术重叠性低的成员企业"的陈述,例如生产生活耗材的成员企业	与生态型企业技术重叠性低的成员企业		
6.1	关于"接收者的行为、特征或形式不受质疑,被认为是理所当然"的陈述,例如,被用户所熟悉,被用户所清晰了解,在用户眼中具有知名度	认知合法性	所接收合法性的种类	
6.2	关于"接收者的行为、特征或形式与所在社会环境中的文化价值观和理想信念适配性或一致性"的陈述,例如符合主流的道德标准、符合主流的社会价值观、符合公认的行业规范	规范合法性		

8.6.4　案例发现

1．阶段一（2012—2014 年）：小米布局生态链

（1）阶段一案例描述

小米成立于 2010 年 4 月，主营手机，其他产品包括平板电脑、电视、电视盒子和路由器。在公司成立初期，小米秉持"专注、极致、口碑、快"七字诀，走"互联网群众路线"，把用户当成朋友，充分借助社会化媒体，快速提升用户的参与感，聚集了 1.5 亿活跃用户，形成了小米特有的"粉丝文化"。此时的小米也成了"网红"，它的一举一动都拥有极高的社会关注度。随后，为了踩上智能硬件和物联网的"风口"，同时避免过度多元化带来的危机，从 2012 年开始，小米决定采用"投资＋孵化"的方式来复制 100 个"小小米"，这一想法催生了小米生态链。小米公司副总裁曾经表示："小米就像一个大火炉，它有余热释放出来，这份余热不能浪费，于是放了几块白薯，把它烤熟了。"

小米生态链首先从生产手机周边产品（如移动电源、耳机、手环），以及生产智能硬件（如电饭煲、扫地机器人、净水器）的企业开始布局。与专业投资团队不同，小米的投资团队由一群资深工程师组成，他们对小米的价值观、方法论、产品标准最了解，对小米的质量控制标准也最认同。工程师固有的特质使得小米投资团队将企业的技术秉性与小米是否一致作为衡量投资的核心标准，而非聚焦于团队、数字、回报等传统指标。小米这种以技术为导向的投资理念，事实上是在为后续的孵化工作进行铺垫。在符合要求的企业进入小米生态链之后，小米会抽调工程师，向这些企业开放资源，主要体现在如下几个方面。

①产品定义

小米以"满足 80％用户的 80％需求"为原则，指导生态链企业定义产品。80％用户能涵盖我国大多数老百姓，这个思路与小米手机的市场定位相同；80％需求是指用户的共性需求，也就是市场的刚需。在上述原则的指导下，生态链企业必须对产品的功能进行精准定义，直指产业级痛点，不回避正面战场，围绕核心功能展开创新。这种守正方可出奇的理念最终将小米的商业模式、商业战略精妙地寓于生态链企业的产品之中。

②产品设计

在产品设计上，小米将自己长期坚持的"合理性的最大化"原则输出给生态链企业。小米认为，在设计产品时要杜绝纯艺术品思维，必须同时兼顾造型

的美感和制造、使用等因素,在 70% 理性和 30% 感性之间寻求平衡,从而实现造型与技术相匹配、可靠性与美学相匹配、设计与使用场景相匹配。到目前为止,生态链企业的产品有 70% 出自小米生态链的产品设计部门,小米生态链的产品设计部门依然保持一票否决权。

③品质管理

生态链企业都是新创业的团队,在初期并没有严格的品控流程,因此小米坚持"降维攻击",用做手机的标准来做手机周边产品或智能硬件,不合格的就毙掉,以此来避免出现品质问题。在逐渐摸索的过程中,小米对于生态链企业的品质管理也逐渐有了小米特色:品控前置。从设计阶段就开始介入,提前制定企业标准,品控严格贯穿全流程,对工厂进行全方位评估,建立预警机制,质量控制驻厂,加强小米和生态链两层负责制。

④品牌共享

小米对生态链企业中,符合小米品牌要求,通过小米公司内测的产品,开放小米品牌,把小米在品牌上积累的资源快速地赋能给生态链企业。

小米通过向生态链企业输出方法论、产品标准、品控流程,使得小米的基因在生态链企业中得到了很好的繁衍。生态链企业的产品虽然种类繁多,但是几乎都能体现出"小米 look",在产品形态上有着调性的完美统一。加之小米的品牌共享,小米生态链呈现爆炸性增长之势,以生产移动电源的紫米科技、生产手环的华米科技、生产插线板的青米科技、生产空气净化器的智米科技为代表的生态链企业,在短时间内就快速冲到了"平流层",成为它们所在行业的佼佼者,抢占了大量市场份额。甚至连时任国务院总理李克强在中南海的座谈会上都"调侃"小米公司创始人,"听说小米已经成了大米"。还让小米创始人介绍成功的经验,进一步巩固了小米以及小米生态链企业"网红"的地位。

(2)阶段一案例分析

在阶段一中,小米开始布局生态链,它将生产手机周边产品(如耳机、电池、插线板)的企业和生产智能硬件(如电饭煲、空气净化器、扫地机器人)的企业纳入生态链之中,由此形成了一个企业创新生态系统。这些成员企业以及小米公司彼此之间技术重叠性高,它们在产品系列、组织结构、治理体系等方面具有一定的相似性。事实上,它们所构成的企业创新生态系统是一个阶层式组织场域。由于小米生态链刚刚开始布局,各主体间的一致性并不强,哪些企业可以进入小米生态链,几乎完全取决于小米投资团队的主观判断,没有形成统一的标准;进入生态链之后,如何管理这些企业,也未形成相应的制度。

因此,阶段一没有出现"支配性的组织间结构",各成员企业间"相互知悉"的程度也较低,由此导致整个阶层式组织场域的结构化水平并不高。

不同的情境特征决定了不同的战略选择,从本书用于刻画情境特征的两个维度来看,"各主体间技术重叠性"和"各主体间结构一致性",分别以"各主体间实现资源共享的可能性"和"各主体间形成共谋模式的可能性"为触发机制,决定"合法性溢出战略的内容"和"合法性溢出战略的对象"。具体而言,在阶段一,情境特征体现为各主体间技术重叠性高,这就意味着各主体间实现资源共享的可能性越大。由此,小米公司主要使用"利用型"合法性溢出战略,充分利用自身已有资源,为生产手机周边产品和生产智能硬件的成员企业进行产品定义和产品设计,帮助它们进行品质管理,同时与它们共享品牌,使得小米的基因在这些企业中得到了很好的繁衍。此外,小米公司之所以选择生产手机周边产品,以及生产智能硬件的成员企业作为战略对象,是因为小米以及各成员企业彼此之间结构一致性低,尚未形成共谋模式。因此,这一阶段仅存在发生水平合法性溢出的可能,由成员企业向整个组织场域进行垂直合法性溢出还不具备条件。

不同的战略选择决定了不同的结果,通过案例研究发现,"战略内容"和"战略对象"分别以"激发属性替代"和"控制溢出方向"为作用机制,决定"合法性种类"和"接收者"。具体而言,在阶段一,通过实施"利用型"合法性溢出战略,使得小米的基因在生产手机周边产品和生产智能硬件的企业中得到了很好的繁衍。在这些企业身上几乎都能体现"小米 look",由此实现小米公司与这些成员企业在产品调性上的完美统一。这种调性上的完美统一实质上激发了两者之间基于相似性的属性替代,小米公司作为"网红"积累的认知合法性,溢出给了这些成员企业,由此使得以生产移动电源的紫米科技、生产手环的华米科技、生产插线板的青米科技、生产空气净化器的智米科技为代表的生态链企业,在短时间内就快速冲到了"平流层"。

在阶段一中,情境、合法性溢出战略与实施结果的组成要素,以及它们之间的作用机理见图 8-2。

2. 阶段二(2015 年):小米生态链蔚然成林

(1)阶段二案例描述

在低调运行了两年多之后,小米生态链已有 55 家公司,年收入过亿元的有 7 家,年收入过 10 亿元的有 2 家,4 家公司成为"独角兽"。此时,小米生态链的结构也逐渐清晰起来。在小米公司某位副总裁看来:"传统时代的企业更

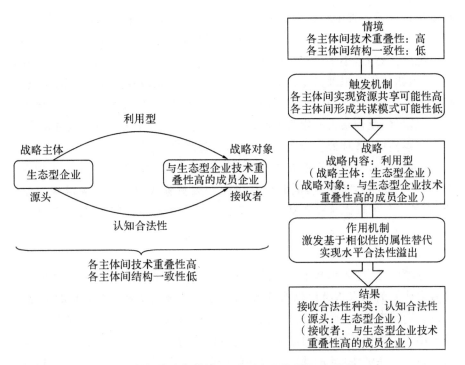

图 8-2 情境、战略与结果:组成要素和作用机理(阶段一)

像一棵松树,一长几十年甚至上百年,枝叶繁茂而且四季常青。但如果有一天突然遭受意外打击,或是外部环境有些风吹草动,就会轰然倒塌,没有回旋的余地。而互联网时代的企业则像竹子,但单棵竹子的生命周期很短,所以必须要形成一片竹林。竹林不但可以实现单点突破,一夜春雨后,一棵竹笋破土而出,快速成长为一棵竹子,而且竹林的根系错综复杂地交织在一起,一方面不断向外延伸,吸收更多的营养;另一方面能够为竹笋的快速成长提供丰富的动能。除此之外,竹林还可以实现自我新陈代谢,整片竹林生生不息。"

小米公司创始人把上述逻辑归纳为"竹林理论",他认为:"小米是在用'竹林理论'做一个泛集团公司。小米就好比土壤,而生态链企业好比一棵棵竹子。小米向生态链企业输出资金、价值观、方法论和产品标准,生态链企业是小米后院的金矿。小米和生态链企业是兄弟关系,互为彼此价值的放大器。"也正是小米生态链这片竹林的存在,为小米未来的发展创造了巨大的想象空间。

在"竹林理论"的影响下,小米生态链企业也开始从生态链的角度出发对自身进行审视。智米科技创始人就曾表示:"智米科技来自小米生态链,它就好比一片竹林里的一棵竹子,完全具备自己的独立性,因为小米在里面只占股而不控股。"然而,小米生态链中所有的企业又基于同样的理念和同样的商业模式,因此它们在根部又是连通在一起的,本质上是以用户为中心的,这就使得小米所构建的生态具备不断的成长性和强大的抗风险能力。作为小米的投资人,晨兴创投合伙人非常看好小米的生态链:"小米连接的节点数量越多,护城河就越稳固,竹林效应就越明显,平台价值就越大。"

在此阶段,小米生态链几乎成了智能硬件产品的代名词。在小米生态链上,一个个爆品不断生成,同时产品也能完成新陈代谢。用户需求会发生变化,硬件产品的形态也会不断更迭,只要生态的能量一直存在,爆品就如同春笋一样不断滋生,生生不息。

(2)阶段二案例分析

在阶段二,进入小米生态链的几乎都是生产智能硬件的企业。小米生态链各主体间的技术重叠性仍然较高,保证了各主体间实现资源共享的可能性。因此,"利用型"合法性溢出战略仍然是小米的首选。与此同时,小米官方明确提出小米生态链的概念,对小米生态链的结构与规则进行了界定,这些举措推动了小米生态链中"支配性的组织间结构的出现",提升了各主体间结构的一致性,促进了共谋模式的形成,为由成员企业向整个组织场域溢出合法性创造了可能。

在这种背景下,小米公司将组织场域作为合法性溢出战略的实施对象,将"利用型"合法性溢出战略具体化为"竹林理论",由此对组织场域的结构及其与成员企业之间的关系进行定义和说明。小米将自身比作土壤,将生态链企业比作一棵棵竹子,小米向生态链企业输出资金、价值观、方法论和产品标准,生态链企业是小米后院的金矿,小米和生态链企业是兄弟关系,互为彼此价值的放大器。与此同时,生态链企业也开始从生态链的角度出发对自身进行审视,主动向外界表明自己与小米生态链的关系。

在阶段二,小米生态链几乎成了智能硬件产品的代名词,它与成员企业之间发生了基于相似性的属性替代,从而获得了由成员企业溢出的认知合法性。

在阶段二,情境、合法性溢出战略与实施结果的组成要素,以及它们之间的作用机理如图8-3所示。

3. 阶段三(2016年):小米生态链成了"杂货铺"

(1)阶段三案例描述

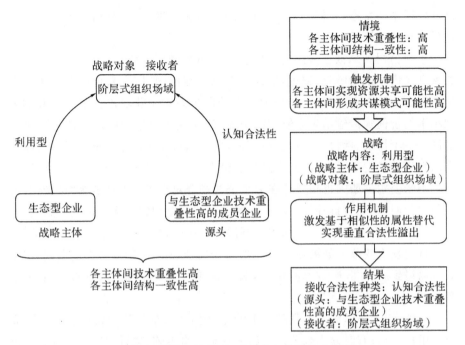

图 8-3　情境、战略与结果：组成要素和作用机理（阶段二）

从 2016 年开始，小米开始渠道下沉，其线下渠道"小米之家"全面铺开。与此同时，小米生态链中涌现出大批生产生活耗材的企业，毛巾、床垫、纸巾、内裤、牙刷赫然在列，都成了小米生态链企业的产品，但是它们与小米生态链中早先的手机周边产品、智能硬件产品毫不相关。用户前往"小米之家"选购小米生态链产品时，似乎越来越看不懂：小米为什么会涉足这么多领域？这种做法能否保证小米生态链上产品的质量？种种担忧逐渐演变成外界对小米生态链的失望、质疑、诟病甚至是炮轰，用户觉得小米生态链已经跌下神坛，从一个好端端的高科技"专营店"变成了一个地地道道的"杂货铺"。

小米公司对外界的非议作出了回应，小米生态链谷仓学院创始人表示："小米模式的关键在于聚焦用户，而不是聚焦产品。小米早期的用户是 17—35 岁的理工男，随着时间的发展，这些用户体现出新的需求，小米就必须开发新产品来满足他们。从本质上讲，小米不是一家生产手机的公司，而是一家以用户为中心的公司。只有这样，小米才能始终挖掘出新的商业机会，推出新的产品、新的服务，避免由于单一产品品类生命周期结束而使公司陷入窘境。"小米生态链谷仓学院创始人进一步强调："有人夸你、粉你，也有人骂你、黑你，这是互联网中的常态，我们必须适应这种常态，大家做互联网公司，就是要适应正反两边的交锋。"

小米公司副总裁也多次向外界表示："小米做到现阶段，与生态链企业的关系已经由早期的孵化、跟进，变成了背书。与此同时，小米也由早期主要向生态链企业输出产品标准，转变为现在的向生态链企业输出价值观。我们要把小米的价值观传输给生态链中的企业，让这些企业生产的产品体现 4 个关键词——不用挑、性价比、科技、高颜值，这些因素与小米生态链中具体有哪些产品系列关系就不大了，因此小米生态链企业的产品线延长也不足为奇。"

小米公司创始人也频繁地在多个公开场合对小米生态链成为"杂货铺"的问题进行回应，他告诉外界："既然大家还不能完全理解小米的理论，那就暂且不谈理论，说得通俗一点，小米就是要像鲶鱼那样，搅动一个个行业，'逼迫'一个个行业发生变革。如果在 1 个行业、2 个行业、100 个行业中都能做到，那最后可以得到一个非常伟大的结果，就是改变中国的制造业，这就是小米的梦想。"

此外，小米还组织了大量的线下沙龙，例如"米粉节""米粉见面日"等，充分与用户互动；有时候小米公司创始人甚至亲自上阵，告诉用户小米计划通过生态链模式改变中国制造业的宏伟梦想。小米还组织"米粉"前往小米生态链企业参观，力求通过此途径加深用户对于小米生态链理念的认知。

通过种种努力，少部分铁杆用户对于小米生态链的印象有了改变，从"杂货铺"中看到了小米公司打造小米生态链的真正用意，但是绝大多数用户仍然对小米生态链持观望态度。从总体上看，外界对于小米生态链的失望、质疑、诟病甚至是炮轰并没有明显改观。

（2）阶段三案例分析

进入阶段三后，小米生态链中出现了大量生产生活耗材（如毛巾、床垫、纸巾）的企业，这些企业与小米公司以及生产手机周边产品，或生产智能硬件的成员企业的技术重叠性低。从整体上看，它们彼此之间在产品系列、组织结构、治理体系等方面的相似性也显著下降，使得小米生态链由之前较为简单的阶层式组织场域向较为复杂的网络式组织场域转变，外界将其称为"杂货铺"。在此背景下，各主体间实现资源共享的可能性降低。因此，小米开始选择"探索型"合法性溢出战略，探索如何帮助战略对象以充分响应外部需求为导向，对战略对象进行定义或设计，旨在激发观众对于战略对象的情感反应，通过基于情感的属性替代，实现由战略对象向生产生活耗材的成员企业溢出规范合法性。

在阶段三,可供选择的战略对象有 3 个,分别是小米公司、与小米公司技术重叠性高的成员企业、网络式组织场域。首先,为了规避风险,小米公司已经意识到不能为生态链企业承载过多的背书。因此,小米公司没有将自己作为战略对象。其次,由于网络式组织场域刚刚形成,组织场域中各主体间的结构一致性较低,尚没有出现各方公认的"共谋模式",也就是说还没有哪个成员企业可以代表"支配性组织间结构"。因此,选择与小米公司技术重叠性高的成员企业作为战略对象也不够妥当。基于此,小米公司将网络式场域作为战略对象。

小米公司一再向外界表示,小米生态链存在的目的是"改变中国制造业""让中国企业都制造出好产品"。此外,小米还通过多种线下方式,与用户互动,告诉用户小米计划通过生态链模式改变中国制造业的宏伟梦想,加深用户对于小米生态链理念的认知,由此向外界展示小米生态链对于外部所倡导的道德规范或价值观的充分响应。通过种种努力,少部分铁杆用户对于小米生态链的印象有了改变,从"杂货铺"中看到了小米公司打造小米生态链的真正用意。换言之,小米生态链积累了一定的规范合法性,但是绝大多数用户仍然对小米生态链持观望态度,对于小米生态链的失望、质疑、诟病甚至是炮轰并没有明显改观,即小米生态链距离用户"抽象的理想"仍有差距。因此,在阶段三,并未实现由网络式组织场域向生产生活耗材的成员企业溢出规范合法性。

在阶段三,情境、合法性溢出战略与实施结果的组成要素,以及它们之间的作用机理如图 8-4 所示。

4. 阶段四(2017—2019 年):小米生态链的"新国货"梦

(1)阶段四案例描述

除了企业家这一身份之外,小米公司创始人还有一个身份——全国人大代表。早在 2016 年两会期间,"供给侧结构性改革""新经济""工匠精神"成为热词时,他就曾表示:"在过去的 5 年中,小米使自己的销售额快速地突破了 10 亿美元和 100 亿美元,在全球范围内,这都是个奇迹,因此小米也得到了外界的高度认可。但是在未来 5 年中,小米的思路将有所改变,小米不再聚焦于创造经济上的奇迹,而是要推动'新国货'运动,小米生态链就是'新国货'运动的载体。"小米公司创始人认为:"推动'新国货'运动,本质上就是要用'真材实料'制造出能够'感动人心'的产品,其实这里面体现了时任国务院总理李克强在多个场合反复强调的精益求精的工匠精神。"

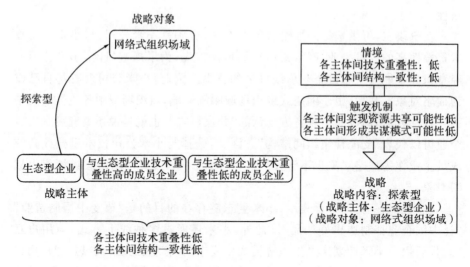

图 8-4 情境、战略与结果：组成要素和作用机理（阶段三）

事实上，以手机发家致富的小米，到了 2016 年已基本实现多元化发展的目标，但作为一个有胆识、有雄心的企业，没有理由一直停留在固有的范围内发展，更没有理由不去善用资源、抓住机会，做一个"国货崛起"的推动者。由此，自 2017 年开始，小米充分响应国家发展战略，将小米生态链的战略布局提高到一个广泛而又深刻的层面上。小米一再向外界表示，小米生态链的存在不仅要解决某个行业中技术创新、质量管控和品牌塑造的问题，还要推动中国制造业整体从"供应性需求"向"体验性需求"的转变。不但要保证用户能够购买到漂亮、精致的产品，而且要把精益求精的工匠精神注入中国的制造业之中，为中国供给侧结构性改革贡献力量。为此，小米公司创始人也在多个公开场合发表演讲。例如，他在中国证监会发表演讲，主题为"供给侧改革，小米新国货"，还为武汉市委中心组（扩大）作了题为"小米的'互联网＋'方法论"的专题报告；与此同时，他还与包括印度总理在内的国外多位高级领导人互动，借机向外界表明小米生态链的"新国货"梦想及其对于国家战略的响应。

"小米之家"是小米生态链产品的线下销售渠道，也是小米生态链实现"新国货"梦想的依托。小米一再强调"小米之家"代表了一种先进的销售方式，并将其命名为"新零售"。在 2017 年的两会上，小米公司创始人提交了一份提案，题目为"大力发展'新零售'，激发实体经济新动能"，其中的"新零售"可以被视为"新国货"理念的延伸和补充。该提案指出，"新零售的核心是线上零售和线下零售相融合,用互联网电商的模式和技术来帮助实体零售店改善用户体验,提高销售效率,从而推动更多质优价廉的产品走入千家万户,推动消费升级"。小米公司创始人向外界表示:"'新零售'可以为实体经济注入新动能,实现线下零售与电商协同创新,推动消费升级,优化消费结构,促进供给侧改革,为实现 2020 年全面进入小康社会提供必要的支持与保障。"

在此阶段,小米不断响应国家政策,通过提出"新国货""新零售"等理念,充分把握国家供给侧结构性改革的号召,并凭借其他企业不可比拟的平台优势,在实现企业业务扩展和盈利的同时,大幅提升小米在国内企业间的地位,获得了国家的肯定和支持,重构了用户对于小米生态链的信心,用户对于小米生态链中那些与小米技术属性差别很大的企业也有了重新的认识,小米生态链是"杂货铺"的声音已经越来越小。与此同时,小米公司创始人也成为世界著名杂志《连线》(*Wired*)的封面人物,杂志配以标题"是时候山寨中国了"(It's time to copy China),引发了各界关注。

(2)阶段四案例分析

由表 8-1 可知,进入阶段四后即 2017 年,小米官方出版了《小米生态链战地笔记》,对小米生态链的经验与关键成员企业进行了盘点,意味着在小米生态链中,"从事同一事业的系列组织中的行动者相互知悉的形成"。此外,随着小米生态链中各种管理制度和规则的逐步成熟,小米生态链再次显现出"支配性的组织间结构",即各低层级主体身上体现出的最常见的共有特征,代表了低层级主体的中心趋势,此时各主体间结构一致性处于较高水平,整个网络式场域的结构化程度也较高。

与阶段三相同,在阶段四,小米仍然选取组织场域为战略对象,实施"探索型"合法性溢出战略。小米公司创始人充分利用自身的政治资源,通过参加两会、提交相关提案、在公开场合发表演讲、与包括印度总理在内的国外多位高级领导人互动等方式,向外界传输了小米生态链的"新国货""新零售"等理念,全面塑造了小米生态链所秉持的道德规范和价值观,借此充分彰显小米生态链对于国家供给侧结构性改革等重大战略的积极响应,获得了国家的肯定和支持,重构了用户对于小米生态链的信心,小米生态链是"杂货铺"的声音越来越小;世界著名杂志《连线》也对此发出了肯定的声音。这些结果表明,由小米生态链所构成的网络式组织场域已经积累了一定程度的规范合法性,并通过基于情感的属性替代,向生产生活耗材的成员企业溢出规范合法性。

在阶段四,情境、合法性溢出战略与实施结果的组成要素,以及它们之间的作用机理如图 8-5 所示。

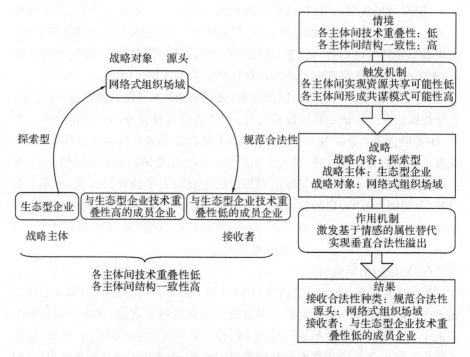

图 8-5　情境、战略与结果:组成要素和作用机理(阶段四)

5. 动态演化

小米公司通过实施合法性溢出战略帮助成员企业获取合法性,不是一蹴而就的,而是需要经历一个过程。综合以上本书发现,遵循情境—战略—结果的思路,可以构建情境、战略与结果的组成要素和作用机理的演化模型(见图 8-6、图 8-7)。图 8-6 直观地描述了情境、战略、结果的组成要素在 4 个发展阶段中的演化路径;图 8-7 立足机理的层面,揭示了情境、战略、结果之间的关系,以及其中潜藏的触发机制和作用机制。由于生态型企业在本案例中始终作为战略主体,同时合法溢出战略的实施结果重点在于接收者所获取的合法性,本着简约的原则,图 8-7 对于战略主体、源头未加以展示。

此外值得关注的是,在生态型企业向与其技术重叠性低的成员企业溢出合法性的过程中,组织场域发挥了重要的桥梁作用,具体体现为:作为战略对象,组织场域在阶段二和阶段三,分别在"利用型"和"探索型"合法性溢出战略的驱动下,依次获取了认知合法性和规范合法性;在阶段四,随着"探索型"合

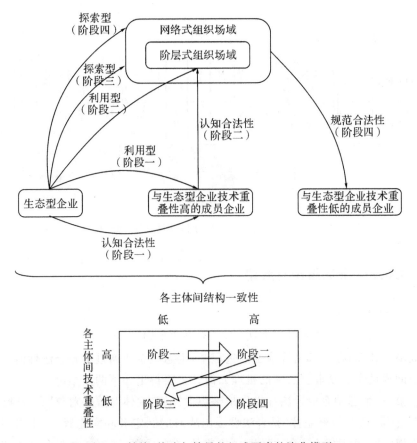

图 8-6 情境、战略与结果的组成要素的演化模型

注:带箭头的粗实线的起点为"战略主体"、终点为"战略对象"、起点和终点之间为"战略内容";
带箭头的细实线的起点为"源头"、终点为"接收者"、起点和终点之间为"所接收合法性的种类"。

法性溢出战略的进一步实施,组织场域积累的规范合法性超出了溢出阈值,最终实现了由组织场域向与生态型企业技术重叠性低的成员企业溢出规范合法性。

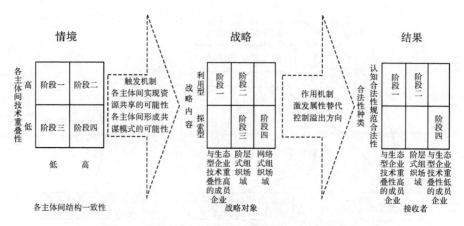

图 8-7　情境、战略与结果之间作用机理的演化模型

8.6.5　研究结论与展望

1. 研究结论

本书采用纵向单案例研究法,重点解决两个问题:生态型企业的合法性溢出战略是什么;在外部情境演变的过程中,生态型企业通过实施合法性溢出战略帮助成员企业获取合法性的机理如何。主要得出如下两点结论。

第一,生态型企业合法性溢出战略包含"战略主体""战略对象"和"战略内容"3个维度。"战略主体"是合法性溢出战略的制定者和实施者,由生态型企业承担。"战略对象"是合法性溢出战略的实施对象,包括与生态型企业技术重叠性高的成员企业、阶层式组织场域和网络式组织场域。"战略内容"是合法性溢出战略的基本内涵和体现形式,包括"利用型"和"探索型"两种:前者是指战略主体以充分利用自身资源为导向,对战略对象进行定义或设计,主要体现为对战略对象的产品、品牌、治理结构等进行定义或设计;后者是指战略主体以探索如何帮助战略对象满足外部需求为导向,对战略对象进行定义或设计,主要体现为对战略对象所倡导的道德规范、所践行的价值观等进行定义或设计。

第二,情境特征触发生态型企业合法性溢出战略选择,进而决定合法性溢出结果。由图8-7可知,情境特征包含"各主体间技术重叠性",以及"各主体间结构一致性"两个维度。"各主体间技术重叠性"决定了各主体间实现知识共享的可能性,进而决定生态型企业选择利用型合法性溢出战略或探索型合法性溢出战略。这一选择实质上直接影响了能够激发基于相似性的属性替代,还是基于情感的属性替代,最终决定了所能溢出的合法性的种类。"各主体间结构一致性"通过决定各主体间形成共谋模式的可能性,影响生态型企业对于合法性溢出对象的选择,实质上控制了合法性溢出的方向,进而决定了谁是合法性溢出的接收者。情境特征两个维度的交替变化,界定了生态型企业所经历的 4 个发展阶段。情境、战略与结果的组成要素及其之间的作用机理在这 4 个阶段中不断演化,最终达成了生态型企业向成员企业溢出合法性。

2. 理论贡献

本书主要有如下 3 点理论贡献。

第一,识别和界定了生态型企业的合法性溢出战略。虽然现有文献发现,合法性溢出的源头或接收者如果在组织形式、组织结构、市场地位、资源配置方式、网络中心性、声誉、发展阶段、地理位置等方面发生变化,或者媒体对源头进行报道,会影响观众对合法性溢出结果的判断,但现有文献并未从战略的高度对这些因素进行审视,对于如何战略性地操控这些因素,还无法作出充分解释。本书基于"战略主体""战略对象"和"战略内容"3 个维度,对生态型企业合法性溢出战略进行了识别和界定,揭示了不同情境下 3 个维度之间的匹配关系,解决了生态型企业合法性溢出战略"是什么"这一基础性问题,弥补了现有文献中生态型企业合法性溢出战略缺位这一研究局限。

第二,动态地揭示了生态型企业通过实施合法性溢出战略,帮助成员企业获取合法性的机理。现有文献立足阶层情境或网络情境,截面性地揭示了各种影响因素如何作用于接收者的合法性,但是尚无法动态地解释在从阶层情境向网络情境变迁的过程中,这些影响因素发挥作用的机理。本书遵循战略管理领域中特别强调外部环境对组织战略触发作用的研究传统,基于"各主体间技术重叠性"和"各主体间结构一致性"两个维度对企业创新生态系统所代表的情境进行刻画。在此基础上,遵循情境—战略—结果的思路,构建了情境、战略与结果之间作用机理的演化模型(见图 8-7)。这些研究结论是在明确了生态型企业合法性溢出战略"是什么"的基础之上,对生态型企业合法性溢出战略与其触发因素和结果因素"如何"联动进行的进一步揭示,对现有文献仅从截面性的角度出发探讨合法性溢出战略相关问题进行了完善和补充。

第三,立足合法性资源的视角为生态型企业战略理论的进一步发展提供了新思路。资源观是生态型企业战略理论相关研究的重要视角,但是现有文献所关注的资源通常包括人力、设备、资金、知识、技能等资源,一种对于组织生存与发展十分重要,而且同样可以在组织间传递与共享的合法性资源却被忽视。作为一项探索性研究,本书将合法性资源引入生态型企业战略理论的研究体系,可以为学者们进一步丰富和发展该理论提供新思路。

3. 管理启示

本书主要得出如下 3 点管理启示。

第一,关于"利用型"合法性溢出战略的选择。当企业创新生态系统中各主体间技术重叠性较高时,生态型企业应选择"利用型"合法性溢出战略,充分利用自身资源,首先对成员企业的产品、品牌、管理机制等内部要素进行定义和设计,其次再对整个企业创新生态系统的内部结构进行定义和设计,使得成员企业和企业创新生态系统依次获得认知合法性。

第二,关于"探索型"合法性溢出战略的选择。当企业创新生态系统中各主体间技术重叠性较低时,生态型企业应选择"探索型"合法性溢出战略,以探索如何帮助企业创新生态系统响应外部需求为基准,对企业创新生态系统所倡导的道德规范、所践行的价值观进行定义或设计,从而使得企业创新生态系统以及与生态型企业技术重叠性低的成员企业获取规范合法性。

第三,关于合法性溢出战略选择的动态演化。企业创新生态系统中各主体间的技术重叠性会经历从高到低的转变,因此生态型企业对于合法性溢出战略的选择也要经历由"利用型"向"探索型"的转变。在此过程中,生态型企业应注重自身关注点的转换,从挖掘自身内部资源,对战略对象进行定义或设计,逐渐转换为帮助战略对象探索如何满足外部需求,充分实现对于社会规范的响应。此外,生态型企业应关注组织场域的桥梁作用,综合使用"利用型"和"探索型"合法性溢出战略,对组织场域的合法性进行培育。

4. 局限性与未来研究展望

本书存在一定的局限性,为后续研究提供了机会。

第一,本书认为案例企业在构建企业创新生态系统之前已经具有了认知合法性,但是并未对这一观点进行深入的分析和探讨。在后续研究中,可以继续选择小米公司为案例研究对象,探讨小米公司通过何种手段获取了认知合法性,这些手段的作用路径是什么。

第二,生态型企业的合法性溢出具有"双刃剑"的效应,生态型企业在向外界溢出合法性的同时,也要考虑如何保护自身的合法性不被成员企业的不端行为或者低水平的创新意愿所破坏。由此,后续研究可以关注生态型企业合法性的保护机制,从而破解生态型企业合法性溢出的"双刃剑"效应。

第三,根据理论抽样的原则,本书选取小米公司作为案例研究对象。事实上,海尔、华为、美的等企业也构建了企业创新生态系统,它们与小米生态链有什么差别,本书的结论对于这些企业是否适用? 值得进一步探索。

8.7　本章小结

本章首先介绍了合法性资源的定义、类别和特征,以及合法性资源整合对传统资源整合的影响。其次,立足 3 个视角,对合法性资源整合进行了阐释。其中,制度视角下主要包括强制同构、规范同构和模仿同构 3 种策略,战略视角下主要包括遵从、妥协、回避、反抗和操控 5 种策略,评价者视角下主要包括主动和被动两种模式。最后,对生态型企业合法性溢出战略进行了案例研究。

第四篇

价值共创

第9章　价　值

9.1　导入案例

星巴克的发展：完美你的第三空间

有这样一家咖啡店：它拥有 7569 家风格迥异的连锁店铺，数以万计热切的咖啡追随者，这些追随者以独特的流行文化自居，称自己为咖啡老饕。这家咖啡店就是星巴克，其独特的"第三空间"（顾客在生活中除了家、公司以外最常去的第 3 个地方）经营理念，使得这个以海妖为标志的企业拥有了如海妖般无法抵御的魅力。

1971 年，星巴克的第一家门店在西雅图正式开业，店内装修风格自然朴素，主要出售高质量的咖啡豆和咖啡器材。在成立的前 10 余年，星巴克仅仅是西雅图地区的本土咖啡豆零售商。1983 年，舒尔茨（Schultz）在远赴米兰出差的一次体验中，发现了意大利咖啡吧的仪式感和浪漫风情，遂推动了星巴克向意式咖啡馆的转型，将星巴克重新定位为连锁业态咖啡馆。1992 年，星巴克正式上市，致力于发展为一家与众不同的企业：在传承经典咖啡文化的同时，关爱伙伴，为顾客提供不同的星巴克体验。

星巴克"第三空间"源于人们每天例行的人际交谊活动逐渐丧失的现象。星巴克探察出这种趋势，决定在忙乱、寂寞的都市生活中把咖啡店装点成生活的"绿洲"，让附近的居民有休憩的小天地、静思的环境和交际的场所，为人们塑造了一个除了家和上班之外的"第三空间"。因此，星巴克根据"第三空间"的定位不断发展，完美设计服务场景，烘托出一种"星巴克特有的情境体验"，与顾客共创情境价值。首先，合理科学的店面布置。在任何一家星巴克，其吧台都有着严格科学的配置，进店顾客的路径通常都是从陈列区到糕点柜，到点单收银区,再到咖啡制作区,最后是等候区(拿取咖啡与糕点)。星巴克每一家门店的店内布置看似大同小异,但其实每家店的布置都经过合理的设计,完全符合店面自身结构。比如,吧台是整个咖啡店的核心,一个合理的吧台配置能够减少员工的工作压力,即使遇到顾客高峰也不会手忙脚乱。

其次,室内空间设计。星巴克的店铺装修因地制宜,根据不同国家的文化,甚至不同城市的文化设计不同的风格。比如被称为"殿堂级第三空间体验"的天津星巴克旗舰店,星巴克选择曾经的百年老银行建筑为店铺。在进行"第三空间"的设计时,星巴克在每一个细节做到和原有建筑风格和谐统一,不仅完整地保存了百年前历史建筑的风貌,还具有创新性地将咖啡文化融入建筑中,创造了充满温馨感和历史感的空间和环境,给顾客带来充分的历史文化享受。走进店内,首先可以看到的是位于大厅正中央的锤纹金铜所包裹的星巴克臻选吧台。向前望去,装饰着鎏金回型纹路的 14 根大理石柱映入眼帘。石柱下,排列着 12 组汉白玉的星式吧台。在吧台的侧面,有 24 组狮子造型的石柱,石狮面容姿态万千,流淌着贵族气质。圆形大厅中所铺的整块大理石地面仍旧是 100 年前的样子,而穹顶换成了当代绘画名师杨昆老师的手绘,代表着星巴克咖啡经典的咖啡树荫造型,手工雕刻的古代钱币装饰环绕其间。

走进任一家星巴克,就像开启了一扇"任意门",让顾客在不同的场景中,因为咖啡、音乐等产生情感联结,不断提升顾客的体验,进而吸引越来越多的顾客与星巴克共创价值,使星巴克的市值不断上升,店铺数量不断增加。根据相关数据显示,如今星巴克的门店数量超过了 25000 家,市值从 1992 年上市时的 2.5 亿美元上升到目前的将近 900 亿美元,店铺遍及 75 个国家,拥有超过 33 万名员工。

资料来源:洪进,杨娜娜,2015.用科技冲调咖啡:星巴克从"第三空间"向"第四空间"的转型之路[EB/OL]. [2022-12-30]. http://www.cmcc-dlut.cn/Cases/Detail/2881;https://baike. baidu. com/item/星巴克/1063? fr = aladdin;https://www. sohu. com/a/163601355_377096.

思考:星巴克的"第三空间"是否创造了情境价值?请结合案例进行说明。

9.2 价值的定义与特征

9.2.1 价值的定义

就价值本身的定义而言,价值是所有客观事物所具备的基本属性。但通过系统回顾关于价值方面相关的研究,本书发现大多数学者对价值的理解都是以传统的产品或服务的价值定义为参照,并结合不同的研究背景进行研究,对于其内核并无太大改观。

泽瑟摩尔(Zeithaml,1988)作为研究价值的先驱者之一,以古特曼(Gutman,1982)的研究成果为基础开展了一项探索性研究。研究结果表明,顾客对于价值存在 4 种不同的理解:价值是低价,价值是顾客从产品或服务中的所得,价值是顾客所付出的价格与所获得的质量之间的平衡,价值是顾客的付出和所得之间的平衡。

综合这些观点,泽瑟摩尔(Zeithaml,1988)基于"平衡"的视角指出产品或服务的价值就是顾客感知自身在消费中的收获与付出后而对产品或服务效用(utility)作出的总体评价,价值代表了顾客的付出与收获之间的一种平衡。泽瑟摩尔(Zeithaml,1988)的这一见解对后续研究产生了深远的影响,即便在电子服务出现以后,学者们(Parasuraman et al.,2005;Bauer et al.,2006;Ha,2006)也是基于"平衡"的视角对电子服务价值进行了定义。虽然他们的表述各异,但是可以将他们的见解归纳为"电子服务价值是顾客在使用电子服务时所能感知到的自身的付出与所得之间的平衡"。因此,通过文献梳理可以看出,从最初的产品或服务价值到当今的电子服务价值,这一流派的观点是一脉相承的,学者们均基于"平衡"的视角将顾客感知的使用价值视为研究的核心,凸显了顾客对于价值的最终决定作用,这一理念与服务主导逻辑所倡导的观点是吻合的。

也有部分学者另辟蹊径,对产品或服务的价值进行不同的解释。例如莱维特(Levitt,1969)认为,企业之间竞争的关键并非在于他们所生产的产品或服务本身,而在于企业嵌入产品或服务中的那些因素,那些因素是产品或服务的组成部分,它们就是产品或服务的价值。基于此,莱维特(Levitt,1980)提出了"扩张的产品和服务"(augmented product and services)的概念,同时指出只有通过市场交易,企业才能实现这些"扩张的产品或服务"的价值。波特(Porter,1985)提出的价值链理论对上述观点进行了进一步细化,该理论认为企业内部的一系列活动对于产品或服务的增值具有不同的功效,正是这些活动创造了产品或服务的价值。还有学者(Kotler,1972;Band,1991;Day,1990;Gale,1994;Brown,1995;Naumann,1995;Gravens,1997;Scott,1998)认为企业以市场为导向,创造出可以满足顾客需求的价值,随后直接传递给顾客,这一观点实质上否定了顾客在价值创造中的作用。在这些研究中很难发现关于产品或服务的价值的完整定义,但这些研究代表了一个流派,这一流派将企业作为价值创造的核心,忽视了顾客在其中的作用。在此背景下,交换价值成为价值研究的关注点,是否发生市场交易成为企业能否实现价值的决定因素,交易价格也成为衡量价值的唯一标尺。这一流派的观点体现了商品主导逻辑的思想。

通过系统回顾归纳以上相关文献,本书发现许多学者对于产品或服务的价值主要基于商品主导逻辑和服务主导逻辑两个视角进行研究。但是以服务主导逻辑为理论基础,以使用价值为核心的"平衡"观点代表了当今学术界对于价值的主流认知,此派观点凸显了顾客在价值创造中的决定性作用。因此,本书对于价值的定义主要以泽瑟摩尔(Zeithaml,1988)的"平衡"观点为主,即价值代表了顾客的付出与收获之间的一种平衡。

9.2.2　价值创造方式的分类

从企业战略和营销的角度来看,"价值创造使顾客(或用户)在某些方面变得更好"(Gronroos,2008)或者说"增加顾客受益"(Vargo et al.,2008)。传统的价值观点认为,企业和顾客在价值创造中独立扮演着不同的角色,企业创造价值并在价值链上线性传递给顾客,顾客是价值使用者(Normann & Ramírez,1993)。然而,随着市场竞争环境的变化,顾客在价值创造中的角色发生了变化,价值不再由企业单独创造,而是企业和顾客互动共同创造(Prahalad & Ramaswamy,2000)。由此,价值共创理论的研究开始受到关注并不断发展(简兆权等,2016)。根据价值创造主体在价值创造过程中发生的改变和所作的不同贡献,将价值创造方式分为 3 类(武文珍等,2012)。

1. 生产者单独创造价值

企业是价值的创造者,是工业社会背景下商品主导逻辑的价值创造方式,在该过程中体现商品主导逻辑的价值传递机制。如企业在生产中将价值嵌入以自然资源为代表的对象性资源中,从而获得有形的产品或无形的服务,并通过交换将价值传递给顾客,最终获得相应的回报。当交换完成后,顾客以消费者的身份将嵌入产品或服务中的价值加以毁灭,顾客对于价值的形成没有实质性作用。波特(Porter,1985)提出的"价值链"(value chain)就是对这一情形的形象刻画。

2. 生产者和顾客共同创造价值

基于服务主导逻辑视角的价值共创过程,在生产者与顾客共同创造价值的模式下,顾客变得日益活跃,逐步涉入价值创造过程,在产品和服务的设计、生产和消费过程中与生产者进行互动和合作,进而对价值创造产生影响(Sheth et al.,2000)。通过价值共创,顾客在合作和互动过程中获得各种不同的体验、多维的顾客价值以及由此形成的顾客满意度和顾客忠诚等价值产出(Auh,et al.,2007)。国内较多企业通过价值共创取得了强大的市场竞争优势。携程通过服务供应商、服务集成商和顾客互动,并与服务集成商的内外部整合构成价值共创系统(简兆权等,2015),通过网络成员的共同参与和资源共享共创价值。小米则通过社会化价值共创模式实现价值共创(杨学成等,2015),企业作为一个普通节点与顾客、软件商、硬件商、云服务商、销售渠道、物流商和社交媒体等形成社会化网络生态体系,通过互动和资源整合共创价值。比如,小米和用户之间进行的价值共创:小米通过设立小米论坛与用户进行持续互动,了解用户需求和反馈,生产用户心仪的产品,同时加强了用户的体验感和参与感。因此,小米模式颠覆了传统的手机生产模式,开放了价值链,让用户参与产品设计与生产甚至是营销传播的所有环节。在这样的流程中,价值不是由小米公司定义的,而是与用户共同创造的。

3. 顾客单独创造价值

顾客单独创造价值是指顾客在企业提供物的基础上,根据自身的价值主张,在消费过程中对企业提供物进行价值再创造的过程。在这个过程中,企业与顾客之间不存在互动,顾客利用企业的提供物单独创造价值,这种价值既可以是客观的效用价值,也可以是主观的感知价值。例如,顾客根据个人偏好和需求改变企业产品的结构和使用方式以满足其个性化的消费需求,并同时创造效用价值和心理价值(Schau et al.,2009)。

通过整理相关文献不难发现,无论从价值创造主体、价值形成机制还是价值测量等角度出发,他们的落脚点最终是基于商品主导逻辑和服务主导逻辑下的价值研究,并且随着服务主导逻辑的不断拓展,价值的内涵和焦点逐渐强调情境价值。后续将对这两个视角形成的交换价值和使用价值以及情境价值进行阐释。

9.2.3 价值的特征

通过回顾已有文献和相关资料，本书归纳出价值具有客观性、主体性和多样行等特征。

1. 价值具有客观性

价值是客观存在的，不以人的意志为转移，价值关系的各个环节都是客观的，包括人的需要、用来满足人的需要的对象以及满足人的需要的过程和结果。价值嵌在商品中，如果不用于交换，其就没有形成价值。此外，价值可以进行衡量，故价值也具有可比性。

2. 价值具有主体性

基于平衡视角理解价值，可以发现价值是需要顾客进行感知的，即客观事物的某种属性能否具有价值及具有何种价值要以人的需要为基准。同一客体对于不同主体的价值是不同的，带有主体的个性特征。主客体之间的价值关系不是一种自然的、现成的关系，也不是主体需要与客体属性之间随机相遇的关系，而是主体在实践基础上确立的同客体之间的一种创造性的关系。

3. 价值具有多样性

使用价值、体验价值和传播价值的大小均会影响价值的衡量，故价值的构成、实现形式和结果多种多样，从而使商品或服务具有不同的价值。

9.3 交换价值

9.3.1 交换价值的定义

从价值的内涵来看，一般认为存在交换价值和使用价值两种，交换价值表示物品可用来购买其他产品的能力（Vargo et al.，2008）。传统商品主导逻辑强调交换价值，交换价值作为非互动的价值形成方式，即价值首先由企业生产并被嵌入商品或服务中，其次通过市场交换传递给顾客，生产和消费活动彼此分离交换，此时价值被概念化为交换价值。以苹果为例，企业在生产活动中将价值嵌入苹果,在苹果出售给顾客后,不会提供后续服务。因此,可以认为苹果的生产和消费活动是分离的,企业与顾客之间只有一瞬间的交易而没有持续的互动过程,该过程中产生的价值为交换价值。同时在该视角下,学者通过测量交换价值对产品或服务的价值水平进行评价,认为此时的交换价值主要体现为价格(price)。

9.3.2 交换价值的特征

交换价值是商品主导逻辑的核心内容,具有如下两大特征。

1. 交换价值具有二重性

价值通过不同的使用价值形式来表现,交换价值本质上属于使用价值范畴,它是商品特殊的使用价值。抽象交换价值连接商品价值,商品价值形式采用抽象交换价值;具体交换价值连接价值量或价格,价格是具体交换价值的货币形式。商品价值与商品价格的关系就是抽象交换价值与具体交换价值的关系。

2. 交换价值需要商品作为载体

在商品主导逻辑中,企业的中心任务是产品的设计、开发、生产和营销。企业通常只关心他们的产品,增加或拓展产品的属性,用产品来满足顾客的需求,使劳动转变为顾客的效用。因此,顾客价值由企业创造并通过购买活动传递给顾客。在新古典经济学和工业时代,顾客价值通常被视为交换价值。即在价值创造的过程中,企业提供的产品成为顾客价值创造的载体,企业最看重的核心利益则是交换价值的实现。

9.4 使用价值

9.4.1 使用价值的定义

使用价值是顾客在使用产品和消费服务的过程中通过与生产者的互动共同创造的价值。服务主导逻辑的诞生,让一直存在的商品与服务之争统一于服务之上,关注焦点也由商品主导逻辑下的交换价值转向使用价值。在服务主导逻辑下共同创造的价值并不是"交换价值",而是顾客在消费过程中实现的"使用价值",即服务主导逻辑的价值共创强调顾客使用过程中对价值的感受。体验和感受对价值决定不可或缺,没有使用就没有价值(Vargo & Lusch,2006)。因此,价值是基于由顾客决定和产生的使用价值(Vargo & Lusch,2004,2008; Lusch & Vargo, 2006)。以软件工具为例,购买者仅仅获取或拥有软件是不能够获取价值的,只有为了特定目的使用该软件才能获得其价值。从顾客使用价值的角度来看,顾客真正关心的不是企业提供的是商品还是服务,而是能否解决他遇到的问题,给他带来效用和便利。

9.4.2　使用价值的特征

根据使用价值的定义和服务主导逻辑的基本假设,本书归纳出使用价值具有主体性、差异性和效用性等特征。

1. 使用价值具有主体性

服务主导逻辑认为,真正的价值是顾客创造的使用价值。瓦格和卢斯克(Vargo & Lusch,2008)指出,价值总是由受益人独特地用现象学的方法来决定的,使用价值的评价完全取决于受益人所处的情境和受益人本身的特征。因此,使用价值是独特的、体验性和情境依赖性的,其取决于顾客的感知。

2. 使用价值具有差异性

使用价值的主观性,决定了其差异性。在价值共创理论系统之下,顾客整合利用相应资源来共创价值,而价值追随顾客消费和交互活动不断动态化形成。生产者尽力将其自我置身于顾客使用情境,为顾客共创价值给予帮助和方便并与顾客合作,交互性创造价值。例如,技术经验丰富且倾向于率先采用新技术的顾客通常可以自如地操作智能手机,使得该手机的使用价值得以充分体现;而同样的手机在技术经验欠缺的顾客手中,使用价值就大打折扣。选修同一教授的课,基础好且对该课程感兴趣的学生可以获取较多的知识,取得较好的学习效果,使教授的讲课服务充分发挥其使用价值。

3. 使用价值具有效用性

基于服务主导逻辑的使用价值是人们在日常生活中使用产品所产生的效用。经济学两大价值体系之一的效用价值论包括基数效用论和序数效用论两套原理和方法,效用价值论中的效用,尤其是基数效用,更加贴近服务主导逻辑下人们日常生活中所谈论的“使用价值”的内涵。虽然效用由于其个别性和相对性无法被定量衡量,但对顾客而言却至关重要,是其选择购买对象和愿意付出成本多少的重要依据。

9.5　情境价值

9.5.1　情境价值的定义

随着服务主导逻辑的不断拓展,价值的关注点逐渐由使用价值转换为情境价值,即同样的服务在不同的情境下产生的使用价值不同。本书对于价值的落脚点也聚焦于情境价值。通过梳理相关文献,本书发现国内外学者对情境理论进行了不同的解释。

霍金斯和贝斯特(Hawkins & Best,2003)从广义上给情境因素下了一个定义。他们指出,除了顾客本人的特性与商品本身的特性以外的环境因素(包括由一系列因素构成的社会环境和物质环境)都是影响顾客行为的情境因素。同时,他们还指出,情境因素既不是客观的社会环境也不是可见的物质环境,而是与两者有关系的独立于顾客和商品本身属性的一系列因素的组合。

布莱斯(Bryce,2003)指出,情境或顾客情境是指消费或购买活动发生是个体所面临的短暂的环境因素,如购物时的气候、购物场所的拥挤程度、顾客的心情等。

莫温和迈纳(Merwin & Minor,2003)指出,顾客情境是由消费行为发生时周围的临时环境因素组成。

冯丽云等(2004)在研究中指出,情境因素是指那些可观察到的该时、该地发生的直接相关的全部细节因素,即与顾客行为直接相关的此时此地的全部细节因素。

因此,情境价值是指在由时间、地点、场合等构成的消费情境中,在产品服务与顾客情感耦合的情况下,顾客所感知的体验价值。在互联网技术的发展、传统电子商务的停滞不前和消费结构的升级等背景下,价值共创理论不断发展,创造主体进行价值创造也不再是简单的价值增值过程,而是一种情感体验,利用互联网技术和场景实现"实"与"虚"的彻底融合,与产品共同组成顾客的消费体验。正如江积海等(2020)指出,在新场景下,企业创造新的价值不仅依赖其内部因素,还取决于场景和价值网络等外部因素。

互联网技术使传统的卖场升级为场景,价值共创的结果也逐渐注重顾客体验,让顾客主动参与价值创造,实现情境价值。"新零售"一词正是上述句子所表达的含义的体现,可以帮助我们更好地理解在场景的作用下,企业可以更好地增强顾客体验,进而提升与顾客共创的情境价值。举个简单的例子,台湾诚品书店自 1989 年创立以来,一直深受好评,如今更是台北热爱读书之人的必去地点之一。2015 年,诚品书店位于大陆的第一家分店在苏州正式营业,开店 20 天内人流量超过百万。诚品书店的独特魅力在于它为热爱读书的人们创造了一个可以沉浸其中的阅读空间,而非一家简单的书籍贩卖商店。这个让人流连忘返的阅读空间是诚品书店通过无数细节的打磨与累积形成的。例如,呈 15 度微微倾斜的书架方便顾客取放书籍,广泛使用木质材料营造宁静的阅读氛围,大量且分散的阅读区域形成舒适的阅读环境等。在这里,书只是一个媒介,顾客来诚品书店消费的是阅读场景本身。如今,情境已经升级为顾客在消费过程中良好体验的一部分。对于顾客来说,价值形成是与消费情境和消费需求相关的个性化的创造过程。生产者应该努力使自己置身于顾客的使用情境,为顾客共同创造价值提供便利和帮助,并与顾客合作交互性地创造价值。

9.5.2 情境价值的特征

将服务主导逻辑中价值共创的理论应用于新零售,以解释情境价值具有情感性、多样性、全面性和精准性 4 个特征。

1. 情境价值具有情感性

场景重构新零售商业模式,使人、货、场更为适配。现有众多理论研究与实践应用表明,新零售的"人"扮演顾客的角色,其本质是消费期望;新零售的"货"扮演产品的角色,其本质是消费情境。新零售商业模式的场景化就是要基于顾客在特定时空的消费期望,通过消费情境的标准化和个性化配置满足其需求,使顾客在消费过程中具有良好的情感体验,强化顾客的持续购买意愿。通过顾客对产品或服务的体验实现体验价值的创造,新零售的交互方式已由体验交互转化为情感交互。即新零售通过场景化解决方案在为顾客提供产品功能价值的同时,也为其提供愉悦的消费体验价值和交互的情感价值。

2. 情境价值具有多样性

情境价值主要产生于消费场景,场景是消费的时空、时空内情境及其配置关系的总和。现有研究表明,企业通过设置不同类型的场景,帮助人和货在特定的场景中进行更好的适配,产生不同的情境价值。如伊利集团注重场景的打造和延伸,将早餐场景、户外场景和享乐场景进一步拓宽为居家场景、社交场景、办公场景、出行场景、户外场景、健身场景和健康场景。同时,现有研究将大数据、移动设备、社交媒体、定位系统和传感器等称为场景要素。随着科技的进一步发展,人工智能、VR 以及 AR 等新兴技术正逐渐成为场景新要素,不断丰富新零售的场景功能。场景在为顾客提供产品、服务、使用价值和交换价值的同时,也提供了体验价值和情感价值,满足顾客对产品的需求、习惯和偏好。

3. 情境价值具有全面性

场景对货的重构旨在丰富产品的时空属性,通过回顾现有研究,可以发现产品具有的功能性、体验性和情感性已经使价值演变形态从"产品＋功能""产品＋体验"向"产品＋情感"转变。情境价值包括以上 3 类价值形式,且这 3 类价值形式在同一时期可以同时存在,或者同一时期以某个价值形式为主,呈现不同的价值形态。如场景的存在使情感价值在顾客体验中占据主要地位,而产品的功能性价值居于次要地位,产品的高质量可以进一步提升顾客体验。

4. 情境价值具有精准性

在新零售背景下,价值的创造源于对特定顾客的特定时刻、特定地点、特定事件背景需求的精准满足。尤其在数字化环境中,顾客的消费诉求改变巨大,对数字化体验的依赖度和需求越来越高,呈现出需求个性化、场景多元化等特征。面对千人千面的需求,企业提供的产品和服务也需要越来越精准。

9.5.3 情境价值共创的动因

情境有场景、场合之意,多贯穿于产品设计的整个过程,强调未来顾客使用产品时所处的真实环境和条件,以及顾客与产品交互时的心理感受和变化等。在产品设计开发的过程中,情境能够模拟和还原顾客、产品与周围环境之间的相互影响的微妙关系。在不同的情境下,产品体现不同的价值属性,不仅包括产品的物理属性,还包括产品及产品所处的情境对顾客心理变化造成的影响。因此,本书在研究共创情境价值的动因时,主要以影响场景价值的共创动因为主。江积海等(2017)在研究场景价值创造的过程中,以体验、社群和连接为场景的潜变量,以使用体验及情感体验、价值共创及顾客创造、连接频度及连接强度为场景的显变量,基于商业模式视角分析场景价值共创的动因。

1. 价值主张的变化

在传统商品主导逻辑下,价值主要表现为交换价值。随着服务主导逻辑的出现,价值的关注点逐渐强调产品或服务的使用价值。随着信息技术与物联网的发展,虽然学者们所研究的价值仍是使用价值,但将使用价值进行了更细化的分类,即更加注重基于顾客生活细节和生活情感的场景体验价值,而不仅仅是传统的基于物理产品的使用价值或基于服务的体验价值。移动互联网与共享经济的出现,改变了人类生活的维度,影响了主流思维范式、行为模式和生活方式。大数据、云计算、移动设备、社交媒体、传感器、定位系统等技术的实现与发展,为移动互联时代的商业服务提供了重要支撑。因此,企业应合理应用信息技术来识别顾客的情感标签,并将其纳入价值主张的设计范畴。企业的价值主张由功能型价值主张逐渐转变为情感型价值主张。

2. 价值创造主体的转变

传统上,基于价值链的企业内部活动或基于价值网络的平台交互活动都以企业为核心,强调企业是价值创造的主体,而顾客仅仅作为价值终端的消费者。瓦格和卢斯克(Vargo & Lusch,2008)基于经济发展和演化的宏观视角,提出基于服务主导逻辑的价值共创理论,强调服务是一切经济交换的基础,顾客是价值的共同创造者,将知识、技能、经验等操作性资源注入价值创造的过程,实现企业与顾客共同创造价值。此外在场景视角下,企业竞争优势的来源不再强调产品或服务,而是主张建立以情境体验为导向的与顾客共创价值的能力。这种竞争能力的构建要求企业运用互联网、大数据等高新技术,为顾客设计一种与生活细节和情感耦合的体验环境,从而在这一体验过程中产生价值共创及顾客独立创造价值的形式,价值创造的主体由单独的价值创造者向企业与顾客或者所有行动者进行共创转变。

3. 价值创造过程的改变

传统价值创造过程以价值链或价值网络为载体,其核心是焦点企业与其利益相关者的一系列活动。而在互联网时代的背景下,企业与顾客之间的互动连接成为产生价值的新方式,也成为商业模式中场景价值的创造过程。通过产品服务与顾客生活情感的深度连接形成资源共享,顾客将自身消费数据、购物偏好以及生活方式共享给企业,企业则通过一系列大数据分析为顾客适时提供更为契合的产品或服务,即为顾客提供一个消费场景来创造价值。这些基于对象性资源与操作性资源交叉的分享使得企业和顾客都实现了价值增值,通过影响价值创造过程的连接强度和连接频率影响场景价值的创造。

9.5.4　情境价值的影响因素

情境价值是价值共创的结果,包含了功能价值、体验价值和情感价值等价值形态。随着消费升级,不同的价值形态在不同的场景下产生,且消费升级的背后是不断成熟的新技术。人工智能、大数据、云计算等技术逐步成熟并在消费中应用,极大提高了传统消费领域的效率,降低了成本,提升了顾客体验。通过梳理现有文献和资料,并结合影响情境的因素,本书归纳总结了情境价值的 5 种影响。

1. 顾客

顾客是场景的反应器,情境体验系统的核心。情境体验的目的就是为顾客提供当前情境下最适宜的设计策略和体验方式。在这个体验系统中,顾客一方面接收来自环境和产品的各种信息和刺激,进而作出反应;另一方面顾客作为个体的各种因素也会影响其与产品的交互形式,以及产品的展现形式。

2. 产品品质和成本

消费品的品质和成本作为产品的基本特性,是进行功能价值创造的两个主要营销因素,产品或服务是情境价值的基础。第一个挑战是产品品质。经济、科学技术的发展,以及大规模生产带来的物资丰盈的状况,使得物美价廉不再是企业生存下去的万能法宝。面对众多产品时,产品品质已经成为顾客新的选择标准。第二个挑战是销售成本。相关研究显示,市场上最具消费力的顾客的行为特征之一是注重性价比较高的产品。面对同样质量但不同价格的产品时,顾客会货比三家,选购性价比最高的产品。总而言之,如果产品品质和成本无法满足顾客的需求,就会影响顾客进行价值共创的结果。

3. 店铺的选址和物理位置

影响情境的因素包括人际间的交往距离、交往频率和情绪体验等。在互联网时代,人们的时间越来越碎片化,传统电商的迅速发展使人们获得便捷性的同时,也使人们在短时间内无法享受购买的乐趣,失去了体验性。而消费升级的表现之一就是顾客越来越注重消费体验性。在数字经济时代,即得性会影响顾客的体验价值,这也意味着店铺的选址和物理位置会影响顾客进行价值共创的结果。比如吃完晚饭,你到楼下散步。胃很胀,你突然很想喝一杯酸奶。请问这个时候,你会去天猫超市或者 1 号店购买酸奶吗? 肯定不会,因为以上两个选择要克服跨越性向你飞奔而来,再快也要第二天早上才能送到你家。在这种情况下,你最有可能去你家小区附近的便利店购买,因为你想要立刻拿到。此时,便利店就提供了一个非常稀缺的独特性——即得性,这也是如今互联网时代仍然不具备的一个重要特性。

4. 场景因素

在场景时代,新零售更加注重产品或服务的附加价值,这是由顾客在场景时代的消费期望所致。随着物联网的发展,在时间、地理空间及情感方面的高度耦合引发了业界商业应用场景的创新。其中,应用场景包括消费场景和情感场景。在应用场景下,强调的是顾客体验,且是以基于生活细节的情感体验为主。体验使得顾客的感知价值增加,而基于顾客生活的体验与顾客精神层面的某类需求或情感在特定时间、地点和消费情景下耦合,从而带来情境价值。例如江小白,很多人认为白酒市场已经成为一片红海,因此不敢碰。但江小白杀了出来,它用一个虚拟的人物形象,带我们进入场景:虽然不高端,但一定是跟好哥们、好兄弟在一起喝的。比如一起打拼的好兄弟,十几年没见了,喝一杯;一起创业的团队要庆功,喝一杯。在这两种情景下,它主要消费的是场景,是当时的情感。

5. 场景力的构建

场景力是指企业能够在时间、地点、场合、情感等构成的特定情境中,及时提供产品和服务来满足顾客需求并增加顾客体验,从而提升顾客感知价值的动态能力。场景力构建需要考虑以下几点关键要素。第一,能够应用互联网技术识别顾客情感类别。第二,能够识别或引导顾客的消费时间和地点。物联网时代下,顾客购买行为的最大变化就是购买场景的碎片化,即顾客整体购物时间变得越来越少,购物地点也变得越来越不确定。互联网金融的发展、网购平台的成熟、移动设备的普及以及支付系统安全性的提高等推动了购物时间和地点的碎片化发展,小憩时刻的"一键下单"是互联网带来的最大购物场景。第三,能够及时、迅速地为顾客提供与其情感相耦合的产品或服务。社交媒体的频繁应用推动了社群经济的发展,人们每天都在社交媒体上谈论自己的爱好、分享所在的位置、寻找与自身需求相匹配的目标,而产品和服务对于顾客的意义也发生了改变。同质化产品和服务趋势使得顾客在选择购买行为时,把更多的比较放在了情感标签上。第四,能够与顾客维持深度连接。在工业经济时代,产品代表的是一种完成的状态。而在移动互联场景时代,产品则是一个最基本的开始,其功能在不断迭代与重构,其本质在于实现社群连接、实现顾客与产品在场景下基于生活细节的深度连接。深度连接体现在连接强度和频度上,深度连接让顾客参与价值创造的过程,成为价值创造的主体,通过与企业共创或独立创造特定场景下的价值。场景力构建使得信息、资讯、产品、服务等取代了功能层面的获取和到达,基于顾客经营层面的连接和交互带来场景价值的共创。

9.6　本章小结

本章首先介绍了价值的定义、类别及其客观性、主体性、多样性 3 种特征。其次阐释了交换价值、使用价值的定义及其特征。最后,重点剖析了情境价值的定义,情感性、多样性、全面性、精准性四大特征,情境价值共创的三大动因,以及情境价值的五大影响因素,包括顾客、产品品质和成本、店铺的选址和物理位置、场景因素、场景力的构建。

第10章　价值传递

10.1　导入案例

上下一起才不会卡——良品铺子的新零售之道

良品铺子是一家集休闲食品研发、加工分装、零售服务于一身的专业品牌连锁运营公司。2019年，良品铺子公司主营业务收入达76亿元人民币，同比上升20.22%。其中，线上收入占比48.58%，线下收入占比51.42%。公司已经建立了集市场研究、食品研发、采购质检、物流配送及全渠道销售的全产业链品牌运营模式。

目前，良品铺子产品线共有12大品类、90多个品种系列、1200个单品。良品铺子现有门店遍布华中、华东、华南、西北、西南等13个省份，在全国共有线下直营门店718家，加盟店1698家（截至2019年）。良品铺子采取全渠道战略，从线下发展开始逐步延伸至线上发展，形成了线上线下较为均衡的格局。

从线下渠道来看，良品铺子是国内最大的零食连锁店。与此同时，互联网大潮涌来，顾客购物习惯逐渐发生变化。良品铺子感知趋势，提早尝试是其迈出的重要一步。2012年，良品铺子在天猫"双十一"的销售额达1100万元人民币，公司决策层下决心设立电商公司，进一步扩大线上业务，在各大电商平台开店。慢慢地，良品铺子形成了自身的多渠道商业模式，其销售渠道由门店、本地生活平台、社交电商、第三方电商平台、App 5类渠道组成。随着网红经济和直播的兴起，良品铺子也开始进行网红营销。比如欧洲杯期间，良品铺子联合斗鱼直播展开了"全民看球季"人气主播票选活动，千名人气主播化身一个个热辣的"足球宝贝"，边吃零食边直播关于欧洲杯的那些事，陪网友吃货们一起看球。良品铺子在欧洲杯期间的系列营销和互动活动，又一次印证了在粉丝经济的浪潮下,跨界互动、全媒营销、网红营销对核心产品的销售和顾客价值的双核升级。

一家企业同时拥有线上线下多个销售渠道的情况并不少见,但这只能算是"多渠道",只有将它们进行连接才能够实现真正的"全渠道"。从 2014 年起,良品铺子与企业咨询服务公司 IBM 及 ERP 软件供应商 SAP 合作,先后投资数亿元人民币,构建全渠道零售平台体系,覆盖订单中心、库存中心、促销和价格中心,同时建立线上线下供应链体系等,良品铺子的全渠道模式也正式成立。

2016 年,"新零售"一词被提出并不断实践。杨银芬总裁提出在新零售的变革中,技术支持是基础,目标是提升顾客体验。在技术支持上,良品铺子通过全渠道管理系统,以技术化手段提升运营效率,实现了订单、物流、顾客信息的无缝流通和高效运转。在提升顾客体验上,良品铺子完成了流程再造,建立了支撑新零售变革的业务规划体系,实现了全业务价值链的数字化转型。良品铺子利用数字化转化的全渠道模式,获得了顾客的数字化标签,然后按照人群与场景适配的原则进行分类,深入链接顾客生活的全场景,提供丰富多样的美味体验方案。同时良品铺子基于顾客大数据,设置针对不同顾客群的千人千面的产品陈列方案,进而利用大数据分析结果,寻求顾客体验更好、效率更高、成本更低的多渠道融合解决方案。

资料来源:罗光,李亚雅,2020.上下一起才不会卡——良品铺子的新零售探索之路 [EB/OL].[2022-12-30]. http://www. cmcc-dlut. cn/Cases/Detail/4818.

思考:良品铺子的全渠道体系有哪些表现形式?全渠道体系是企业的致胜之道吗?

10.2　价值传递的演变

马克思在《资本论》中曾经写道:"从商品到货币是一次惊险的跳跃。如果掉下去,那么摔碎的不仅是商品,还有商品的所有者。"这句话用通俗的语言告诉我们,价值被生产出来以后,如果没有被消耗,那么这个生产是无效的。如果在生产与传递过程完全没有产生价值,那么在价值产生与传递中的行动者,包括制造商、批发商和零售商,都会摔得很惨。因此,如何更好地传递价值成了其中的关键。

　　传统的价值传递过程通常是这样的：产品生产出来以后，制造商将销售目标层层拆解，从国代到省代，再到市代和区域代理，将产品逐步压进渠道，渠道商再去想办法消化产品。对于制造商来说，将产品压进渠道能够帮助他们快速脱手产品，同时借助渠道的力量让产品能够触及更大范围的顾客。然而渠道的整体费用相当高，制造商需要花费大量时间和费用来养活整个渠道资源，也需要提供可观的渠道分成比例。只有在保证渠道商利益的前提下，制造商与渠道商的合作关系才能建立。如果按照平均值计算，制造行业30％左右的成本都投入了渠道当中。传统商业价值传递链条如图10-1所示。

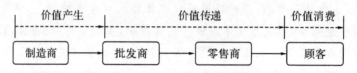

图 10-1　传统商业价值传递链条

资料来源：刘官华，梁璐，2018. 新零售：从模式到实践[M].北京：电子工业出版社.

　　在传统的价值传递中，批发商、零售商发挥着非常重要的作用，简单的总结就是"渠道为王"。价值产生环节会有大量企业进行产品和服务的制造以及产出，制造商采购必要的原材料，经过生产流程，产出具备某种功能或满足某种心理需求的产品。批发商集中采购某家或多家制造商的产品，通过商务拓展、金融支持、物流配送等服务与零售商紧密合作，将制造商的产品进一步向零售商方向流转。产品进入零售商渠道后，零售商通过采购、物流、存货、上架和促销等动作吸引顾客的关注，尽可能在合适的场景下引发顾客的缺乏感、好奇感，从而产生购物意愿并最终通过支付完成交易。比如OPPO和vivo手机制造商，其线下门店覆盖从一线到四线的城市，布局十分完善，强大的销售网络使其他手机制造商无法在短时间内建立起可以与之抗衡的线下渠道体系。

　　随着互联网技术的发展，网络技术打破了信息不对称，互联网平台建立了有效链接，使得消费社群、企业跨界等现象不断出现。因此，与传统的价值传递相比，现在的价值传递主要是价值传递方式得到不同的演变。一是制造商跨过渠道商与零售商，与顾客进行直连。二是零售商进行垂直整合，集品牌商、制造商和渠道商为一体。这两种价值传递方式的主要目的都是缩短价值传递路径、降低价值传递成本、提升价值转移效率。即使所有的趋势以及驱动因素发生变化，零售的本质即价值传递也不会受到影响。它仍然会发生，只是传递的路径发生了变化。

10.3　价值传递的类别

根据服务人员在进行价值传递的过程中是否与顾客进行接触，以及是否需要载体，本书将价值传递主要分为直接交换和商品与间接交换两种类别。

10.3.1　直接交换

在许多情况下，服务人员就是服务，此外无它。在许多个人化服务中（如理发、健身训练、看护幼儿、清洁和法律或法律服务等），服务人员单独一人提供全套服务，提供者就是员工。作为价值传递类别之一的直接交换，完全反映了以上描述，即可定义为服务人员在固定场所直接向顾客进行商品交换或服务的过程。在这个过程中，服务场景、顾客接触和顾客感知等在其中发挥着重要作用。

服务场景，也称服务环境，是指用来支持服务设施的物质环境，它是经过布局和装饰设计后的服务设施。服务场景会对顾客和员工的行为、感知产生影响，因此在创造服务体验和传递顾客满意的过程中发挥着重要作用。设计良好的服务场景有助于加强顾客的服务体验、传递企业的目标形象、巩固顾客和员工的预期反应，并支持服务的运营和产出。例如，医院、酒店、餐厅和商场的服务场景构成了企业整体价值的重要组成部分。

顾客接触是指顾客亲自出现在服务系统中进行价值传递。顾客接触程度可以用顾客出现在服务活动中的时间与服务总时间的百分比表示。在高接触服务中，顾客通过直接接触服务过程决定需求的时机和服务的性质。服务感知质量在很大程度上由顾客的感知决定。而在低接触服务中，顾客因不在过程中直接出现而不会对生产过程产生直接影响。即使在高接触服务中，我们也有可能将那些像工厂一样运作的部门封闭起来，不让顾客接触。例如，公共运输系统的维修和医院的洗衣房都是一个服务系统中类似工厂的部分。

在交互服务中，顾客和服务供应商同时置身于服务环境之中，两者之间有紧密接触，服务环境必须促进这种交互作用。酒店、银行学校、医院是这类服务的典型场所，企业与顾客直接进行价值传递。为了更好地理解直接交换，我们以海底捞为例。海底捞作为一家餐饮店,是非常典型的服务行业,既提供产品又提供服务,其与顾客在打造好的服务场景中,由服务人员直接接触顾客,进行直接交换的价值传递。因此,海底捞通过直接交换进行功能价值和情感价值的价值传递。

首先,服务人员通过商品向顾客传递他们的需要,海底捞作为川味火锅的代表,以提供优质安全的食品在业内树立了良好的口碑,新鲜美味的食品为顾客传递功能价值。其次,通过企业文化和团队服务意识进行情感价值的传递。服务人员通过良好的服务能力和服务意愿与顾客进行沟通互动,提供个性化的服务提高顾客满意度,团队齐心协力为顾客做好服务,使顾客感觉到被重视和尊重。

10.3.2 商品与间接交换

操作性资源的分布是不均衡的,就不同市场主体的生存与福祉而言,实际分布不可能达到理论上的最优状态,因此进行专业化分工就成为各市场主体乃至整个社会发展的有效方式。专业化分工为市场主体实现自身规模效益最大化创造了必要条件,但也迫使他们局限于某个狭窄领域。为了争取更多的资源以谋求进一步发展,各主体之间必须进行市场交易,但问题也随之而来——市场主体究竟交易什么?关于这个问题,商品主导逻辑和服务主导逻辑给出了两种截然不同的观点:前者认为有形商品是市场交易的根本,而后者把服务视为市场交易的基石。

服务主导逻辑提出了"服务是一切经济交易的根本基础"(服务主导逻辑的基本假设 1),其在理论上的合理性毋庸置疑。但随着市场规模的扩大以及组织层级的增加,现实生活中已经很难发现市场主体之间直接进行服务交易。在外部市场上,不同的市场主体通常以货币为媒介,以自身的需求为动力,通过间接交易来实现资源的重新配置,而服务这个一切经济交易的根本性基础逐渐被隐没在各种不同的间接交易中,"为获得服务而进行服务交易"的市场法则也被间接交易过程的繁杂环节所掩盖。人们的关注点集中在以货币为代表的市场媒介物上,把市场交易的目的通俗地理解为获取更多的钱财。例如,某矿工为某煤矿服务后获得了一定的货币收入,然后用它来购买粮食。根据基本假设 1,在这个例子中,矿工提供的采矿服务与农民提供的耕作服务进行了交易。但是,这一交易因煤矿企业的加入变得复杂。随着组织规模的逐渐扩大,这一现象也会发生在组织内部。例如在一家大型制造企业里,每个员工都面对两类顾客：一类是外部市场顾客，另一类是内部市场顾客（即企业内部员工）。除一线市场服务人员外，大企业的员工往往不会认为会用自身的知识和技能同外部市场上的顾客发生交易，因为两者之间存在大量的中间环节。同时，除非有类似于流水线上、下道工序的合作关系，否则大企业的员工也很难意识到自己与其他员工之间存在交易关系，因为员工之间的交易是间接的，不易察觉，而且也不会给他们带来直接回报。员工们只把自己看作企业的雇员，对自己的交易对象不承担任何直接责任。为解决这些问题，全面质量管理等先进管理方法应运而生（Cole & Mogab，1995），这些方法对顾客、质量等问题进行了重新界定。为了避免基本假设 1 的观点被上述现象所隐没，瓦格和卢斯克（Vargo & Lusch，2008）提出了基本假设 2：间接交易掩盖了交易的根本基础。基本假设 2 是对基本假设 1 的补充，它提醒我们：虽然市场交易通常是间接交易，但"服务是一切经济交易的根本基础"这一观点依然成立。

基本假设 1 和基本假设 2 确立了服务在市场交易机制中的主导地位，但以知识、技能为支撑的服务有时不能直接用于交易，需要依附于某些载体，通常由商品来充当这种载体。例如，上文提到的采矿技术、耕作技术并不能直接用于交易，而需要借助矿工开采的煤炭和农民耕种的粮食才能在市场上交易。早在 20 世纪 90 年代，普拉哈拉德和哈默（Prahalad & Hamel，1990）以及古莱森（Gummesson，1994）等学者已经意识到不能只从物质的角度看待商品，而应该把商品作为知识和技能的具体体现或者传递服务的手段。后来，里夫金（Rifkin，2000）也认为，商品是实现顾客高层次需求的平台，商品带给人们的不只是物质上的占有，还有更高阶的体验，如自尊、社会地位、自我实现等。为了阐明商品在市场交易机制中扮演的角色，瓦格和卢斯克（Vargo & Lusch，2008）提出了基本假设 3：商品是提供服务的分销机制。

商品仅仅是载体而已，打动顾客的是内涵，是企业所要传递的企业价值和追求，许多企业需要作适当的反应和调整。当顾客看到商品销售时，他们看到的应该是企业的信念；当顾客购买商品时，他们购买的是这个品牌所代表的某种信念和态度，商品反而是随着购买这些观念而来的。

在今天，随着服务主导逻辑的不断发展，我们已经知道商品是价值传递的载体。随着技术和市场的开放，商品之间在功能上的差异不会太大，但顾客感知价值的差异会非常大。例如 20 万元人民币的汽车和 200 万元人民币的汽车，在行驶功能上不会有太大的差异，但是在驾驶的乐趣、拥有的感受，以及一系列相关的联想上却会有非常大的差异，而这 200 万元人民币购买的正是这些赋予给商品的体验、乐趣等"核心价值"。

事实上,追求想象的未来已经浮露。星巴克的咖啡严格来说是饮料,人们前往星巴克的真正理由是需要一个属于自己的可以享受的时间,因为人们渴望属于自己。换句话说,独立才是顾客需要的东西,咖啡和咖啡厅只不过提供给人们的一个场地,只是陪衬工具而已。

因此,你可以在北京东方广场的星巴克里,在香港海港城的星巴克里看到安静看书的年轻人。在一个繁华的购物广场,在喧闹的人群中看书写作业,这就是星巴克的魅力。上述商品可以和顾客连接在一起,就是因为它们具有了顾客所要的价值,可以说商品就是顾客想象和期待的载体。按照密歇根大学商学院教授普拉哈拉德和拉玛斯威米的说法,权力钟摆向顾客的移动使商品不过是一种顾客体验。

10.4 价值传递系统设计

本书对于价值传递系统设计主要就服务传递系统进行说明。服务传递系统是将服务从后台传递到前台并提供给顾客的系统。服务传递系统必须最大程度地使顾客满意,同时能够有效提高服务组织的运营效率并控制运营成本。因此,服务传递系统成为服务组织的核心竞争优势。

随着服务的开发,服务传递系统设计可以用服务蓝图表示。美国著名的服务管理学家肖丝丹克(Shostack,1987)认为,服务传递系统可以用一个可视图来描述,即服务传递系统可以用服务蓝图表示。服务蓝图又称为服务流程,是一种有效描述服务传递过程的可视技术。它是一个示意图,涵盖了服务传递过程的全部处理过程,详细指出服务程序应该如何进行,同时也明示顾客的所见以及潜在可能的失误点所在。

服务传递系统设计的基本方法主要有 4 种:生产线方法、顾客参与法、顾客接触法和信息授权法。

1. 生产线方法

生产线方法的基本思路是将制造业的生产技术和管理方法用于标准化、大量型的服务类型。这种服务类型需要的服务技术通常较为简单、规范,而且要求服务过程对所有顾客具有一致性。其主要的管理问题是提高服务效率,以及服务质量的稳定性,而这正是制造业企业管理方法的优势所在。服务设计的工业化方法一般应用于一些技术密集型、标准化、大规模的服务行业,如餐饮、零售业、银行、酒店、航空等行业。这种设计方法主要考虑的问题是:个人有限的自主权;建立明确的劳动分工,使服务人员的行为规范化、服务程序标准化;应用各种硬技术和软技术(管理技术)取代个人劳动。

2. 顾客参与法

顾客参与法是在设计过程中充分考虑顾客的个性化需求,使系统为顾客提供一种非标准化的、差异化的服务。一般来说,顾客在其中的参与程度较高,所须使用的服务技术也较复杂、不规范。这种服务类型的特点是顾客的被动或主动参与会给服务结果带来一定的影响,服务人员需要在服务过程中进行自主判断和自主决策。随着经济的发展和人们收入水平的提高,要求提供个性化、高档次服务的人群越来越多。因此,基于顾客这种要求的服务设计方法应运而生。

这种设计方法主要考虑的问题是:把握顾客的需求偏好和心理特点;引导顾客在服务过程中的参与;授予服务人员必要的决策权利,让他们自己处理服务过程中可能出现的各种问题。

3. 顾客接触法

对于某些服务传递系统来说,可以分为高顾客接触和低顾客接触,即前台服务和后台服务。在后台,服务运作可如同工厂一样进行,即可考虑采用生产线方法,以充分利用现代技术的力量;在前台,与顾客的接触程度较高,则采用顾客参与法,根据顾客的要求和喜好提供较为个性化的服务。基于这种思路的服务设计方法被称为顾客接触法。这种设计方法主要考虑的问题是:前台运作和后台运作之间的衔接,与顾客接触程度的区分和两种方法的结合使用,新技术的利用及其导致的前后台区分的变化。

4. 信息授权法

现在是信息时代,信息技术每天都与我们发生关系。没有信息技术,当今的任何服务都无法生存,信息技术所能提供的并不仅仅是方便地保存记录,实际上,信息技术最重要的作用是员工和顾客授权。

信息技术的发展使企业普遍使用数据库协助管理,相关数据库的发展意味着每个员工都可以使用一项业务的方方面面的信息,员工授权的时代已经到来。例如,一位生产人员或前台工作人员可以从存货清单上申请必要的供应,甚至起草一份订单来取代存货清单,而不必通过采购办公室。同时,员工还可以通过计算机接口互相影响,甚至可与其他企业的员工实时联系。顾客也可以直接用计算机授权,通过互联网,顾客不再完全依赖于本地的服务供应商,一个人可以在全球购物、预订旅行航班、在全球范围内寻求治疗方法。

10.5 价值传递的渠道

价值传递的主要任务是如何维系渠道关系。随着商品经济的发展,企业的营销模式渐趋成熟,掌握高效率、低成本的营销渠道,是企业赢得市场的必备利器。根据营销渠道的价值传递方式,本书就分销渠道进行说明。根据价值传递发生的场景在线上或线下、是否有技术的参与,将价值传递的渠道分为物理渠道、电子渠道和全渠道 3 种类型。下面就此进行阐述。

10.5.1 分销渠道

分销渠道是指产品从制造商手中转移至最终消费者手中所必须经历的一系列由流通环节连接形成的通道。它由位于起点的制造商和位于终点的顾客(包括产业市场的用户),以及位于两者之间的中间商组成。

1. 分销渠道的类型

(1)按照企业的分销活动是否有中间商参与进行分类

按照企业的分销活动是否有中间商参与,可以将分销渠道分为直接渠道和间接渠道。直接渠道又称零层渠道,即制造商不通过任何中间商直接将产品销售给顾客或用户。间接渠道是指产品从制造商向顾客或用户转移的过程中要经过一个或一个以上的中间商。

(2)按照流通环节或层次的多少进行分类

按照流通环节或层次的多少,可以将分销道分为长渠道或短渠道。一般来说,产品在从制造商到顾客或用户的转移过程中只经过一个中间环节的渠道称为短渠道,经过一个以上中间环节的渠道称为长渠道。

(3)按照渠道中每个层次选择的中间商数量进行分类

按照渠道中每个层次选择的中间商数量,可以将分销渠道分为宽渠道和窄渠道。宽渠道是指制造商同时选择两个以上的同类中间商销售产品。窄渠道是指制造商在某一地区或某一产品分销中只选择一个中间商为自己销售产品,实行独家经销。

（4）按照制造商所采用的渠道类型的多少进行分类

按照制造商所采用的渠道类型的多少，可以将分销渠道分为单渠道和多渠道。单渠道是指制造商采用同一类型的分销渠道。多渠道是指制造商根据不同层次或地区顾客的情况，选用不同类型的分销渠道。

2．分销渠道的特征

（1）分销渠道具有本地化、排斥性

由于不同地域的顾客具有不同的购物习惯和消费行为，分销渠道应因地制宜。例如，广州人比较偏向于平民生活，喜欢去一些自由市场买东西，甚至为了方便比较喜欢在住宅区楼下的便利店买东西。因此，广州拥有大量的便利店。上海就不一样，上海人偏向于去超市买东西，因为超市里的商品质量可靠、环境良好，在里面购物比较放心、舒服。因此，上海拥有比较发达的连锁超市。

渠道还具备较强的排斥性。在一些渠道中，有的企业品牌抢占了某类产品的市场份额，对于其他企业品牌来说很难打入其中，就会被排斥在渠道之外。例如酒店餐饮企业、学校或单位食堂，这些都是特殊渠道，它们每个月都会消耗大量的食用油、大米以及蔬菜肉类等，都是非常好的潜在优质大客户。如果用了"金龙鱼"食用油，"中粮"大米等，其他企业品牌的产品要想进入就很难，必须花费大量的时间、人力、财力。因此，渠道的排斥性要求企业一定要抢占先机占领那些优质和特殊的渠道，以便在市场竞争中取得优势。

（2）分销渠道具有独特性

每个企业的渠道体系都有别于其他企业的渠道体系，每一个地域的渠道结构也都有别于其他地域的渠道结构，每种渠道都有其不同特色的模式。或者说，企业为了在市场中赢得竞争优势，形成独特的渠道，就必须通过差异化的渠道进行差异化的营销，使其在目标市场上形成具有自身特色的渠道结构和模式。例如联想的连锁经营模式、格力的区域股份制公司模式以及娃哈哈的联销体结构等，都是具有明显特征的渠道模式、结构，使企业的竞争力得到提高。

（3）分销渠道具有不可复制性

分销渠道所具有的本地化、独特性决定了其不可复制性。企业在某一地域、国家所具有的完整的渠道体系，在另一个地域、国家就不能完全照搬套用，必须从头开始建设目标市场的渠道体系，脚踏实地逐步构建另一个完整的渠道体系，无捷径可言。例如，安利在美国销售畅通、网罗密布，但在我国只是请了一些名人来代言,其注重的是在我国建设产品销售渠道,包括专卖店、直销等。渠道建设和管理的艰巨性、复杂性决定了其不同于其他产品,无法进行大量的生产和复制。

10.5.2 物理渠道

1. 人际交互型服务接触的定义和特征

物理渠道是指服务人员在线下的服务场景与顾客进行接触,并进行价值传递。接触类型主要表现为人际交互型服务接触。服务接触被格罗夫和菲斯克(Grove & Fisk,1983)诠释为服务人员与顾客的交流及互动。与这一观点类似,所罗门等(Solomon et al.,1985)认为服务接触是顾客与服务人员面对面的交流,是顾客与服务组织的任何方面发生直接接触和相互作用并对服务质量产生影响的事件。双方通过角色扮演实现各自的"角色绩效",该绩效对服务质量、顾客满意度等具有重要影响,是企业绩效的重要组成部分。人际交互型服务接触,即发生在顾客和服务人员之间、以技术为辅助或促进手段的人际交互,共包括3类:不含技术的人际交互型服务接触、以技术为辅助的人际交互型服务接触、以技术为促进的人际交互型服务接触(见图10-2)。

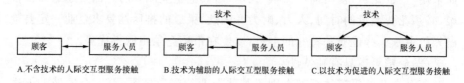

图 10-2　人际交互型服务接触的 3 种类型

资料来源:李雷,简兆权,2013.服务接触与服务质量:从物理服务到电子服务[J].软科学,27(12):36-40.

模式 A 称为"不含技术的人际交互型服务接触"。顾客与服务提供者进行物质接触和互动,技术不直接发挥作用。例如按摩、美容美发等服务,法律咨询、心理治疗等专业化服务也属于这种类型。

模式 B 称为"以技术为辅助的人际交互型服务接触"。在此模式下,只有服务提供者可以利用技术改善与顾客面对面的服务质量。例如,医生利用设备为病人诊疗。

模式 C 称为"以技术为促进的人际交互型服务接触"。顾客与服务提供者都可以使用技术。例如,教师和学生同时利用多媒体系统进行教学。

2. 物理渠道的类型

渠道赋能的意义在于价值的传递,这些价值包括能力、信息、知识等,比如产品的基本信息、功能和需求等。此外,这些价值本身也会不断变化迭代,生态的活力也由此被激发。物理渠道作为服务渠道之一,其主要特征是在线下实体站点进行交流和互动。因此在本书中,我们通过服务接触的定义和类型将物理渠道分为两种类型。

首先是顾客与服务提供者在线下场景进行面对面的接触和互动。在该过程中没有技术的参与,对于顾客而言,服务接触是体验服务质量的重要途径。对于企业而言,服务接触是展示服务质量的“关键时刻”。由于技术水平的限制,早期的服务具有生产与消费不可分离的特征,服务人员与顾客必须同时出现在物理现场,此类服务被称为“物理服务”。例如,购买电脑等实体商品,部分环节需借助物理渠道才能完成,如物流配送、辅助性安装等。

其次是借助技术在线下实体店进行交流和互动。日常生活中常见的是银行自助机的布局。渠道作为连接银行与顾客交流的媒介、产品营销的平台、银行品牌的载体,同时也是银行提升价值创造力的关键。物理渠道包括柜面渠道和自助渠道,是整合银行柜面业务、自助银行等多渠道的金融服务平台,是银行物理渠道作为维护顾客关系、挖掘顾客资源、实现经营收益的关键场所,是银行经营发展的最基本的服务渠道,在与顾客建立长期稳固的合作关系的过程中发挥着基础性作用。自助机的存在是实现物理渠道自主化的主要体现,即顾客直接与物体(自助存取款设备等)接触与互动,从自助机获取自己想要了解的信息。顾客可以了解其账户信息、查看余额、在线转账等,这些操作都不需要银行员工的参与,通过自助机与顾客的界面接触实现价值传递。

10.5.3　电子渠道

随着以互联网为代表的信息技术的不断发展和普及,网络环境逐渐出现并取代物理环境,对传统服务产生了强烈的冲击,并且催生了电子服务这一全新的服务形式。信息技术作为服务创新的基础力量,创新了服务内容、服务模式和服务方式,向顾客提供个性化、网络化、智能化、高技术含量、高附加值服务的新型服务业态,价值传递渠道也从传统的物理渠道转变为高效、便捷、低成本的电子渠道。企业借助电子渠道这一虚拟路径改变了与顾客的交互方式,由传统的面对面交流转变为基于虚拟站点的沟通,企业利用网络提供复杂的信息和数据给顾客,并提供各种各样新的服务。总体来说,电子渠道相比于物理渠道,其主要特征是站点和渠道完全虚拟化。电子渠道在不同行业的应用如表 10-1 所示。

表 10-1 电子渠道在行业中使用的例子

行业类别	举例
银行业	支票存取、查询余额、电子转账、移动支付、ATM 机
教育业	远程学习、多媒体展示、交互式智能黑板、课程管理系统
政府	异地办理身份证、医疗保险服务、养老金发放
餐饮业	POS 机结账、网络点单、排队叫号系统
通信业	电子邮件、语音信箱、智能手机
零售业	条形码扫描器、电子终端销售系统
航空业	网上预订系统、自助值机台

电子渠道在银行的应用主要以电子转账、支票存取等业务为主。一开始电子渠道只是传统实体渠道的有效补充和延伸,随着竞争的加剧和 5G 数据业务、增值业务的不断发展,顾客自己进入相关网上营业厅或者利用其他方式自由地选择各类新业务、体验新业务,自己办理各类增值业务的订阅、退订等手续,电子渠道逐渐在银行场景中得到应用和普及。因此,电子渠道作为迅速发展起来的自助式新型营销服务渠道,以互联网技术和通信技术为基础,将产品的销售与服务数字化,让顾客借助终端设备,自助订购产品、获取服务,满足顾客实时服务的需求,降低营业前台服务压力和服务成本。

同时在日常生活中,我们也可以看到电子渠道应用于金融业和航空业,其不仅降低营销成本、减小代理渠道对运营商的威胁,还有助于塑造品牌形象。比如,电子渠道在服务上的易用性和体验性的表现非常突出。一个顺畅的电子渠道系统,有助于塑造运营商贴心服务的品牌形象。

10.5.4 全渠道

谈及全渠道,首先得从"全渠道零售"说起。"全渠道零售"一词最早出现的时间大约是 2009 年,真正受到市场与行业的关注是在 2011 年。贝恩全球创新和零售业务负责人达雷尔·里格比(Darrell Rigby)对全渠道零售是这样描述的:"随着形势的发展,数字化零售正在迅速地转变,因此它需要一个新名称,即全渠道零售。"这意味着零售商将能够通过无数渠道与顾客进行互动,包括网站、实体店、直邮、社交媒体、移动设备、游戏机和电视等。清华大学经济管理学院李飞教授在其论文《全渠道零售的含义、成因及对策——再论迎接中国多渠道零售革命风暴》中对全渠道的定义与雷尔·里格比的定义相同,他指出:"全渠道零售,是指企业采取尽可能多的零售渠道类型组合和整合(跨渠道)销售的行为,以满足顾客购物、娱乐和社交的综合体验需求。"故可将全渠道界定为企业为了满足顾客任何时候、任何地点、任何方式购买的需求,采取实体渠道、电子商务渠道和移动电子商务渠道整合的方式进行销售,为顾客提供无差别的购买体验。其中,实体渠道的类型包括实体自营店、实体加盟店、电子货架、异业联盟等;电子商务渠道的类型包括自建官方 B2C 商城,进驻电子商务平台如淘宝店、天猫店、拍拍店、QQ 商城店、京东店、苏宁店、亚马逊店等。移动商务渠道的类型包括自建官方手机商城、自建 App 商城、微商城,进驻移动商务平台如微淘店等。一个简单的例子是网站的设计应该与移动应用程序保持一致,并且还应该与品牌物理环境相匹配。顾客可以在店内、网站和手机上以同样的方式购物,与顾客的位置和时间无关。订单可以直接送到预留的地址,也可以在商店取货,或者从零售合作伙伴那里取货。

全渠道并非指品牌方借助所有渠道进行销售,而是指品牌方可以在其拥有的更多的渠道类型中进行选择、组合以及整合,为品牌方实现渠道优势整合、渠道成本分摊,为顾客打造一个更加丰富的场景式消费体验。因此,我们可以知道全渠道的定义有 3 个核心本质:一是单次消费旅程通过多渠道完成,渠道之间协同工作共同服务顾客;二是全渠道打造场景式服务过程;三是为提升消费体验,渠道为直接触达顾客的方式。

10.5.5　"新零售"背景下的全渠道价值传递

1. "新零售"的定义

2016 年 10 月,阿里巴巴集团创始人马云在云栖大会上首次提出"新零售"的概念,他认为纯电商时代很快就会结束,未来的零售业态将是线上、线下加现代物流的形式。随着新零售的提出,学术界和商业界纷纷对新零售进行研究。"新零售"的核心价值是最大程度地提升流通效率,其基本特征包括 3 个方面——以新为本、围绕顾客需求、重构人货场,从而实现"以顾客体验为中心"。

商业界对"新零售"的理解各不相同,表 10-2 是对商业界一些代表性观点的盘点。由于"新零售"是实践走在学术前面,国内学术界的一些学者后续也对"新零售"展开了相关研究。赵树梅等(2017)认为,"新零售"是区别于传统零售的一种新型零售业态的概念表达。它是利用大数据、云计算等创新技术对传统零售业态进行改良和创新,以最新的理念和思维为指导,将商品和服务出售给顾客,从而提升顾客的购物体验。杜睿云等(2017)认为,"新零售"是依托现代互联网技术,如人工智能、大数据等先进技术手段,对商品的生产、流通和消费环节进行改造升级,从而重塑零售业态的结构和形成新的零售生态圈,并将线上、线下与物流深度融合的过程,最终促成价格消费时代向价值消费时代的全面转型。王坤等(2018)指出,"新零售"是号召相关企业做到线上、线下和移动渠道协同发展,三者合力利用现代化技术促进价值消费,零售业态与供应链重构以及实体零售的转型升级。杨坚争等(2018)认为,"新零售"是将大数据、人工智能、新物流等创新技术融入流通领域,并与线上线下环节展开深度融合进行各类营销活动,从而为顾客、企业获得最大利益的活动方式。

表 10-2　商业界对"新零售"的理解

企业	对"新零售"对理解
阿里巴巴	"新零售"是基于互联网思维和科技,通过整合线上、线下和物流全面改革并升级现有社会零售,使商品生产、流通和服务过程更高效
小米	"新零售"的本质是改善效率,通过产品升级,释放用户的购买需求
海尔电商	"新零售"是企业和顾客的融合,为顾客提供最佳的消费体验,实现定制化解决方案,颠覆现有制造体系
天虹	"新零售"是零售的一个加速进化的阶段,使得零售价值赶上市场需求
苏宁	"新零售"下,物联网和互联网结合,感知顾客、预测消费趋势、引导生产制造,提供多样化、个性化服务
京东	京东将自身的"新零售"定义为"无界零售",认为可以通过顾客、场景、供应链与营销4个角度,打破生产商、品牌商和平台商的界限,以实现数据的充分融合及流动,进而全面推动行业效率的提升

资料来源:王淑翠,俞金君,宣峥楠,2020.我国"新零售"的研究综述与展望[J].科学学与科学技术管理,41(6):91-107.

综上所述,"新零售"就是以大数据、人工智能等新兴技术为基础,融合线上与线下渠道,开发利用当代物流和消费场景为顾客提供最佳消费体验的零售行为和商业组织。它是零售行业在信息化和数字化社会发展过程中的一个阶段。在这个阶段,科技的发展加速了其进步,顾客的需求加快了其变化,使得该产业变得更加具有爆发力。

2."新零售"的特点

"新零售"在传统零售的基础上发展而来,它是与现代信息技术相结合的新型零售业态,是零售业发展到一定阶段的产物。"新零售"与传统零售的主要区别在于:首先,从商业内涵上看,传统零售是以产品为本,而"新零售"是以顾客需求为本;其次,从渠道布局看,传统零售是单一渠道或者多渠道,而"新零售"是全渠道,即各个渠道协同运营,融入了产品设计、营销、物流、交易、管理的全过程;最后,传统零售的购物场景是单一且同质化的,而"新零售"的场景是无界化、多样化(郭国庆等,2019)。因此,随着时代的发展与科技的进步,我国的零售业具备了新的行业特点。

(1)数字化

数字化是"新零售"最核心的特点,也是全渠道和更灵活供应链实现的基础。"新零售"时代,线下场景成为企业获得信息的数据节点,他们利用各种传感器帮助企业收集顾客以及产品的数据,从而帮助企业更好地管理渠道、供应链、产品以及顾客。

(2)全渠道

全渠道是指线上线下渠道的打通,而渠道打通的重点并不是简单意义上的线下开店、线上开发 App,而是对企业的数字化程度、云端的统筹能力、数据的挖掘能力以及线下店铺和物流体系协同反应能力的大考验。全渠道的特征就是全程、全面和全线,企业可以从顾客刚接触该产品后的各个环节对顾客进行全程、全面地观察分析,从而整合线上线下渠道进行全线跟进。这种为顾客提供无缝购物体验从而使线上和线下流量无缝转化的方式就是全渠道的核心所在。

(3)灵活的供应链

"新零售"的供应链系统以数字化为基础,将信息转化为数据,从而实现对于实体元素的合理、高效的统筹安排、管理和分配。我国零售业在移动互联网飞速发展的赋能下,信息流和资金流的数字化程度都比较高,物流则成为"新零售"进行数字化的重点(郭振振等,2018)。在未来,"新零售"的供应链系统利用数据从后端到前端、末端以及顾客的全过程,使每一个环节都紧密相连,实现了信息流、资金流、物流的高效统一。

3."新零售"产生的动因分析

无论从商业界伦理的角度还是管理实践的角度出发,零售行业的业态一直处于变革、更迭的周期当中(郭国庆等,2019)。"新零售"作为目前零售行业的新兴业态,无论对于原本单纯的线上电子商务平台还是线下实体店铺,都是巨大的变革。新零售将原本分离的渠道和供应链体系进行整合,从而构成一种新的零售生态(吴锦峰等,2016)。因此,现实中也必然存在着推动零售行业发展的驱动因素。通过对相关文献进行梳理发现,目前对"新零售"动因的研究主要还是集中在消费观念转变、传统行业遇到瓶颈以及新技术的广泛运用3个方面。

(1)消费观念转变

齐永智等(2015)从零售业态的演化历程进行分析,认为零售业主要经历了以货为中心、以场为中心和以人为中心的三大阶段,其实质就是对零售业的3个核心要素"人、货、场"的重新组织的过程。21世纪以来,零售业步入以人为中心的时代,买方市场凸显,顾客的主导作用日益增强。零售商全面洞察消费需求,以多渠道满足顾客诉求,制造商依托零售链路逐渐向反向定制转变。因此,以人为中心的时代也被称为体验经济时代,顾客的消费方式更加注重高质量的产品和服务,顾客的观念也逐渐在向协调性消费观念和绿色消费观念升级和转变(黄杰,2019)。消费主体逐渐被21世纪初的"新世代"消费群体代替,他们大多受过高等教育,进而在消费观念、消费方式以及消费结构上都发生了重大变革(潘建林,2019)。因此,"新世代"消费群体在消费中更加注重自我感受,消费行为呈全天候、多渠道、个性化的特征。以全渠道为特征的"新零售"业态能够为顾客提供随时随地消费、娱乐和社交的消费体验。

(2)传统零售行业遇到瓶颈

随着纯电商时代的到来与发展,传统零售的供应链体系越发无法满足市场需求,零售行业增速放缓,呈现"千店一面"的不利态势,加之消费升级,实体零售行业经营愈发困难。传统实体零售企业由于在经营和辐射范围上相对狭窄,店铺选址、产品品类选择及陈列方式等都受到了区域和空间的限制,再加上产品价格因店铺租金、仓储物流、运营设备、人力资源等费用而增高,使得传统零售既缺乏灵活性又缺乏价格竞争力(史锦梅,2018)。此外,网络零售的"天花板"效应与自身缺陷效应并存。鉴于我国互联网和移动端用户高速增长带来的传统电商发展的红利已经逐渐萎缩,传统电商所面临的瓶颈开始显现(丁乃鹏等,2015)。

此外,网络零售自身的短板也开始显现。相对于实体零售,传统的线上电商难以为顾客提供良好的购物体验和真实场景,线下实体店的可触性、可视性、可感性等直观属性是传统电商无法填补的明显短板。随着我国居民人均可支配收入的提高,顾客品质消费不断升级,对购物的关注已不再是价格,而是对消费过程的体验和感受,以及各种娱乐化和社交化的诉求。

因此,凭借信息技术的快速发展,以满足顾客多样化、个性化、便利性、即时性需求为目标的"新零售"成为当今零售行业的发展方向。"新零售"模式的推广更能完善消费方式、升级消费体验、优化服务,其目的就是构建"新零售"生态闭环。通过现代科技赋能数据流、资金流、物流等,以实现顾客在交易、购买等各个环节的消费升级体验(林文彬等,2018)。

(3)新技术的广泛应用

移动互联网的出现紧紧地连接了人与人、人与物、物与物,其主要特点有:一是碎片化,用户可以在任何时间接入网络,并且多种应用能够在同一时间进行;二是融合性,移动终端可同时运行多个服务程序,移动互联网提供了更广的渠道,两者为应用之间的业务协同创造可能;三是智能性,移动互联网的终端能够通过丰富的传感器实现定位,采集周围的环境信息;四是差异化,用户需求具有个性化与多样化的特点,不同用户接入网络可以完成不同需求。总体而言,"新零售"一系列技术支撑的关键来自大数据、云计算和移动互联网,随之衍生的其他新技术还包括物联网、机器学习、VR 技术、AR 技术、移动搜索、多媒体识别等(王甫等,2017)。

新技术的出现为"新零售"的产生提供了一个很好的平台。一方面,云技术(云计算、大数据)、网端技术(互联网、物联网)以及各种终端口(PC 终端、移动终端、智能穿戴、传感器等)构建了"互联网＋"下的新基础设施,既为生产企业带来了快速发展的机会,又加深了消费两端主体的联系,使企业能为顾客提供更全面的服务,提升了顾客的参与度(宋旖旎等,2019;黄杰,2019)。另一方面,企业生产运行过程中利用新技术,既可降低运行成本,又可帮助企业增加利润,提高效益。同时,企业能够通过数据共享,减少流通环节、降低交易成本,进一步优化和提升整体运营效率。

4."新零售"背景下的行动者及其在价值传递过程中的作用

经济环境、社会行为、技术创新形成新零售快速演化的商业背景,对传统零售商构成了巨大挑战,新零售应运而生。如前文所述,随着互联网技术的出现,价值传递方式发生演变。在新零售实践中,未来只有运营商方可生存,其他角色,包括制造商、贸易商、批发商、零售商等,都会向运营商的角色靠近。运营商与其他角色的本质不同在于,运营商与顾客产生持续的连接关系。卖完货就与顾客断裂关系,这样的商业逻辑将会被淘汰。业务的完整产出将会从过去的价值创造终点变为起点,产品需要伴随顾客成长,根据顾客需求不停地迭代与演进。

在"新零售"背景下,企业不再是单纯的价值创造或价值传递的行动者,顾客不再是单纯的价值破坏的行动者。新零售是集各种行动者进行价值创造和价值传递的平台,盒马鲜生就是其新物种,结合前文所描述的新零售和价值传递的相关知识,就盒马鲜生案例的价值传递进行说明。

(1)价值传递的渠道为线上+线下深度融合

首先,盒马鲜生开拓线下实体销售渠道。一方面,充分发挥线下店铺优势来扩大线上业务量推动线上发展,门店所具有的产品、服务、环境等场景体验能够使顾客对于线上购物更加放心,从而增强与纯电商相比的竞争力。另一方面,除了销售前台功能,盒马的实体店还兼备仓储作用,从而极大降低了库存成本。其次,跨界融合零售业和餐饮业。一方面,零售和餐饮都是高频消费,但零售业的利润率较低,餐饮业利润率较高。盒马将两者跨界融合,对产品价格和利润率进行了平衡,有利于扩大销量增加利润。同时,选择临近保鲜期但品质相对较好的生鲜产品直接用于餐饮区的烹饪销售,最大程度发挥了生鲜产品的价值,减少了损耗,进一步降低了成本。另一方面,餐饮场景的设置吸引了目标顾客的好奇心,给顾客带来了更新奇更舒适的购物体验。同时,通过将餐饮融入零售,进一步丰富了消费内容,可以延长来店顾客的逗留时间从而创造更多的购物机会。最后,手机 App 与支付宝高效配合。手机 App 是盒马鲜生探索"新零售"培养核心竞争力的重要组成部分,其 App 设计简明易操作,尤其对于熟悉网络消费的年轻顾客群来说非常容易,顾客仅需在手机上进行简单下单操作就可以享受早 7 点至晚 9 点 3 公里范围内 30 分钟送达的高效便利配送服务。与支付宝紧密配合可以提高顾客的支付效率,同时实体店消费或者线上订单都需要利用支付宝支付,盒马利用支付宝充分记录顾客的消费数据,顾客的所有支付宝消费行为都可以被精准掌握,其需求偏好、消费行为都会成为大数据库的重要组成部分以供分析。

(2)全自动数字化物流模式

门店前端依据产品分类进行区域布局,每处都有手拿购物袋和终端设备负责本区产品拣货的工作人员。顾客在手机 App 上下单后,由云算法系统接收处理相关数据信息后将订单打散发送至分拣人员的手持终端中,并就近拣货。门店上方安装自动化传输系统,门店后端设立合流仓库,工作人员将分拣好的产品放入相应的保温箱并通过门店前端上方的搬运系统自动传送至后仓;然后基于产品特征、时间地点、相似配送路径进行计算,结合全自动物流模式帮助实现快速打包装箱,最后利用垂直升降系统将产品送至物流区准备配送,从接单到配送控制在 10 分钟内,大大提升了物流配送的效率和便利度。

10.6 价值传递的行动者

10.6.1 行动者的定义与特征

1. 行动者的定义

行动者最初指在科学知识的建构过程中所有起作用的因素,其中以科学活动的积极行动者为核心。这里的行动者是广义的,既可以指人,也可以指非人(nonhuman)的存在和力量,并不对他们可能是谁和他们有什么特征作任何假定,他们可以是任何东西,个人的或集体的,比喻的或非比喻的。纵观相关文献,本书主要从制度视角出发对行动者的含义进行界定,将行动者主要界定为个人、组织类型的行动者。制度主义学者认为,理性化过程会导致人们创造各种实体,包括各种有着自身身份的社会单元,这些组织有自己的利益,也有能力采取行动实现其利益。随着启蒙运动等社会过程的兴起,人类逐渐进入现代社会,个人、组织和社会日益成为三大基本的行动者(Meyer et al.,1997)。科尔曼(Coleman,1964,1990)从历史分析的视角出发,对组织的产生提供了一种有价值的解释。他认为组织是重要的集体行动者,具有独立于其个人成员行动者的合法权利、能力和资源。而经济史学家和历史主义政治学家更为关注各种社会行动者(例如批发商、采购商、管理人、经纪人和代理商等)和各种组织类型(例如合资股份公司、多部门公司和集团公司),以及财产权利与政治权利变迁的根源。

2. 行动者的特征

(1)能动性

任何行动者都是转译者而非中介者,即任何行动者,无论人还是非人,都被看作具有能动性。吉登斯(Giddens,1984)的结构化理论认为,行动者在参与社会结构的持续生产和再生产时,会创造、遵守规则并利用资源。他认为行动者具有思考和应对各种日常生活情境的理解能力和反思能力,能够习惯性地监控自己与他人的行动结果。能动性指的是行动者具有影响社会世界的能力，如能够改变规则、社会关系或资源分配的能力。

（2）主动性

结构化理论还结合其他各种理论主张，来论证个体与组织行动者实际上会发挥比较主动的作用，并提出了一种具有互动性与互构性的制度过程观。例如，结构化理论认为行为往往是以规则为导向的并受规则的支配，但是并不会因此认为行为是"非理性化的"或"无意识地自动进行的"。

3．行动者的类型

（1）以企业为代表的组织类型行动者

该类型的行动者主要包括制造商、批发商和零售商 3 种。制造商（生产商）是创造产品或服务的企业，是创造价值的行动者。批发商是指那些主要从事批发业务的企业，是进行价值传递的行动者。批发商作为中间商的一种类型，主要有商人批发商、经纪人和代理商、制造商及零售商的分店和销售办事处 3 种类型。另一种中间商的类型为零售商。零售是指所有向最终消费者个别地、直接地、重复地销售商品和服务，用于个人及非商业性用途的活动。零售商是指从事这种销售活动的组织和个人。随着社会经济的发展、城市的变迁以及人们消费行为习惯的变化，零售商的形式也发生了各种各样的变革。目前，我国存在的零售商形式大体上可以分为 3 种类型：有门市的零售商、无门市的零售商和零售机构。

（2）以顾客为代表的个人类型行动者

顾客是指前来商店或服务行业购买东西的人或要求服务的对象，包括组织和个人。他们可能是最终消费者、代理人或供应链内的中间人。国际标准化组织（ISO）将顾客定义为接受产品的组织或个人。按接受产品的所有者情况分，有内部顾客和外部顾客两类；按接受产品的顺序情况分，有过去顾客、目标顾客和潜在顾客 3 类。

10.6.2　企业在价值传递中发生的作用

根据企业的类型，本节对企业在价值传递中发生的作用的说明，主要分为制造商在价值传递中发生的作用和中间商在价值传递中发生的作用。基于商品主导逻辑的视角，价值活动是由价值创造、价值传递和价值消费组成的线性价值链构成，这 3 个环节彼此分离，价值增值活动主要在价值产生环节发生。在传统的价值活动中，主要以制造商（或生产商）这一行动者为主，本节在此将其界定为创造产品或服务的企业。企业在这一环节主要发生的作用是首先通过对原材料的加工,生产出满足顾客需求的产品或服务;其次利用分销渠道传递给中间商,中间商对顾客进行价值传递;最后顾客进行价值消费或破坏。此外,企业还起着引导顾客消费的作用。企业通过提出功能型价值主张,聚焦产品的功能和质量属性,提升顾客的功能性体验,提高顾客黏性和忠诚度,实现价值创造和价值增值的目标。

随着价值共创理论的不断发展,大数据、云计算等以互联网为主的技术不断发展和应用,传统的线性价值链转变为互相交织的价值网甚至价值球。相应地,企业在价值传递过程的作用也发生变化。首先是企业的价值创造变为与顾客或者服务生态系统的利益相关者进行价值共创。随着消费升级,企业逐渐以顾客体验为中心,顾客的作用日渐重要,企业以价值创造为起点,捕获或创造与顾客共创价值的机会。其次是企业提出的价值主张由功能型转变为情感型,提出"产品+体验""产品+情感"的服务。在商业模式理论中,价值主张是连接企业内部资源与利益相关者的纽带,因此企业的价值导向会对企业资源和能力以及共创实践产生影响。在该过程中,价值传递与价值共创可能同时发生,不再割裂开来独自产生作用。

中间商在价值链上主要进行价值传递活动。在该过程中,中间商主要进行产品或服务的价值增值以及通过相应的渠道承担传递价值的作用。传统企业中进行价值传递的行动者主要包括批发商和零售商,统称为中间商。随着消费升级,企业主要以满足顾客不断提升的需求为主,新零售应运而生。批发商、代理商和零售商等中间商逐渐合为一体,向运营商角色发展,其在价值传递过程中应用的策略也发生变化。比如,由以前的成本领先转变为成本定价。

10.6.3 顾客在价值传递中发生的作用

无论基于商品主导逻辑还是服务主导逻辑,顾客在价值传递过程中的角色定位没有发生变化,本质仍是价值传递的接受者。不同的是,服务主导逻辑视角下的顾客参与了企业的价值创造过程。顾客要素这一类别主要包括顾客认知、顾客情感和体验、顾客行为、顾客特征和顾客角色。顾客认知是顾客参与价值共创的关键前因,而顾客情感和体验会强化顾客的参与行为,顾客行为则会促进顾客价值创造。在认知—情感—行为关系链中,顾客特征和顾客角色又会起到相应的促进作用。总体来说,顾客作为企业价值传递的接受者,其对服务质量进行的感知作用决定企业价值共创的结果。

顾客会从可靠性、响应性、保证性、移情性和有形性 5 个维度对服务质量进行评价。通过将顾客基于上述 5 个服务质量维度所作的预期与其对实际服务感知的差异相比较,从而将服务质量概念化,形成服务质量差距模型。通过模型,可以测量服务差距、认知差距、标准差距、传递差距、内部沟通差距。服务质量是服务质量差距的函数,测量企业内部存在的各种差距是有效测量服务质量的手段。差距越大,顾客对企业的服务质量就越不满意。因此,差距分析可以作为复杂的服务过程控制的起点,为改善服务质量提供依据。

顾客将接受的服务的感知与服务的期望相比较,当期望与感知一致时,服务质量是令人满意的;当感知超出期望时,服务被认为是具有特别质量的;当没有达到期望时,服务质量是不可接受的。因此,企业要对服务质量进行有效的评价和管理。

10.7 行动者技术准备度

10.7.1 技术准备度的定义

技术准备度由美国著名营销学者帕拉苏拉曼(Parasuraman,1996)提出,是指人们主动接受和使用新技术完成日常生活或工作目标的倾向性。它反映了一种完整的精神状态,这种精神状态源于那些可以决定人们新技术采纳素质的精神使能因子(enables)和抑制因子(inhibitors)所构成的心理完形(gestalt),与人们操控技术的能力(competence)无关,在一定环境下和时间内是稳定的。一个组织有效地使用技术向顾客营销和为顾客提供服务的能力取决于顾客和员工的技术准备程度。

技术准备度包含乐观性(optimism)(认为技术使人们在生活中具有更强的控制力、柔性和效率)、创新性(innovativeness)(认为自己倾向于成为新技术的倡导者与新思潮的引领者)、不适性(discomfort)(感觉无法有效操控技术且经常受其困扰)、风险性(insecurity)(对技术缺乏信任,对其能否妥善完成工作存有疑虑)4 个维度。其中,乐观性与创新性是技术准备度的贡献因子(contributors),而不适性与风险性则是技术准备度的抑制因子。这 4 个维度代表了个人对于技术所持的基本观点,它们是技术准备度的外在体现形式。

10.7.2　企业技术准备度

数字经济时代,互联网的发展重构了企业的商业模式,并且早已进入了人们生活的方方面面。显然,企业要想在新的技术和经济环境下发展,就要接受这种新技术。通过分析传统企业,本书发现这些企业行动者面对互联网主要持以下 4 种态度。

1. 积极拥抱型

这类传统企业对新事物非常敏感,懂得国家的发展态势,知道每个顾客对新生事物的追求。因此,这类企业看到互联网后,往往积极主动地拥抱互联网,将自己的企业与互联网充分结合起来。

2. 稳步观察型

这类传统企业对新事物不敏感,导致互联网发展到今天,有些企业连网站都没建,也没有电子商务,甚至连现在的新媒体如微信公众号都还没有运营。他们需要观察互联网的发展,进而再进行决策。

3. 避而远之型

这里还要再细分为 3 种:一是积极拥抱互联网,结果失败了,觉得互联网技术太难掌握,企业不适合利用互联网发展,故避而远之;二是了解了一些互联网的知识,但结合企业的定位、实力和战略计划,仍旧选择不利用互联网进行转型;三是觉得互联网太虚,看得见但抓不住,不如自己搞生产踏实,即产品卖不出去,放在仓库里做库存至少还能看得见。抱这种态度的企业还是很多的。

4. 听之任之型

这类企业也不管外界怎么变化,它就认定只根据传统企业的战略目标进行计划和发展,不将互联网这一外部环境因素纳入企业的发展计划中。

随着大数据、云计算的发展,企业利用人工智能的核心数据,完成对大数据的深度分析和智慧应用。比如新零售的定义,直接决定了运营商这一行动者的高技术准备程度。这些企业对互联网技术属于积极拥抱型,阿里巴巴的盒马生鲜、京东的 7Fresh 等都是新零售的产物。新零售的本质,就是利用数据赋能,重构人、货、场,更精准、高效地满足顾客的需求。运营商通过数据运营,企业通过对所掌握的数据进行分析与挖掘,识别隐藏在数据背后的信息价值,并在业务中发挥这些价值的作用。值得注意的是,数据运营与"大数据"之间并不存在直接绑定关系。对于大部分企业和产品团队来说,自身掌握的数据并不能成为大数据,企业需要对自身掌握的小数据——业务数据,包括营销数据、顾客数据等进行监控。一旦发现数据异动,则随时作决策进行调整,以保持与市场情况的紧密连接。数据运营的能力需要高度的信息化与数字化作为底层支持,否则数据运营无从谈起。

10.7.3　顾客技术准备度

纵观现有文献,学者们通常利用某个成熟的变量直接代替顾客技术准备度,这些变量包括计算机素养(Goodhue,1995;Deng & Chang,2013)、计算机能力(Yu & Yu,2010)、计算机自我效能(Strong et al.,2006;Lee et al.,2007)、工具体验(tool experience)(Dishaw & Strong,1999)、计算机体验(Lee et al.,2007)、认知风格(Lee et al.,2007)等。因此,这些变量的定义也就成为顾客技术准备度的定义。

当顾客技术准备度处于较高水平时,他们对于技术持有乐观的观点,倾向于创新,且不会时常感到技术给自己带来的不适及风险。顾客对于技术所持有的这些观点将有助于他们对于电子服务的交互界面所传递的信息进行深入的挖掘、消化、加工及整合。在此基础上,他们还会从主观上出发,十分积极地驾驭这些信息,从而帮助自身完成相应的任务。比如当其他条件相同时,顾客技术准备度越高,其采纳电子服务的行为就越可能发生。相对地,对于技术准备度水平较低的顾客而言,他们在技术面前通常会显示出胆怯、退缩、保守的态度,对于技术的使用动机不如高技术准备度的顾客那么强烈,他们采纳电子服务的可能性也比较低。

10.8　本章小结

本章在介绍价值传递演变和价值传递类别的基础上,首先阐释了价值传递系统设计的4种方法,包括生产线方法、顾客参与法、顾客接触法和信息授权法。其次,从类型和特征两个方面,揭示了价值传递的分销渠道。在此基础上,对物理渠道、电子渠道和全渠道进行了剖析,并重点介绍了"新零售"背景下的全渠道价值传递。再次,讲解了价值传递中行动者的定义与特征,并介绍了以企业为代表的组织型行动者和以顾客为代表的个人型行动者及其在价值传递中发挥的作用。最后,对与行动者特征相关的一个重要变量——技术准备度,进行了阐释。

第 11 章　价值评价

11.1　导入案例

责任型平台领导：平台价值共毁

2020 年，国务院政府工作报告指出，"电商网购、在线服务等新业态在抗疫中发挥了重要作用"，要"坚持包容审慎监管，发展平台经济、共享经济"。推动平台经济和共享经济持续健康发展已然成为社会共识，它不仅强调平台经济和共享经济应有的价值共创功能，还关注现实中多种形式的平台经济和共享经济出现的价值共毁现象。

现实中多种形式的平台经济和共享经济均存在价值共毁现象，典型的平台价值共毁案例如滴滴顺风车发生"空姐深夜遇害""乐清女孩遇害"事件，结果是顺风车停业整改一年多，滴滴损失顾客与收入，顾客失去更多便宜和便捷的打车选择，司机则减少增加收入来源的机会，平台、顾客、司机的价值增益均受到损害。滴滴顺风车平台的价值共毁，主要包括以下两个方面的原因。

首先是滴滴顺风车司机的注册流程过于简单。在注册过程中，司机只需要提交姓名、身份证、车辆信息、驾驶证、行车证等信息，至于乘车协议中所谓的司机驾驶安全以及犯罪记录等根本无从考量。这一行为不仅导致大量司机进行注册，出现资源冗余的现象，也使事故频繁发生，安全隐患极高。

其次是平台的运营反馈机制过于刻板。滴滴平台多次事故的发生，也充分暴露了滴滴顺风车平台运营机制的漏洞——由于滴滴平台过于注重保护顾客隐私、固守流程，使平台客服没有权限进入平台，在事故发生时间接导致营救时间的流逝。或许滴滴作为一个大体量平台，所有运营和事件的处理确实需要遵从一定的规章和流程，对顾客隐私数据进行保护也没有错。但问题就在于,连续多次出现雷同事故,滴滴平台没有吸取教训并接受建议,依旧采取过于刻板的应急机制,将过去积累的所有信任和好感毁于一旦。

资料来源:肖红军,2020.责任型平台领导:平台价值共毁的结构性治理[J].中国工业经济,174-192;周筱赟,2018. 女孩顺风车遇害案:滴滴不仅是产品设计有问题[EB/OL]. [2022-12-30]. https://guancha.gmv.cn/2018-08/27/content_30803258.htm.

思考:结合案例说一下价值共毁是什么,它的特征具体表现在哪方面。

11.2 依据现象学方法论评价情境价值

11.2.1 现象学方法论

现象学最初是哲学的一个分支,后来舒茨(Schutz)和伯格(Berger)等一些学者把现象学与社会科学结合起来,这些学者强调对符号的意义进行深入的探讨,并明确支持文化主要是一种符号性体系的观点。

现象学通过聚焦人在生活世界和生活体验中的意识、行为、现象及意义,揭示人存在的现实性和理性、主体性和主体间性、自由性、能动性以及创造性,并通过全面关注人在生活世界和生活体验中的感知、认知、想象、期望、信念、情感、意愿和行为,展现人对真善美的世界及自我本真存在的共同追求,还通过恢复生活世界对于一切科学的视域及意义根源地位,重新确立人在其存在中本有的主体自由、责任与尊严。现象学方法论提倡通过采用现象学还原、现象学直观描述等独特方法观察、描述和分析现象,以获得对现象如其所是的认识。

11.2.2 场景概念界定

如前文所述,我们指出情境含有场景之意,影响情境的因素包括场景这一因素。本书在利用现象学方法论对情境价值进行评价时,主要结合不同的场景对情境价值进行评价。因此,本节主要对场景概念进行界定。"场景(context)"的概念是由斯考伯和伊斯雷尔(Socble & Israel, 2014)提出的,他们指出,与场景时代息息相关的五大要素,即大数据、移动设备、社交媒体、传感器、定位系统正在改变作为顾客、患者、观众或者在线旅行者的体验,也正在改变大大小小的企业。随后,学术界开始对场景进行深入研究,尝试从不同角度对其进行概念化定义。其中,彭兰(2015)认为,广义的场景包含情境,场景同时涵盖基于空间和基于行为与心理的环境氛围,决定人们的行为特点与需求特征,其构成基本要素包括:空间与环境、用户实时状态、用户生活习惯以及社交氛围。梁冠庆和曹建农(Liang & Cao,2015)在技术层面对场景尤其是社会场景(social context)进行定义,认为社会场景指的是不同用户相互关联的特征(characteristics),如社会纽带(social tie)和群体行为(group behaviors),将场景界定为人为构设且被建立的环境,根据其界面特征可将场景分为基于有形环境(physical environment)的现实场景、基于行为活动和心理氛围的虚拟场景、基于新媒介技术和虚拟环境创设的现实增强场景这3种类型。为更加深入地探讨场景理论,产品与场景关系的明确界定非常必要。纵观相关文献,产品(服务)是指企业为了出售而生产的,被用户(顾客)使用和消费以满足某种需求的商品(offering,有明确价格)。而场景则是用户(顾客)在消费产品(服务)的过程中,与用户体验直接相关的任何东西,包括空间、时间、内容等。广义上的场景包括产品(服务),即用户体验场景,如用餐、下午茶和娱乐休闲等场景包括了餐食和饮品等产品;狭义上的场景不包括产品(服务),即产品应用场景,如小米电视的家庭应用场景、维密瑜伽服的健身场景。为更好地对情境价值评价进行研究,本书主要采取广义上的场景定义,以"产品+场景"的组合方式为主。

11.2.3　有形场景的情境价值评价

有形场景是基于现实界面形成的建构于现实生活中的场景形态,包括电影院、车站、家庭、田野、教室、餐厅、咖啡馆、旅游景点等,可以为受众提供体验、交流、服务的社会公共空间、个人空间或私人空间等,主要分为功能性场景和情感形场。

首先是功能型场景类型。该类场景是一种"功能界面"场景,即通过特定的场景设计满足顾客消费产品或体验服务的需要。价值创造与价值传递的路径主要是企业通过线下的方式为顾客提供具体的产品、服务以及功能,来创造和传递顾客价值。如麦当劳、肯德基等快餐店的桌椅等设施安排,为的是满足顾客就餐的需要;而沃尔玛、家乐福等实体超市的条形展销台和行动路线设计,为的是满足顾客的采购便利。因为该类型的产品或服务主要满足顾客的基本功能需求，可复制性与可替代性较强，所以顾客往往不会特别关注场景功能，而是聚焦于"价比三家"，对价格保持敏感。比如市场上出现的奶茶店，它们在味道、质量等方面具有同质性，顾客在购买时则会基于价格进行选择。

其次是情感型场景类型。市场竞争的不断加剧以及互联网数字技术与实体经济的深度融合，迫使企业将注意力从重视"产品创新"向重视"顾客体验"转移。该类场景是一种"态度体验"场景，通过特定的场景设计迎合并唤起顾客感官、机体、心理以及精神等方面的感受，从而形成人与场景的连接互动。如在雕刻时光咖啡馆，书籍、涂鸦留言本、大花猫等道具能够成功连接我们学生时代的记忆，对于缓解生活和工作压力非常有效。这些感受既包括个体性感受（喜、怒、哀、乐等），也包括社会性感受（友谊、爱情、幸福感、美感等）。这意味着企业不仅要生产出更加符合顾客个性化需求的产品，还要思考顾客的各类消费和应用场景。合意的场景设计必须以"顾客体验"为中心，从而构建良好的"产品＋场景"的匹配关系，为顾客创造并传递卓越价值。例如，Airbnb 为"驴友"们提供真实的"原住民"生活场景，让"驴友"们感受当地的风土人情和地域文化。其业务从最初的民宿住宅场景，延伸到家庭餐饮场景，再到其他与旅游项目相关的业务场景，成功打造了以"驴友"体验为中心的住、食、行、游、购、娱等旅行新场景，为顾客创造了卓越价值。

11.2.4　虚拟场景的情境价值评价

虚拟场景也可以界定为线上场景，其旨在通过互联网的线上服务为受众提供满足其媒介预期的虚拟界面环境，主要分为价值观共振型场景和亚文化塑造型场景，还包括我们日常生活中所看到的社群营销、IP 内容营销和私域流量池等。

首先是价值观共振型场景。该类场景是一种"价值取向"场景，即场景与个人的理想、信念、生活目标和追求方向的性质具有某种程度上的一致性。这就需要企业在设计场景时主动作出选择，从而吸引具有相同价值观的顾客群为其创造价值。比如罗辑思维的"60 秒"知识场景，图书馆召开"第四空间"社群读书会，满足顾客的阅读需要，分享读书感受，并且定期邀请书籍的作者或文学"大咖"举办读书讲座，与顾客深入互动。与情感型场景相比，该类场景具有更持久、更稳定的顾客黏性，其价值敏感性更高。

其次是亚文化塑造型场景，也就是我们日常生活中所见到的内容营销。该类场景是一种"集体文化"场景，即通过塑造具有特殊精神风貌和气质的集体文化,吸引并聚合特定顾客群跟随该文化进一步发展、发酵,最终引爆"流行"。与价值观共振型场景相比,该类场景具有更强的群体价值和观念特征,要求场景具有较强的文化风格和文化引领性。例如,电视剧《权力的游戏》自2011年开播以来,数年间在全球积累了海量粉丝。西班牙塞维利亚东部的奥苏纳(Osuna)小镇作为该剧取景地之一,迎来了粉丝观众的观光热潮。人们在小镇上品尝当地美食,小商贩们也根据该剧内容向游客兜售各种纪念品。此外,剧中男女主角的服装和配饰也成为粉丝观众主动关注和搜索的爆款,部分品牌商还要求电视台在该剧播放过程中配套营销入口,如插播网购二维码等。电视剧的热播成功塑造了一个真实的虚拟亚文化场景,形成了新的流量入口。再如,小米公司基于生态链投资,塑造了具有"小米"文化符号的智慧家居亚文化场景,引领"米粉"和"发烧友"畅享科技简约生活,在产品服务的"亚文化"表达中创造和传递顾客价值。

11.3 价值共创的对立面:价值共毁

11.3.1 价值共毁的内涵

价值共毁的研究起步较晚,这一概念首先由普莱和卡塞雷斯(Plé & Cáceres,2010)正式提出,是指在价值形成的互动过程中,由于行动者滥用己方或他方资源而造成行动者福利减少的情形。后续不同的学者对其进行基于不同视角的研究,如列斐伏尔等(Lefebvre et al.,2012)等认为此定义并不适用于B2B情境,因为在价值创造过程中不仅涉及行动者本身,而且行动者所处的网络也参与其中。他们将价值共毁重新界定为焦点行动者(focal actors)及其网络(networks)间的互动关系过程,该过程会导致至少一个焦点行动者和(或)其网络福祉的下降。与价值共创类似,价值共毁是由行动者及其网络间的互动造成的,通过资源整合和应用进行直接(组织与组织之间,或人与人之间)或间接(通过商品)的互动。互动可能产生价值共创,也可能造成价值共毁,但价值共毁对所涉及的焦点行动者及其网络的影响并不等同。也就是说在价值共毁的情况下,对某些焦点行动者及其网络而言,其适应环境的能力并未受到严重影响,而其他焦点行动者及其网络的适应性则会受到较为严重的损害。

　　埃切韦里和斯科伦（Echeverri & Skålén，2011）聚焦于服务提供者和顾客的面对面关系，认为二元互动实践要么产生价值共创，要么导致价值共毁。价值共毁是指在互动过程中服务提供者和顾客所造成的价值的协同破坏或削减。史密斯（Smith，2013）从顾客的角度出发，将价值共毁描述为由于企业未能履行其价值主张而造成顾客资源的意外损失。瓦菲亚等（Vafeas et al.，2016）则聚焦于概念用词本身，而非单方、二元还是多元视角。他们认为价值减少（value diminution）这一术语比价值共毁（value co-destruction）更为恰当，因为毁灭一词意味着不可挽回的损失。尽管互动和资源整合过程并不完美，价值共创强调的最优结果没有达成，但次优价值仍会带来行动者（顾客或服务提供者）福祉的提升。此外，共同创造意味着行动者都参与构建服务体验，但共同毁灭存在只有一个行动者滥用资源的情况，那么采用共同破坏者的称呼就具有误导性。基于此，他们将价值减少定义为由于一个或多个互动行动者的资源不足或资源滥用所造成的负面的价值产出或福利减少。所有行动者或多或少都是价值减少的受害者。

　　综上所述，价值共毁的研究仍处于发展阶段，学者们对其定义和内涵并未形成统一的观点。基于此，本书借鉴关新华和谢礼珊（2019）的观点，认为价值共毁的内涵可以归纳为以下 3 点：

　　第一，价值共毁造成至少一个行动者的福祉未达到最优，可能是次优状态，可能是福祉遭受损失；

　　第二，价值共毁发生在行动者之间进行互动，或者行动者及其网络与其他行动者及其网络之间进行互动的过程中，可能是直接互动，也可能是间接互动；

　　第三，价值共毁不是具体的可观测行为，而是一种状态。

11.3.2　价值共毁的类型

　　价值共毁可以从多个角度进行分类，比如行动者的类型、价值共毁带来的产出水平，或者互动过程中的时间顺序等。

　　首先，根据行动者的不同对价值共毁进行分类。其可分为企业与企业之间的价值共毁（Vafeas et al.，2016）、顾客与雇员之间的价值共毁（Kashif & Zarkada，2015）、企业与顾客之间的价值共毁（Echeverri & Skålén，2011）等。同时有的价值共毁情形包含两个以上的行动者，如游客与其他游客、当地居民等（Malone et al.，2017）；供应商、分销商与顾客等（Fletcher et al.，2017）；顾客与其他顾客、品牌社区服务人员(卜庆娟,2016)等。作为对二元关系视角的补充,普雷尔和马科斯-奎瓦斯(Prior & Marcos-Cuevas,2016)响应瓦格和卢斯克(Vargo & Lusch,2016)以及卢斯克和瓦格(Lusch & Vargo,2014)的号召,基于服务生态系统、行动者—行动者的视角考察了价值共毁。

其次,根据价值共毁带来的产出水平,可以将价值共毁划分为负面产出(Plé & Cáceres,2010;Uppström & Lönn,2017)、中性产出和低于预期的产出(Smith,2013;Stieler et al.,2014;Prior & Marcos-Cuevas,2016;Vafeas et al.,2016)3 种情形。

最后,根据互动过程中的时间顺序,埃切韦里和斯科伦(Echeverri & Skålén,2011)将供应商与顾客之间的价值形成过程分为"先共创—后共创"(增强的价值共创)、"先共创—后共毁"(价值减少)、"先共毁—后共创"(价值修复)以及"先共毁—后共毁"(增强的价值共毁)4 种类型。而关新华和谢礼珊(2019)认为,后 3 种情形均属于价值减少,即次优的价值实现(Vafeas et al.,2016)。其中,第 4 种类型属于价值共毁,而"先共创—后共毁"和"先共毁—后共创"这两种类型是否属于价值共毁,则基于最终的价值产出水平能否让行动者满意。

11.3.3 内在机制

价值共毁的概念自提出以来,学者们就致力于探究其内在机制,研究主要围绕"资源"和"流程"两个关键词展开。通过梳理相关文献,学者们发现资源滥用是价值共毁的根源所在。资源滥用是指行动者未能以其他行动者认为"合适"或"期望"的方式来整合或运用可获得的操作性资源和对象性资源。资源可能来自其他行动者及其网络,也可能是该行动者自身及其网络所拥有的资源,或者两者的组合。而资源滥用可能是偶然的,也可能是故意的。偶然的滥用是指行动者不是出于故意的行为而造成的结果与彼此期望的不一致,如顾客没有能力使用其自身或企业提供的资源;或没有遵循企业的期望而占用员工太多时间。故意的滥用是指某行动者通过损害其他行动者的福祉和适应能力来增强自身的福祉和适应能力,如企业通过牺牲服务质量来提高服务生产率;员工为增强自尊、工作满意感而实施不良行为;顾客采取不良行为等。史密斯(Smith,2013)从顾客的角度出发探究组织对顾客资源的滥用所造成的价值共毁,认为在共创价值失败的情况下,顾客会损失物质资源、自尊、自我效能感、社会方面的支持和关系利益、时间、金钱、知识、生理和情绪的付出、闲暇、希望等。

尽管资源滥用可能是造成价值共毁的关键因素,但是也存在正确使用资源却最终共毁的情况。在服务生态系统中,为了共同创造价值,必须协调行动者的业务流程。因此,列斐伏尔等(Lefebvre, et al., 2012)将流程对接失调纳入价值共毁的内在机制。流程对接失调是指焦点关系中的一个行动者未能以其他行动者认为"合适"或"期望"的方式来适应和协调其流程,使之与其他焦点行动者及其网络、该行动者自身网络的流程相匹配。这种失调会对关系中的焦点行动者产生不利影响,也会对行动者的网络产生不良结果,引发流程对接失调造成的价值毁坏。

11.4　如何达成价值共创,规避价值共毁?

11.4.1　价值共毁的原因

价值共毁的重要节点是互动,在行动者与行动者之间或者行动者与生态系统互动的过程中,资源滥用和流程对接失调是造成价值共毁的直接原因。通过对相关文献进行梳理,根据资源滥用和流程对接失调在价值形成的互动过程中发生作用的时间节点,将其分为互动前、互动中和互动后 3 类价值共毁的原因。

1. 互动前

缺乏信任、地位不对等与缺乏资源是互动开始前双方的一种初始设定,也是互动中资源滥用的 3 种表现,下面就这 3 种表现进行说明。

缺乏信任是由规避风险、害怕机会主义等心理造成的(Vafeas et al., 2016),比如顾客为了避免风险,选择收益较小但安全的方案;为了防范机会主义,委托方不得不花费更多的成本监督代理方的行为,这些都将导致资源滥用。行动者是有限理性的决策者,有限理性使行动者选择风格化行为(stylistic behavior)以减少决策成本,这有可能使决策不是最优的,造成资源的低效率使用;或者选择短期利益最大化从而成为机会主义者,即决策者可能"故意地滥用资源"以优先实现其自身利益(Plé & Cáceres,2010;Prior & Marcos-Cuevas,2016)。因此,总体来看,缺乏信任会导致资源滥用(Vafeas et al.,2016)。

地位不对等指互动双方的"影响力"(power)或"相互依赖程度"不一致(Vafeas et al.,2016)。例如在顾客与企业的互动中,顾客通常处于强势地位,因此一些顾客会对企业的雇员施加压力,导致雇员的工作积极性和目标承诺(goal commitment)减少,影响雇员的工作绩效(Vafeas et al.,2016)。地位不对等也会导致资源滥用,卡希夫和扎卡达(Kashif & Zarkada,2015)的研究也证实了这一点。该研究发现巴基斯坦银行业的顾客与雇员之间就存在地位不对等,拥有某种优越感的顾客会有意或无意地辱骂雇员,导致资源的低效率使用。

缺乏资源是指行动者缺少或对方缺少某种资源(Plé & Cáceres,2010;Smith,2013;Robertson et al.,2014;Vafeas et al.,2016)。史密斯(Smith,2013)将资源分为顾客资源和企业资源:顾客资源包括物质、状态、自我、社交和能量(如货币、信息)等;企业资源包括人员、技术、组织和信息等。普莱(Plé,2016)将顾客资源分为信息、情绪、物理、财务、时间、行为、关系、社会、文化、角色相关、能力和意愿等12类。资源缺乏会导致资源滥用(Plé & Cáceres,2010;Smith,2013)。例如,行动者由于未接收到合适的信息而不知道该做什么或什么都做不了,即由于信息缺乏导致资源的低效率使用(Smith,2013)。瓦菲亚等(Vafeas et al.,2016)指出,缺少必要的知识和技能会降低产出的质量,言下之意是人力资本的缺少会造成资源滥用问题。罗伯逊等(Robertson et al.,2014)的研究显示,由于顾客缺乏医疗知识或者电子医疗供应商提供的资源匮乏,顾客虽然投入了大量时间精力进行在线自助诊断,但并未取得良好的效果,这意味着顾客投入的资源被低效率地使用了。此外,组织结构或制度不完善、缺乏足够的时间,会导致沟通协调不充分(Vafeas et al.,2016),从而使得互动双方不能采取一致的实践要素(Echeverri & Skålén,2011)。

2. 互动中

互动中这一阶段的重要概念包括资源滥用、不充分的沟通/协调或不一致的实践要素,其中后者又会导致前者的发生。不充分的沟通/协调是指因为信息分享、时间资源或管理制度上的缺失而导致沟通与协调不够充分。瓦菲亚等(Vafeas et al.,2016)指出,不充分的信息分享是实现高效率和取得良好效果的重要障碍,可能会使质量不能达到本来可以达到的程度。由于管理制度方面的问题,经验丰富的管理者未能及时对项目进行协调可能导致项目延期。这些情形说明,不充分的沟通/协调会导致资源滥用。接下来要说明的是,埃切韦里和斯科伦(Echeverri & Skålén，2011)提出的"实践要素的不一致"与不充分的沟通/协调具有相同的内涵，可以等同视之。实践要素包括程序、理解和结果。互动双方采取的实践要素不一致，是指由于经验不同、沟通缺乏等因素导致双方预先假定的流程不一致，对同一事物的理解出现偏差(Echeverri & Skålén，2011)；或者互动双方具有不一致的期望，导致行动者错误地集成对方和自身的资源(Plé，2016)。一般情况下，互动双方采取的实践要素不一致会造成资源的巨大浪费，甚至会导致资源滥用，但这些"不一致"有时是可以通过充分的沟通/协调来化解的。

3. 互动后

资源滥用会造成低水平的价值产出，而不同行动者感知到的价值水平可能存在的不对等现象会调节低水平产出导致的负面情绪。这种负面情绪直接造成行动者主观福利的减少，即价值共毁的产生。此外，产生负面情绪的一方或双方可能采取报复行为，即进一步滥用资源，造成更恶劣的结果。这些概念及逻辑关系构成了价值共毁流程的互动后阶段。

低水平的价值产出包括负面的、中性的和低于预期的 3 种情形，它们都会导致行动者的负面情绪。负面的产出会造成行动者焦虑不安(Prior & Marcos-Cuevas，2016)，或者给行动者带来不愉快的情绪(Smith，2013)；产出低于期望会造成行动者的失望情绪(Prior & Marcos-Cuevas，2016)。

不对等的价值感知是指行动者从互动产出中感知的价值水平存在差异，这种差异可能只是一种主观感知(Aarikka-Stenroos & Jaakkola，2012；Vafeas et al.，2016)，也可能的确客观存在(Plé & Cáceres，2010)，但最终都表现为主观感知上的不对等。

负面情绪包括愤怒、失望、遗憾、担忧或焦虑等，可以从行动者与这些情绪有关的文字表达和行为中识别出来(Shaver et al.，1987；Yi & Baumgartner，2004；Smith，2013)。史密斯(Smith，2013)认为负面情绪会直接导致行动者主观福利的减少，即价值共毁。马龙等(Malone et al.，2017)认为，情绪是一种操作性资源，会影响行动者从互动中获得的总体体验。此外，负面情绪也可能会促使行动者采取报复行为(Yi & Baumgartner，2004)，从而表现为进一步的资源滥用(Smith，2013)。可以将这种报复行为看作行动者遭遇了低水平产出或不对等的价值感知以后，在负面情绪的催使下采取的作为保护机制的一种补救措施。不同的负面情绪引起的报复行为各不相同。从顾客的角度来说，愤怒和失望可能导致对抗性行为(如抱怨)，遗憾和失望可能相应地导致切换供应商和负面的口碑效应;从雇员的角度来说,其负面情绪则可能导致服务态度和服务质量的降低(Plé & Cáceres,2010;Kashif & Zarkada,2015)。这些行为都会导致资源的进一步滥用,进而最终导致主观福利的减少,即价值共毁的最终结果。

11.4.2 主要措施

针对规避价值共毁发生的主要措施,主要就个人行为层面、平台内外部利益相关者和平台领导者层面进行说明。

1. 个体行为层面

平台价值共毁是平台企业或平台参与方的动机、能力与触发条件共同作用形成的行为偏差,纯粹自利导向的动机则是首要诱因。因此,推动平台价值共毁诱致主体摒弃不良价值取向、树立科学的社会责任观,形成自觉自律的行为习惯是平台价值共毁的基础治理要求。同时在供需关系中,需求方可以在知识、技能方面进行投资,或者降低自身期望以避免价值共毁。

2. 平台内外部利益相关方层面

平台企业"领导人"关注平台企业对员工和外部利益相关方尽责,而不是考虑自身利益的最大化。关于平台企业对利益相关方尽责,责任型平台领导首要强调的是平台企业"领导人"和平台企业能够自觉履行,将践行社会责任作为责任型平台领导的重要构成维度。关于生态位成员对其利益相关方尽责,责任型平台领导强调的是平台领导者引导和催生生态位成员的自觉履行与自主管理。

3. 平台领导者层面

首先,平台领导者应通过负责任的规则制定、关系协调和运行监督实现对生态位成员的公共治理。其次,平台领导者应赋权赋能、引导和支持生态位成员之间的同边互治、跨边互治和跨生态位互治。最后,平台领导者应保持足够的透明度、开放性和包容性并自觉接受生态位成员的责任监督。

11.5 本章小结

本章在对现象学方法论和场景概念进行介绍的基础上,首先阐述了有形场景的情境价值评价和虚拟场景的情境价值评价。其次,从内涵、类型、内在机制等方面,对价值共创的对立面——价值共毁,进行了阐述。最后,分析了造成价值共毁的原因,并立足个体行为层面、平台内外部利益相关方层面、平台领导者层面,揭示了达成价值共创、规避价值共毁的主要措施。

第五篇

服务生态系统

第12章　服务生态系统概述

12.1　导入案例

伴随产品打造出的生态系统

韩国企业世韩(Saehan,1995 年从三星分离)1998 年推出第一台 MP3 播放器 MPman F10。一开始并不是很引人注目,后来美国的帝盟(Diamond)发现了 MP3 的市场价值,开发了帝盟 Rio 300(据说 Rio 300 的创始人之一来自韩国的世韩公司),一举风靡全世界。

三星也于 1999 年推出 MP3 产品——YP-E32 系列,三星在产品设计研发上都非常注重技术的应用、设计做工以及整体人性化的表达。早期三星十分注意其品牌的高端定位,所有产品基本都是面向高端市场的精品。随着市场的不断变化,在注重自身高端形象的同时,三星也开始面向普通消费人群推广高品质产品,让更多的人可以用上三星的随身视听播放器。因此,三星 MP3 产品曾经矗立于 MP3 市场之巅。

2001 年 10 月 23 日,第一代 iPod 的推出在当时引起了轰动。它不但漂亮,而且拥有独特和人性化的操作方式以及巨大的容量。iPod 为 MP3 播放器带来了全新的思路,此后市场上类似的产品层出不穷,但 iPod 依然因为其独特风格而一直受到追捧。

第一代 iPod 容量为 5 GB,装备了苹果称为 scroll-wheel 的选曲盘,只需一个大拇指就能完成操作,iPod 使用带宽达 400 Mbps 的 IEEE1394 接口进行传输,配合 Mac 操作系统上的 iTunes 进行管理。这在当时是相当先进的设计,再加上 iPod 与众不同的外观设计,使其成为苹果打造的一个神话。

20 世纪很火的产品——三星的 MP3 和苹果的 iPod,其主要功能都是听音乐,但是在服务上的差异造成了不同的结果。三星是较为独立的产品,而苹果的 iPod 与苹果的 iTunes 有着非常紧密的联系。iPod 通过 iTunes 有机连接了用户与音乐来源,用户可以在 iTunes 上购买音乐然后同步到 iPod 上收听。因此,它是一个由硬件、软件、内容有机组合而成的生态系统。现在,MP3 几乎已经销声匿迹,但是 iPod 听音乐的功能承载在了苹果的 iPhone 手机里面,而 iTunes 也是承载了更多的功能来连接苹果不同的硬件和软件产品。

苹果公司向顾客传递了一个 iPod 文化。这个独特的文化使拥有 iPod 的人都可以体会得到。当走进 iPod 专卖店时,顾客会不自主地被它的文化所感染,即使里面每样东西都价格不菲。同样地,在苹果创建的服务生态系统中,生产者通过有形产品嫁接无形的衍生服务,将各行动者之间的联系串联起来。

资料来源:https://www. 163. com/money/article/C8Q3TMDF002580 S6. html;https://zhuanlan. zhihu. com/p/28224094? from_voters_page_true.

思考:同样是音乐播放器,iPod 的成功和三星 MP3 的限制在于什么?

12.2　服务生态系统的产生背景

随着服务经济的兴起,产品与服务的融合成为实践和学术关注的焦点。瓦格和卢斯克(Vargo & Lusch,2004,2008)提出服务主导逻辑取代传统商品主导逻辑,强调一切经济都是服务经济,企业和顾客通过互动而共创价值。近年来,随着服务主导逻辑理论体系的发展,其关注重心转变为多层次网络和动态生态系统(Lusch & Vargo,2014)。瓦格和卢斯克(Vargo & Lusch,2010,2011)从服务主导逻辑拓展出服务生态系统概念,由此开拓了服务生态系统的相关研究。服务生态系统被认为是服务主导逻辑未来 10 年的研究方向(Vargo & Lusch,2016),国外较多学者已对服务生态系统的概念、特征、结构和关键因素等进行探讨(Akaka et al. ,2013;Frow et al. ,2014;Frow et al. ,2016;Vargo & Lusch,2016;Barile et al. ,2016)。国内学者郭朝阳等(2012)和李雷等(2013)都指出,服务生态系统是服务主导逻辑的发展方向;黄天龙和罗永泰(2015)认为服务业实现平台式泛服务化创新的关键是以服务生态系统发展为导向,使企业成为服务生态系统的培育、运营和维护者;简兆权等(2016)系统分析了价值共创研究从顾客体验到服务生态系统视角的演进脉

络。从中可以看出,经过多年的发展,服务生态系统已经成为国内外学术研究
关注的焦点。

　　服务生态系统的思想在实践中也受到推崇,出现了苹果、谷歌、小米、阿里
巴巴等成功的生态系统商业典范。从资源的视角来看,资源基础观强调企业
拥有稀缺的、有价值的资源是持久竞争优势的源泉(Barney,1991)。然而在激
烈的竞争环境中,任何企业都不可能拥有所有资源。为了满足发展的需要,企
业开始寻找外部资源进行互补,企业的边界变得模糊。此外,互联网作为一种
战略性资源融入产品和服务(杨善林等,2016),在社会经济活动中形成无处不
在的"智能互联"(Porter & Heppelmann,2014),引发产业生态系统重构和产
业跨界融合发展,使社会经济的一切行动者都可能成为资源整合者(Vargo &
Lusch,2016),社会情境的影响变得越来越重要。在这种背景下,社会和经济
行动者会主动相互耦合、共同制定制度,并推动服务生态系统形成。从组织的
视角来看,服务生态系统作为介于层级组织和市场之间的一种中间组织模式,
既可以降低行动者专用性资产投资,也可以减少行动者在网络中的无效搜索
成本。同时,制度的存在降低了行动者机会主义行为发生的概率。可以说,服
务生态系统降低了交易成本,促进了行动者共享资源实现价值共创。总体来
看,社会和经济行动者需要通过资源整合实现价值共创,从而决定了行动者共
同构建服务生态系统;而服务生态系统能够降低交易成本并实现行动者的资
源整合,又恰好满足了行动者的需要。由此,两者相互促进服务生态系统的
形成。

　　卢斯克和瓦格(Lush & Vargo,2014)认为,服务生态系统强调社会和经
济行动者在动态和多层次的生态系统结构中通过资源整合、服务交换,以及制
度约束在特定情境下实现价值共创,其思想在实践中迅速发展并受到青睐。
在高度动态的互联网环境下,探讨服务生态系统的理论框架具有较强的现实
和理论意义。然而,服务生态系统的研究还处于起步阶段,目前相关研究主要
探讨了服务生态系统的概念、结构、因素及其作用机制等,但还缺乏服务生态
系统相关研究系统的理论框架,国内对服务生态系统的研究更是匮乏。鉴于
此,本章通过对服务生态系统相关研究的系统梳理,探讨服务生态系统的源起
和核心观点,以基础—过程—目标为主线,系统构建服务生态系统的理论框
架,指出服务生态系统的研究展望,以期厘清服务生态系统的核心观点和各因
素对服务生态系统目标的作用过程,为国内学者开展相关研究提供理论参考
并为企业发展提供实践指导。

12.3 服务生态系统的理论源起

12.3.1 生态系统—组织生态系统—商业生态系统的发展

服务主导逻辑向服务生态系统的拓展意味着广泛的社会和经济行动者成为资源整合者和价值共创的主体,服务生态系统被看作实现价值共创的组织逻辑(Lusch & Nambisan,2015)。服务现象和生物现象有着相似之处(Barile et al.,2016),如生物多样性和服务系统实体的多样性。近年来,管理学已经采纳生物学的"生态系统"思想(Vargo & Lusch,2014),而组织生态系统和生物生态系统之间有着不少相似之处,也表现出很强的关联性(Mars et al.,2012)。坦斯利(Tansley,1935)提出生态系统是在一个特定地点由生物或与之相关联的物理环境所组成的社群或集合,奠定了生态系统的思想。汉南和弗里曼(Hannan & Freeman,1977)将生态系统思想应用于组织研究,基于组织种群生态视角关注环境变化对组织的影响,认为在一个特定边界内具有共同形式的所有组织构成种群,组织环境影响组织的活动方式和结构,使得生态系统的思想超越了生物学领域,从而奠定了组织生态系统的思想。摩尔(Moore,1993)将生态系统思想运用于商业领域,提出商业生态系统的概念。商业生态系统是基于组织互动的一种经济联合体,企业可以将自身视为生态系统的成员,跨越多个产业领域,在生态系统中通过共生演化提升竞争力并实现创新。商业生态系统超越了一般的网络组织,是跨越企业和行业边界的多层次系统结构的利益相关者之间的共生关系。基于此,伊西蒂和列维恩(Iansiti & Levien,2004)强调商业生态系统是由多个成员相互连接、共同创造并分享价值的系统,生态系统的关键角色应能构建平台,为系统创造和分享价值。伊西蒂和列维恩(Iansiti & Levien,2004)进一步从生态位角度指出商业生态系统由占据不同生态位的角色组成,并且各角色的生态位会相互变化。

12.3.2 服务主导逻辑和服务系统的发展

瓦格和卢斯克(Vargo & Lusch,2004,2008)提出服务主导逻辑,强调服务是一切经济的基础。服务主导逻辑基于服务中心观强调服务交易、资源整合、价值创造、情境价值和制度安排 5 个公理,其核心思想是行动者在服务交换中通过资源整合互动并在特定情境下共创价值(Vargo & Lusch,2016)。服务主导逻辑认为操作性资源是竞争优势的根本来源,一切社会和经济行动者都是资源整合者,行动者通过资源整合形成庞大的网络系统,为服务系统和服务生态系统的提出奠定了基础。马格里奥和施波尔(Maglio & Spohrer,2008)指出,服务系统是由技术、人和价值主张所构成的连接内外部系统和共享信息的结构。服务系统具备边界可渗透性和动态网络特征,私有、市场和公共资源(Vargo et al.,2008),个体、团体、家庭和政府都是服务系统的成员,通过服务系统成员之间的资源整合实现价值共创(Spohrer et al.,2008)。服务系统强调技术对行为的影响,技术作为操作性资源促进资源整合实现价值共创,是服务系统的关键因素(Maglio & Spohrer,2008)。服务生态系统是从服务主导逻辑拓展出的概念,通过对服务系统的改进而形成的。服务系统可嵌套或组成更大的服务生态系统(Lusch & Vargo,2014),是服务生态系统形成的基础(Vargo & Akaka,2012;Barile et al.,2016;)。

12.3.3　服务生态系统的提出

生态系统的视角提供了一个综合性的社会和制度框架来描述商业和非商业的关系,因此在服务主导逻辑的应用中越来越具有相关意义(Vargo & Lusch,2014)。莱泰法和雷诺索(Letaifa & Reynoso, 2015)指出,结合服务主导逻辑与生态系统的特征创造一个新的服务生态系统框架;瓦格和卢斯克(Vargo & Lusch,2010,2011)基于服务主导逻辑和生态系统的思想,提出服务生态系统的概念。

服务生态系统的核心思想是行动者在动态和多层次的服务生态结构的服务交换中,通过资源整合和制度约束互动并在特定情境下共创价值(Lusch & Vargo,2014)。服务生态系统的提出涉及两个方面的理论渊源:一方面,从生态系统发展出组织生态系统,进一步产生商业生态系统的概念,商业生态系统的思想为服务生态系统的结构和行动者互动奠定了理论基础;另一方面,从服务主导逻辑拓展出服务系统的概念,进一步促进了服务生态系统的提出。服务生态系统的视角包括了商业社会中复杂的、整体的、内嵌的、网络化的服务系统结构(Vargo & Lusch,2011),服务系统是服务生态系统形成的基础。可以说,服务生态系统是对服务系统改进而形成的,服务主导逻辑和服务系统的思想为服务生态系统的资源整合和价值共创奠定了理论基础。尽管服务系统被认为是服务生态系统的形成基础,但服务生态系统又不同于服务系统。首先就结构而言,服务生态系统更宏观和复杂,服务系统强调各要素所构成的系统往往是在组织内部;而服务生态系统涉及广泛的社会和经济行动者,强调由行动者合作共生关系构成的多层次互动结构(Wieland et al.,2012),侧重外部开放的无边界系统。其次就核心要素而言,服务系统强调技术的重要性,而服务生态系统除了强调技术,更强调制度(Vargo & Lusch,2016)和社会情境(Chandler & Vargo,2011)的影响。最后就方法论而言,服务系统通常强调系统优化问题,而服务生态系统则关注系统构建和商业模式的创新问题,强调从以企业为中心的商业模式拓展至涉及市场、经济和社会的生态系统。

综合以上既有研究,服务生态系统的源起如图 12-1 所示。

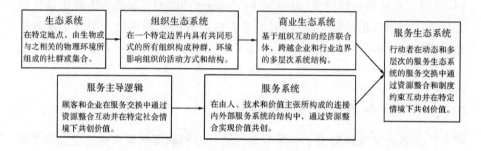

图 12-1　服务生态系统的源起

资料来源:令狐克睿,简兆权,李雷,2018.服务生态系统:源起、核心观点和理论框架[J].研究与发展管理,30(5):147-158.

12.4　服务生态系统的核心观点

12.4.1　服务生态系统的定义

服务生态系统将顾客和企业二元情境拓展至广泛、松散耦合的动态网络系统,有关服务生态系统的研究备受关注并不断发展。瓦格和卢斯克(Vargo & Lusch,2010,2011)最早对服务生态系统进行了界定,强调其是自发感应和响应的松散耦合的时空结构。此后,卢斯克和瓦格(Lusch & Vargo,2014)、卢斯克和南比桑(Lusch & Nambisan,2015)先后对服务生态系统的定义进行修订,强调其是相对独立和自我调节的系统。表 12-1 总结了服务生态系统的多个定义,从中可以看出,瓦格和卢斯克(Vargo & Lusch,2010,2011)首次系统阐述了服务生态系统的概念,强调了 8 个关键内容;而卢斯克和瓦格(Lusch & Vargo,2014)、卢斯克和南比桑(Lusch & Nambisan,2015)则对服务生态系统进行了更简洁和完善的界定,强调服务生态系统是由松散耦合的资源整合者构成的相对独立和自我调节的系统,资源整合者在服务交换中通过制度逻辑和价值共创连接。

表 12-1　服务生态系统的定义

来源	关键内容	定义
瓦格和卢斯克(Vargo & Lusch,2010,2011)	(1)自发感应和响应;(2)时空结构;(3)松散耦合;(4)价值主张的要素;(5)使用制度、技术和语言;(6)共同生产服务;(7)参与共同提供服务;(8)价值共创	服务生态系统是一个由具有不同价值主张的社会和经济行动者通过制度、技术和语言互动而共同生产、提供服务和共创价值所组成的自发感应和响应的松散耦合的结构
卢斯克和瓦格(Lusch & Vargo,2014)	(1)制度逻辑;(2)服务交换;(3)价值共创;(4)相对独立与自我调节	服务生态系统是一个在服务交换中由资源整合者通过共享的制度逻辑和价值共创连接的相对独立、自我调节的系统
卢斯克和南比桑(Lusch & Nambisan,2015)	(1)制度逻辑;(2)服务交换;(3)价值共创;(4)相对独立与自我调节;(5)松散耦合	服务生态系统是一个在服务交换中由多个松散耦合的社会和经济行动者(资源整合者)通过共享的制度逻辑和价值共创而连接的相对独立、自我调节的系统

资料来源:Vargo S L, Lusch R F, 2010. From repeat patronage to value co-creation in service ecosystems:A transcending conceptualization of relationship[J]. Journal of Business Market Management, 4 (4):169-179; Vargo S L, Lusch R F, 2011. It's all B2B···and beyond:Toward a systems perspective of the market[J]. Industrial Marketing Management, 40 (2):181-187; Lusch R F, Vargo S L, 2014. Service-dominant Logic:Premises, perspectives, possibilities[M]. Cambridge:Cambridge University Press; Lusch R F, Nambisan S, 2015. Service innovation:A service dominant logic perspective[J]. Management Information Systems Quarterly, 39 (1):155-175.

12.4.2 服务生态系统的本质与特征

服务生态系统内,行动者相对独立和自我调节的特性也突出了其行动者—行动者(actor-to-actor,A2A)导向的本质(Wieland et al.,2012)。服务生态系统内行动者的角色区别将消失,都是通过服务交换和资源整合为自己或他人创造价值。因此,服务生态系统不仅仅关注实现自身和合作伙伴的利益,还关注所有行动者的利益,以促进服务生态系统持续健康的发展。巴里等(Barile et al.,2016)明确指出服务生态系统的特征包括:(1)服务生态系统是相对独立的,有模糊边界;(2)行动者是相对自我调节的;(3)行动者是资源整合者;(4)行动者通过共享的制度逻辑而连接;(5)服务生态系统中通过服务交换而共创价值。

此外,服务主导逻辑向服务生态系统的拓展表现出创业胜过管理、有效性胜过预测过程、营销胜过制造、创新胜过发明、效果胜过效率、启发式胜过理性的特征(Wieland et al.,2012)。服务生态系统是服务主导逻辑和生态系统的特征相结合而出现的概念(Letaifa & Reynoso,2015),进而同时表现出服务和生态的特征。从服务方面来看,服务生态系统的一切经济都是服务经济,是通过服务交换的资源整合过程,并在服务体验中实现服务生态系统的目标(Vargo & Lusch,2016)。从生态方面来看,具体特征表现为以下几个方面。其一,广泛的行动者:服务生态系统强调一切社会和经济主体都是服务生态系统的行动者和资源整合者,他们通过服务交换实现资源整合。其二,松散耦合关系:服务生态系统的行动者都是相对独立和自我调节的A2A导向的松散耦合关系(Vargo & Lusch,2010)。其三,多层次结构:服务生态系统是涉及广泛领域的宏观的多层次互动结构,各层次的边界是模糊的。其四,制度约束和协调:服务生态系统强调制度的协调作用,认为制度和制度安排是促进、协调行动者行为和促进行动者互动的关键因素(Vargo & Lusch,2016)。其五,社会情境影响:服务生态系统充分考虑社会情境的影响,强调行动主体和情境的多样性(Letaifa & Reynoso,2015),认为价值总是在特定的社会情境下共同创造。从服务生态系统的本质和特征中可以看出,服务生态系统拓展了服务主导逻辑的服务中心观,将视角转换为更加动态的生态系统视角。服务生态系统强调一切经济都是服务经济,认为一切社会和经济行动者都是资源整合者,行动者之间呈现A2A导向的松散耦合关系,通过制度约束和协调,在多层次的互动结构中通过服务交换的资源整合过程,在特定的社会情境下实现服务生态系统的目标(Vargo & Lusch,2016)。

12.5　服务生态系统的理论框架

服务主导逻辑理论不断发展并拓展服务生态系统的概念,形成了丰富的理论成果。构建服务生态系统的理论框架有助于清晰认识服务生态系统的本质,从而推进相关研究。服务生态系统与服务主导逻辑既密切相关,又存在差别。服务主导逻辑是一个理论体系,自瓦格和卢斯克(Vargo & Lusch,2004)提出服务主导逻辑以来,服务主导逻辑的理论体系一直在发展和完善,至今仍未停止。而服务生态系统是一个空间结构,是服务主导逻辑发展过程中产生的一个重要概念,服务生态系统的思想源于服务主导逻辑,服务主导逻辑包含服务生态系统的思维,被认为是服务生态系统的理论基础(Barile et al. ,2016)。因此,服务主导逻辑的部分基本假设与服务生态系统的研究内容密切相关。瓦格和卢斯克(Vargo & Lusch, 2016)对瓦格和卢斯克(Vargo & Lusch, 2008)提出的服务主导逻辑的 8 个基本假设进行修订并增加为 11 个(见表 2-2)。

服务主导逻辑认为社会和经济行动者在嵌套和重叠的服务生态系统体验中,由制度和制度安排约束、协调,通过资源整合和服务交换共创价值(Vargo & Lusch,2016),服务生态系统被看作行动者通过资源整合和服务交换而共同创造价值的组织逻辑(Lusch & Nambisan,2015)。本书对服务生态系统的相关文献进行梳理分类,以基础—过程—目标为主线构建服务生态系统的理论框架(见图 12-2)。

从图 12-2 可以中看出,服务生态系统研究的理论框架的基础由服务生态系统的基本概念、特征和互动结构构成,过程是多个促进因素及相互作用机制的资源整合过程,目标是服务生态系统的价值共创和服务创新。商业生态系统的结构为服务生态系统的多层次互动结构奠定了基础,学者们对服务生态系统概念的完善、基本特征和系统结构的提炼,为服务生态系统研究的开展奠定了基础。而瓦格和卢斯克(Vargo & Lusch, 2016)提出的服务主导逻辑的部分基本假设则关联服务生态系统各促进因素的作用过程和服务生态系统的目标。服务主导逻辑的基本假设分别侧重于解决不同的问题(李雷等,2013),基本假设 7、10、11 涉及服务生态系统的促进因素,分别强调价值主张、体验情

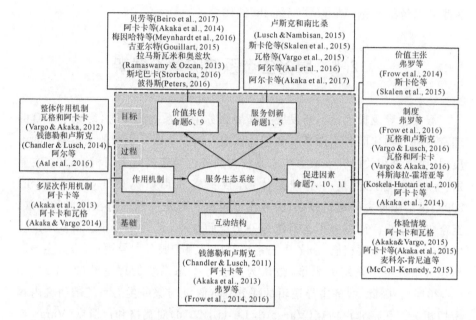

图 12-2　服务生态系统的理论框架

资料来源:令狐克睿,简兆权,李雷,2018.服务生态系统:源起、核心观点和理论框架[J].研究与发展管理,30(5):147-158.

境和制度,促进因素通过相互作用机制促进服务生态系统形成、发展并实现服务生态系统的目标;基本假设 6 和 9 涉及服务生态系统的价值共创,强调一切社会和经济行动者都是资源整合者,而且多个行动者(受益人)共同创造价值;基本假设 1 和 5 涉及服务生态系统的服务创新,强调服务是交换的根本基础,一切经济都是服务经济。

12.5.1　基础:服务生态系统的互动结构

服务生态系统的基本概念、特征和互动结构共同奠定了服务生态系统的研究基础,而服务生态系统的多层次互动结构为行动者之间的服务交换和资源整合提供了合理的解释。生态系统的观点意味着社会和经济行动者的多重动态互动,为理解企业环境变化提供了更好的视角(Moore,1993;Lusch & Vargo,2014)。商业生态系统作为基于组织互动的经济联合体,是跨越企业和行业边界的多层次结构,由多个层次角色共同构成(Moore,1993),不同角色占据不同生态位并相互变化(Iansiti & Levien,2004)。可以说,商业生态系统相对完整和灵活的多层次动态结构为服务生态系统的结构和行动者互动奠定了基础。

服务生态系统作为一种组织逻辑,是资源整合者松散耦合连接的相对独立和自我调节的系统(Lusch & Nambisan,2015)。类似于商业生态系统多层次变化的结构特征,服务生态系统的行动者之间存在复杂的、相互嵌入的多层次互动关系。钱德勒和瓦格(Chandler & Vargo,2011)指出,服务生态系统包含微观、中观和宏观 3 个层次的互动结构:微观层是行动者之间二元的服务交换,中观层是行动者之间三元的服务交换,宏观层是行动者之间网络的服务交换。基于以上结构基础,多位学者进一步关注服务生态系统的互动结构,阿卡卡等(Akaka et al.,2013)指出服务生态系统的微观层关注企业和顾客,是个体和二元活动;中观层关注本地组织,是中等范围的活动;宏观层关注国家和全球,是广泛的社会活动。弗罗等(Frow et al.,2014)强调服务生态系统的微观层是以焦点企业为核心的企业顾客系统,中观层是关注关键利益相关者互动的利益相关者系统,宏观层是关注整个社会互动的服务生态系统。弗罗等(Frow et al.,2014)将服务生态系统的互动拓展至微观、中观、宏观和宏大 4 个层次,而宏大层和宏观层实质共同包含了阿卡卡等(Akaka et al.,2013)指出的宏观层对象。从以上研究中可以看出,服务生态系统互动结构的描述基本以钱德勒和瓦格(Chandler & Vargo,2011)的研究为雏形,对互动层次的描述基本一致,整体上认为服务生态系统的结构从微观层向宏观层发展,强调包含微观、中观和宏观在内的 3 个构成层次。微观层是企业和顾客二元互动的企业顾客系统,中观层是直接利益相关者互动的利益相关者系统,宏观层是涉及广泛的社会和经济行动者社会互动的服务生态系统。制度存在于服务生态系统的每个层次,促进和协调服务生态系统行动者的行为,在服务生态系统中扮演核心角色(Vargo & Lusch,2016)。服务生态系统强调微观层活动嵌入中观层和宏观层系统,宏观层的范围最广,包含中观层和微观层活动,而中观层包含了微观层活动。服务生态系统 3 个层次的边界相对模糊,结构划分不是绝对独立和固定,而是相互嵌入关联。随着时间的变化,各层次的活动不断变化和演进(Vargo & Lusch,2014)。

12.5.2　过程:服务生态系统的促进因素及作用机制

服务生态系统的促进因素是服务生态系统目标实现的关键。一部分研究开始关注促进服务生态系统形成、发展和实现价值共创与服务创新的因素。

价值主张、制度和体验情境促进服务生态系统形成、发展和目标实现,服务生态系统内嵌入的多层次互动通过价值主张连接,制度将促进和协调服务生态系统行动者的行为,在社会情境体验中实现价值共创和服务创新。因此,较多研究关注这 3 个促进因素对服务生态系统的影响。

1. 价值主张

服务主导逻辑基本假设 7 强调行动者不能传递价值,但能参与创造和提供价值主张,服务生态系统的行动者互动通过价值主张连接。因此,价值主张是促进服务生态系统稳定的基本因素,是协调服务生态系统资源共享的动态调节机制(Frow et al.,2014)。早期学者们从静态角度出发界定价值主张,关注价值传递机制,后来学者们从体验和关系角度出发关注价值主张,强调价值主张的动态性(Kowalkowski,2011)。服务主导逻辑的早期基本假设从企业—顾客二元互动的情境强调企业提供价值主张(Vargo & Lusch,2008),价值主张被看作一种决定情境价值期望的机制(Vargo et al.,2008)。随后,价值主张从企业—顾客的二元视角转向包括更广泛行动者的服务生态系统视角(Frow et al.,2014),关注在广泛连接的网络生态环境下如何通过对话形成价值主张进而促进价值共创和服务创新。

弗罗等(Frow et al.,2014)超越顾客—企业和企业—利益相关者系统,从服务生态系统的 3 个互动层次视角界定价值主张的本质,并认为随着企业规模的扩大和复杂性的增强,对价值主张的关注将从微观层向中观层和宏观层延伸。微观层包括承诺和提议,中观层包括邀请行动和桥连接,宏观层包括未知领域和行程目标,充分展示了价值主张具有相互作用、情境价值预期、行动者互动、动态知识共享和对话的特征。价值主张除了对价值共创具有重要意义之外,也会影响服务创新。斯卡伦等(Skalén et al.,2015)认为服务创新等同于创造新的价值主张,并从服务生态系统视角出发提出聚焦于提供实践、代表实践和管理与组织实践 3 方面的价值主张。其中,提供实践包括运作、问题发现和问题解决,以确保价值主张能被执行;代表实践包括命名和标志、模式化和互动,使各主体之间能够交流互动;管理与组织实践包括组织、人员和团队建设、网络和知识共享,包含了提供实践和代表实践所需的基本工作方法和资源。

从中可以看出,价值主张对服务生态系统实现价值共创和服务创新都具有重要意义,部分学者从服务生态系统视角出发关注价值主张的本质和类型。弗罗等(Frow et al.,2014)还指出服务生态系统内价值主张的 5 个关键命题,有助于深刻认识价值主张的本质并作为价值主张后续相关研究的基础,具体包括:(1)价值主张通过行动者提供和吸引资源的相互作用机制而共同创造;(2)生态系统中的价值主张产生于行动者资源中固有的价值潜力;(3)价值主张影响网络构成,尤其是决定行动者的选择和形成市场互动本质;(4)价值主张在生态系统中可能随时间改变并形成新的资源整合;(5)价值主张是服务生态系统的平衡和调整机制。

2. 制度

服务主导逻辑的基本假设 11 认为价值共创通过行动者创造的制度和制度安排协调,制度在服务生态系统扮演核心角色,协调和促进服务生态系统行动者的价值共创行为。此外,制度还促进服务生态系统实现服务创新,制度化和制度安排都是服务创新的关键过程(Vargo et al.,2015)。可以说,制度是合作和协调活动的工具,为嵌套和重叠的服务生态系统中的资源整合和服务交换活动提供构建的基石(Vargo & Lusch,2016)。服务生态系统的制度是一个广泛的概念,包括制度、制度安排和制度化 3 个核心概念。制度一般是指促进和约束人们行为的人为设计的规则、规范和信仰(Scott,2013)。瓦格和卢斯克(Vargo & Lusch, 2016)将制度界定为相对分离、独立的规则、规范、意义、符号、法律、实践等,并认为与制度安排(制度逻辑)是相互关联的一系列制度构成的相对连贯的集合。制度化是指制度的维持、打破和改变(Vargo et al.,2015),包括通过新行动者、重新定义行动者角色和再组织服务生态系统资源、行动者用新的方式共创价值(Koskela-Huotari et al.,2016)。

此外,还有学者特别关注制度中的特定要素,例如符号和实践等。阿卡卡等(Akaka et al.,2014)强调由符号和实践构成的符号系统将引导服务生态系统行动者的行动和互动,通过互动协调、信息交流、资源整合和价值评估过程影响价值共创。弗罗等(Frow et al.,2016)定义共创实践是价值主张吸引行动者在合作和互动活动中共享资源的过程,共创实践在服务生态系统的形成中扮演了核心角色,影响被使用和整合的资源。共创实践包括 8 种类型:类型 1——实践赋予行动者社会资本;类型 2——实践提供共享语言、符号、标志和故事的生态系统;类型 3——实践形成行动者的心理模型;类型 4——实践由实践情境的物理结构和制度创造或约束,从而影响生态系统;类型 5——实践形成现有的价值主张并激发新的价值主张;类型 6——实践影响生态系统的资源获取;类型 7——实践打造新的人际关系,产生互动或体验机会;类型 8——实践有意地破坏性创造生态系统不平衡。这 8 种共创实践类型对服务生态系统微观层、中观层、宏观层和宏大层分别表现出积极或消极的作用。由此可见,制度作为引导和协调服务生态系统行动者互动行为的关键因素,其内涵较广泛,制度、制度安排和制度化将促进价值共创和服务创新。较多学者关注服务生态系统中的制度,并界定制度的相关概念及作用,也有部分学者特别关注符号和实践等特定的制度要素在服务生态系统中的角色和作用。

3. 体验情境

服务主导逻辑的基本假设 10 指出价值总由受益人用现象学的方法决定,关注情境价值(Chandler & Vargo,2011)和社会情境价值(Edvardsson et al.,2011)。服务生态系统作为一个嵌套和重叠的系统,受到广泛的社会情境的影响,有关服务生态系统的较多研究都关注体验情境。阿卡卡和瓦格(Akaka & Vargo,2015)将使用价值和情境价值都看作服务体验,拓展了文化情境的范围,指出服务情境包括服务接触、服务场景和服务生态系统 3 个层次。服务接触是企业和顾客互动,服务场景关注物理和社会环境,服务生态系统关注社会历史和制度情境影响并强调 A2A 导向的互动。此外,阿卡卡等(Akaka et al.,2015)从服务生态系统的微观、中观和宏观 3 个层次识别影响体验情境的 4 种社会和文化要素,包括符号系统和服务生态系统、多样性结构和制度、文化情境价值、共同构建情境。麦科尔-肯尼迪等(McColl-Kennedy et al.,2015)关注价值共创中动态、体验、互动、协作和发展的服务体验,提出由交换实践、规范实践和代表实践 3 个层次构成的共创服务体验 CSEP 模型,认为顾客与其他社会和经济行动者互动而拥有广泛的社会资源。由此可见,服务生态系统强调社会情境的影响,认为价值总是在特定的社会体验情境中决定,服务生态系统行动者会面临复杂多层次的社会体验情境的影响(Akaka & Vargo,2015)。因此,通过企业、顾客、家庭、朋友、社区、协会和政府等多个行动者的多层次视角将更好地理解服务生态系统的体验情境。

4. 促进因素的作用机制

较多学者关注促进因素对服务生态系统形成和发展的影响,而不同因素则是通过相互作用的过程来影响服务生态系统目标的实现。因此,学者们关注促进因素之间的作用机制,包括整体和分层次的作用机制。

一部分研究从服务生态系统整体探究促进因素间的作用机制,关注资源整合、制度、技术、价值主张、契合、服务体验等的关系。瓦格和阿卡卡(Vargo & Akaka,2012)指出通过资源整合和制度连接服务系统内部与服务系统之间的人和技术,以资源整合为核心,在服务生态系统内通过技术、制度相互作用共同创造价值。钱德勒和卢斯克(Chandler & Lusch,2015)探索服务系统内价值主张、契合和服务体验的演化关系,价值主张是服务系统中的关键角色,契合具有暂时性连接和关系性连接的外部特征,以及未来布局、当前布局和过去布局的内部特性;价值主张强度和潜在契合之间相互关联,并且在服务体验的各阶段呈现特定的演化规律。阿尔等(Aal et al.,2016)关注服务生态系统内价值共鸣对整合实践转化为资源的影响,价值共鸣引导品牌、服务系统、体验室整合,促进服务生态系统的价值创造,进而实现服务创新。

另一部分研究则从服务生态系统的多层次结构关注促进因素的相互作用机制,从微观、中观和宏观多层次互动角度考虑制度、技术、资源整合、服务交换和实践制定之间的关系。阿卡卡等(Akaka et al.,2013)指出,在资源、制度和实践相互作用的动态复杂的社会情境中,价值共创方式、制定实践与资源整合之间通过宏观、中观和微观多层次互动和制度相互影响。阿卡卡和瓦格(Akaka & Vargo,2014)强调技术是服务生态系统的操作性资源,是促进服务系统形成、实现价值共创和服务创新的关键资源。在服务生态系统中,技术、制度和实践之间相互影响,技术通过微观、中观、宏观多层次促进价值共创。巴里尔等(Barile et al.,2017)分析了技术和制度在形成旅游服务生态系统中的机制,突出制度和技术在服务生态系统的微观、中观和宏观多层次促进行动者整合资源和交换服务,从而不断调整旅游服务生态系统。

从以上研究中可以看出,服务生态系统各因素之间存在特定的作用机制和演化关系,制度、价值主张、体验情境、技术、服务交换等在服务生态系统各层次之间起互动作用,从而促进服务生态系统的共生演化,进而实现价值共创和服务创新。

12.5.3 目标:服务生态系统的价值共创与服务创新

1. 价值共创

服务主导逻辑的基本假设 6 强调多个行动者共同创造价值,总是包括受益人;基本假设 9 指出一切社会和经济行动者都是资源整合者,他们作为服务提供者和受益人在服务生态系统内通过整合资源的互动过程实现价值共创(Vargo & Lusch,2017)。实现价值共创是服务生态系统的目标之一,也是服务生态系统研究的重要主题,服务生态系统强调社会和经济行动者共创价值,并从企业和顾客的二元情境拓展至广泛的社会情境(Lusch & Vargo,2014)。

服务生态系统的价值共创包括微观、中观和宏观多层次的动态演进

（Chandler & Vargo,2011）。梅因哈特等（Meynhardt et al.，2016）指出服务生态系统的价值是从微观层到宏观层都存在的系统性资产,价值共创包括临界距离、稳定性、放大、内决定、非线性和反馈、阶段性转变、对称性突破、有限预测和历史依赖性等9个系统性原则。通过开放价值链的活动和过程,为企业、顾客和其他利益相关者建立连接,形成网络生态系统,实现价值共创;而社群、平台、合作创新、众包和开放创新等都是价值共创的类型（Gouillart,2014）。企业作为节点参与生态系统,以"众包"的形式实现全球知识、技能和资源的整合而共创价值（Ramaswamy & Ozcan,2013）。

服务生态系统中各因素及其相互作用关系将影响价值共创。阿卡卡等（Akaka et al.，2014）指出,符号嵌入广泛的制度,引导服务生态系统行动者的行动和互动,通过互动协调、信息交流、资源整合和价值评估过程影响价值共创。此外,价值主张、体验情境、资源整合、行动者及其他制度因素（包括规则、规范、实践）,以及这些因素之间的相互作用都将会对价值共创的过程和结果产生特定的影响。斯托巴夫等（Storbacka et al.，2016）将服务生态系统中行动者契合定义为行动者意向和融入资源整合互动过程的活动,由行动者、契合平台、行动者意向、融入属性和资源整合模式构成。契合是通过情境机制、行动形成机制和转换机制的作用过程,形成服务生态系统内价值共创的微观基础。彼得斯（Peters, 2016）区分了同质性资源整合和异质性资源整合,指出异质性资源整合是增强资源和价值共创的重要因素。异质性资源整合可导致服务生态系统新属性,这种属性可帮助或阻碍服务生态系统的可行性,进而影响价值共创。贝劳等（Beirao, et al.，2017）指出,服务生态系统通过资源获取、共享、重组、监控和治理制度生成因素相互作用共同创造价值。尽管各层次因素相互作用的结果不同,但不同层次的因素是相互嵌入和依存的。由此可见,价值共创是服务生态系统研究的重要主题,也是服务生态系统的目标,目前呈现了较多相关研究。社会和经济行动者在服务生态系统内通过资源整合和服务交换的互动过程,在促进因素的影响和作用机制下实现价值共创。

2. 服务创新

服务主导逻辑基本假设1强调服务是交换的根本基础,基本假设5强调一切经济都是服务经济,这意味着产品和服务的融合。服务创新合作可产生于服务生态系统的 A2A 结构中（Lusch & Nambisan,2015）,社会和经济行动者通过服务交换和资源整合促进服务创新（Aal et al.,2016）。可以说,服务创新是服务生态系统的目标和重要的研究主题。

服务创新是涉及网络系统行动者进行资源整合的合作过程（Peters，2016）。卢斯克和南比桑（Lusch & Nambisan，2015）提出由价值共创、服务平台和服务生态系统 3 个层次构成的服务创新架构，服务提供者和服务受益人通过资源整合和制度共创价值，服务平台是实现创新的场所，服务生态系统是行动者实现服务交换和价值创造的组织逻辑。服务生态系统的服务创新是低形式化、自发的、非系统的，实践情境决定服务创新（Skålén et al.，2015）。

服务生态系统的服务创新类型和过程受到制度（Vargo et al.，2015；Akaka et al.，2017）、价值主张（Skålén et al.，2015）、价值共鸣（Aal et al.，2016）、企业政策（Longo & Giaccone，2017）等因素及其相互作用关系的不同影响。瓦格等（Vargo et al.，2015）指出，服务创新是合作创造或合作实践提供现有或新的解决方案组合，制度安排会影响行动者行为，因此制度化或制度安排的维持、打破和改变，包括规范、规则和实践都是实现服务创新的关键过程。阿卡卡等（Akaka et al.，2017）强调服务生态系统的创新技术和市场由持续协调和重叠交叉的制度形成，制度化有助于技术和市场发展，是多个行动者在动态服务生态系统创新过程中的核心。斯科伦等（Skalén et al.，2015）聚焦于价值主张的提供实践、代表实践和管理与组织实践 3 个方面，认为可以通过发展或创造现有的实践和资源，或者以新方式整合实践和资源来实现服务创新，由此识别了适应型、资源型、实践型和组合创新型 4 种服务创新类型和实践型、资源型和组合创新型 3 种类型的服务创新过程，其认为成功的服务创新不仅取决于拥有正确的资源，还需要将资源用正确的方法和时间整合为有吸引力的价值主张。阿尔等（Aa et al.，2016）关注品牌、服务系统、体验室整合，通过价值共鸣引导、影响服务创新过程，并得出 4 个命题：（1）价值共鸣是服务创新的基础；（2）基于价值共鸣的品牌创新整合能够促进创新；（3）基于价值共鸣的跨服务系统边界的资源整合有助于创新；（4）基于价值共鸣的体验室整合一体化场景能够支持服务生态系统资源整合和价值共创的形式创新。隆戈和贾科内（Longo & Giaccone，2017）探讨在服务生态系统创新中如何解决企业和中心其他行动者之间的委托代理问题，强调企业政策基于承诺、心理社会激励和社会控制可鼓励行动者之间的协作，使行动者的利益与中心的新目标一致，从而防止创新中心内的机会主义行为，而服务交换是实现创新的核心。近年来，学者们开始关注服务生态系统的服务创新，社会和经济行动者服务交换和资源整合互动是实现服务创新的过程，并且行动者在促进因素的相互作用下实现服务创新。

12.6　研究展望

服务生态系统植根于服务主导逻辑,经过多年的发展,服务生态系统的理论基础不断完善,但作为一个较新的研究主题,服务生态系统的研究还处于起步阶段,未来还有较多探讨和研究空间。

1. 研究服务生态系统的价值共创和价值共同破坏

社会和经济行动者通过互动共创价值,可能产生多样化的结果,价值共创会出现哪些多样化的结果? 如何保证价值共创的公平性? 此外,行动者互动可能产生价值共同破坏问题(Echeverri & Skålén,2011),当前研究对价值共同破坏的关注较少。服务生态系统内会出现怎样的破坏行为? 共同破坏行为会产生什么后果? 共同破坏行为之间如何相互作用? 这些问题都值得探讨。

2. 研究服务生态系统的服务创新问题

服务生态系统的行动者是相对独立和自我调节的,面对高度不确定的环境,服务生态系统行动者的调节行为如何发生? 行动者如何在生态系统中不断演化? 演化过程中的角色是什么? 行动者是否具有适应变化的能力? 这些归根结底都是创新问题。因此,未来应更多地应从服务生态系统视角加强服务创新的研究。

3. 基于中国情境下服务生态系统的制度问题研究

服务生态系统的行动者受到制度的约束和协调,从而促进价值共创和服务创新。制度是服务生态系统的重要因素,然而关于制度问题的研究还很有限,特别是中国情境下制度的特殊性,包括规则、法律、文化、价值观等,都和西方国家不同。因此,中国情境的制度对服务生态系统的影响具有现实意义,值得深入探讨。

4. 基于服务生态系统视角开展实证研究

现有研究从理论上分析了服务生态系统的促进因素及其相互作用的机制,包括价值主张、制度、体验情境等,但并未对这些因素以及相互作用机制进行实证研究。因此,未来需要通过实证研究来验证因素之间的关系,以便深层次地理解服务生态系统的促进因素。此外,一些重要文献(Lusch & Nambisan,2015;Aal et al.,2016)已经关注服务生态系统价值共创与服务创新的相互作用,未来可对价值共创行为与服务创新的影响关系构建模型进行实证研究。

5. 开展服务生态系统的案例研究

互联网、物联网、大数据的发展促进了商业模式向数字化生态的变革,苹果、谷歌、阿里巴巴等商业生态的理念正获得商业界的重视和关注,服务生态系统现象正迅速发展。因此,结合服务生态系统视角,选择典型的商业生态企业进行案例研究,一方面可以验证实证研究的结果,另一方面将有助于深刻认识服务生态系统思想在实践中的运用。

12.7　本章小结

本章通过对服务生态系统理论源起和核心观点的分析,以基础—过程—目标为主线构建了服务生态系统的理论框架,其核心观点包括:第一,商业生态系统的动态结构奠定了服务生态系统的结构基础,服务主导逻辑和服务系统是服务生态系统形成的理论基础;第二,服务生态系统是包括微观、中观和宏观在内的多层结构,各层次相互嵌入和联系,不同层次的互动随着实践而演进和变化;第三,服务生态系统受到促进因素及其相互作用机制的影响,促进因素包括价值主张、制度、体验情境等;第四,实现价值共创和服务创新是服务生态系统的目标,一切社会和经济行动者通过价值主张连接而互动,制度促进和协调行动者行为。

第 13 章　制度和制度安排

13.1　导入案例

制度下的 NBA

美国有四大职业体育组织——棒球联盟、橄榄球联盟、冰球联盟和篮球联盟(NBA),其中 NBA 虽然不是北美地区观众最多的联赛,但却是最全球化、影响力最大的职业体育组织,现在正以 40 种语言向全球 215 个国家和地区直播赛事,7.5 亿个家庭观看赛事。麦肯、张伯伦、拉塞尔、乔丹、奥尼尔、姚明等 NBA 英雄的故事几乎可以说家喻户晓。

在 NBA 成立以前的很多年,职业篮球运动就已经存在了。职业篮球运动始于 1898 年,其后不久美国就出现了第一个职业联盟(NL)。1939 年,一个相当规模的职业篮球联盟(NBL)成立。在 1946 年 NBA 成立时,美国不仅已经有了业余篮球联赛(NCAA,1937 年),而且还有大大小小几十个职业篮球联赛。在 NBA 成立 21 年后,又出现了职业篮球联赛(ABA)。为什么 NBA 能够在竞争中脱颖而出、一统江湖? 为什么 NBA 能够带领职业篮球运动走向全球化? NBA 的故事能给我们带来哪些启示? 我们从制度分析的角度讲述 NBA 的故事。

1946 年,11 家冰球馆和体育馆的老板们共同发起成立美国篮球协会(BAA)。在 1949—1950 赛季,BAA 吞并了 NBL,并改为现在的名字 NBA。

成立 BAA 的初衷是为了让体育馆在冰球比赛以外的时间不至于空闲冷场,实际上背后真正的商业理由是:当时二战刚刚结束,人们需要从紧张的气氛中解脱出来,体育和娱乐正是人们的消费热点,当然也是投资热点。因此,联盟的成立与其说是一项竞赛,不如说是投资一档生意。

BAA 的主要发起人之一沃尔特·阿·布朗(Walter A. Brown)为联盟奠定了理论基础,这个理论基础就是 4 个原则:(1)球队的拥有者必须具有一定规模的资产,职业联盟必须有足够的财力支持;(2)用高收入保证运动员全身心地投入训练和比赛,不为生计所困;(3)一名运动员只能为一家俱乐部效力并要签订严格的合同;(4)联赛还要建立运动员储备制,以备现役运动员受伤或者因故无法比赛时,球队的整体实力不受损失。

NBA 联赛经营体制由俱乐部和联盟双重构成。俱乐部是以营利为目的的独立法人,是企业;而联盟是一个非营利性的商业组织,联赛现在有 30 个俱乐部。联盟负责组织、推广、经营赛事,处理涉及俱乐部之间的公共事务。但是,无论赚多少钱都是联盟成员——30 个俱乐部的,参加联盟的俱乐部共同为联盟支付管理费用和管理人员工资,仅此而已。

联盟是一个严密的契约,这个契约规定了联盟和俱乐部双重经营体制。俱乐部的公共产品、公共事务必须完全交给联盟管理。联盟会出版一个简称为 CBA(collective bargaining agreement)的谈判指引,规定了涉及联盟一切有关人员(包括联盟、俱乐部、球员、球员工会、经纪人)的权利和义务,这是一切谈判的基础。按照这个指引谈判,双方的余地非常有限,不可能漫天要价、坐地还钱,非常节约交易成本。

联盟除了负责公共产品经营外,还负责竞赛规则制定与修改,联盟管理制度的制定与修改,裁判员的雇佣和培训,代表联盟与球员工会谈判,开展联盟推广活动,扩大联盟影响等。

俱乐部在成为联盟成员后,必须缴纳一定数额的保证金给一个托管银行,以供俱乐部在解散、倒闭时支付尚未支付的球员工资、经纪人费用、场馆费用、拉拉队工资等。俱乐部股权转让也要经过联盟的批准。

NBA 的这一整套联赛组织管理制度,非常严密合理。首先,将俱乐部的"私权利"和联赛的"公权利"切分得非常干净。俱乐部是联盟的主人,但是俱乐部将联赛的公共事务完全委托给联盟处理,联盟也不干预俱乐部"私权利"范围内的事务。

其次,平衡了富有的俱乐部和贫穷的俱乐部之间的收益。联赛是由多个俱乐部组成的,如果俱乐部之间的收益差距过大,那么联赛将会呈现一边倒的局面,竞争性和观赏性将会变差,市场一定不会好。实行联盟总收入平均分配的制度使得某一俱乐部即使实力再弱,也有一个基本收入可以雇请球员。但是,这也并不意味着"大锅饭";实力强、投入大的俱乐部收入多;实力弱、投入少的俱乐部收入相对少,体现了既有公平又有竞争的精神。

再次,联盟除了成员的利益外,没有自身的利益。联盟如果有自身利益就可能出现和俱乐部争夺利益的倾向。按 NBA 的架构,联盟自身不是营利机构,没有自身利益,只代表成员利益。

最后,保证金制度合理防范了俱乐部经营风险可能给球员和其他人员带来的影响。俱乐部股权转让审查制度,也尽可能保证 NBA 能有最好的股东。

NBA 球员工资制度也有复杂的构成,例如"工资帽"制度、"奢侈税"制度、伯德条款、中产阶层条款、小鸟条款、底薪条款、新人条款等。除此之外,球员选拔、球员转会和经纪人,也都有着分门别类的制度。这一整套制度很好地解决了俱乐部之间、俱乐部与球员之间、球员与经纪人之间的利益关系,既使 NBA 联盟能够保证俱乐部之间的实力大致均衡,又避免了如同欧洲足球那样,由于高昂的转会费和球员工资吞噬俱乐部的利润,从而使联赛陷入泡沫化的局面。

资料来源:崔岩,2006.制度很重要——NBA 的故事[J].中国科技财富,4:106-115.

思考:制度,究竟是为了约束组织内行为,还是为提升组织创造力?

13.2 制　度

制度包括规制性、规范性和文化—认知性要素,这些要素为人们的社会生活提供各种资源,也为人们提供稳定性和意义,从而使人们得以开展各种活动。这是一个内涵十分丰富的定义,是对大量的思想和理论的高度概括。在该定义中,制度具有多重面相,是由符号性要素、社会活动和物质资源构成的持久社会结构。这些制度表现出的特征,使得它们相对稳定且不太轻易变迁(Jepperson,1991)。正如吉登斯(Giddens, 1984)所指出的,"根据定义,制度是社会生活中相对持久的特征……使(社会系统)在时空的变化过程中具有一定的'稳定性'"。它们可能通过代际传播而得以维持和再生产(Zucker,1977)。当然,制度的这种稳定性是相对的,最终会随着时间的进程而变化。

制度之所以具有促进稳定与形成意义的功能,是因为规制性、规范性和文化—认知性要素在发挥作用。这些要素是制度结构的核心构成部分,提供具有弹性的框架来指引行为并抵制变迁。本章将逐一探讨制度三大要素各自独特的性质与作用。

上述制度概念不仅指出规则、规范和文化—认知信念(即符号系统)是制度的核心要素,还指出制度与活动、物质资源存在密切关系。这一制度概念尽管极其强调社会生活的符号层面的重要性,但也十分关注生产与再生产这些符号层面的活动,以及维持它们的资源。无论在什么地方,对于任何符号系统,我们都不能通过抽象的本质来建构某种理论模式,只能通过经验观察和研究各种行为事件才能理解。

同样,制度如果只体现在口头话语和物理客体中,就是"死的"。所有这些表象,唯有在实际的人类行为中被不断地提及,才不会丧失主观的实在性。吉登斯(Giddens,1979)和小休厄尔(Sewell,1992)认为,社会结构概念必须包括各种资源——物质与人,才能说明权力的非对称性。如果规则与规范要有效力,就必须得到具有奖惩作用的权力的支持;而文化信念或"图式"若想持续存在和发挥作用,就必须与资源相联系,并常常体现在资源之中。反过来,那些拥有表现为额外资源之权力的人,都试图使权力的行动具有权威性与合法性。正如小休厄尔(Sewell,1992)所言,"正如资源的使用如果得不到文化图式的指引,最终将消散和衰败一样,图式如果得不到资源的支持而再生,最终将被遗弃和忘记"。

很多学者在研究制度时,特别强调制度对行为的控制与限制,认为制度通过界定法律、道德与文化的边界,从而对行为施加严格的制约,把合法的活动与非法的活动区别开来。然而,更为重要的是,我们应认识到,制度对行动者及其活动也具有支持和赋权的作用。制度既对行动产生禁止和制约作用,也为行动提供指引与资源的支持。尽管制度有促进稳定与形成秩序的功能,但制度本身也会发生变迁,包括渐近的改革与激进的革命。因此,制度研究的主题不仅必须包括作为一种既存社会秩序的"属性"或状态的制度,还必须包括作为一种"过程"的制度,必须包括制度化与去制度化的过程(Tolbert &Zucker,1996)。学者们在关注制度是如何出现和维持的同时,也越来越关注制度的变迁。他们已经指出,制度变迁的动力很多都来自制度内部的各种过程,包括不同制度要素之间的矛盾和冲突;当然,来自外部的冲击,诸如战争和经济危机,也会使制度失去稳定性。制度需要各种中介来传播和实施,并由此体现在各种中介上。这些承载和传播制度的中介会运用各种不同的程序来传播制度的信息与要求,因此可以分为不同的类型。此外,制度会在从世界系统到人际互动的各个层次上运行和发挥作用。不同制度流派的学者彼此之间往往存在重要的差异,其中最关键、影响最大的差异就在于强调和重点分析的制度要素各不相同。

13.3　三大制度要素与组织合法性基础

不同的社会理论家先后把规制性(regulative)、规范性(normative)和文化—认知性(cultural-cognitive)系统确定为制度的核心要素。实际上,这三大要素构成了一个连续体,"其一端是有意识的要素,另一端是无意识的要素;一端是依法实施的要素,另一端则是被视若当然的要素"(Hoffman,2001)。所有这些制度要素或制度层面,以相互依赖和相互强化的方式,构成一个强有力的社会框架,这一社会框架既能容纳又能展现这些结构的强大力量和弹性。正如德·安拉德(D'Andrade,1984)所指出的,在这一综合概念中,各种制度构成的似乎是一种由多种因素决定的系统,"通过社会奖惩施加各种压力和要求、内在而本质的精神奖励、价值观,来促进人们遵从,而所有这些社会奖惩都可能一起发挥作用,使制度成为一种特殊意义系统,并具有指引和导向的力量"。

尽管这种极具包容性的概念模型有其优势,但也可能掩盖和模糊各种重大差异。这一定义确实把 3 种多少有些不同、需要区分的概念结合在一起。但是,我们不能只提出一个比较综合的概念,而是要在这个关键点上,通过强调三大制度要素,确定它们的基本假定、机制和重要信号的区别,从而推进制度理论的发展。我们通过对分别强调三大制度要素的各种主张和观点的进一步分析,可以清除这个领域中存在的、影响比较大的、根本上是错误的理论线路。表 13-1 中第 2 栏至第 4 栏列出了制度的三大要素;各行列出了关于三大制度要素的各种假定之间的差异,以及那些只强调其中某一制度要素的理论家们所提出的观点。该表也是下文讨论三大制度要素的一个指南。

"如果要在社会环境中生存下来并兴旺发达,组织除了需要物质资源和技术信息之外,还需要其他东西。它们还需要得到社会的认可、接受和信任(Scott et al.,2000)。"简言之,它们需要合法性才能生存与发展。苏特曼(Suchman,1995)对合法性概念作了如下界定:"所谓合法性,是指某个实体所进行的行动,根据社会建构的规范、价值、信仰和定义系统,被普遍认为是适当的、合意的。"合法性是普遍性的评价,而非就特定事件的评价,是"客观上拥有的,但需要主观地创造"。他的这一界定非常恰当。当然,萨奇曼所说的各种"社会建构的系统"实际上就是制度框架。与先前所讨论的内容相一致的是,制度的三大要素都为合法性提供了一种支撑,虽然是不同的支撑。

表 13-1　制度的三大要素

	规制性要素	规范性要素	文化—认知性要素
遵守的基础	出于自利	社会责任	视若当然、共同的理解
秩序的基础	规制性规则	约束性期待	建构性的图式
扩散机制	强制	规范	模仿
逻辑类型	工具性	适当性	正统性
重要指标	规则、法律、奖惩	合格证明、资格承认	共同信念、共同行动逻辑、结构同形
情感反应	内疚/清白	羞耻/荣誉	确定/惶惑
合法性基础	法律制裁	道德支配	可理解、能认可的文化支持

资料来源:W. 理查德·斯科特,2020.制度与组织:思想观念、利益偏好与身份认同[M].姚伟,等译.北京:中国人民大学出版社.

韦伯(Weber, 1968)是最先强调合法性的伟大的社会理论家之一。在社会行动的分类上,他特别强调指出,一个行动者之所以采取某种社会行动,往往是因为其认为这种社会行动具有某种合法性,受到的是合法律令的指引;而这些合法律令是一套确定的原则,行动者在某种程度上认为这些原则是强制性的或者模范性的,必须依其行事。在经验研究和历史研究中,韦伯运用这一理论视角来分析诸如企业和政府等权力结构的合法性,提出当权力的行使得到流行的、占主导地位的社会规范支持时,权力就逐渐被合法化为权威,或者是传统型权威,或者是魅力型权威,或者是理性—合法型权威(Deephouse & Suchman,2008;Dornbusch & Scott, 1975;Ruef & Scott, 1998)。帕森斯(Parsons,1990)则持有一种文化—制度视角,并把合法性分析拓展到组织目标等现象上,认为组织目标的合法性程度,与其既有社会价值的一致性程度呈正比。这些主张后来得到了诸如伯杰和卢克曼(Berger & Luckmann,1967)、迈耶和罗文(Meyer & Rowan,1977)、迈耶和斯科特(Meyer & Scott,1983)等新制度主义者的丰富和拓展,他们对组织策略、结构和程序的合法性问题进行了探讨。

组织研究的资源依赖理论与社会交换理论,往往把合法性视为组织从其制度环境中抽取的又一种资源(Dowling & Pfeffer,1975;Suchman,1995)。强调规范性制度要素的学者,在某种程度上也持有此种看法。因为他们强调遵守规则会获得收益,违背规则会付出代价。然而在制度主义者看来,合法性并非可以占有或交换的一般物品,而是一种状态,体现的是与相关规则和法律、规范价值观或者文化—认知框架之间的呼应或亲和性。合法性犹如氧气,看不见却十分重要,一刻也不可缺少,没有它就会痛苦不堪。因此,合法性不是某个具体的物件,而是能够在社会上立足和存在的根本条件之一。

伯杰和卢克曼(Berger & Luckmann,1967)认为,合法性会激活"第二阶段的意义"。也就是说,在第一阶段,随着行为模式的不断重复,在行动者之间激发共同的意义,制度化的活动即秩序得以形成;然后,在第二阶段,这种秩序的合法性又会把秩序与更广泛的文化结构、规范或规则关联起来。"合法性通过把认知的真实有效性归因于其客观化的意义,来'解释'和辩护制度性秩序。合法性通过为遵守秩序的要求赋予一种规范性的尊严,来证明制度性秩序的正当性"。新的行动要合法化,首先就要被本地接受,而一旦它们被视为一种真实的社会事实,就会更容易被其他地方情境中的行动者所采纳。本书与迈耶和斯科特(Meyer & Scott,1983)强调的是文化—认知性制度要素,认为"组织的合法性,主要指的是一个组织的支持程度"。

合法性所具有的这种垂直层次分布的特征,使组织有必要寻求其他重要权威机构的支持。这些权威机构被授予了可以赋予他者合法性之权力,包括文化权威机构和政治权威机构。这些权威机构会因时因地而异。当今时代,政府机构、专业协会和行业协会对组织而言往往十分关键。来自这些权威机构的认可、证明、鉴定、资格认证或委托,常常成为具有合法性的重要标志(Dowling & Pfeffer,1975;Ruef & Scott,1998)。在那些比较复杂的情境中,个人或组织可能面临各种竞争性的统治或控制。那些面临相互冲突的规范要求与标准的行动者,往往发现自己无所适从,因为如果遵守其中一种要求和标准,就可能失去其他权威机构的规范性支持。"某个给定组织的合法性,受到统治或支配它的不同权威的负面影响,受到不同权威就其应如何运行的不一致解释的负面影响。"(Meyer & Scott,1983)

至于哪种权威的评价对于组织结构的合法性起着决定作用,人们一直争论不休。很多组织结构形式之所以存在和扩散,是因为它们被相对独立而强大的权威视为是"适当的",尽管其合法性会受到其他权力较小的权威的挑战。

例如阿尔布罗(Albrow,1997)指出,男女同工不同酬在美国社会是制度化的不平等,即使弱势群体认为这种不平等是非正义的并要求改革。同时,"合法的"结构也可能是有争议的结构。

三大制度要素提供了 3 种相关但明显不同的合法性基础(见表 13-1)。有关规制性制度要素的理论,强调遵守规则是合法性的基础,认为合法的组织是那些根据相关法律与准法律的要求而建立和运行的组织。有关规范性制度要素的理论,强调合法性背后较深层的道德基础。比起规制性控制来说,规范性控制更有可能被行动者内化。因此,促进行动者遵守规范的激励因素,除了外在的物质奖赏外,还可能包括内在的、本质的激励。有关文化—认知性制度要素的理论,则强调通过遵守共同的情境定义、参照框架,或者被认可的角色模板或结构模板才能获得合法性。为了与特定的情境相联系而采纳正统的结构或身份,其实就是通过认知一致性来寻求合法性。来自文化—认知的合法性,是一种"最深层次"的合法性,因为这种合法性依赖于潜意识的、被视若当然而接受的各种理解或认知框架。

分别与三大制度要素相联系的合法性基础有着实质性的区别,而且有时会相互冲突。如果要确定某个组织是否具有规制性的合法性,那就要看其是否依法建立,其行动是否与法律规章相符。如果要确定某个组织是否具有规范性的合法性,那就要看其是否履行道德责任和义务,而这可能使其行动偏离"纯粹的"法律要求。很多专业人员都会遵守规范性标准,从而促使他们偏离科层组织的规制要求。有时,组织内部成员可能反抗组织的规则和上级的命令而告发组织,这些告密者往往声称自己是在根据某种"更高级的权威"合法行事。诸如黑手党之类的组织之所以能获得成员的认可,是因为它们具有根据某种认知—文化性制度而建立的、获取特定目标的组织模式,从而具有了合法性。但是,警察和其他规制实体则认为这种组织不具有规制性的合法性,因此是非法的。大多数公民也不认可这类组织,因为它们不具有规范性的合法性。

总之,不同的制度理论因为强调的制度要素不同,对于合法性依据的看法也各不相同。

13.4　制度安排与制度逻辑

制度安排是指在特定领域内约束人们行为的一组规则,它支配经济单位之间可能采取合作与竞争的方式。与之相同的概念是制度逻辑,制度逻辑指的是构成一个领域中行为和组织规范的具体实践和符号结构。制度逻辑概念是针对制度行动者而言的,制度行动者是指占有特定角色的个体和像组织或协会那样的集体行动者,他们的作用是创造和维系(体现)制度逻辑。在具体的事件过程中,制度行动者行为的制度逻辑往往依据的是可见的制度和政策。

13.4.1　理性化模式

对于制度的根源,我们可以追溯到人类历史的最初阶段,而我们所知道的组织则是在相对较近的历史阶段才出现的。可见,并不是任何制度框架都有利于组织的产生、存在和发展。而很多社会理论家们,都试图找到促进正式组织产生的那些制度逻辑。

早期的研究重点强调的是规制性与规范性的制度结构。韦伯(Weber,1968)指出要形成一种"合法秩序",需要"有意识地制定系统的理性规则",来支持"工具理性"行动。帕森斯(Parsons,1990)深入分析了那些促进工具性和非个人的社会结构的形成和发展的价值导向和规范系统。他关于"模式变项"的划分,指出了为行动提出导向和支持结构的各种基本价值维度,认为普遍主义(vs. 特殊主义)、情感中立(vs. 情感性)、成就(vs. 归属)、专一性(vs. 扩散性)等规范导向促进了组织的出现。

后来又有很多理论家强调文化—认知系统对组织的支持作用。"技术人员"心态(technicist mentality)的出现,促进组织采用分析方法,制定系统的工具性规则来追求特定的目标。伯杰等(Berger et al. , 1973)指出,随着科学技术和科层制的出现,一种新的组织意识状态出现了,其内容包括视组织为机器的"机械论",以及主张组织应具有"可再生产性""有序性"和"可预测性"等观点。迈耶(Meyer,1983)描述了为建立正式组织提供基础的各种文化要素("理性神话"),包括"可辨识的目的""由文化确定的手段—结果关系或者技术"、把人与物都看作"资源"的看法,以及存在把集体行动者统一起来的"最高统治者"的假定等。

上述所有主张都有共同之处,即都体现了一种理性化的世界观。也就是说,他们都认为组织先确定自身的目的,然后设计各种规则性的原则,用来支配各种活动,进而追求其目标。它们所说的理性化,包括了"创造界定手段—结果之间关系的文化图式,使控制各种行动者及其行动的系统标准化"。其中某些原则与"力学定律"一样,有着经验的基础;而某些原则与法律框架一样,根源于某种具有一致性的逻辑结构或哲学结构。所有这些被理性化的信念,都为组织的出现提供了支持。

制度主义学者认为,理性化过程还会导致人们创造各种实体——各种有着自身身份的社会单元。这些组织有自己的利益,也有能力采取行动实现其利益。随着启蒙运动等社会过程的兴起,人类逐渐进入现代社会,个人、组织和社会日益成为三大基本的行动者,其中社会主要以民族—国家的面目出现。正如帕森斯(Parsons,1990)在半个世纪前所指出的,"在高度分化的社会中,组织的出现使人们得以完成单凭个人无法完成的事情,实现单凭个人无法实现的目标"。迈耶等(Meyer et al.,2006)也认为,"无论在公共领域、私人领域、各种社会部门中,还是在产业领域中,组织都有可能出现,人们也希望组织起来"。在科学的环境中,理性的人们有权走到一起,形成理性化的、得到管理和协调的结构,并采取集体行动获取特定的目标。

13.4.2　制度的逻辑:其他竞争性的理性化模式

里德弗兰和罗伯特(Friedland & Robert,1991)提出了一种较为温和的和更加复杂的文化体系建构观。他们承认把个人、组织和社会区别开来进行不同层次的分析的重要性,但是他们认为社会层次是"一种复杂的制度间关系模式",包括了多重价值领域,每个价值领域都与一种独特的"制度逻辑"相联系。他们认为,所谓制度逻辑就是一套重要的实际做法和符号性结构,其构成了组织化原则,供组织和个人利用及发挥。他们指出,存在各种各样的社会逻辑。例如资本主义社会逻辑,强调的是人的活动的商品化,以及资本的积累;民主社会的逻辑,强调的是平等与参与;家庭的逻辑,强调的是无条件的忠诚;宗教的逻辑,强调的是认识论的、来世论的和道德之类的事情。其中,每一种逻辑都与一种独特的理性化模式相联系,并界定各自独特的主体、实践、客体间关系。

也有学者运用这种制度逻辑,发现了驱动和组织社会领域和社会子系统的几种具体模式。这些模式在很多方面都不同,包括它们的"根本隐喻"、它们的合法性与权威来源、规范和控制机制的类型等。他们所概括的理性化制度逻辑主要包括家庭、信仰、国家、市场、职业、企业和共同体制度逻辑。他们认为不同制度逻辑的不同行动者之间存在竞争与对抗,研究这种竞争与对抗,可以发现当代组织和组织场域中存在的主要的紧张、冲突及其动态变迁。因此,很多对国家不满意的批判者和改革者都试图引入市场逻辑或法人治理形式,以改善其绩效,促进其更好更快地担负起改造自己的责任。有很多组织,以往长期坚持的是专业合伙人运行模式,现在已经引入法人治理实践,越来越接受市场的支配。甚至企业本身也在逐渐外部化,接受市场的协调和管理,慎重对待按季度进行的资产状况评估(Davis,2009)。还有很多学者研究了教会与国家逻辑之间的冲突、家庭与企业逻辑之间的冲突。总之,这些研究发现,在日常生活中组织和个人所遭遇的制度紧张、冲突与变迁的根源,主要在于各种制度逻辑适用范围之间的争执,强调变迁过程中的多重制度逻辑及其相互作用。

13.4.3 时空差异

个人与诸如企业之类的集体行动者所具有的社会建构性特征会因时因地而异。西方赋予个人和企业等社会行动者的自主权和独立性比东亚社会要大得多。因此,"美国把强调竞争的个人主义立为市场结构中的正式制度",大多数欧洲国家形成的也是更具"协调性"的产业结构;而亚洲的各个经济体则是通过"(相互依赖的和较少自主性的)经济行动者网络组织起来的,人们自然而然地认为这种网络对于经济发展十分重要,通过网络开展经济活动也是正当的"(Biggart & Hamilton,1992)。也就是说,西方人认为,通过个人或企业间关系网络来展开经济行动会导致裙带主义或垄断同谋;而在东方人看来,这是最正常不过的事情了,并且也是不可避免的,其能够促进经济行动目标的实现。不同的理论视角往往强调组织之间存在的不同差异,以及组织化过程的不同方面。包含新古典经济学、普遍主义心理学的"弱背景视角"认为文化与制度差异对于经济行动和社会行动的影响很少,并认为随着历史的进程,文化与制度会走向整合趋同,例如全球化进程会消除文化差异;而包含文化理论、制度理论的"强背景视角"强烈主张由于文化偏好不同、嵌入的制度背景不同,管理与组织会形成、维持自身的特征。

总之,研究规制性制度和规范性制度的学者更为强调规制性规则,认为具有建构作用的规则是背景条件。例如新制度经济学家和主张理性选择理论的政治学家,研究的是商业企业或政治机构的活动,并探讨某种行为需要哪种结构安排或程序来配套,从而提高生产力或促进立法的通过。相反,经济史学家和历史主义政治学家则更为关注各种社会行动者(例如批发商、采购商、管理人、经纪人和代理商等)和各种组织类型(例如合资股份企业、多部门企业和集团企业),以及财产权利与政治权利变迁的根源。同样地,新制度社会学家们更为关注特定组织背景中的参与成员或建构实践逻辑的文化规则的历时变迁,而主要研究建构性规则的学者坚持认为社会生活所表现出的内聚性或一致性在很大程度上要归因于制度对各种社会行动者——个体与集体行动者——及其相关行动方式的建构。

13.5　制度的载体

不管规制性、规范性还是文化—认知性制度要素,都需要由各种媒介或载体(carrier)来承载、体现、实施、传递、宣扬(Jepperson,1991)。制度的载体大体上可以分为 4 种:符号系统、关系系统、活动与人工器物。三大制度要素都有各自的 4 种载体,因此我们可以进行交叉分类(见表 13-2)。不同的理论家不仅研究和强调的制度要素可能不同,而且所强调的制度载体也可能不同,因为不同制度框架的核心制度要素和依靠的载体不同。我们必须充分认识到,无论在聚合性还是分异性的制度变迁中,制度载体具有十分重要的作用。不同的载体有着自己的基本机制,通过研究这些机制,我们能够了解思想观念在时空中是如何运动的,是谁在承载和传播这些思想观念,以及它们如何通过自己的运动使制度发生变迁。

表 13-2　三大制度要素及其载体

4 种载体	三大制度要素		
	规制性要素	规范性要素	文化—认知性要素
符号系统	规则、法律	价值观、期待、标准	范畴、典型、图式、框架
关系系统	治理系统、权力系统	政体、权威系统	结构同形、身份
活动	监督、惩罚、干扰	角色、岗位、习惯、集体行动	预定脚本
人工器物	遵从强制规定的物体	符合管理、标准的物体	拥有象征性价值的物体

资料来源:W. 理查德·斯科特,2020.制度与组织:思想观念、利益偏好与身份认同[M].姚伟,等译.北京:中国人民大学出版社.

大量的研究已经讨论了制度载体的主体问题,不过这些研究是在不同的名义下进行的,包括创新扩散、技术转让、组织学习、改革采纳、仲裁机构、管理潮流、现代化过程等,因此显得极为纷乱。但是这些研究领域的学者都日益认识到,制度载体从来都不会采取中立性的承传模式,而是会影响制度信息的性质以及制度信息被接受的方式。因此,虽然学者们常常使用"引水渠"进行比喻,认为它们是传递与流通制度信息的渠道,但是制度信息的传递和到来方式会影响人们对它的理解和接受。因此,正如有关欧洲殖民扩张的研究所指出的,西方的思想观念是以寻求皈依者的传教士的面目,还是以寻求交易伙伴的商人的面目,抑或是以意在掠夺和征服领土的军队面目在殖民地出现,会有不同的影响和传播效果。

在从此时此地向彼时彼地传播的过程中,思想观念和人工器物会得到改变和修正,并与其他思想观念或物体相结合,因此发生转化。换言之,它们被编辑了,那些制度模式在不同的情境下被讲述和重复讲述,并且在同一情境下也会被不同地讲述。然而,它们是如何被编辑的以及被编辑了多少,都会因载体的不同而各异。表 13-2 描述了各种载体各自传递的制度信息。我们所说的载体概念,主要强调的是其具有一种中介的特征。

我们还要注意的是,表 13-2 中的各个条目并非指某种思想观念、某个实践做法或者某种人工器物的简单传播扩散。正如科利瓦斯和琼森(Colyvas & Jonsson,2011)所言,我们不应将简单的扩散与制度化相混淆。制度的扩散主要是指制度的"传播,或者说制度的流动",而制度化则主要是指"形成稳定性,或事物如何具有持久性"。物质可以流动,实践做法可以扩散,但是这种情况绝对不可以视为得到了制度上的支持,例如潮流、时尚、品位的扩散就是如此。实践的做法往往并不被法律认可,例如人们往往认为企业招聘员工的实践做法遵循了一视同仁的公正准则,但实际上常常包含了一些内部消息、潜规则或偏向性。为了处理这个问题,表 13-2 的划分不仅强调物质与实践做法都会跨越时间边界而流动,而且强调规则、规范与信仰也会如此。简言之,我们所强调的制度载体是那些承载制度要素的对象或活动,而不是简单的对象或活动。

13.5.1 符号系统

近年来,大多数文化研究视文化为一种符号系统,即一种象征符号集合。制度主义者认为象征符号主要包括用来指导行为的所有规则、价值观、规范、分类、表象、框架、图式、原型和脚本等。正如表 13-2 中的条目所显示的，我们究竟强调哪一层面的象征符号系统，在很大程度上取决于我们强调的是哪一种制度要素。强调文化认知性制度要素的学者，强调共同的范畴、特性和原型在影响和塑造感知与理解方面的重要性；强调规范性制度要素的学者，则强调作为行为导向的共同价值观和规范性期待的重要性；而强调规制性制度要素的学者，着重强调惯例、规则以及法律的重要作用。

　　语言作为一种人类能力而出现，极大地促进了象征符号在时空中的传播。口头语言为地方性的神话文化提供了基础，但词汇所具有的力量与可流动性极大地促进了可以与具体实践活动相分离而存在的理论性（theoretic）文化的产生，这些文化包括了书面语言，以及外在地和客观地存在于从书本到数字信息等各种媒介中的文化。加拿大经济史学家与传播学家哈罗德·伊尼斯（Harold Innis）对媒介与帝国进行了深入的研究，并描述了依赖于口述传统和依赖于各种书面形式的传播之间的不同：字母的引入和应用，意味着一种对声音而非视觉的关注，或者对耳朵而非眼睛的关注。帝国是建立在以视觉为基础的交流沟通之上的，而（地理上有严格限制的）古希腊政治组织则相反，其强调的是口头讨论。随着书写文字的发明，这种用来承载单词的媒介的性质极大地影响和增加了传播的可能性。例如，在石头上或陶片上写字有利于长时间地保存知识，而在纸莎草制成的纸张或普通的纸张上写字更适合在空间中传播思想。后来随着印刷术的出现，同一文本可以大批量地印制和广泛地传播。印刷语言的运用促进了统一的交换与交流领域的出现，这种统一的交换与交流运用了"下行是拉丁语，上行是本国语"的印刷语言。而"资本主义与印刷术"的结合，更为民族独立与国家系统的建构提供了重要基础。

　　进入现当代，信息交流技术的发展极大地促进了思想观念在全球范围内的广泛传播，使各种组织相互联系并相互转化，扩大了市场规模，延长了供应链，并在总体上使我们更充分地融入全球经济当中，形成更加相互依赖的政治共同体。比如，电影与电视的出现已经算得上是锦上添花了，电脑与手机却接着又风行整个世界，而互联网则更是把两者结合起来，使人们跨越了空间的距离。在人类历史的很长一段时间内，神话、故事、歌曲和英雄人物形象为人们提供了各种生活模式。但在今天，全球性的媒体则提供了更加丰富多彩的可能图景——"世界上越来越多的人，比以前越来越多地考虑可能性越来越广泛的生活"。新的思想观念随之而来，然而它们在本地化的过程中被转述、熔化而与本地知识融为一体。各种图式也是可以"传输的""它们可以被应用于各种不能完全预测的情境中,而这些情境与人们最初习知这种图式的情境是不同的"(Sewell,1992)。象征符号也是可以传输的,也是多功能的,并且可以伸缩和延展。

13.5.2 关系系统

关系系统也可能承载制度,但关系系统必须依赖与角色系统的模式化互动才能成为制度的载体。所谓的角色系统,即占据各种社会位置的人所形成的网络。移民潮会带来新的思想观念、新的行为模式,使行动者对跨越社会边界的关系产生忠诚感。很多具有强大生命力的关系系统都跨越了组织的边界,并在组织的边界处交叉重叠。职业与专业关系网络,以及实际从业者的共同体,都属于这种情况。

规则和信仰系统会被编码成不同的位置和角色,而关系系统也会整合制度要素,并具体地表现这种制度要素。很多组织共有某些关系安排以及与之相伴的符号系统,并出现组织结构的同形(即组织形式的相似性),或者结构性等同(即组织形式之间的相似关系)。其他组织形式对某个特定组织而言,可能是独特的,体现了地方化的信念系统,创造了组织的独特"性格结构"或"身份"。

不同理论由于强调的制度要素不同,其强调的关系结构的层面也不同。例如,强调文化—认知性制度要素的学者,往往强调组织的结构模式。分类与类型常常被编码并进入组织结构之中,组织结构由分化的部门和角色构成。例如在大学中被编码的知识系统,促进了不同学院和研究机构的形成。研究规范性与规制性制度要素的学者,往往认为关系系统是一种"治理系统",强调这些结构的规范性(权威)层面或强制性(权力)层面,并认为这种治理系统会创造和实施律令、规范和规则,监督与制裁行动者的各种活动。诸如威廉姆森之类的新制度经济学家,也突出强调那些为了实现治理而建立起来的关系系统,认为它们是各种制度要素的首要载体。

关系系统对于制度结构与过程还会发挥更加复杂而重要的作用。学者们对生物科技领域的出现进行了研究,探讨了该领域与美国各地的小生物技术企业、大企业、美国国家卫生机构、风险投资企业、大学之间的关系及其结构的演化。学者们发现,随着美国生物科技领域逐渐整合并站稳脚跟,这些博弈者之间的关系以及各自的重要地位都在不断发生变化。学者们认为,在诸如此类的案例中,关系网络与制度之间存在"协同建构",拥有不同资本、受不同逻辑支配的行动者会想办法逐渐理解他们所在的世界的意义,解决各种分歧,形成相互强化的互动模式。各种制度和规范会影响关系系统,而不断变化着的关系系统也会反过来影响制度与规范。

13.5.3 活动

科恩(Cohen,2007,2009)认为随着西蒙(Simon)把关注的重点从行动转向决策,组织研究也发生了重要的转向。20 世纪 50 年代以来,组织研究的主流趋势是更加强调象征符号而非行为,更加强调结构而非活动。但是,相反立场的研究也一直存在并且不断发展壮大。这些相反立场的研究按照时间先后包括:斯特劳斯等(Strauss et al.,1964)心理学家的研究关注的是谈判秩序;魏克(Weick,1969,1979)的研究强调组织化这个过程而非静态的组织;西尔弗曼等(Silverman et al.,1971)的研究关注的是行动而不是对组织的系统解释;吉登斯(Giddens,1979)的研究用结构化理论取代了结构或建构概念;纳尔逊和温特(Nelson & Winter,1982)等演化经济学家的研究强调的是惯例;布迪厄(Bourdieu,1977)的研究强调的是实践;巴尼(Barney,1991)的资源基础理论强调的是"能力";劳伦斯和苏达比(Lawrence & Suddaby,2006)的研究关注的是"制度性工作"。

早期关于与组织和制度相联系的活动的研究,主要强调的是重复性的活动,即习惯性活动与惯常性活动,认为它们为秩序与连续性提供了基础。但是在社会运动理论的影响下,最近的研究坚持认为制度研究应考虑建构新制度、解构旧制度的各种活动。社会运动理论一直以来都更为关注解构、推翻旧制度并建立新制度的过程,以及反叛、抗争和动员的过程。实际上,组织/制度理论家们与社会运动理论家们长期以来都关注的是同一过程的不同时刻。其实,我们在讨论与三大制度要素相关的活动时,针对规制性制度要素,显然必须一方面关注"委托人"(principals)即组织中的各种负责人的监督与惩罚行为,另一方面关注"代理人"的遵守或不遵守的行为。

监督需要高成本,在监督活动中做出的选择可能会明显影响控制系统的效率,也会影响代理人关注哪些方面的绩效。但是,代理人也可能有自己的议程,并试图逃避甚至破坏规则系统和权力。与规范性制度要素相联系的活动,包括在各种制度背景中建构的社会行动,其中最重要的就是角色与工作岗位。正如早期制度主义经济学家所强调的,制度也体现在被建构的活动中,这些活动表现为习惯化的行为与惯例,并成为制度的承载者。惯例作为制度的承载者,有赖于模式化的、体现行动者的默会性知识和信念的活动。很多早期的新制度经济学家如凡勃伦等,相对忽略象征符号系统的重要性,而视习惯化的行动、惯例、标准操作程序以及类似的模式化活动为制度的核心特征。

后来,马奇和西蒙(March & Simon,1958)认为,重复性的"表演程序"是影响组织可靠性和稳定性的核心要素。近年来,演化经济学家如纳尔逊和温特(Nelson & Winter,1982)则强调行动者的技能和组织的惯例对于增进组织的可靠性和稳定性具有十分重要的作用。也就是说,他们认为,各种很少涉及或者根本不涉及有意识的选择和行为的活动,是受行动者自身可能并未明确察觉的默会性知识和技能所支配的。温特(Winter,1990)认为,惯例是组织的"基因",并指出惯例包括各种"硬的"(被编码进入技术性活动的)与"软的"(诸如飞行视察或快餐程序等)组织惯例,但是所有惯例都涉及"重复性的活动模式"。这些模式包括各种行为,即从个体雇员的一套标准运行程序和技能到"一系列的组织活动,如工作岗位、生产装配线、航空预约系统、会计原则或战争规则等"(Miner,1991)。这样的惯例涉及比获得"规则系统或代表系统"更多的东西,还涉及"行动模式"学习与问题的解决。这类技能为很多组织行为的稳定性提供了基础,决定了很多组织行为绩效的长期保持或者停滞不前。惯例往往在关系系统之内习得,并由关系系统维持和更新。在各种组织背景下,常常存在经验性的学习和在职培训,允许新手进行拉夫和温格(Lave & Wenger,1991)所说的"合法的、边缘性的参与"。"我们所说的'合法的、边缘性的参与',是指新手必须参与实践共同体,新手要掌握知识与技能就必须逐渐充分参与共同体的社会与文化实践。""惯例是在共同体中习得的,并由共同体维持的"这一事实,意味着惯例可能并不会轻易传播到由新的行动者与新的关系构成的新的情境之中。惯例往往具有较大的"黏性",我们也很少看到两个不同的组织会自然地形成相同的惯例,但是不管怎么说,惯例总体上还是可以传播和移植的。

克莱门斯(Clemens,1997)借用社会运动理论的"剧目"(repertoire)概念,来指称某个特定团体或社会的成员应用或知道的一套独特的行动形式。她认为,一个组织采取何种组织形式,与成员独特的活动剧目相关,因为这些剧目为成员的社会互动提供了样板、脚本、菜单或模式。当集体行动者知道他们要做什么,而且他们的对手知道他们期待什么时,这样的剧目就会发挥作用,促进集体行动的发生和发展。

13.5.4　人工器物

很久以前,人类学家就认识到人类智慧创造的"物质文化"或人工器物,对提高各种任务的绩效具有重要作用。苏特曼(Suchman,2003)认为,所谓"人工器物就是,人类在自然环境和/或文化环境的影响下,有意识地生产和传播的各种物质性的物体"。最原始的人工器物是打磨而成的石器,而最先进的人工器物则是各种需要复杂技术才能进行再生产的硬件、软件。管理学者奥利科沃斯基(Orlikowski,1992)指出,我们可以把人工器物与技术纳入同一理论框架进行研究。这个理论框架就是吉登斯(Giddens,1984)所提出的结构化理论框架,其把社会结构与人类能动性和谐地融合在一起。奥尔利科斯基的这一提议值得重视,如果我们把人工器物视为结构化的一个实例,就可以认识人工器物的创造与发明是人为行动的产物。但是这种创造与发明一旦出现和推广,就会逐渐固化下来,成为"客观的背景结构中的一部分"。从事创造与发明活动的行动者与分析者往往看不到这一点,因为创造新工具的行动者及其行动最终会从他们应用新工具来完成任务的时空中消失。主要关注人工器物之创造的学者,相对来说可能会看到更多的可能性,即那些被选中的小径与"被放弃的大道";主要关注人工器物之使用的学者,看到的则可能主要是所选择的设计对应用这些设计的人的制约。这些学者之间尽管存在以上差异,但都不应忽视人工器物使用者与人工器物之间存在的重要的相互影响,以及使用者对于人工器物的意义与用途的修正。正如奥尔利科沃斯基(Orlikowski,1992)所指出的,我们期待人类行动者在技术的最初形成时期,就可以更大程度地接纳这种技术,同时不会削弱使用者通过与这种技术进行互动而在(物理上和社会上)持续改变这种技术的潜能。使用者在使用一种技术时,会以各种方式来理解、评价与运用这种技术。巴利(Barley,1986)对美国两个社区医院放射科采纳"双胞胎"CT 扫描技术的情况进行了经验研究,探讨了这些科室的决策与权力结构为什么会变得越来越不同,分析了技术的采纳与技术变迁之间的相关性,并获得了很有启发性的结论。

作为制度载体的人工器物,与其他载体一样,同三大制度要素都有关系,都受三大制度要素的影响。首先,技术性人工器物的设计与建构会受到规制性机构出于安全考虑而进行的控制。在现代社会中,存在着各种产品质量监督机构,以确保原子能工厂的可靠性,并为商用航空器与客车设定效能与安全标准。我们还可以像苏特曼(Suchman,2003)那样,把社会合约看成在法律保护和规制之下的社会性人工器物。其次,技术性人工器物还受到各种规范性过程的影响,并体现这些规范性过程。正如上文所讨论的,行业协会与产业团体常常聚集在一起,设立各种机械与技术设备的标准。这种协定标准保证了技术设备的兼容性。如果协会成员都采用这一标准,就可以为行业生产者创造附加值。最后,人工器物也会体现和表达特定的思想观念。某些物体"承载"的符号性"内容"可能远远超过其实际物质的重量(例如恳谈会上的面包与葡萄酒,或者足球比赛中的门柱,就是如此)。

上述主张与区分,表明组织要深深地嵌入制度背景之中可以选择各种不同的方式。任何特定的组织都既受制度力量的支持,又受制度力量的制约。此外,任何特定的组织都会把多重的制度化特征整合到自身组织边界之内由符号系统、关系系统、活动、人工器物构成的结构中。因此,我们完全可以讨论组织的构成部分及其特征被制度化的程度。绝大多数甚至是所有的制度主义者,都持有这些共同的观点。强调文化—认知性制度要素的制度主义者甚至还提出了一种更加重要的主张,即认为有特定目的、工具性实体的组织完全是制度过程的产物。这种制度过程是一种建构性过程,界定了各种集体行动者的通用性资产与专用性资产。这种制度理论倾向于打破传统的组织—环境划分。组织在很大程度上受到环境的渗透,但是很多理论模型都没有看到这一点。

13.6　组织场域:一个重要的分析层次

我们首先讨论场域概念的一般性含义,然后讨论该概念在组织研究中的应用。我们将探讨场域概念对于分析组织运行环境的重要性,同时也将对场域本身进行深入分析。

13.6.1　场域与组织场域

1. 场域概念

物理学和社会科学使用场域视角来解释研究对象的行为已经有相当悠久的历史。正如马丁(Martin,2011)所说的,场域概念起源于 19 世纪的物理学尤其是电磁学和液体力学。后来,德国心理学尤其是格式塔理论开始使用场域概念。这些理论没有把研究客体的行为归因于行动者的内在特征,而是归因于其在物理空间或社会空间中的位置。研究客体或行动者会受到与其所处位置相关的各种不同力量或因素、其与其他行动者之间的关系，以及这种关系所嵌入的更大的结构的影响。后来，场域视角通过各种渠道逐渐进入社会科学领域。社会心理学家勒温(Lewin,1939)在 19 世纪晚期格式塔理论的基础上，提出了一种社会心理学的场域理论，用来分析个人"生活空间"，认为这种个人生活空间包括了"个人，以及对于个人而言存在的心理环境"。勒温(Lewin，1951)的场域视角的重要特征，就在于其主张围绕个体的各种要素与因素之间是相互依赖的，强调个人理解与相互理解的重要性。因此，他所说的个人生活空间，就是个人社会环境的一种认知图式。一些社会学色彩深厚的社会心理学家们，也对场域理论作出了重要贡献。这些符号互动理论家提出了"社会世界"的概念，社会世界指的是具有"共同投入某种活动，共享各种获取目标所需要的资源，对于如何实现自己的目标具有共同的意识形态观念"的行动者群体(Clark,1991)。社会世界是由行动者界定的，"行动者自己借此可以把集体行动视为有意义的行动"(Clark,1991)。社会心理学沿着此种线路展开的研究和芝加哥学派关于工作的社会学研究，直到今天都与组织场域理论呈平行发展的态势，但是两者之间也存在日益交融汇合的趋势。社会学家布迪厄(Bourdieu，1971,1984)的著作影响极大。他的场域概念，指的是"一个社会或文化再生产领域中的所有行动者和组织及其之间的动态关系"。布迪厄和瓦坎特(Bourdieu & Wacquant，1992)认为，"根据场域概念来思考，就是坚持关系性思维"，而且布迪厄应用了一种类似博弈的概念，包括规则、博弈者、风险、竞争与斗争等词语来分析和描述场域的重要特征。对于布迪厄来说，场域并不是一种和谐、安宁和固定不变的社会空间，而是充满了冲突。在其中的所有博弈者都试图增进自己的利益，某些博弈者能够在或长或短的时间内把自己的"博弈规则"概念强加给其他博弈者。

　　2. 组织场域概念

　　研究组织的学者的关注点从个体组织层次上升到系统及其以上的层次，经历了一个曲折艰难的过程。因为要说服学者相信学术界对于组织的研究可以有各种不同的方式，可以在不同层面展开，是一件相当困难的事，因为以往学者往往只关注组织对于个人行为的影响。在 20 世纪 50 年代中期以前，组织本身仍然是最为重要的分析层次，之后开放系统观迅速在组织研究领域中流行开来。学者开始强调组织环境的重要性，竭力通过各种方式对组织进行重新界定，并深化关于组织的研究。很多早期的学者往往没有看到环境的复杂性、稳定性和资源丰富程度等维度的状态对组织产生的影响。他们也几乎没有认识到组织环境本身也是组织化的，更不了解运行于同一环境中的组织可能会处于十分不同的位置，面临各种不同的威胁或者机会。生态学家认为共同体结构是一种组织间关系网络，但是过于强调地理边界。不过，后来的一些学者提出了组织丛和组织人口的概念，从而使组织研究向场域理论迈出了一大步。其中，组织丛是指组织的基本交易伙伴，而组织人口是指一群围绕同样的资源展开竞争的类似组织。

组织场域的概念由迪马乔和鲍感尔（DiMaggio & Powell，1983）首先提出，指的是处于聚集状态的、构成一种共同公认的制度生活领域的那些组织，包括关键的供应商、资源与产品的销售商、规制机构，以及提供类似服务和产品的其他组织。这种组织场域概念既包括了组织丛概念，也包括了组织人口概念，同时还包括了监管机构。迪马乔与鲍威尔虽然以布迪厄的场域研究为基础，但是主要关注的是社会关系与网络要素。斯科特与迈耶（Scott & Meyer，1994）的相关研究则强调了规制关系与金融资助关系，特别关注场域的复杂性对组织结构的影响。这些理论框架坚持认为，围绕组织的场域本身会以各种方式把自己组织起来，而场域本身不同的组织方式又会对嵌入场域的组织的结构和运行产生影响。

不过，这些早期的理论框架过于强调关系系统而忽略了文化联系。诸如伍思诺（Wuthnow，1987）之类的文化理论家们则以布迪厄的理论为基础，开始修正这种不足，指出意义系统的重要性。伍思诺强调关于文化的各种客观指标，分析的是文本、话语、姿态和文化产品。他指出，关于场域的研究视角存在结构主义视角、戏剧主义视角和制度主义视角之分。结构主义视角强调可以看到、记录和分类的文本中存在的一般性模式，戏剧主义视角则关注仪式、意识形态和其他象征和戏剧化地表现社会关系性质的行为，而制度主义视角则关注组织与职业在生产、销售产品与服务过程中的作用（Wuthnow，1987）。伍思诺（Wuthnow，1987）认为，进行互动的个体或组织构成的群体会形成一些基本的思维范畴，他利用"话语场域"（discursive field）一词来概括这种基本思维范畴的特征。

因此，组织场域概念的提出是一种重要的进步，使学者可以对给定组织的相关环境进行深入的研究，并获得更加一致的看法。学者们利用网络方法和其他方法，可以进一步研究具体的关系连带和活动模式；通过文本和话语分析，可以评估意义系统的作用，进而可以比以往学者更加深入地研究、界定与评估环境的概念。从短期来看,行动者创造和修正意义;从长期来看,意义创造行动者,既创造组织身份也创造个体身份。组织场域概念确实十分有利于我们理解给定组织的环境的性质,根据组织场域概念来研究社会系统与过程,本身也是一个新的有价值的分析层次。在过去的 40 年中,很多杰出的组织研究者已经研究了组织场域的起源、结构化、变迁和衰落。

正如马丁(Martin,2011)所言,对于场域我们必须具体问题具体分析,一个场域是否存在,只能根据经验事实才能确定。他认为一群个体(或组织)及其活动是否形成了一个无尽塔,是一个经验性的问题,而不是一个定义问题或方法论问题。一个场域中的个人(或组织)会通过他们之间的人际关系进行直接交往,或者围绕一个共同的目标进行间接交往,并以此为基础确定他们的位置。而场域理论主要适用于这样的情形,我们不能用场域理论硬套现实,只有真正存在现实的场域,我们才能在理论上使用场域理论对其进行分析。但是,对场域边界的确定在一定程度上需要学者的探索,学者可以根据自己的兴趣或者研究的主题来确定场域的边界。组织场域概念宣扬并利用了如下观点,即"地方社会秩序"是建构当代社会系统的砖瓦。其追求的是中观层次的理论,承认这些多多少少受到环境限制的、专门化的领域在建设与维持社会秩序中的核心作用。学者们用场域概念来分析市场、政策领域以及一些不那么结构化的、更具竞争性的社会运动斗争领域等,取得了丰硕的成果。这些领域都是一些有确定边界的系统。因此,正如霍夫曼(Hoffman,2001)所言,围绕一个问题、一系列产品或服务都可以创造一个场域。以环境保护为例,相关产业的行动者、政府机构和环境保护积极群体为了影响与反抗其他群体的控制意图会慢慢形成一种环境保护场域。弗里格斯坦和麦克亚当(Fligstein & McAdam,2012)在把组织研究与社会运动联系起来时采用的正是组织场域概念,并推动了组织场域概念的发展。他们认为,组织场域是一种竞争性的领域,在其中的各种博弈者追求自己的利益并保护自己的跑马场。场域概念还可以使组织研究考虑更大、更宏观的结构,包括部门的、社会的和跨国层次的结构。在现代社会中,组织本身就是主要的行动者,但是为了更深入理解它们的重要性,我们有必要探讨它们在更大的网络与系统中作为博弈者的重要角色。正如本书已经指出的,大多数的组织会参与多种场域而非一种场域,受到多重制度逻辑的影响。组织会在一种"部门或行业场域"中运行,但是也会在一种"竞争性场域"中运行。"部门或行业场域"包括了组织的基本竞争对手、交换伙伴,并且由共同的逻辑界定,而"竞争性场域"还包括具有不同逻辑的多种场域中的其他类型的博弈者,这些博弈者试图影响焦点组织的行为。组织场域不仅反映其中的很多冲突,包括关系性冲突与逻辑性冲突,也会调节和利用这些冲突,成为社会变迁过程中的一种关键要素。正如迪马乔(DiMaggio,1986)所言,"组织场域会作为一个关键的分析单位,弥合关于社会与共同体变迁研究的组织层次与社会层次的分析"。

13.6.2 组织场域的关键要素

从理论上说,我们可以分析所有组织场域中运行的规制、规范和文化—认知性要素,但是出于经验的目的,我们主要关注场域之间的关键要素。

1. 制度逻辑

制度逻辑研究关注的是为场域行动者的行为提供指引的共同概念框架,制度逻辑包括了规范性与文化—认知性要素。其中一些制度逻辑为场域建构提供基础,使场域持续保有一种"共同的理解",但另一些制度逻辑(数量较少)则为不同场域位置中的行动者亚群体提供不同的和竞争性的认知框架。此外,正如弗里兰德和罗伯特(Friedland & Alford,1991)特别强调的,在发达社会中存在多重认知框架,这样的发达社会已经分化出大量的专业化场域,包括政治的、经济的、信仰的、亲属关系的,每个专业化的场域都由各自不同的逻辑支配。在这些场域的中观层次运行的组织,经常面临多重的但常常是相互矛盾的逻辑,而这些逻辑都适合于这些组织。弗里兰德和罗伯特(Friedland & Alford,1991)指出,群体之间、组织之间和阶级之间最重要的斗争之一,就是关于制度之间的适当关系,以及不同的活动通过哪种制度得以调节、这些制度适用于哪些类型的个人等。住房和健康是通过市场还是通过政府来进行调节?是由家庭、教会还是政府来控制教育?再生产由政府、家庭还是教会来调节?因此,不同的制度逻辑其内容各不相同,尤其是相关的信念和假设可能各不相同,不同制度逻辑的渗透能力或"垂直深度"也可能不同。制度稳定性与影响的最重要指标之一,就是其与相关制度安排相容或互补的程度。此外,一个场域中的各种制度逻辑的排他性、竞争性也各不相同。

文化框架概念是研究认知系统的一个有用的概念,其意味着一种积极的、过程性的现象,即在实在建构层次上存在的能动性与目的性。在某些事情正在完成的意义上,文化框架是积极能动性的;在文化框架是一个动态的、演化的过程的意义上,文化框架是过程性的。对于社会运动理论家们来说,作为动词的文化框架概念确实是有用的,他们认识到社会活动家与改革团体所进行的很多工作都是以各种方式对相关议题和问题进行"重构",同时指出和揭露非正义之事,并找到和确定各种可能的改进方法。制度逻辑概念是一个外在于行动者的概念,而框架概念强调的是场域中的行动者之间发生的、围绕意义与资源展开的更加积极的斗争。

　　另一个把文化与社会结构联系起来的有用概念,首先由蒂莉(Tilly)引入社会行动分析。蒂莉等(Tilly et al. ,1969)是最早提出如下思想的学者之一:即使是明显的去组织化与分裂性行为,也可能采取"行动者熟悉的明确形式,包括罢工、集会与示威等集体行动";而且"即使人们在原则上可以无数方式来配置其资源以追求共同结果……但是在任何时点上,某个组织种群可以利用的集体行动形式都十分有限"。如果我们用这种观点来分析社会运动,认为社会运动往往出现在较少结构化的各种条件下,那么我们需要思考的是,这种观点如何才能更好地解释那些固定场域中运行的组织的日常生活世界。诸如组织场域中各种可选择的组织原型与集体行动之类的概念,有助于我们更好地理解文化—认知模型对社会行动产生制约与赋权作用的方式。各种制度性的框架为建立组织——设计组织结构、策略或程序——提供了明确的模板,并进而限制行动者选择(甚至是考虑)替代性的形式与模式。同时,又为组织实施其所选择的活动及其活动者提供支持,并使这种活动更能得到理解、接受并更具合法性。

　　2.行动者

　　在社会空间中,存在大量各种不同的行动者,并塑造着社会的风景。我们都是这些行动者之中的一员,虽然我们都是生物学上的动物,但我们也是一种社会建构,具有由制度界定的身份,包括能力、权利和责任等。其中发挥作用的制度性要素,首先是文化—认知性要素,它对于人们的建构能力与规范性能力具有重要的影响。深受文化—认知性要素影响的行动者包括以下几类:一是个人(例如医疗健康部门中的个人,尤其是医生);二是个人构成的社会团体(例如美国医学会);三是个人构成的人口群体(例如病人群体、医生群体、护士群体);四是组织(例如斯坦福大学医院);五是组织构成的团体(例如由多家医院构成的系统);六是由组织构成的组织人口群体(例如多家医院或看护中心)。一个典型的组织场域往往只会存在有限的数种组织模式,包括个体行动者(角色)和集体行动者(原型)的组织模式。

　　组织的活动符合组织原型的程度,是一个需要具体问题具体分析的经验性问题。但是,组织原型提供了模板,各种规则、行政管理系统与关于各种活动的说明都是围绕这种模板建立起来的。赫因斯等（Hinings et al.，）根据种群生态学家们的引导及其"构形"（configurational）主张，提出场域层次的要求会促使组织采用特定的结构与系统，这些结构与系统体现着某种独特的、基础性的理解图式；组织一旦采用这些结构与系统，往往会维持同样的原型。学者们对于组织原型的力量的研究，强调文化—认知性制度要素具有重要的建构作用，认为它们以典型化、脚本、能动性观念的面目出现，能够提供"使我们行动经济、社会行动的认知框架、范畴与理解"（Dacin et al.，1999）。布迪厄（Bourdieu，1986）指出，行动者会控制资本，为了资本而展开竞争，这些资本包括经济的、社会的和文化的资源等各种形式。何种资本有价值，取决于场域被建构的方式。"除了与一种场域相关联外，所谓的资本并不存在"（Bourdieu & Wacquant，1992）。弗里格斯坦和麦克亚当（Fligstein & McAdam，2011）强调场域概念是一种竞争性的竞技场，认为场域分析者应该认识到行动者之间最重要的差异在于在位者与挑战者之间的区别。在位者控制着各种最重要的资本，挑战者影响力相对较小，但是会"等待新的机会以挑战系统的结构与逻辑"。这一概念强调我们需要考虑边缘性的、从属性的行动者的作用，他们可能会聚在一起共谋，开始发起小规模的、初期的社会运动，进而展开斗争和动员来实现集体的行动目标。

大多数组织场域包括了各种不同的组织形式（组织种群），它们建构了生产性组织（如医疗健康行业或部门提供各种服务的组织、提供高等教育的大学等）的基本模式，以及各种提供重要资源如资金的支持性组织、实施控制的组织的基本模式。此外，很重要的一点是，我们必须看到各种中介组织与职业——如市场中的股票分析师，或者诸如图书馆馆员、计算机科学家等信息经纪人，以及在线数据服务——在大多数场域中发挥着重要的作用。例如韦德林（Wedlin，2006）发现，诸如《金融时报》《华尔街日报》等媒体组织，通过对商学院进行排名，在建构管理教育的国际场域中发挥了极其重要的作用。这些排名有助于影响这些课程的地位结构，有助于确立各种区别，供这些商学院形成它们自己的身份。例如，这种排名极为强调商学院的学术资本与商业资本，并认为欧洲模式与美国模式之间存在区别：前者更可能独立进行，后者更可能设在一所大学内部或者挂靠在一所大学名下。韦德林（Wedlin，2006）指出，这种排名不仅是对场域的一种反应，也是创造场域的一部分、创造场域边界的一部分……并会影响场域的精神与社会结构。

我们关于公私合营参与基础设施建设项目的研究，成为揭示中间人或中介在建构场域中具有重要作用的另一个例子。因为这样的合营关系体现了很多政府机构开展工作的新方式,它们需要支持和帮助,以形成谈判能力和管理复杂合约的能力。其中一些技能可以由公共官僚机构获得并使用,但是我们发现在很多情形下,这些技能主要限于那些急切想要参与场域的外部组织。这种由项目行动者形成的场域具有使能或赋权的作用,能够增加场域行动者的能力。这种场域之外的组织,包括国家与行业规制机构、交易顾问组织、支持性的团体协会,以及地方的、区域的和跨国的开发机构等。当我们谈论一个场域的"结构"发生变迁时,我们不仅是说主要博弈者之间有了更多的常规化的互动模式,也是说那些以监督、控制、掌舵和调节主要博弈者之间的交易为基本功能的组织在数量和重要性方面的增加和提升(Jooste & Scott,2011)。

3. 关系系统

迪马乔和鲍威尔(DiMaggio & Powell,1983)提出的最初的组织场域概念,主要关注的是把组织联结成更大网络的关系系统。惠特利(Whitley,1992)从关系分析角度出发,分析了企业内部的专业化程度、市场关系具有工具理性特征还是更具关系合同特征,以及系统层次上的各种权威机构与协调机制。与同时代的组织学者们不同的是,弗里格斯坦(Fligstein,1990)从社会层次上对企业系统进行研究,他强调权力与控制程序——"某种给定组织或组织集合成功地坚持或指导场域中的行动的能力"——的核心重要性。弗里格斯坦(Flgstein,1990)认为,对于大企业而言,相关的关系包括:第一,它与其他类似组织的关系;第二,它与民族—国家之间的关系,后者处于认可、批准解决办法或修正游戏规则的位置。其他的一些学者如波多尔尼(Podolny,1993)、华盛顿和扎亚克(Washington & Zajac,2005)则强调或多或少具有一定声望的行动者影响场域发展的方向时,各种地位和身份过程所起的作用。另一个重要的关系子系统,是运行于场域层次上的治理系统。治理系统是指这样一些"安排,其通过共识所产生的机制,通过合法的等级制权威,或者通过非法的强制性手段,支持某群行动者对另一群行动者进行常规性的控制"。每个组织场域都有自己的特征,即都有比较独特的治理系统,这些治理系统由公共或私人行动者构成,而这些行动者又会通过规制性、规范性制度要素之间的某种结合来控制场域中的各种行动者及其行动。实施这类功能的行动者,往往包括公共规制机构、行业协会、工会、专业协会与司法系统等。

13.6.3 组织场域的边界

与所有的社会系统一样,组织场域从本质上看是一种开放的系统。这意味着,要想确定组织场域的边界,就必须使用一些综合性的方法和技术。场域的边界各有不同,且社会系统包括很多要素,分析者必须选择各种重要的指标,才能确定场域的边界。这些指标包括行动者(成员资格边界)、行动或活动(例如识别共同的项目)、关系(例如互动网络)或者文化标记(例如共同的规范框架,文化信念、争议问题)等。劳曼等(Laumann et al. ,1983)也确定了研究场域建构的两种视角:一种是"唯实论"视角,即在界定系统边界时采纳行动者自己的观点;另一种是"唯名论"视角,即学者运用自己出于分析目的而建构的概念框架。此外,场域的时空边界也必须确定,才能进行相关研究。

1. 空间边界

行动者都位于特定的空间中,多年来人们都把空间视为一种地理维度上的空间,并根据距离远近来确定空间。对于很多活动而言,具有物理上的接近性,在同一地方空间中运行,是其取得成功的重要条件。很多分析者确实也认为,对于理解组织的运行而言,处于共同的空间这一点特别重要。然而,场域概念的真义之一,就是其承认关系性与文化性联系的重要性,而不考虑这些联系的距离远近。对于当代很多组织来说,非地方性的联系比起地方性的联系更为重要与关键。例如,地方性企业与其总部之间的关系、企业与州或联邦政府机构之间的联系,往往都超越了地方性范畴,但具有十分重要的作用。在我们高度互连的社会世界中,对边界的划定都难免多多少少有一点武断,但是边界的选择必须服务于场域时空边界研究的分析焦点,必须服务于我们讨论的基本问题。有时候,边界被错误地确定。关于这一问题,麦克亚当(McAdam,1982)在回顾自己多年前关于美国公民权利运动的分析时,就为我们提供了一个极有教益的例子。他指出,在研究这次运动取得成功的原因时,其最初完全关注的是美国国内的变迁过程,根本没有考虑冷战所产生的重要影响。而后来的相关研究则强调了与苏联的竞争发挥了重要作用,促使杜鲁门总统和其他联邦官员支持《公民权利法案》(Dudziak,1988)。因此,要深入全面地理解这次运动,就必需同时关注国际的和国内的各种关系与价值观念。

场域空间边界具有可变性和灵活性或柔性,我们可以用两个例子来说明这一点。弗里格斯坦(Fligstein,1990)研究了1929—1989年美国100家最大的非金融行业企业的组织结构变迁。最初他采用的是一种相对传统的场域观,通过产品或服务市场来划分场域边界。但是当前组织逐渐多部门化,并逐渐进入多种市场。弗里格斯坦(Fligstein,1990)认为,随着时间的推移,这些企业的场域边界发生了转换,以至于那些最大的企业逐渐在一个包括了与它们自己相似的其他行动者的场域中运行。因此,弗里格斯坦以每 10 年为期对这 100 家最大的企业进行抽样,样本构成随着时间的变化而不断变化。他分析的重要内容之一,就是确定所观察到的样本构成的变化是由这 100 家最大的企业本身构成的变化引起的,还是由这些企业所作出的结构性调整引起的。

另一个设定场域边界的例子,则是斯科特等(Scott et al.,2012)等对全球基础建设项目的研究。在这些研究中,学者定义了 3 种相互联系的场域。第一,全球基础设施博弈者场域,包括数量有限的数个跨国公司(它们是这些项目中的主要博弈者)、很少的几家专门从事国际项目建设咨询服务的法律公司、一系列关键的银行家和开发商(诸如提供资金并参与监管的世界银行等国际机构)、形形色色的专业协会或行业团体,以及帮助设立标准、旨在保护环境与人权的非政府组织。第二,在这些项目开始实施时,针对某一特定项目而出现的原住民社区组织场域,包括某一具体项目公司及其附属机构、相关的政府组织(可能包括地方的、区域的和国家层次的政府组织)、项目所在地区的个人和组织、关注环境与人权的社会运动组织,以及项目设施建成后潜在受益者和最终使用者。第三,因项目的存在和发展而创造的新的组织场域,包括随着项目的发展而发展的项目公司、场域中那些随着项目的发展而相应变化的其他博弈者,以及一些随着项目的进行而出现的、支持或反对项目的全新博弈者。

简言之,全球性项目在一种十分大的规模上运行,其规模之大使它们足以破坏甚至转变其进入的场域。正是因为此类项目具有如此大的侵犯性,会激起新的支持或者抵制,才导致了此类项目有很多最后都失败了——要么得不到金融支持,要么无法顺利运行。这就要求我们考虑其前后的场域状态,以及场域的时间边界问题。

2. 时间边界

随着关于制度系统的研究从强调组织与制度结构转向研究组织与制度变迁的性质,学者们面临一个重大的选择,即他们的研究必须确定一个适当的时间框架。坎贝尔(Campbell,2004)对影响这一选择的诸多因素进行了深入讨论,其中包括研究所涉及的过程所显示的不同节奏、理论研究的方向、分析的层次、出于研究方法实用性的考虑(例如数据是否可以获得),以及对于影响这些过程的关键事件的关注等。近年来,学术界关于组织场域的研究大致可以分为两类。其一,在过去几十年的组织与制度研究中那些纵贯研究往往最为深刻也最有影响。其二,其中的很多研究存在研究设计问题,尤其是时间跨度太短,因此不能深刻把握其中的各种变迁过程。对于那些研究规范性与文化—认知性制度要素变迁原因与后果的学者来说,这样的研究设计失误特别致命。比如,行政指导或政策规定之类的规制性制度要素会不断地"快速变化",而其他的一些制度要素如习惯、惯例、传统和逻辑等规范性与文化—认知性要素,变化的速度很慢,往往需要数年、数十年甚至数百年才能演化。

皮尔特(Pierson,2004)对于各种缓慢演化的因果过程进行了深入研究,为我们提供了一个很好的例子。他对原因的时间范围与结果的时间范围进行了区分。有些原因如导致革命的条件,往往需要相当长的时间才能形成;同样地,某些结果如国家的建立,往往会持续特别长的时期。他划分了3种缓慢演化的原因过程:其一,累积性的原因,涉及长期的逐渐增加的累积性的变迁;其二,阈值效应,原因的影响会慢慢增加,直到达到某一关键或临界的水平;其三,原因链条,即发展的特定序列对于结果会产生强烈的影响。皮尔森没有对结果的缓慢演变性进行具体的分析,但似乎十分显然的是,在高度制度化的场域中,其中很多安排具有根深蒂固的性质,这种缓慢性的变迁更有可能发生。而格林伍德等(Greenwood et al.,1996)的研究,也可以为我们理解这一点提供帮助。他们指出,制度变迁的速率受如下因素的影响:第一,给定场域与相关场域紧密耦合的程度,耦合越紧密,变迁的速率越低;第二,组织内部动态发展变化的状况,组织内部能够接近和获得权力的行动者从变迁中获得的好处越多,变化的速率就会越高。

组织场域概念拓展了制度分析的框架,使我们的关注涵盖了各种相关行动者、各种制度逻辑、对某一有限社会层面的行动者的行动具有赋权与制约作用的治理结构。组织场域的范围包括了所有那些有意义地卷入集体的事业——提供某种产品或服务,推行某些特殊政策,或者试图解决某个共同的问题——中的相关各方。组织场域概念不仅鼓励我们关注更高(更具涵盖性)的分析层次,也促使我们关注更长时间周期的组织过程。如果要充分理解那些影响制度变迁或制度稳定性的决定性变量、机制及其影响,就需要注意更长的时间周期。

各种组织场域本身之间存在相当大的差异,而同一组织场域在不同时间中也会发生相当大的变化。场域结构化概念提供了一种有用的分析框架,我们可以用它来评价场域之间的各种差异,探寻场域的文化连贯性程度以及场域结构特征的历时变迁。

　　尽管从场域层次进行研究似乎可能导致我们不再关注个体组织的行为，但是我们认为这绝对是一种错误的看法。正如离开正在上演的戏剧，戏剧中的人物特征及其行为——包括对其他角色的特征与利益、他们之间的关系以及他们的行动逻辑的理解——就不可能得到完全的理解一样，我们也只有把组织放在更大的活动背景下，放在其参与的意义系统中，才能对组织及其行为进行更加深入的研究。

13.7　本章小结

　　本章对服务生态系统中的重要因素——制度和制度安排进行了介绍。首先，对"何为制度"进行了概述，在此基础上介绍了三大制度要素与组织合法性基础。其次，揭示了制度安排、制度逻辑以及 4 种常见的制度载体。最后，介绍了制度研究的一个重要分析层次——组织场域，重点阐释了对其概念、关键要素、边界等。

第 14 章　制度创业与服务生态系统治理

14.1　导入案例

复歌科技:先进技术的合法性"陷阱"

复歌信息科技有限公司(以下简称复歌科技)刚刚上线了营销资源开放平台"贵了么",平台上各类供应商、中小广告主的信息异常活跃。然而,复歌科技创始人郭为却在一周之内收到 6 封律师函,复歌科技的创业尝试又一次陷入困境。

2005 年,郭为前往美国攻读应用物理学硕士学位,结识了学生会主席万哥。在交谈中,万哥多次提及公司的盈利和前景,并表示自己负责的算法部分难度并不高,郭为可以尝试搬回国内复制创业。2009 年,郭为回国后与同学创立营销技术公司复歌科技,尝试借助国外成熟的搜索引擎广告优化技术,在国内创办一家优秀的企业,让技术赋能广告行业,帮助中国的广告行业变得更高效。

2013 年,复歌科技推出第一款产品——搜索引擎广告管理工具 Bid Agent,该产品针对国内市场,通过竞价排名优化等技术帮助广告主提升搜索广告效果。复歌科技的第一次尝试初见成效,但是 Bid Agent 作为一款技术工具,需要源源不断的客户才能为复歌科技创造持久的价值。可与欧莱雅等相提并论的跨国企业的数量终归有限,郭为只能针对国内中小型广告主开拓市场。然而,中小客户的广告体量小,且广告投放都是直接由代理商进行操作,不需要购买一款搜索引擎广告优化工具。为了进一步获得广告主们的支持,郭为通过 AI、机器学习等数字化技术为 Bid Agent 增加了自动调整价格等"黑科技"。郭为认为广告主一定会喜欢这些新技术。然而,新技术无法带来立竿见影的成效,往往需要一段时间的运营才能和之前的投放效果形成对比。

2018 年,商业模式创新的概念充斥整个互联网行业,以"没有中间商赚差价"的瓜子二手车为代表的 C2C 模式平台火爆。同年 6 月,复歌科技借鉴该种商业模式,针对广告主集团内部业务部门广告投放不透明的情况,推出了营销投资管理平台 Rimix。Rimix 试图通过采购流程数字化、完备的项目数据存储记录及标准的供应商管理体系,帮助企业实现采购流程透明合规可追溯,大幅节约采购成本。

这一次郭为获得了与利华的合作,使其以为能被大客户的口碑效应"带上天"。然而,郭为又一次陷入了客户群体狭小的困境。一方面,营销费用占总支出 5% 以上的企业才会着重关注内部采买的不透明问题;另一方面,郭为只有和客户公司的首席执行官直接对话,才有可能推动双方的合作。这两大拦路虎使 Rimix 获取目标客户变得异常艰难。凭借在广告行业多年的经验,郭为还是联络到了国内部分有意愿的广告公司、快消集团来尝试 Rimix 的效果。但是在试行半年后都难以为继,问及原因,客户几乎不约而同给出"水至清则无鱼"的答复。客户若采用 Rimix 对集团内部广告采买进行优化,便意味着内部人员、现有流程都需要作出全面调整。这一组织内部的变革,牵扯太多现有的利益格局,一时间客户公司内部利益冲突、广告同行利益受损等种种阻力让复歌科技又一次陷入困境。

经过几次尝试后,Rimix 在大型企业内部还是无法深入推广下去。郭为此时明白,Rimix 看似能够为客户提供大价值,但过高的隐性成本拦住了太多的顾客。集团受益,但是个人利益受损,使得 Rimix 难以得到市场的充分认可。

资料来源:于晓宇,等,2021. 复歌科技:先进技术的合法性"陷阱"[EB/OL]. [2022-12-30]. http://www.cmccdlut.cn/Cases/Detail/5696.

思考:依据创业合法性和制度创业理论思考郭为多次创业尝试失败的主要原因是什么。

14.2　引　言

在一次"米粉家宴"上,小米公司(小米)创始人雷军身着一件小米孵化的创业企业生产的抓绒衣和米粉见面,本意是要为这家企业站台。聊到高兴处雷军把抓绒衣脱了,没想到绒衣严重掉毛,在雷军的衬衣上十分的显眼,各位米粉与雷军面面相觑,场面极其尴尬。那时雷军就强烈地感觉到:越来越多的创业企业用小米背书,但凡它们中的任何一家出现了问题,都会上升为小米的危机,如果再不重视这个事情,小米将被毁于一旦(小米生态链谷仓学院,2017)。

事实上,小米的遭遇只是一个缩影,它代表了当下一类共性问题:为了打破产业增长的天花板,满足多元化的市场需求,实现面向未来的战略升维(Nambisan et al.,2017),诸如小米这样的产品冠军开始向创业孵化型平台企业转型(曹仰锋,2021)。它们依托数字技术搭建孵化平台,基于此对各类技术或服务资源进行大规模集中和模块化调用,为创业企业赋能(赵宇楠等,2019),从供给侧助推创业企业高质量发展以及产业结构优化升级(刘洋等,2020)。然而,赋能的过程却存在着"阴暗面":一些创业企业为了自身利益,向用户提供质量低下、仿冒的产品或服务,以及出现夸大宣传等问题(小米生态链谷仓学院,2017)。这些不端行为会殃及为其赋能的创业孵化型平台企业,影响用户对创业孵化型平台企业的信任,导致创业孵化型平台企业合法性受损(李雷等,2021)。因此,创业孵化型平台企业在为创业企业赋能的过程中,如何保护自身的合法性,是一个亟待解决的问题。

组织合法性保护的相关文献认为,组织合法性之所以会遭到破坏,是因为组织间存在的某些合作关系或关联性使得它们在观众眼中形成认知相关,从而导致荣辱与共(李雷等,2021;李雷,2019)。为此,这些文献提倡基于解耦(decoupling)的观点来解决组织合法性保护的问题。在后续的研究中,学者们将解耦这一理论概念化为分隔机制(compartmentalizing mechanism),并认为可以采用分隔机制对企业合法性进行保护。辛哈等(Sinha,2015)探讨了在并购后的整合阶段,并购企业如何通过分隔机制调整自身与发生问题的并购对象之间的关系以减小这些问题企业对并购企业合法性的破坏;魏江和王诗翔(2017)通过案例研究发现,当海外子公司行为与观众期盼发生偏差时,海外子公司会通过组织结构设计与母国总部及其他海外子公司分隔,反之,它会主动提升与母国总部及其他海外子公司的耦合程度,由此保证母国总部及其他海外子公司的合法性免受侵害。

然而,分隔机制只能作为一种短期应急型治理机制,不能将其作为长效机制来使用。首先,分隔机制倡导的是关系分隔,难以从源头对存在问题的组织的行为进行约束；其次，分隔机制不具备前瞻性，属于事后控制，难以挽回有些已经发生的损失（Howells，2006；Felin & Zenger，2014；项国鹏、黄玮，2016；贺锦江等，2019）。在新制度理论视角下，制度创业的相关观点可以解决分隔机制存在的局限。制度创业是指在一定因素的驱动下，制度创业者立足某一组织场域，针对制度创业对象主动采取制度创业策略，推动现有制度变革或形成新制度，从而实现制度创业者利益的过程。其中，组织场域是联系组织层次与社会层次的重要分析单元（DiMaggio，1986），不仅适用于相互竞争的组织形成的互动网络，还适用于焦点组织与其重要相关行动者形成的系统。基于本书的研究背景，创业孵化型平台企业这一焦点组织与其重要相关行动者形成的服务生态系统在理论上可以被视为一个组织场域，创业孵化型平台企业针对创业企业主动采取一系列制度创业策略，推动服务生态系统现有制度变革或形成新制度（项国鹏等，2017），使创业企业不端行为受到有效约束进而保护创业孵化型平台企业的合法性，是解决"创业孵化型平台企业在为创业企业赋能的过程中，如何保护自身的合法性"这一问题的可行思路。

综上所述，本书拟采用纵向单案例研究法，遵循制度创业动因—（制度创业者＋制度创业策略＋制度创业对象）—制度创业直接结果—制度创业间接结果的逻辑链条，从演化的角度探讨"创业孵化型平台企业在为创业企业赋能的过程中，如何保护自身的合法性"。本书的理论贡献在于立足组织场域层面为创业孵化型平台企业的合法性保护提供了新的解释逻辑，使创业孵化型平台企业的合法性保护的思路由消极被动的关系分隔转变为积极主动的源头控制，弥补了隶属于组织间关系层面的分隔机制的局限性。从实践角度来看，本书可以为创业孵化型平台企业沿着制度化路径破解合法性保护难题提供一套动态的解决方案。

14.3　相关研究述评

14.3.1　创业孵化型平台企业合法性保护

创业孵化型平台企业是一种通过一系列界面设计和基础设施投入，赋能顾客需求场景中的创业企业，并将创业企业与顾客互动链接的新型组织形式（刘绍荣等，2021）。在创业孵化平台上，既包括具有独立所有权的创业企业，也包括虚拟独立核算的创业企业(即"小微")。后者只是一个起步状态,经过发展壮大,大多数"小微"将演变成具有独立所有权的创业企业(曹仰锋,2019)(现有文献一般将创业企业的年龄界定为 8 年以内)(Li & Zhang,2007)。创业孵化型平台企业通常由传统产业的领导者转型而来,在转型之前,它们是产品冠军,深受顾客的青睐,在顾客眼中具有高水平的合法性。学者们通常将组织合法性解释为在某一包含规范、价值观、信仰和定义的社会建构系统中,对一个实体的行为是令人满意的、合适的或恰当的一种普遍性感知或假设的判断(刘绍荣等,2021)。这种判断是由外部行动者进行感知的,现有研究认为合法性能够给组织带来良好绩效和竞争优势,同时帮助组织获取其他资源,对于组织的生存发展至关重要(杜运周、张玉利,2009)。因此,保护合法性不受外界侵害,对于包括创业孵化型平台企业在内的任何组织来说都非常关键。

14.3.2 分隔机制与创业孵化型平台企业合法性保护

组织合法性保护是新制度理论视域下的一个研究议题。相关研究认为,组织合法性之所以会遭到破坏,是因为组织间存在的某些合作关系或关联性使得它们在观众眼中形成认知相关,从而导致一荣俱荣、一损俱损(李雷等,2021)。在新制度理论视域下,迈耶和罗文(Meyer & Rowan,1977)最早提出解耦的观点,目的是解释组织为了同时响应外部制度环境和技术环境的要求,而将组织正式结构与组织实际运作相分离的行为。随着研究的不断深入,学者们将解耦的观点应用到更加广义的范畴中,他们认识到存在一种松散耦合的组织结构,其中所包含的要素彼此之间往往较弱地联系在一起,并且可以在很大程度上自主行事,而且所有社会系统都具有这种明显的特征(Scott,2014)。在具体研究中,解耦被进一步概念化为分隔机制。综观现有文献,可以概括性地将分隔机制解释为能够降低某组织与另一组织的一体化程度、弱化两者的认知相关性、将两者加以区分以显示某组织具有独立身份的一系列措施。例如哈克等(Haack et al.,2014)发现,组织不应一味地与合法性资源拥有者保持高度耦合。当合法性资源拥有者的行为与观众期盼存在偏差时,组织可以通过减少合作、发布声明、弱化关系等手段与之相隔离,由此降低组织合法性被破坏的概率。李雷等(2021)通过一个截面性实证研究发现,分隔机制有助于降低创业企业不愿创新或不端行为对创业孵化型平台企业合法性的破坏程度。

然而,分隔机制的某些天然属性导致其具有难以规避的短板:一方面,源于解耦观点的分隔机制仅作用于组织间关系层面,其本质是通过弱化组织间的一体化程度或认知相关性来降低组织间的相互影响,但并未触及破坏组织合法性的根源;另一方面,分隔机制是被动型的,往往在组织察觉到自身合法性受到破坏后才被使用,此时损失已难以挽回。

14.3.3　制度创业与创业孵化型平台企业合法性保护

本书寻求答案的思路是针对分隔机制的两个短板"对症下药",一是变关系分隔为源头控制,二是变消极被动为积极主动。基于此,新制度理论视域下制度创业的相关观点可以为我们实施这一思路提供理论基础(DiMaggio & Powell,1983;Greenwood et al. ,2002;项国鹏,阳恩松,2013)。

制度创业是指在一定因素的驱动下,制度创业者立足某一组织场域,针对制度创业对象主动采取制度创业策略(项国鹏、阳恩松,2013),推动现有制度变革或形成新制度,从而实现制度创业者利益的过程(Meyer & Rowan,1977)。在这一定义中,组织场域是制度创业涉及的宏观因素,代表了制度创业发生的情境,包括关键供应商、原料、产品购买商、规制机构及其他提供类似服务与产品的组织等共同构成的制度生活领域(DiMaggio & Powell,1983)。此外,制度创业还涉及一系列微观因素:制度创业动因是制度创业的起点(Greenwood et al. ,2002);制度创业者是制度创业的主体,包括政府、专业协会、非政府组织、企业、个人;制度创业策略是制度创业者开展的一系列活动,这些活动有助于现有制度变革或新制度确立及扩散;制度创业对象是制度创业者的重要利益相关者;制度创业直接结果是指组织场域中现有制度变革或形成新制度情况;制度创业间接结果是指制度创业者获利情况。

基于本章的研究背景,随着创业孵化型平台企业与创业企业互动程度的不断加深,创业孵化型平台企业会推动服务生态系统的构建。服务生态系统是一个隐喻,它从生物学中生态系统的概念演化而来,通常被解释为由创业孵化型平台企业、创业企业、顾客、其他创业行动者及其所处的创业环境构成的有机整体,他们彼此间进行着复杂的交互,致力于提高创业活动水平(蔡莉等,2016)。

14.4 研究方法

14.4.1 方法选择

本书选择纵向单案例研究法,主要有以下两个原因。

第一,案例构建理论适合回答未开发领域中"如何(how)"和"为什么(why)"的问题,纵向案例研究尤其适用于研究那些新领域中纵贯发展变化的全过程(Eisenhardt,1989),而本书恰恰是纵向揭示创业孵化型平台企业如何通过制度创业保护自身合法性,以及为什么是这样的过程,研究目标与纵向案例研究的特征匹配。

第二,单案例作为"一只会说话的猪"(a talking pig)(Siggelkow,2007),特别适用于讲好一个有趣的故事。在讲好故事的基础上,单案例用于对某一特定现象或问题进行深入的描述和剖析,有助于理解某一特定现象背后动态、复杂的机制,提炼出解释复杂现象的理论或规律。此外,采用单案例的研究方法可以全面且细致地揭示事物动态变化的过程,并能够从中提炼出深刻的理论洞见,与本章的研究背景和研究问题相契合。

14.4.2 案例选择

本章选择小米作为研究对象。小米成立于 2010 年,在其主营的手机业务取得突出业绩后,于 2012 年开始向创业孵化型平台企业转型。在这一战略目标的驱使下,小米取得了骄人的业绩,但也遇到了危机:智米科技(创业企业)生产的空气净化器涉嫌抄袭日本品牌巴慕达,纯米科技(创业企业)生产的电饭煲被质疑抄袭无印良品等。创业企业的负面事件使其背书者(小米)的合法性严重受损。在这种背景下,小米开始通过制度创业来构建服务生态系统的制度,以解决合法性保护的问题。目前,小米的服务生态系统构建已取得了显著的成效。自 2019 年起,小米连续 3 年入选《财富》世界 500 强,其服务生态系统得到广泛认可。因此,小米的上述特征与本章关注的问题高度吻合。选择小米作为案例研究对象,既符合理论抽样的原则,又体现启示性个案的特征。

14.4.3 阶段划分

小米于 2012 年 2 月孵化了第一家创业企业——紫米科技,因此本书将这一年作为案例研究的时间起点。在此基础上,依据小米开展制度创业的导向差异,将本案例划分为 3 个研究阶段(见图 14-1)。

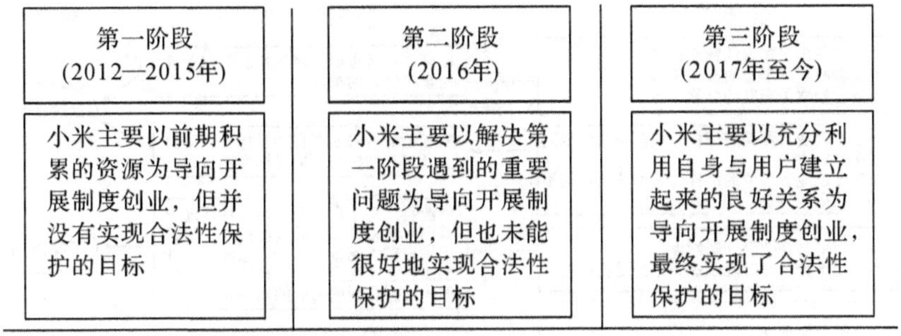

第一阶段 (2012—2015年)	第二阶段 (2016年)	第三阶段 (2017年至今)
小米主要以前期积累的资源为导向开展制度创业,但并没有实现合法性保护的目标	小米主要以解决第一阶段遇到的重要问题为导向开展制度创业,但也未能很好地实现合法性保护的目标	小米主要以充分利用自身与用户建立起来的良好关系为导向开展制度创业,最终实现了合法性保护的目标

图 14-1　小米制度创业阶段划分

14.4.4　数据收集

本书通过以下 3 种方法收集数据。

第一,访谈(主要数据来源)。研究团队共进行了 15 次面对面的半结构化正式访谈,访谈对象包括小米负责创业企业孵化的负责人、3 家创业企业的创始人或联合创始人、小米的 10 位用户、创业企业的 10 位用户。此外,我们还借助微信、QQ、电话对上述人员进行了 30 余次追踪性非正式访谈,对正式访谈数据形成补充。

第二,二手数据。主要包括关于小米及其孵化的创业企业的新闻报道、研究报告、学术论文、书籍等。此外,研究团队通过参加线上线下有关小米及其孵化的创业企业的活动(共计 32 场次),进一步丰富二手数据。

第三,现场观察。研究团队成员以调研人的身份,对小米及其孵化的 3 家创业企业的组织行为、成员日常活动等方面进行现场观察并记录,这些观察均在组织成员处理事务且不知情的情况下进行。

上述 3 种方法收集的数据有助于形成"三角验证",保证了研究的信度和效度。

14.4.5　数据分析

本书运用结构化的方法进行数据分析(毛基业,2020),归纳从案例数据中涌现出的构念,以此构建理论模型,同时也强调现有文献在此过程中的指导和启发作用。为此,我们在对数据进行分析之前,首先对制度创业与创业孵化型平台企业的合法性保护的相关文献进行了梳理,形成理论预设,作为数据分析的参照。基于此,我们归纳出数据结构(见图 14-2)。

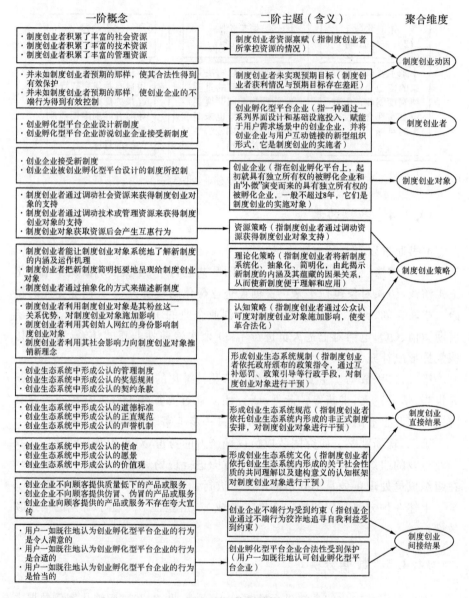

图 14-2　数据结构

14.5　案例发现

本节对 3 个阶段依次进行阐述,对每个阶段先进行案例描述,然后进行案例分析,以期将单案例研究"讲故事"及理论挖掘的双重优势充分融合。

14.5.1　阶段一

表 14-1 对阶段一涉及的聚合构念、二阶主题及代表性条目进行了介绍,目的是便于进行案例描述,以及在案例分析时展示两者之间的关联性,从而为理论模型的构建进行铺垫。

表 14-1　阶段一的数据结构及代表性条目

代表性条目	二阶主题(强度)	聚合构念
● "雷军在金山就取得了很大的成功,多少人都盼着能和雷军合作。" ● "雷军在资本市场也是呼风唤雨的大人物,在创办小米之前,其实他已经投了不少企业。"	制度创业者资源禀赋(＋＋)	制度创业动因
● "小米在建设一片竹林,小米自己就是这片竹林的大管家。" ● "既然小米要孵化这些企业,那小米就要设计制度来管理。"	创业孵化型平台企业(/)	制度创业者
● "这些小企业吸收来自小米的养分,要听小米指挥。" ● "小米生态链的重要成员会遵从小米生态链的各项制度。"	创业企业(/)	制度创业对象
● "小米帮助授权这些创业企业使用小米品牌、小米销售渠道等。" ● "小米给钱给资源给方法,创业企业绩效好了,自然就会更加相信小米。"	资源策略(＋＋)	制度创业策略
● "小米生态链的文化与小米自己的使命、愿景、价值观有很多相通的地方。" ● "从根本上讲,小米生态链秉承了小米的文化基因。"	形成服务生态系统文化(＋＋)	制度创业直接结果

续表

代表性条目	二阶主题(强度)	聚合构念
●"自智米科技发布空气净化器以来,外界的质疑声就没有停止过。" ●"紫米科技生产的小米充电宝用起来都烫手。"	创业企业不端行为受到约束(N)	制度创业间接结果
●"小米生态链企业出了不少负面新闻,我们不会像以前那样相信小米了。" ●"不怕神一样的对手,就怕猪一样的队友,小米被队友牵连了。"	创业孵化型平台企业合法性受到保护(N)	

注:++代表很高水平,N代表极低水平,/代表不涉及强度(与表 14-2 和表 14-3 相同)。

1. 案例描述

在创办小米之前,雷军已经在金山公司工作了 16 年,其间作为总裁完成了金山的上市。这些经历使雷军不仅在产品研发、工业设计等方面积累了大量经验,同时也积累了丰富的社会关系和人脉资源。基于此,雷军在 2010 年创办了小米,小米主营业务智能手机取得了骄人成绩。与此同时,雷军察觉到物联网将成为继移动互联网之后的大方向,于是小米在 2012 年开始向创业孵化型平台企业转型,通过孵化创业企业来拓宽产品系列,向物联网时代进军。

小米针对创业企业主要做了两个方面的工作。首先是坚持"老熟人好办事"的原则。其中最为典型的是,小米孵化的第一家创业企业紫米科技的创始人张锋和雷军已相识多年,而且在 2011 年小米还名不见经传的时候,时任英华达南京总经理的张锋第一个答应生产小米手机。其次,小米将这些创业企业的主营业务定位为手机周边产品或智能硬件,并采用"只投资不控股、只孵化不内化"的方式,为它们全方位赋能。在赋能过程中,创业企业在获得了资源并取得了骄人业绩的同时,也逐步认同了小米的使命、愿景和价值观,但诸多问题也开始逐渐暴露。如自智米科技发布空气净化器以来,就面临外界指责其抄袭日本品牌巴慕达的质疑。但由于该产品对外宣称是"小米空气净化器",因此这些负面影响被全盘转移到了小米的身上。此外,有不少用户诟病紫米科技生产的小米移动电源在使用过程中发热异常。虽然紫米科技从技术角度进行了多次解释,但是用户的质疑仍然没有停止,无疑对小米造成了又一次"重击"。

2. 案例分析

金山公司 16 年的工作经历不但使雷军具备了强烈的创新导向,塑造了其强烈的企业家精神,更为重要的是帮助其完成了资源积累。这些资源可以分为两大类。一类是社会资源,主要体现为丰富的社会联系和人脉关系以及雷军在互联网界的地位。这些社会资源可以帮助小米搜寻到符合小米品位的"老熟人"进而孵化创业企业,"老熟人"这层关系的存在,使得小米能够顺畅地与创业企业进行互动沟通,将自己的使命、愿景、价值观等无形地传递给创业企业。另一类资源是技术管理资源,主要体现为关于产品定义、研究开发等方面的知识。小米依托此类资源为创业企业进行赋能,推动其快速成长。好的业绩又可以推动创业企业产生互惠行为,即在接受小米的赋能之后给予小米支持与回馈,对小米更加坚信不疑,该行为在无形之中强化了创业企业对小米使命、愿景、价值观的接受与认可。从理论上来分析,由小米的资源禀赋所激发的一系列的行为,实质上是小米采用资源策略的体现(Pacheco et al.,2010)。

随着各个创业企业对小米使命、愿景、价值观等认知程度的加深,服务生态系统中开始逐步涌现出关于社会性质的共同理解及建构意义的认知框架,以这些元素为内核的服务生态系统文化开始形成。服务生态系统文化是服务生态系统中的一种基本制度形式,小米以此为依托对创业企业进行干预,其核心逻辑是小米以各方都能接受的角色、角色关系以及惯例为标杆,对创业企业施加模仿压力,迫使其模仿成功的实践或组织结构,借此约束创业企业的行为,降低其破坏小米合法性的概率(DiMaggio & Powell,1983)。然而,服务生态系统文化仅仅是一种基于共识的制度形式,随之产生的模仿压力有限,创业企业的不端行为仅受到了极低水平的约束,甚至有些生产出了爆品且绩效非常突出的创业企业,也被用户认为存在不端行为。在这种背景下,小米的合法性并没有得到有效保护。

综上,我们提出命题 1:在自身资源禀赋的驱动下,创业孵化型平台企业采用资源策略,营造服务生态系统文化;服务生态系统文化对创业企业不端行为的约束效果,以及对创业孵化型平台企业合法性的保护效果,均处于极低水平。

14.5.2　阶段二

阶段二涉及的聚合构念、二阶主题及代表性条目如表 14-2 所示。

表 14-2　阶段二的数据结构及代表性条目

代表性条目	二阶主题(强度)	聚合构念
●"虽然做了不少工作,但还是没有像小米设想的那样,把生态链中的负面事件降到一个很低的程度。" ●"不少用户对小米还是不满意,这些不满意来自生态链企业。"	制度创业者未实现预期目标(＋＋)	制度创业动因
●"小米考虑进一步通过制度设计,完善生态链管理。" ●"生态链的问题,归根结底是治理问题,是制度问题。"	创业孵化型平台企业(/)	制度创业者
●"如果生态链企业不按照小米制定的制度办事,它们会毁掉小米,也会毁掉它们自己。" ●"小米最头疼的就是,所设计的制度对于少部分生态链企业不怎么管用。"	创业企业(/)	制度创业对象
●"内测系统把内测标准化、流程化,让我们对内测有了更深的理解,也更愿意接受。" ●"'米家'和'米家有品'对生态链企业的产品品牌和渠道进行了更加系统化的管理。"	理论化策略(＋＋)	制度创业策略
●"生态链企业做错了事情就要受到惩罚。" ●"生态链企业和小米都签订了明确的合同。"	形成服务生态系统规制(＋＋)	制度创业直接结果
●"绝大部分生态链企业都能更加严格地约束自己的行为。" ●"用户对纯米科技的米家压力 IH 电饭煲提出质疑,纯米科技也进行了解释。"	创业企业不端行为受到约束(＋)	制度创业间接结果
●"我觉得小米还有进步的空间。" ●"我对小米还没法做到百分之百的认同。"	创业孵化型平台企业合法性受到保护(＋)	

1. 案例描述

在阶段一中,小米作出的努力并未使创业企业的不端行为受到有效的约束,也未使自身的合法性得到有效的保护。为此,小米开始了阶段二的工作。之前的经验给小米进行内测提供了很大的帮助。例如早期孵化的爆品小米手环,前后发放了大约 500 个内测机。发下去之后建立工作群,在群里直接收集意见,然而效果并不理想。之后,小米在 2016 年 1 月开通了专门的内测系统,小米邀请了众多资深粉丝、普通用户以及公司内部员工参与,相关负责人员表示:"产品如果被内测人员严重吐槽,而创业企业又拿不出合理的解决方案,小米宁可放弃潜在的丰厚利润,也不会让它上市。"

此外,小米注意到其品牌管理比较混乱,导致小米承载了过多的负担,不利于约束创业企业的行为。为此,小米在 2016 年 3 月推出了"米家"品牌以及"米家有品"电商平台,专门用来承载创业企业的产品。为了使"米家"和"米家有品"更好地发挥作用,小米推出了与之相应的配套制度,最具代表性的有两类。一类是退出制度,如果创业企业出现了严重问题,它们将无权继续使用"米家"及"米家有品"。另一类制度是关于小米和创业企业合作方式及各自权责的约定,主要体现为他们共同签署的《商业合作协议》。

创业企业在该阶段受到了更为严格的约束,但是仍有个别负面事件出现,仍然导致用户对小米存在诟病。例如纯米科技在小米的全方位赋能下,进行产品研发和制造,通过了小米内测系统的严格测评。2016 年 3 月,小米发布了米家压力 IH 电饭煲,并在"米家有品"上同步销售。然而,米家压力 IH 电饭煲一经发布就有网友质疑其外观抄袭无印良品。虽然小米负责创业企业产品规划的相关人员帮助纯米科技在微博上进行了回应,但媒体又质疑该款产品涉嫌虚假宣传,称其并未达到宣传效果(采用粉体涂层防止粘锅),再一次将小米推入了舆论漩涡。

2. 案例分析

阶段一的制度创业虽然没有使小米实现其自身的合法性保护,但是却为小米明确了下一步制度创业的导向。小米首先意识到之前的内测效果不好,因此设计了专属的内测系统,并基于此构建了一套解决方案。专属内测系统可以理解为小米对于其期望推出的新内测模式进行系统化、抽象化、简明化的结果。它不但使创业企业能够更加深刻地理解内测的内涵与特征,而且使它们在使用过程中能够切身体会到内测与产品发布、产品绩效之间存在的因果关系,无形中使小米力推的新内测模式更加容易被理解和应用。从理论上来讲,小米所采用的策略可以被解释为理论化策略。此外,小米也发现了其品牌管理混乱并期望通过一种新的品牌管理模式解决这一问题。为此,小米推出了"米家"品牌及"米家有品"电商平台,专门用来承载创业企业的产品。小米设计了与之配套的管理制度。从理论上来讲,小米的这些举动同样可以被界定为小米在采用理论化策略。之后通过设计退出制度、权责制度等,明确权责分工,从而进一步揭示新的品牌管理模式的内涵,使其更加便于创业企业理解和应用。

在推出新内测模式、新品牌管理模式等新制度的基础上,小米进一步完善了针对创业企业的管理制度、奖惩规则等,这些制度元素共同构成了服务生态系统规制。可以将其理解为小米在政策指令允许的框架下,通过互补惩罚、政策引导等行政手段,对创业企业进行干预的一类治理机制,其核心逻辑是创业企业对服务生态系统内正式制度安排的集体遵从。

服务生态系统规制给创业企业施加了强制压力,这是诸如小米这样具有权威或强制力的重要组织施加给创业企业的一种强制力,创业企业若不顺从,就会受到惩罚。除此之外,在阶段一中已经形成的服务生态系统文化仍然会持续地给创业企业施加模仿压力。虽然双重制度压力会更加有效地约束创业企业的行为,但是纯米科技等负面事件仍然引起了用户对小米的质疑,影响了小米的合法性。

综上,我们提出命题 2:由于未实现预期目标,创业孵化型平台企业采用理论化策略,构建服务生态系统规制;服务生态系统规制与之前形成的服务生态系统文化对创业企业不端行为的共同约束效果,以及对创业孵化型平台企业合法性的共同保护效果,均处于一般水平。

14.5.3 阶段三

阶段三涉及的聚合构念、二阶主题及代表性条目如表 14-3 所示。

表 14-3　阶段三的数据结构及代表性条目

代表性条目	二阶主题(强度)	聚合构念
●"生态链企业的负面事件还是没有得到很有效的控制。" ●"我们小米这么努力地帮助创业企业解决问题,但用户有时还是会对我们产生质疑。"	制度创业者未实现预期目标(十)	制度创业动因
●"小米期望从规范层面为生态链设计一些制度。" ●"小米提出的一些口号往大处说其实是小米设计的一些制度。"	创业孵化型平台企业(/)	制度创业者

代表性条目	二阶主题(强度)	聚合构念
● "小米倡导的各种规范对华米科技的影响非常大。" ● "小米期望创业企业与它一起成为'国货运动'的推动者。"	创业企业(/)	制度创业对象
● "各界对小米的认可度很高,推广一个新理念对于小米来说不是问题。" ● "雷总往那一站就有号召力。"	认知策略(++)	制度创业策略
● "与小米合作的企业如果犯了严重的错误,其声誉必然受损。" ● "小米生态链更提倡道德规范、正直规范。"	形成服务生态系统规范(++)	制度创业直接结果
● "与小米合作,我们都不好意思犯错误。" ● "在小米制定的这个框架下工作,我们必须非常自律。"	创业企业不端行为受到约束(++)	制度创业间接结果
● "我对小米已经是信心满满了。" ● "我觉得小米各方面都很成功。"	创业孵化型平台企业合法性受到保护(++)	

1. 案例描述

阶段二虽然没有使小米完全实现自身的预期,但是小米已经积累了相当高的社会认可度。小米期望借助这一关系优势,进一步约束创业企业的不端行为,使自身的合法性得到有效保护。

2017 年 8 月 31 日,雷军在上海国际商业年会上提出小米要做科技界的无印良品。雷军认为,做科技界的无印良品意味着小米要用真材实料生产出感动人心的产品,使产品能够体现高水平的体验价值以及社会价值,致力于让每个人都能享受科技带来的美好生活,推动中国制造业转型升级,助力中国供给侧改革的实施和落地。此外,小米又不断提出"新国货""新零售"等理念,期望通过自身的实际行动,为中国实体经济的发展注入新动能,引领中国制造水平的整体提升。

在这个过程中,创业企业既是小米实现战略升维的支点,也是小米落实这些理念的重要载体。为此,小米要求其内部的相关部门尽可能多地在不同场合与创业企业增加互动。与此同时,雷军等具有社会影响力的高管也在小米生态链年会、交流会等场合,向外界推广这些理念。经过小米的努力,其倡导的理念得到了创业企业的广泛响应,同时也帮助创业企业取得了不俗的业绩。例如 2018 年 2 月 8 日,华米科技在美国纽约证券交易所上市,成为小米首家在美上市的创业企业。在小米的不断努力下,各个创业企业已经可以更加自觉地约束自己的行为,用户对小米也是信心满满,就连美国《连线》杂志也对小米投来了赞许的目光,把雷军作为其封面人物,封面标题为"到了该山寨中国的时候了"。

2. 案例分析

经过阶段二,小米仍旧未能完全实现合法性保护的目标,但小米已经积累了大量粉丝,雷军甚至成了网红。对于小米而言,这是一种巨大的关系优势。基于此,小米采用认知策略,进一步开展制度创业。首先,小米通过提出"新国货""新零售"等理念,从道德标准、正直规范等维度,对其倡导的制度框架进行设计,实质上是初步构建了一个关于服务生态系统规范的制度框架。其次,小米充分利用自身的公众认可度,尤其是小米创始人雷军的网红身份,在小米生态链年会、交流会等公共场合与创业企业充分互动,向其宣讲这一制度框架的内涵及核心观点,同时根据公众的反馈对其不断完善,使得这一制度框架被广泛接受,标志着服务生态系统规范已经形成。

服务生态系统规范能够向创业企业施加规范压力,迫使创业企业与服务生态系统中共享的观念或思维趋于相同。实质上,这是小米对于创业企业进行平级化干预的一种机制,其核心逻辑是创业企业对服务生态系统内自发形成的道德标准、正直规范、声誉机制等非正式制度安排的集体遵从。除了来自服务生态系统的规范压力之外,在一、二阶段已经形成的服务生态系统文化和服务生态系统规制,仍然会持续地向创业企业施加模仿压力以及强制压力。三重制度压力的累积有效地约束了创业企业的行为,最终小米实现了自身的合法性保护。

综上,我们提出命题 3:由于未实现预期目标,创业孵化型平台企业采用认知策略,构建服务生态系统规范;服务生态系统规范与之前形成的服务生态系统文化、服务生态系统规制对创业企业不端行为的共同约束效果,以及对创业孵化型平台企业合法性的共同保护效果,均处于很高水平。

14.6　理论贡献

现有文献认为组织合法性之所以遭到破坏,是因为组织间存在着认知相关,因此提倡以解耦的相关观点作为参照理论,通过分隔机制解决组织合法性保护的问题。但是现有文献忽略了分隔机制存在的两个短板。本书以分隔机制的两个短板为切入点,选取制度创业的相关观点作为参照理论,遵循制度创业动因—(制度创业者＋制度创业策略＋制度创业对象)—制度创业直接结果—制度创业间接结果的逻辑脉络,将现有文献所倡导的消极被动的关系分隔转变为积极主动的源头控制,进一步完善了组织合法性保护的现有研究。

此外,本书完整地揭示了创业孵化型平台企业通过制度创业保护合法性的内在机理。一个完整的理论一般要清晰地展示"为何""何谓""何时""何人""何地""如何"这 6 个要素(Whetten,1989)。本书将"创业孵化型平台企业在为创业企业赋能的过程中,如何保护自身的合法性"界定为研究问题,通过对小米的案例分析提出了 3 个命题。在此基础上,本书构建了一个整合的理论模型(见图 14-3)。这些研究发现系统地展示了上述 6 个要素,完整地揭示了创业孵化型平台企业通过制度创业保护合法性的内在机理,丰富了组织合法性保护的理论积累。

14.7　管理启示

对于创业孵化型平台企业而言,首先应该充分利用自身积累的社会资源和技术管理资源,通过定义产品、合作研发、工艺设计、渠道管理、投融资管理、供应链管理等手段,为创业企业提供全方位支撑。在此过程中,还要加强与创业企业的沟通互动,激发其互惠行为,从而潜移默化地将自己的使命、愿景、价值观等传递给创业企业,在服务生态系统中营造各方共同认可的文化,对创业企业的行为产生初步约束。

其次,创业孵化型平台企业要以孵化赋能过程中涌现出的品牌管理、产品内测等方面的重要问题为着眼点,建立专属品牌、专属电商渠道、专属内测系统,并设计对应的管理制度、奖惩规则、契约条款,由此将这些新制度系统化、

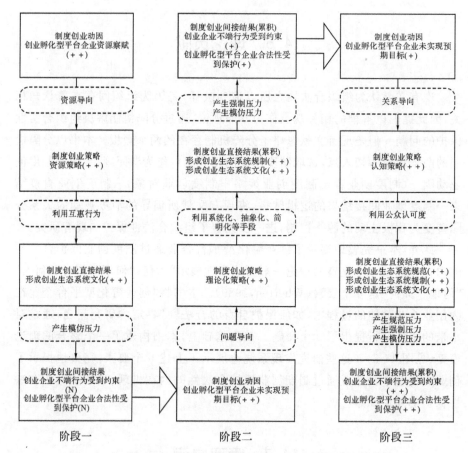

图 14-3　创业孵化型平台企业通过制度创业保护合法性的理论模型

注：＋＋代表很高水平，＋代表一般水平，N 代表极低水平。

抽象化、简明化，向创业企业充分展示这些新制度的内涵及其内部蕴藏的因果关系，从而使其更容易被创业企业理解和接收，对创业企业的行为产生进一步的约束。

最后，创业孵化型平台企业还要认识到自身与各方合作者建立的良好关系具有极大的价值，要充分利用自身的公众认可度，通过公司年会、顾客见面会、论坛沙龙、个人公开演讲等形式，或者利用公司领导人网红的身份，为创业企业"讲好故事"，向其传递社会公认的道德标准、正直规范、声誉守则等，从而形成服务生态系统规范，更好地约束创业企业行为，实现合法性保护这一目标。

对于创业企业而言,应严格约束自身行为,不向顾客提供质量低下的产品或服务,不向顾客提供仿冒、伪冒的产品或服务,不向顾客夸大产品或服务的功效。此外,创业企业还要充分响应创业孵化型平台企业的倡导和号召,积极参与服务生态系统规制、规范和文化的构建、扩散和完善。

14.8　研究展望

本书存在一定的局限性,为后续研究提供了机会。

第一,与小米及创业企业相关的协会、联盟等主体在小米制度创业的过程中也可能发挥一定的作用,但是为了使研究更加聚焦,本书并未关注此类问题,在后续研究中可以进行探讨。

第二,由小米的资源禀赋所引发的资源策略,在案例的阶段二、阶段三中也可能发挥一定的作用,但是为了突出各阶段的主要制度创业策略,本书并未加以考虑。

第三,在案例的阶段一、阶段二,服务生态系统中其实是多种制度共存的,这些制度是否存在互补作用或替代作用,有待深入研究。

第四,在案例的阶段三中,小米实现了合法性保护,但这并不是小米案例的完全终结。可以预见,随着时间的推移,必定会有创业企业再次出现不端行为破坏小米的合法性。面对新的问题,本书的结论能否复制,小米是否会采取新的策略开始第四阶段的制度创业,需要持续跟踪小米案例才能给出答案。

第五,本书源于对分隔机制的批判性思考,但这并不是对分隔机制的否定。事实上,与服务生态系统系统层面的规制、规范、文化相比,隶属于组织间关系层面的分隔机制在解决突发问题时具有优势。后续可以探讨能否将两类制度置于同一个框架内,使两者相互补充、相得益彰。

第六,本书采用的是单案例的研究方法,该方法虽然可以对研究的单个情境进行深入剖析与详尽说明,但是也存在一定的局限性。后续可以使用多案例的研究方法进行补充,通过在不同案例之间形成有效对比,进而推动研究命题和理论模型的一般化。

14.9　本章小结

本章遵循"制度创业动因—(制度创业者＋制度创业策略＋制度创业对象)—制度创业直接结果—制度创业间接结果"的逻辑链条,从演化的角度探讨"创业孵化型平台企业在为创业企业赋能的过程中,如何保护自身的合法性"。研究发现,创业孵化型平台企业在自身资源禀赋以及实现合法性保护这一预期目标的持续驱动下,依次采用资源策略、理论化策略和认知策略,打造服务生态系统文化、规制和规范,使创业企业感受到来自服务生态系统的模仿压力、强制压力和规范压力,由此约束创业企业的不端行为,最终实现合法性保护这一预期目标。

参考文献

Aal K, Pietro L D, Edvardsson B, et al, 2016. Innovation in service ecosystems: An empirical study of the integration of values, brands, service systems and experience rooms[J]. Journal of Service Management, 27(4): 619-651.

Aarikka-Stenroos L, Jaakkola E, 2012. Value co-creation in knowledge intensive business services: A dyadic perspective on the joint problem solving process[J]. Industrial Marketing Management, 41(1): 15-26.

Abzug R, Mezias S J, 1993. The fragmented state and due process protections in organizations: The case of comparable worth[J]. Organization Science, 4(3): 433-453.

Akaka M A, Corsaro D, Kelleher C, et al, 2014. The role of symbols in value cocreation[J]. Marketing Theory, 14(3): 311-326.

Akaka M A, Vargo S L, 2014. Technology as an operant resource in service (eco)systems[J]. Information Systems and e-Business Management, 12(3): 367-384.

Akaka M A, Vargo S L, 2015. Extending the context of service: From encounters to ecosystems [J]. Journal of Service Management, 29 (6/7): 453-462.

Akaka M A, Vargo S L, Lusch R F, 2013. The complexity of context: A service ecosystems approach for international marketing[J]. Journal of International Marketing, 21(4): 1-20.

Akaka M A, Vargo S L, Schau H J, 2015. The context of experience[J]. Journal of Service Management, 26(2): 206-223.

Akaka M A, Vargo S L, Wieland H, 2017. Extending the context of innovation: The co-creation and institutionalization of technology and markets

[J]. Innovating in Practice: Perspectives and Experiences: 43-57.

Albrow M, 1997. The global age: State and society beyond modernity[M]. California: Stanford University Press.

Amit R, Schoemaker P J H, 1993. Strategic assets and organizational rent [J]. Strategic Management Journal, 14: 33-46.

Anderson J C, Narus J A, Wouter V R, 2006. Customer value propositions in business markets[J]. Harvard Business Review, 84(3): 90-99.

Ashforth B E, Gibbs B W, 1990. The double-edge of organizational legitimation[J]. Organization Science,1(2): 177-194.

Auh S, Bell S J, McLeod C S, et al, 2007. Co-production and customer loyalty in financial services[J]. Journal of Retailing, 83(3): 359-370.

Bagchi S, Tulskie B, 2000. E-business models: Integrating learning from strategy development experiences and empirical research[C]. 20th Annual International Conference of the Strategic Management Society, Vancouver: 15-18.

Baker T, Nelson R E, 2005. Creating something from nothing: Resource construction through entrepreneurial bricolage[J]. Administrative Science Quarterly, 50(3): 329-366.

Ballantyne D, Frow P, Varey R J, Payne A, 2011. Value propositions as communication practice: Taking a wider view [J]. Industrial Marketing Management, 40(2): 202-210.

Band W A, 1991. Creating value for customers[M]. New York: John Wiley.

Barile S, Ciasullo M V, Troisi O, et al, 2017. The role of technology and institutions in tourism service ecosystems: Findings from a case study[J]. TQM Journal, 29(6): 811-833.

Barile S, Lusch R F, Reynoso J, et al, 2016. Systems, networks, and ecosystems in service research[J]. Journal of Service Management, 27(4): 652-674.

Barley S R, 1986. Technology as an occasion for structuring: Evidence from observations of CT scanners and the social order of radiology departments [J]. Administrative Science Quarterly, 31(1): 78-108.

Barnett W P, Greve H R, Park D Y, 1994. An evolutionary model of organizational performance[J]. Strategic Management Journal, 15 (S1): 11-28.

Barney J B, 1991. Firm resources and sustainable competitive advantage[J]. Journal of Management, 17: 99-120.

Barney J B, 2001. Resource-based theories of competitive advantage: A ten-year retrospective on the resource-based view[J]. Journal of Management, 27(6): 643-650.

Barney J B, 1986. Strategic factor markets: Expectations, luck, and business strategy[J]. Management Science, 32(10): 1231-1241.

Barney J B, Clark D N, 2007. Resource-based theory: Creating and sustaining competitive advantage [M]. London: Oxford University Press.

Bastiat F, 1860. Harmonies of political economy[M]. Patrick S. Sterling trans. London: J. Murray.

Bauer H H, Falk T, Hammerschmidt M, 2006. ETransQual: A transaction process-based approach for capturing service quality in online shopping[J]. Journal of Business Research, 59(7): 866-875.

Beirao G, Patrício L, Fisk R P, 2017. Value co-creation in service ecosystems: Investigating health care at the micro, meso, and macro levels[J]. Journal of Service Management, 28(2): 227-249.

Berger P L, Berger B, Kellner H, 1973. The homeless mind: Modernization and consciousness[M]. New York: Random House.

Berger P L, Luckmann T, 1967. The social construction of reality: A treatise in the sociology of knowledge[M]. New York: Anchor.

Berman, Harold J, 1983. Law and revolution: The formation of the Western legal tradition[M]. Cambridge, MA: Harvard University Press.

Biggart N W, Hamilton G G, 1992. On the limits of firm-based theory to explain business networks: The Western bias of neo-classical economics [A]//Nitin N, Robert G E. Network and organization: Form, and action. Boston: Harvard Business Press.

Bitektine A, 2011. Toward a theory of social judgements of organizations: The case of legitimacy, reputation, and status[J]. Academy of Management Review, 36(1): 151-179.

Bitektine A, Haack P, 2015. The "macro" and the "micro" of legitimacy: Toward a multilevel theory of the legitimacy process[J]. Academy of Management Review, 40(1): 49-75.

Bourdieu P, 1984. Distinction: A social critique of the judgment of taste [M]. Cambridge, UK: Cambridge University Press.

Bourdieu P, 1977. Outline of a theory of practice[M]. Cambridge, UK: Cambridge University Press.

Bourdieu P, 1971. Systems of education and systems of thought [M]// Young M K D. Knowledge and control: New directions for the sociology of education. London: ser Macmillan: 189-207.

Bourdieu P, 1986. The force of law: Toward a sociology of the juridical field [J]. Hastings LJ, 38: 805.

Bourdieu P, Wacquant L J D, 1992. An invitation to reflexive sociology [M]. Chicago: University of Chicago Press.

Brown S A, 1995. What customers value most[M]. Ontario: John Wiley.

Buttle F, 1999. The scope of customer relationship management[J]. International Journal of Customer Relationship Management, 1(4): 327-336.

Campbell J L, 2004. Institutional change and globalization[M]. Princeton, NJ: Princeton University Press.

Capon N, Glazer R, 1987. Marketing and technology: A strategic co-alignment[J]. Journal of Marketing, 51(3): 1-14.

Carter T, Ejara D D, 2008. Value innovation management and discounted cash flow[J]. Management Decision, 46(1): 58-76.

Certo S, Hodge F, 2007. Top management team prestige and organizational legitimacy: An examination of investor perceptions[J]. Journal of Management Issues, 19(4): 461-477.

Chadwick C, Super J F, Kwon K, 2015. Resource orchestration in practice: CEO emphasis on SHRM, commitment-based HR systems, and firm performance[J]. Strategic Management Journal, 36(3): 360-376.

Chandler J, Lusch R F, 2015. Service systems: A broadened framework and research agenda on value propositions, engagement, and service experience [J]. Journal of Service Research, 18(1): 6-22.

Chandler J, Vargo S L, 2011. Contextualization: Network intersections, value-in-context, and the co-creation of markets[J]. Marketing Theory, 11 (1): 35-49.

Chen M J, 2008. Re-conceptualizing the competition cooperation relationship: A transparadox perspective[J]. Journal of Management Inquiry, 17: 288-304.

Chen M J, 2002. Transcending paradox: The Chinese "middle way" perspective[J]. Asia Pacific Journal of Management, 19: 179-199.

Chesbrough H W, Rosenbloom R S, 2002. The role of the business model in capturing value from innovation: Evidence from Xerox corporation's technology spinoff companies[J]. Business, 11(3): 529-555.

Clarke A E, 1991. Social worlds/arenas theory as organizational theory [M]//David R M. Spcial organization and social process: Essays in honor of Anselem Strauss. New York: Aldine de Gruyter.

Clemens E S, 1997. The people's lobby: Organizational innovation and the rise of interest group politics in the United States, 1890-1925[M]. Chicago: University of Chicago Press.

Cohen M D, 2007. Administrative behavior: Laying the foundation for Cyert and March[J]. Organization Science, 18: 503-506.

Cohen M D, 2009. Reading Dewey: Some implications for the study of routine[J]//Adler P S. The Oxford handbook of sociology and organization studies: Classical studies. Oxford, UK: Oxford University Press, 2009: 444-463.

Coleman J S, 1990. Foundations of social theory[M]. Cambridge, MA: Belknap Press.

Coleman J S, 1964. Introduction to matiematical sociology[M]. New York: Free Press.

Cole W E, Mogab J W, 1995. The economics of total quality management: Clashing paradigms in the global market[M]. Cambridge, MA: Blackwell.

Collis D J, Montgomery C A, 2008. Competing on resources[J]. Harvard Business Review, 86(7/8): 140.

Colyvas J A, Jonsson S, 2011. Ubiquity and legitimacy: Disentangling diffusion and institutionalization[J]. Sociological Theory, 29: 27-53.

Constantin J A, Lusch R F, 1994. Understanding resource management [M]. Oxford, OH: The Planning Forum.

Cooper D J, Hinings B, Greenwood R, et al, 1996. Sedimentation and transformation in organizational change: The case of Canadian law firms[J]. Organization Studies, 17(4): 623-647.

Cooper R G, Easingwood C, Edgett S J, et al, 1994. What distinguishes the top performing new products in financial services[J]. Journal of Product Innovation Management, 11(4): 281-299.

Cooper R G, Kleinschmidt E J, 1987. Success factors in product innovation [J]. Industrial Marketing Management, 16(3): 215-223.

Copeland M A, 1923. A critique of economics [J]. Journal of Political Economy, 31(6): 862-866.

Corley K G, Gioia D A, 2004. Identity ambiguity and change in the wake of a corporate spin-off[J]. Administrative Science Quarterly, 49(2):173-208.

Corner P D, Wu S, 2011. Dynamic capability emergence in the venture creation process[J]. International Small Business Journal, 30(2): 136-160.

Covaleski M A, Dirsmith M W, 1988. An institutional perspective on the rise, social transformation, and fall of a university budget category[J]. Administrative Science Quarterly, 33(4): 562-587.

Cui M, Pan S L, Newell S, et al, 2017. Strategy, resource orchestration and e-commerce enabled social innovation in rural China[J]. Journal of Strategic Information Systems, 26(1): 3-21.

Dacin M T, Beal B D, Ventresca M J, 1999. The embedness of organizations: Dialogue & directions [J]. Journal of Management, 25(3): 317-356.

D'Andrade R G, Shweder R A, Le Vine R A, 1984. Cultural meaning systems[A]//Robert M A, Neil J S, Donald J T. Behavioral and social science research: A national resource. Washington: National Academy Press.

D'Aunno T, Sutton R I, Price R H, 1991. Isomorphism and external support in conflicting institutional environments: A study of drug abuse treatment units[J]. Academy of Management Journal, 34(3): 636-661.

Davis G F, 2009. Managed by the markets: How finance reshaped America

[M]. Oxford, UK: Oxford University Press.

Day G, 1990. Market driven strategy: Processes for creating value[M]. New York: The Free Press.

Day G, 1994. The capabilities of market-driven organization[J]. Journal of Marketing, 58(4): 37-52.

Deephouse D L, 1996. Dose isomorphism legitimate[J]. Academy of Management Journal, 39(4): 1024-1039.

Deephouse D, Suchman M, 2008. Legitimacy in organizational institutionalism[A]// Greenwood R, Meyer R E, Lawrence T B, et al. The Sage handbook of organizational institutionalism. London: Sage Publications Ltd.

Deng Y, Chang K, 2013. Task-technology fit for low literate consumers: Implications for IS innovations in the developing regions[A]//Richard B, Michael C. Proceedings of the 34th international conference on information systems. Milan: Institutional Repositories.

Dhanaraj C, Parkhe A, 2006. Orchestrating innovation networks[J]. Academy of Management Review, 31(3): 659-669.

Dickson P R, 1992. Toward a general theory of competitive rationality[J]. Journal of Marketing, 56(1): 69-83.

Dierickx I, Cool K, 1989. Asset stock accumulation and sustainability of competitive advantage[J]. Management Science, 35: 1504-1511.

DiMaggio P J, Powell W W, 1991. The new institutionalism in organizational analysis[M]. Chicago: University of Chicago Press.

Dimaggio P J, Powell W W, 1983. The iron cage revisited: Institutional isomorphism and collective rationality in organizational fields[J]. American Sociological Review, 23(2): 147-160.

Dimaggio P, 1986. Structural analysis of organizational fields: A blockmodel approach[J]. Research in Organizational Behavior, 8: 335-370.

Dishaw M T, Strong D M, 1999. Extending the technology acceptance model with task-technology fit constructs[J]. Information & Management, 36 (1): 9-21.

Dornbusch S M, Scott W R, Busching B C, 1975. Evaluation and the exercise of authority[M]. San Francisco: Jossey-Bass.

Dowling J, Pfeffer J, 1975. Organizational legitimacy: Social values and organizational behavior[J]. Pacific Sociological Review, 18(1): 122-136.

Doz Y L, Kosonen M, 2010. Embedding strategic agility: A leadership agenda for accelerating business model renewal[J]. Long Range Planning, 43 (2/3): 370-382.

Dudziak M L, 1988. Desegregation as a cold war imperative [J]. Standford Law Review, 41(1): 61-120.

Echeverri P, Skålén P, 2011. Co-creation and co-destruction: A practice-theory based study of interactive value formation[J]. Marketing Theory, 11 (3): 351-373.

Edvardsson B, Tronvol B, Gruber T, 2011. Expanding understanding of service exchange and value co-creation: A social construction approach[J]. Journal of the Academy of Marketing Science, 39(2): 327-339.

Eisenhardt K M, 1989. Building theories from case study research[J]. Academy of Management Review, 14(4): 532-550.

Eisenhardt K M, Martin J A, 2000. Dynamic capabilities: What are they? [J]. Strategic Management Journal, 21(11): 1105-1121.

Elsbach K D, Sutton R I, 1992. Acquiring organizational legitimacy through illegitimate actions: A marriage of institutional and impression management theories[J]. Academy of Management Journal, 35(4): 699-738.

Farjoun M, 1994. Beyond industry boundaries: Human expertise, diversification and resource related industry groups[J]. Organizational Science, 5: 185-199.

Felin T, Zenger T R, 2014. Closed or open innovation? Problem solving and the governance choice[J]. Research Policy, 43(5): 914-925.

Fernandez-Alles M D L L, Valle-Cabrera R, 2006. Reconciling institutional theory with organizational theories: How neoinstitutionalism resolves five paradoxes[J]. Journal of Organizational Change Management, 19 (4): 503-517.

Fisher G, Kotha S, Lahiri A, 2016. Changing with the times: An integrated view of identity, legitimacy and new venture lifecycles[J]. Academy of Management Review, 41: 383-409.

Fisher G, Kuratko D F, Bloodgood J M, Hornsby J S, 2017. Legitimate to whom? The challenge of audience diversity and new venture legitimacy[J]. Journal of Business Venturing, 32: 52-71.

Fitzsimmons J A, Fitzsimmons M J, 2001. Service management[M]. 3rd ed. New York: McGraw-Hill: 25-39.

Fletcher-Chen C C Y, Plé L, Zhu X, 2017. The dynamics between value co-creation and value co-destruction in business service networks[A]//Rossi P. Marketing at the confluence between entertainment and analytics. Cham: Springer International Publishing.

Fligstein N, 1990. The transformation of corporate control[M]. Cambridge, MA: Harvard University Press.

Fligstein N, McAdam D, 2012. A theory of fields[M]. Oxford, UK: Oxford University Press.

Fligstein N, McAdam D, 2011. Toward a general theory of strategic action fields[J]. Sociological Theory, 29(1): 1-26.

Flint D J, Woodruff R B, Gardial S F, 1997. Customer value change in industrial marketing relationships——A call for new strategies and research [J]. Industrial Marketing Management, 26(2): 163-175.

Flint D J, Woodruff R B, Gardial S F, 2002. Exploring the phenomenon of customers' desired value change in a business-to-business context[J]. Journal of Marketing, 66(4): 102-117.

Foss K, Foss N J, 2005. Resources and transaction costs: How property rights economics furthers the resource-based view[J]. Strategic Management Journal, 26(6): 541-553.

Friedland R, Robert R A, 1991. Bringing society back in: Symbols, practices and institutional contradictions[M]//Powell W W, DiMaggio P J. The new institutionalism in organizational analysis. Chicago: University of Chicago Press: 232-263.

Frow P, McColl-Kennedy J R, Hilton T, et al, 2014. Value propositions——A service ecosystem perspective[J]. Marketing Theory, 14(3): 327-351.

Frow P, McColl-Kennedy J R, Payne A, 2016. Co-creation practices: Their role in shaping a health care ecosystem[J]. Industrial Marketing Management, 56: 24-39.

Frow P, Payne A, 2008. The value propositions concept: Evolution, development and application in marketing[R]. Working Paper. Sydney: University of Sydney.

Gale B T, 1994. Managing customer value[M]. New York: The Free Press.

Gardial S F, Woodruff R B, Burns M J, et al, 1994. Comparing consumers' recall of prepurchase and post purchase product evaluation experiences[J]. Journal of Consumer Research, 20(4): 548-560.

Giddens A, 1979. Action, structure and contradiction in social analysis[M]. Berkeley: University of California.

Giddens A, 1984. The constitution of society[M]. Berkeley: University of California Press.

Gioia D A, Price K N, Hamilton A L, Thomas J B, 2010. Forging an identity: An insider-outsider study of processes involved in the formation of organizational identity[J]. Administrative Science Quarterly, 55: 1-46.

Goodhue D L, 1995. Understanding user evaluations of information systems [J]. Management Science, 41(12): 1827-1844.

Gouillart F J, 2014. The race to implement co-creation of value with stakeholders: Five approaches to competitive advantage[A]. Strategy & Leadership, 42(1): 2-8.

Grant R M, 2002. Contemporary strategy analysis[M]. Cambridge, MA: Blackwell Publisher.

Grant R M, 1991. The resource-based theory of competitive advantage: Implications for strategy formulation[J]. California Management Review, 33 (3): 114-135.

Grant R M, 1996. Toward a knowledge based theory of the firm[J]. Strategic Management Journal, 17: 109-122.

Gravens M B, 1997. Wave resolution effects on predicted shoreline positions [J]. Journal of Waterway, Port, Coastal, and Ocean Engineering, 123(1): 23-33.

Greenwood R, Hinings C R, 1996. Understanding radical organizational change: Bringing together the old and the new institutionalism[J]. Academy of Management Review, 21(4): 1022-1054.

Greenwood R, Suddaby R, Hinings C R, 2002. Theorizing change: The role of professional associations in the transformation of institutionalized fields[J]. Academy of Management Journal, 45(1): 58-80.

Griffin A, Page A L, 1996. PDMA success measurement project: Recommended measures for product development success and failure[J]. Journal of Product Innovation Management, 13(6): 478-496.

Gronroos C, 1994. From marketing mix to relationship marketing: Toward a paradigm shift in marketing[J]. Asia-Australia Marketing Journal, 32(2): 4-20.

Gronroos C, 1990. Relationship approach to marketing in service contexts: The marketing and organizational behavior interface[J]. Journal of Business Research, 20(1): 3-11.

Gronroos C, 2008. Service logic revisited: Who creates value? And who co-creates? [J]. European Business Review, 20(40): 298-314.

Grove S J, Fisk R P, 1983. The dramaturgy of services exchange: An analytical framework for services marketing[A]//Lewis P R, Booms B H, Berry L L. Emerging perspectives on services marketing. Chicago: American Marketing Association.

Guile B R, Quinn J B, 1988. Technology in service: Policies for growth, trade, and employment[M]. Washington D. C. : National Academy Press.

Gummesson E, 1994. Broadening and specifying relationship marketing[J]. Asia-Australia Marketing Journal, 2(1): 31-43.

Gummesson E, Mele C, 2010. Marketing as value co-creation through network interaction and resource integration[J]. Journal of Business Market Management, 4(4): 181-198.

Gutman J, 1982. A means-end chain model based on consumer categorization processes[J]. Journal of Marketing, 46(2): 60-72.

Haack P, Pfarrer M D, Scherer A G, 2014. Legitimacy-as-feeling: How affect leads to vertical legitimacy spillovers in transnational governance[J].

Journal of Management Studies, 51(4): 634-666.

Ha H Y, 2006. An integrative model of consumer satisfaction in the context of e-services[J]. International Journal of Consumer Studies, 30(2): 137-149.

Hannan M T, Freeman J, 1977. The population ecology of organizations [J]. American Journal of Sociology, 82(1): 929-964.

Hansen G S, Wernerfelt B, 1989. Determinants of firm performance: The relative importance of economic and organizational factors[J]. Strategic Management Journal, 10: 399-410.

Hardy J G, 2005. The core value proposition[M]. Bloomington: Trafford Publishing.

Hauser J R, Clausing D, 1988. The house of quality[J]. Harvard Busines Review, 66(5/6): 63-73.

Helfat C E, Peteraf M A, 2003. The dynamic resource-based view: Capability lifecycles[J]. Strategic Management Journal, 24(10): 997-1010.

Hertog P D, 2000. Knowledge-intensive business services as co-producers of innovation[J]. International Journal of Innovation Management, 4(4): 491-528.

Hinings C R, Greenwood R, Reay T, et al., 2004. Dynamics of change in organizational fields[J]//Poole M S, Van de Ven A H. Handbook of organizational change and innovation. London: Oxford University Press.

Hoffman A J, 2001. From Heresy to Dogma: An institutional history of corporate environmentalism[M]. California: Stanford University Press.

Howells J, 2006. Intermediation and the role of intermediaries in innovation [J]. Research Policy, 35(5): 715-728.

Hunt S D, Morgan R M, 1995. The comparative advantage theory of competition[J]. Journal of Marketing, 59(2): 1-15.

Iansiti M, Levien R, 2004. The keystone advantage: What the new dynamics of business ecosystems nean for strategy, innovation, and sustainability [M]. Boston: Harvard Business Press.

Jepperson R, 1991. Institutions, institutional effects, and institutionalism [J]. The New Institutionalism in Organizational Analysis: 143-163.

Johne A, Storey C, 1998. New service development: A review of the literature and annotated bibliography[J]. European Journal of Marketing, 32(3/4): 184-251.

Johnson S P, 2000. A critical evaluation of the new service development process: Integrating service innovation and service design[A]//Fitzsimmons J A, Fitzsimmons M J. New service development: Creating memorable experiences. Thousand Oaks, CA: Sage Publications: 1-32.

Jooste S F, Scott W R, 2011. Organizations enabling public private partnerships: An organization field approach[A]//Scott W R, Levin R E, Orr R J. Global projects: Institutional and political challenges. Cambridge: Cambride University Press.

Kambil A, 1997. Doing business in the wired world[J]. Computer, 30(5): 56-61.

Kashif M, Zarkada A, 2015. Value co-destruction between customers and frontline employees: A social system perspective[J]. International Journal of Bank Marketing, 33(6): 672-691.

Kogut B, 2000. The network as knowledge: Generative rules and the emergence of structure[J]. Strategic Management Journal, 21: 405-425.

Kogut B, Zander U, 1992. Knowledge of the firm, combinative capabilities, and the replication of technology[J]. Organization Science, 3(3): 383-397.

Kogut B, Zander U, 1996. What firms do? Coordination, identity, and learning[J]. Organization Science, 7(5): 502-518.

Koskela-Huotari K, Edvardsson B, Jonas J M, et al, 2016. Innovation in service ecosystems-breaking, making, and maintaining institutionalized rules of resource integration[J]. Journal of Business Research, 69(8): 2964-2971.

Kostova T, Zaheer S, 1999. Organizational legitimacy under conditions of complexity: The case of the multinational enterprise[J]. Academy of Management Review, 24(1): 64-81.

Kotler P, 1972. A generic concept of marketing[J]. Journal of Marketing, 36(2): 46-54.

Kotler P, 1997. Marketing management: Analysis, planning, implementation, and control[M]. Upper Saddle River, NJ : Prentice Hal.

Kotler P, Zaltman G. , 1971. Social marketing: An approach to planned social change[J]. Journal of Marketing, 35(3): 3-12.

Kowalkowski C, 2011. Dynamics of value propositions: Insights from service-dominant logic[J]. European Journal of Marketing, 45(1-2): 277-294.

Kunda Z, 1990. The case for motivated reasoning[J]. Psychological Bulletin, 108(3): 480-498.

Lang L, Stulz R, 1994. Tobin's Q, corporate diversification, and firm performance[J]. Journal of Political Economy, 102(6): 1248-1291.

Lanning M J, Michaels E G, 1988. A busines is a value delivery system[Z]. McKinsey Staf Paper, No. 41.

Lanzara G F, 1999. Between transient constructs and persistent structures: Designing systems in action[J]. The Journal of Strategic Information Systems, 8(4): 331-349.

Laumann E O, Marsden P V, Prensky D, 1983. The boundary specification problem in network analysis[M]//Burt R S, Minor M J. Applied network analysis. Beverly Hills, CA: Sage: 18-34.

Lave J, Wenger E, 1991. Situated learning: Legitimate peripheral participation[M]. Cambridge, UK: Cambridge University Press.

Lawrence T B, Suddaby R, 2006. Institutions and institutional work[A]// Clegg S R, Lawrence T B, Hardy C. The Sage handbook of organization Studies. London: Sage Publications Ltd.

Lee C C, Cheng H K, Cheng H H, 2007. An empirical study of mobile commerce in insurance industry: Task-technology fit and individual difference[J]. Decision Support Systems, 43(1): 95-110.

Lefebvre I, Plé L, 2012. Emergence of value co-destruction in B2B context [A]//Gummesson E, Mele C, Polese F. Service dominant logic, network & systems theory and service science: Integrating three perspectives for a new service agenda. Napoli: Giannini.

Leonard B D, 1992. Core capabilities and core rigidities: A paradox in managing new product development[J]. Strategic Management Journal, 13(1): 111-125.

Letaifa S B, Reynoso J, 2015. Toward a service ecosystem perspective at the base of the pyramid[J]. Journal of Service Management, 26(5): 684-705.

Levitt T, 1969. The marketing mode: Pathways to corporate growth[M]. New York: McGraw-Hill.

Levitt T, 1980. Marketing success through differentiation of anything[J]. Harvard Business Review. 58(1): 83-91.

Lewellen W, 1971. A pure financial rationale for the conglomerate merger [J]. Journal of Finance, 26: 521-537.

Lewin K, 1939. Field theory and experiment in social psychology: Concepts and methods[J]. American Journal of Sociology, 44(6): 868-896.

Lewin K, 1951. Field theory in social psychology[M]. New York: Harper.

Lieberman M B, Asaba S, 2006. Why do firms imitate each other? [J]. Academy of Management Review, 31(2): 366-385.

Li H, Zhang Y, 2007. The role of managers' political networking and functional experience in new venture performance: Evidence from China's transition economy[J]. Strategic Management Journal, 28(8): 791-804.

Linder J, Cantrell S, 2000. Changing business models: Surveying the landscape[J]. Accenture Institute for Strategic Change, 15(1): 142-149.

Ling G Q, Cao J N, 2015. Social context-aware middleware: A survey[J]. Pervasive and Mobile Computing, 17: 207-219.

Lippman S A, Rumelt R P, 1982. Uncertain imitability: An analysis of interfirm differences in efficiency under competition[J]. The Bell Journal of Economics, 13(2): 418-438.

Liu H, Wei S, Ke W, et al, 2016. The configuration between supply chain integration and information technology competency: A resource orchestration perspective[J]. Journal of Operations Management, 44(1): 13-29.

Longo M C, Giaccone S C, 2017. Struggling with agency problems in open innovation ecosystem: Corporate policies in innovation hub[J]. TQM Journal, 29(6): 881-898.

Lovelock C H, Patterson P, Wirtz J, 2015. Services marketing[M]. Australia: Pearson Australia.

Luo Y, Child J, 2015. A composition-based view of firm growth[J]. Management and Organization Review, 11(3): 379-411.

Luo Y D, 2000. Dynamic capabilities in international expansion[J]. Journal of World Business，35(4)：355-378.

Luo Y，Rui H C，2009. An ambidexterity perspective toward multinational enterprises from emerging economies[J]. Academy of Management Perspective，11：49-70.

Luo Y，Sun J，Wang S L，2011. Emerging economy copycats：Capability，environment and strategy[J]. Academy of Management Perspective，25(2)：37-56.

Lusch R F，Nambisan S，2015. Service innovation：A service dominant logic perspective[J]. Management Information Systems Quarterly，39（1）：155-175.

Lusch R F，Vargo S L，2014. Service-dominant Logic：Premises，perspectives，possibilities[M]. Cambridge，UK：Cambridge University Press.

Lusch R F，Vargo S L，2006. Service-dominant logic：Reactions，reflections and refinements[J]. Marketing Theory，6(3)：281-288.

Lusch R F，Vargo S L，2014. The service-dominant logic of marketing：dialog，debate，and directions[M]. London：Routledge.

Lusch R F，Vargo S L，Tanniru M，2010. Service，value networks and learning[J]. Journal of the Academy of Marketing Science，38(1)：19-31.

Maglio P P，Spohrer J，2008. Fundamentals of service science[J]. Journal of the Academy of Marketing Science，36(1)：18-20.

Magretta J，2002. Why business models matter? [J]. Harvard Business Review，80(5)：3-8.

Makadok R，1999. Interfirm differences in scale economies and the evolution of market shares[J]. Strategic Management Journal，20(10)：935-952.

Makadok R，2001. Towards a synthesis of the resource-based and dynamic capability views of rent creation[J]. Strategic Management Journal，22：387-401.

Malone S，McKechnie S，Tynan C，2017. Tourists' emotions as a resource for customer value creation，cocreation，and destruction：A customer-grounded understanding[J]. Journal of Travel Research，57(7)：843-855.

Malthus T，1798. An essay on the principle of population[M]. London：Printed for Johnson J，in St. Paul's Church-Yard.

March J G, 1991. Exploration and exploitation in organizational learning [J]. Organization Science, 2(1):71-87.

March J G, Simon H A, 1958. Organizations[M]. New York: Wiley.

Maritan C A, Peteraf M A, 2010. Building a bridge between resource acquisition and resource accumulation[J]. Journal of Management, 37(5): 1374-1389.

Mars M M, Bronstein J L, Lusch R F, 2012. The value of a metaphor: Organizations and ecosystems[J]. Organizational Dynamics, 41(4): 271-280.

Marshall A, 1927. Principles of economics(1890)[M]. Reprint. London: Macmillan.

Martin J L, 2011. The explanation of social action[M]. Oxford, UK: Oxford University Press.

McAdam D, 1982. Political process and the development of black insurgency 1930—1970 [M]. Chicago: University of Chicago Press.

McColl-Kennedy J R, Cheung L, Ferrier E, 2015. Co-creating service experience practices[J]. Journal of Service Management, 26(2): 249-275.

Meyer J, Rowan B, 1977. Institutionalized organizations: Formal structure as myth and ceremony[J]. The American Journal of Sociology, 83(2): 340-363.

Meyer J W, 1983. Centralization and the legitimacy problems of local government[A]//Meyer J W, Scott W R. Organizational environments: Ritual and rationality. Beverly Hills, CA: Sage.

Meyer J W, Boli J, Thomas G M, et al, 1997. World society and the nation-state[J]. American Journal of sociology, 103(1): 144-181.

Meyer J W, Drori G S, Hwang H, 2006. Globalization and organization: World society and the proliferation of formal organization[M]. Oxford: Oxford University Press.

Meyer J W, Rowan B, 1977. Institutionalized organizations: Formal structure as myth and ceremony[J]. American Journal of Sociology, 83(2): 340-363.

Meyer L D, Scott S H, 1983. Possible errors during field evaluations of sediment size distributions[J]. Transactions American Society of Agricultural Engineers, 26(2): 481-490.

Meynhardt T, Chandler J, Strathoff P, 2016. Systemic principles of value co-creation: Synergetics of value and service ecosystems[J]. Journal of Business Research, 69(8): 2981-2989.

Miller D, Shamisie J, 1996. The resource-based view of the firm in two environments: The Holleywood firm studios from 1936 to 1965[J]. Academy of Management Journal, 39: 519-543.

Miner A S, 1991. Organizational evolution and the social ecology of jobs [J]. American Sociological Review, 56: 772-785.

Mitsuhashi H, Greve H R, 2009. A matching theory of alliance formation and organizational success: Complementarity and compatibility[J]. Academy of Management Journal, 52(5): 975-994.

Mokyr J, 2002. The gifts of Athena: Historical origins of the knowledge economy[M]. Princeton, NJ: Princeton University Press.

Moore J F, 1993. Predators and prey: The new ecology of competition[J]. Harvard Business Review, 71(3): 75-86.

Moorman C, Rust R T, 1999. The role of marketing[J]. Journal of Marketing, 63(4): 180-197.

Mueller F, 1996. Human resources as strategic assets: An evolutionary resource-based theory[J]. Journal of Management Studies, 33(6): 757-785.

Nambisan S, Lyytinen K, Majchrzak A, et al, 2017. Digital innovation management: Reinventing innovation management research in a digital world [J]. MIS Quarterly, 41(1): 223-238.

Naumann E, 1995. Creating customer value[M]. Cincinnati, OH: Thompson Executive Press.

Nelson R R, Winter S G, 1982. The schumpeterian trade-off revisited[J]. American Economic Review, 72(1): 114-132.

Nisbett R E, 2003. The geography of thought: How Asians and westerners think differently and why[M]. New York: Free Press.

Normann R, Ramirez R, 1993. From value chain to value constellation: Designing interactive strategy[J]. Harvard Business Review, 71(4): 65-77.

Oliver C, 1991. Strategic responses to institutional processes[J]. Academy of Management Review, 16: 145-179.

Oliver C, 1997. Sustainable competitive advantage: Combining institutional and resource-based views[J]. Strategic Management Journal, 18(9): 697-713.

Orlikowski W J, 1992. The duality of technology: Rethinking the concept of technology in organizations[J]. Organization Science, 3(3): 398-427.

Pacheco D F, York J G, Dean T J, et al, 2010. The coevolution of institutional entrepreneurship: A tale of two theories[J]. Journal of Management, 36(4): 974-1010.

Parasuraman A, Zeithaml V A, Berry L L, 1985. A conceptual model of service quality and its implications for future research[J]. Journal of Marketing, 49(4): 41-50.

Parasuraman A, 1997. Reflections on gaining competitive advantage through customer value[J]. Journal of the Academy of Marketing Science, 25(2): 154-161.

Parasuraman A, 1996. Understanding and leveraging the role of customer service in external, interactive and internal marketing[R]. Nashville: The 1996 Frontiers in Services Conference.

Parasuraman A, Zeithaml V A, Malhotra A, 2005. E-S-QUAL: A multiple-item scale for assessing electronic service quality[J]. Journal of Service Research, 7(3): 213-233.

Parsons T, 1990. Prolegomena to a theory of social institutions[J]. American Sociological Review, 55(3): 319-333.

Penrose E T, 1959. The theory of the growth of the firm[M]. London: Basil Blackwell.

Perrow C, 1961. The analysis of goals in complex organizations[J]. American Sociological Review, 26: 854-866.

Peteraf M A, 1993. The cornerstones of competitive advantage: A resource-based view[J]. Strategic Management Journal, 14: 179-191.

Peters L D, 2016. Heteropathic versus homopathic resource integration and value co-creation in service ecosystems[J]. Journal of Business Research, 69(8): 2999-3007.

Pierson P, 2004. Politics in time: History, institutions, and social analysis [M]. Princeton, NJ: Princeton University Press.

Pisano G P, 1990. The R&D boundaries of the firm: An empirical analysis [J]. Administrative Science Quarterly, 35: 153-176.

Plé L, 2016. Studying customers'resource integration by service employees in interactional value co-creation[J]. Journal of Services Marketing, 30(2): 152-164.

Plé L, Cáceres R C, 2010. Not always co-creation: Introducing interactional co-destruction of value in service-dominant logic [J]. Journal of Services Marketing,24(6): 430-437.

Podolny J M, 1993. A status-based model of market competition[J]. American Journal of Sociology, 98(4): 829-872.

Porter M E, 1998. Clusters and the new economics of competition[J]. Harvard Business Review, 76(6): 77-90.

Porter M E, 1985. Competitive advantage: Creating and sustaining superior performance[M]. NewYork: The Free Press.

Porter M E, 1980. Competitive strategy: Techniques for analyzing industry and competitors[M]. New York: The Free Press.

Porter M E, Heppelmann J E, 2014. How smart, connected products are transforming competition[J]. Harvard Business Review, 92(1/2): 24.

Prahalad C K, Hamel G, 1990. The core competence of the corporation[J]. Harvard Business Review, 68(3): 79-91.

Prahalad C K, Ramaswamy V, 2000. Co-opting customer competence[J]. Harvard Business Review, 78(1): 79-90.

Prior D D, Marcos-Cuevas J, 2016. Value co-destruction in interfirm relationships: The impact of actor engagement styles[J]. Marketing Theory, 16 (4): 533-552.

Quinn J B, Baruch J J, Paquette P C, 1987. Technology in services[J]. Scientific American, 257(6): 50-59.

Reeves R, 1961. Reality in advertising[M]. New York: Knopf.

Ramaswamy V, Ozcan K, 2013. Strategy and co-creation thinking[J]. Strategy & Leadership, 41(6): 5-10.

Rifkin J, 2000. The age of access: The new culture of hypercapitalism, where all of life is a paid-for experience[M]. New York: Putnam.

Rintamaki T, Kuusela H, Mitronen L, 2007. Identifying competitive customer value propositions in retailing[J]. Managing Service Quality, 17(6): 621-634.

Robertson N, Polonsky M, McQuilken L, 2014. Are my symptoms serious Dr Google? A resource-based typology of value co-destruction in online self-diagnosis[J]. Australasian Marketing Journal, 22(3): 246-256.

Ruef M, Scott W R, 1998. A multidimensional model of organizational legitimacy: Hospital survival in changing institutional environments[J]. Administrative Science Quarterly, 43(4): 877-904.

Rumelt R P, 1982. Diversification strategy and profitability[J]. Strategic Management Journal, 3(4): 359-369.

Rumelt R P, 1991. How much does industry matter? [J] Strategic Management Journal, 12(3): 167-185.

Salancik G R, Pfeffer J, Kelly J P, 1978. A contingency model of influence in organizational decision-making[J]. Pacific Sociological Review, 21(2): 239-256.

Say J B, 1821. Letters to Mr. Malthus, on several subjects of political economy, and on the cause of the stagnation of commerce: To which is added a catechism of political economy, or familiar conversations on the manner in which wealth is produced, distributed, and consumed in society[M]. London: Sherwood, Neely, and Jones.

Schau H J, Muñiz Jr A M, Arnould E J, 2009. How brand community practices create value[J]. Journal of Marketing, 73(5): 30-51.

Scott M, 1998. Value drivers[M]. Chichester: John Wiley & Sons.

Scott W R, 2013. Institutions and organizations: Ideas, interests, and identities[M]. Thousand Oaks, CA: Sage Publications.

Scott W R, 2014. Institutions and organizations: Ideas, interests, and identities[M]. 4th ed. Thousand Oaks, CA: Sage Publications: 63-69.

Scott W R, 1995. Symbols and organizations: From Barnard to the institutionalists[A]//Williamson O E. Organization theory: From Chester Barnard to the present and beyond. UK: Oxford University Press.

Scott W R, 2012. The institutional environment of global project organizations[J]. Engineering Project Organization Journal, 2(1-2): 27-35.

Scott W R, Ruef M, Mendel P J, et al, 2000. Institutional change and healthcare organizations: From professional dominance to managed care [M]. Chicago: The University of Chicago Press.

Sewell Jr W H, 1992. A theory of structure: Duality, agency, and transformation[J]. American Journal of Sociology, 98(1): 1-29.

Shaver P, Schwartz J, Kirson D, et al, 1987. Emotion knowledge: Further exploration of a prototype approach[J]. Journal of Personality and Social Psychology, 52(6): 1061-1086.

Sheth J N, Sisodia R S, Sharma A, 2000. The antecedents and consequences of customer-centric marketing[J]. Journal of the Academy of marketing Science, 28(1): 55-66.

Shostack G L, 1987. Service positioning through structural change[J]. Journal of Marketing, 51(1): 34-43.

Shugan S M, 1994. Explanations for the growth of services[M]. Thousand Oaks, CA: Sage Publications.

Siggelkow N, 2007. Persuasion with case studies[J]. Academy of Management Journal, 50(1): 20-24.

Silverman D, 1971. The theory of organisations: A sociological framework [M]. New York: Basic Books.

Singh J V, Tucker D J, House R J, 1986. Organizational legitimacy and the liability of newness[J]. Administrative Science Quarterly, 31(2):171-193.

Sinha P, Daellenbach U, Bednarek R, 2015. Legitimacy defense during post-merger integration: Between coupling and compartmentalization[J]. Strategic Organization, 13(3): 169-199.

Sirmon D G, Hitt M A, Ireland R D, Gilbert B A, 2011. Resource orchestration to create competitive advantage breadth, depth, and life cycle effects [J]. Journal of Management, 37(5): 1390-1412.

Sirmon D G, Hitt M A, Ireland R D, 2007. Managing firm resources in dynamic environments to create value: Looking inside the black box[J]. Academy of management review, 32(1): 273-292.

Skalén P, Gummerus J, Koskull C V, et al, 2015. Exploring value propositions and service innovation: A service-dominant logic study[J]. Journal of the Academy of Marketing Science, 43(2): 137-158.

Skitka L J, Bauman C W, Lytle B L, 2009. Limits on legitimacy: Moral and religious convictions as constraints on deference to authority[J]. Journal of Personality and Social Psychology, 97(4): 567-578.

Smith A M, 2013. The value co-destruction process: A customer resource perspective[J]. European Journal of Marketing, 47(11-12): 1889-1909.

Solomon M R, Surprenant C, Czepiel H A, et al, 1985. A role theory perspective on dyadic interactions: The service encounter[J]. Journal of Marketing, 49(1): 99-111.

Spohrer J, Maglio P P, Bailey J, et al, 2007. Towards a science of service systems[J]. Computer, 40(1): 71-77.

Spohrer J, Maglio P P, 2008. Fundamentals of service science[J]. Journal of the Academy of Marketing Science, 36(1): 18-20.

Srivastava R K, Fahey L, Christensen H K, 2001. The resource-based view and marketing: The role of market-based assets in gaining competitive advantage[J]. Journal of management, 27(6): 777-802.

Stieler M, Weismann F, Germelmann C C, 2014. Co-destruction of value by spectators: The case of silent protests[J]. European Sport Management Quarterly, 14(1): 72-86.

Storbacka K, Brodie R J, Bohmann T, et al, 2016. Actor engagement as a microfoundation for value co-creation[J]. Journal of Business Research, 69 (8): 3008-3017.

Strauss A L, Schatzman L, Bucker R, et al, 1964. Psychiatric ideologies and institutions[M]. Glencoe, IL: Free Press.

Strong D M, Dishaw M T, Bandy D M, 2006. Extending task technology fit with computer self-efficacy[J]. The Data Base for Advances in Information Systems, 37(2-3): 96-107.

Stuart T E, 2000. Inter-organizational alliances and the performance of firms: A study of growth and innovation rates in a high-technology industry [J]. Strategic Management Journal, 21: 791-811.

Suchman M C, 1995. Managing legitimacy: Strategic and institutional approaches[J]. Academy of Management Review, 20(3): 571-610.

Suchman M C, 2003. The contract as social artifact[J]. Law &. Society Review, 37(1): 91-142.

Tansley A G, 1935. The use and abuse of vegetational terms and concepts [J]. Ecology, 16(3): 284-307.

Teece D J, 1986. Assessing the competition faced by oil pipelines[J]. Contemporary Economic Policy, 4(4): 65-78.

Teece D J, 2010. Business models, business strategy and innovation[J]. Long Range Planning, 43(2-3): 172-194.

Teece D J, 2007. Explicating dynamic capabilities: The nature and microfoundations of (sustainable) enterprise performance[J]. Strategic Management Journal, 28(13): 1319-1350.

Teece D J, Pisano G, 1994. The dynamic capabilities of firms: An introduction[J]. Industrial and Corporate Change, 3(3): 537-556.

Teece D J, Pisano G, Shuen A, 1997. Dynamic capabilities and strategic management[J]. Strategic Management Journal, 18(7): 509-533.

Tilly C, Graham H D, Gurr T R, 1969. Collective violence in European perspective[J]. Violence in America: Historical and Comparative Perspectives, 1: 5-34.

Tolbert P S, Zucker L G, 1996. The institutionalization of institutional theory[J]//Clegg S R, Hardy C E, Nord W R. Handbook of organization studies. London: Sage Publications Ltd.

Tost L P, 2011. An integrative model of legitimacy judgments[J]. Academy of Management Review, 36(4): 686-710.

Tyler T R, 1997. The psychology of legitimacy: A relational perspective on voluntary deference to authorities[J]. Personality and Social Psychology Review, 1(4): 323-345.

Uppström E, Lönn C M, 2017. Explaining value co-creation and co-destruction in e-government using boundary object theory[J]. Government Information Quarterly, 34(3): 406-420.

Uzzi B, 1997. Social structure and competition in interfirm networks: The paradox of embeddedness[J]. Administrative Science Quarterly, 42: 35-67.

Uzzi B, Gillespie J J, 2002. Knowledge spillover in corporate financing networks: Embeddedness and the firms debt performance[J]. Strategic Management Journal, 23: 595-618.

Vafeas M, Hughes T, Hilton T, 2016. Antecedents to value diminution: A dyadic perspective[J]. Marketing Theory, 16(4): 469-491.

Vanevenhoven J, Winkel D, Malewicki D, et al, 2011. Varieties of bricolage and the process of entrepreneurship[J]. New England Journal of Entrepreneurship, 14(2): 53-66.

Vargo S L, Akaka M A, 2012. Value co-creation and service systems (re) formation: A service ecosystems view[J]. Service Science, 4(3): 207-217.

Vargo S L, Lusch R F, 2004. Evolving to a new dominant logic for marketing[J]. Journal of Marketing, 68(1): 1-17.

Vargo S L, Lusch R F, 2010. From repeat patronage to value co-creation in service ecosystems: A transcending conceptualization of relationship[J]. Journal of Business Market Management, 4(4): 169-179.

Vargo S L, Lusch R F, 2016. Institutions and axioms: An extension and update of service-dominant logic[J]. Journal of the Academy of Marketing Science, 44(1): 5-23.

Vargo S L, Lusch R F, 2011. It's all B2B…and beyond: Toward a systems perspective of the market[J]. Industrial Marketing Management, 40(2): 181-187.

Vargo S L, Lusch R F, 2008. Service dominant logic: Continuing the evolution[J]. Journal of the Academy of Marketing Science, 36(1): 1-10.

Vargo S L, Lusch R F, 2015. Service-dominant logic: What it is, what it is not, what it might be[M]//Lusch R F, Vargo S L. The service-dominant logic of marketing: Dialog, debate, and directions. London: Routledge: 43-56.

Vargo S L, Lusch R F, 2017. Service-dominant logic 2025[J]. International Journal of Research in Marketing, 34(1): 46-67.

Vargo S L, Morgan F W, 2005. Services in society and academic thought: An historical analysis[J]. Journal of Macromarketing, 25(1): 42-53.

Vargo S L, Wieland H, Akaka M A, 2015. Innovation through institutionalization: A service ecosystems perspective[J]. Industrial Marketing

Management, 44(1): 63-72.

Voss C A, 1992. Measurement of innovation and design performance in services[J]. Design Management Journal, 3(1): 40-46.

Washington M, Zajac E J, 2005. Status evolution and competition: Theory and evidence[J]. Academy of Management Journal, 48(2): 282-296.

Weber M, Fischoff E, Roth G D, et al, 1968. Economy and society: An outline of interpretive sociology[M]. New York: Bedminster Press.

Webster F E, 1992. The changing role of marketing in the corporation[J]. Journal of Marketing, 56(4): 1-17.

Wedlin L, 2006. Ranking business schools: Forming fields, identities and boundaries in international management education[M]. Surrey, UK: Edward Elgar Publishing.

Weick K E. 1969. The social psychology of organizing[M]. New York, NY: McGraw-Hill.

Weick K E. 1979. The social psychology of organizing[M]. 2nd ed. Reading, MA: Addison-Wesley.

Wernerfelt B, 1984. A resource-based view of the firm[J]. Strategic Management Journal, 5(2): 171-180.

Wernerfelt B, 1995. The resource-based view of the firm: Ten years after 1981[J]. Strategic Management Journal, 16: 171-174.

Wernerfelt B, 2010. The use of resources in resource acquisition[J]. Journal of Management, 37(5): 1369-1373.

Whetten D A, 1989. What constitutes theoretical contribution? [J]. Academy of Management Review, 14(4): 490-495.

Whitley R D, 1992. The social construction of organizations and markets: The comparative analysis of business recipes[J]//Reed M, Hughes M. Rethinking organizations: New directions in organization theory and analysis. Newbury Park, CA: Sage: 120-143.

Wieland H, Polese F, Vargo S L, et al, 2012. Toward a service (eco)systems perspective on value creation[J]. International Journal of Service Science, Management, Engineering and Technology, 3(3): 12-25.

Wiersema M F, Bowen H P, 2008. Corporate diversification: The impact of foreign competition, industry globalization and product diversification[J]. Strategic Management Journal, 29: 115-132.

William J W, Pankaj C P, Vinit P, Patrick M K, 2013. Nonlinear effects of entrepreneurial orientation on small firm performance: The moderating role of resource orchestration capabilities[J]. Strategic Entrepreneurship Journal, 7(2): 93-121.

Winter S F, 1990. Survival, selection, and inheritance in evolutionary theories of organization[A]//Singh J V. Organizational evolution: New direction. Newbury Park, CA: Sage

Winter S G, 2003. Understanding dynamic capabilities[J]. Strategic Management Journal, 24(10): 991-995.

Woodruff R B, 1997. Customer value: The next source for competitive advantage[J]. Journal of the Academy of Marketing Science, 25: 139-153.

Wuthnow R, 1987. Meaning and moral order: Explorations in cultural analysis[M]. California: University of California Press.

Yi S, Baumgartner H, 2004. Coping with negative emotions in purchase-related situations[J]. Journal of Consumer Psychology, 14(3): 303-317.

Yu T K, Yu T Y, 2010. Modelling the factors that affect individuals' utilisation of online learning systems: An empirical study combining the task technology fit model with the theory of planned behaviour[J]. British Journal of Educational Technology, 41(6): 1003-1017.

Zeithaml V A, Berry L L, Parasuraman A, 1988. Communication and control processes in the delivery of service quality[J]. Journal of Marketing, 52(2): 35-48.

Zeithaml V A, Berry L L, Parasuraman A, 1996. The behavioral consequences of service quality[J]. Journal of Marketing, 60(2): 31-46.

Zeithaml V A, 1985. Problems and strategies in services marketing[J]. Journal of Marketing, 49(2): 33-46.

Zeithaml V A, Rust R T, Lemon K N, 2001. The customer pyramid: Creating and serving profitable customers[J]. California Management Review, 43(4): 118-142.

Zeng M, Williamson P J, 2007. Dragons at your door[M]. Boston: Harvard Business School Press.

Zimmerman M A，Zeitz G J，2002. Beyond survival：Achieving new venture growth by building legitimacy[J]. Academy of Management Review，27(3)：414-431.

Zucker L G，1977. The role of institutionalization in cultural persistence[J]. American Sociological Review：726-743.

白长虹，2001. 西方的顾客价值研究及其实践启示[J]. 南开管理评论，2：51-55.

卜庆娟，金永生，李朝辉，2016. 互动一定创造价值吗？——顾客价值共创互动行为对顾客价值的影响[J]. 外国经济与管理，38(9)：21-37＋50.

蔡莉，彭秀青，赛提希·南比桑，王玲，2016. 创业生态系统研究回顾与展望[J]. 吉林大学社会科学学报，56(1)：5-16.

曹仰锋，2019. 第四次管理革命：转型的战略[M]. 北京：中信出版社：153-166.

曹仰锋，2021. 黑海战略：海尔如何构建平台生态[M]. 北京：中信出版社：131-150.

长青，黄荟婕，张璐，雷婧，2020. 企业能力视角下价值主张形成机理研究——以小米公司为例[J]. 科技进步与对策，37(13)：102-111.

陈春花，梅亮，尹俊，2021. 数字化情境下组织价值主张的识别与开发：基于企业微信的案例研究[J]. 管理评论，33(1)：330-339.

陈衍泰，厉婧，程聪，戎珂，2021. 海外创新生态系统的组织合法性动态获取研究—以"一带一路"海外园区领军企业为例[J]. 管理世界，8：161-179.

程兆谦，徐金发，2002. 资源观理论框架的整理[J]. 外国经济与管理，24(7)：6-13.

崔岩，2006. 制度很重要——NBA 的故事[J]. 中国科技财富，4：106-115.

德尔·J.霍金斯，罗格·J.贝斯特，等，2003. 消费者行为学[M]. 符国群，等译. 北京：机械工业出版社：351-353.

邓巍，梁巧转，范培华，2018. 创业拼凑研究脉络梳理与未来展望[J]. 研究与发展管理，30(3)：145-156.

丁乃鹏，李娜，2015. 基于微信的移动电子商务发展研究[J]. 未来与发展，39(3)：20-24＋45.

董大海，权小妍，曲晓飞，1999. 顾客价值及其构成[J]. 大连理工大学学报（社会科学版），4：18-20.

杜睿云，蒋侃，2017. 新零售：内涵、发展动因与关键问题[J]. 价格理论与实践，2：139-141.

杜运周，张玉利，2009. 新企业死亡率的理论脉络综述与合法化成长研究展望[J]. 科学学与科学技术管理，30(5)：136-142.

冯丽云，孟繁荣，姬秀菊，2004. 消费者行为学[M]. 北京：经济管理出版社：159-209.

关新华，谢礼珊，2019. 价值共毁：内涵、研究议题与展望[J]. 南开管理评论，22(6)：88-98.

郭朝阳，许杭军，郭惠玲，2012. 服务主导逻辑演进轨迹追踪与研究述评[J]. 外国经济与管理，34(7)：17-24.

郭国庆，王玉玺，2019. "新零售"研究综述——消费体验升级[J]. 未来与发展，43(5)：60-64.

郭振振，高广阔，2018. 新零售背景下，传统电商转型研究[J]. 电子商务，6：36-37.

贺锦江，王节祥，蔡宁，2019. 场域转变视角下互联网平台企业的制度创业研究[J]. 科学学研究，37(12)：2231-2240.

洪进，杨娜娜，2015. 用科技冲调咖啡：星巴克从"第三空间"向"第四空间"的转型之路[EB/OL]. [2022-12-30]. http://www.cmcc-dlut.cn/Cases/Detail/2881.

黄杰，2019. 面向消费升级的新零售商业模式创新[J]. 商业经济研究，10：37-39.

黄天龙，罗永泰，2015. 互联网服务业平台式泛服务化创新内涵与模型构建[J]. 财经问题研究，3：24-32.

黄婉莹，谢洪明，2021. 新"资源"理论的演化：从内部到外部[J]. 管理现代化，13(1)：54-57.

J. 布莱斯，2003. 消费者行为学[M]. 丁亚斌，郑丽，霍燕，译. 北京：中信工业出版社：71-92.

简兆权，令狐克睿，李雷，2016. 价值共创研究的演进与展望——从"顾客体验"到"服务生态系统"视角[J]. 外国经济与管理，38(9)：3-20.

简兆权，秦睿，2021. 服务主导逻辑：核心概念与基本原理[J]. 研究与发展管理，33(2)：166-181.

简兆权，肖霄，2015. 网络环境下的服务创新与价值共创：携程案例研究[J].

管理工程学报，1：20-29.

江积海，廖芮，2017. 商业模式创新中场景价值共创动因及作用机理研究[J]. 科技进步与对策，34(8)：20-28.

江积海，阮文强，2020. 新零售企业商业模式场景化创新能创造价值倍增吗？[J]. 科学学研究，38(2)：346-356.

李飞，2013. 全渠道零售的含义、成因及对策——再论迎接中国多渠道零售革命风暴[J]. 北京工商大学学报(社会科学版)，28(2)：1-11.

李纪明，2012. 资源观视角下企业社会责任与企业绩效机制研究：一个理论框架及其在浙江的实证检验[M]. 杭州：浙江大学出版社.

李雷，2019. 合法性溢出文献综述与批判性思考[J]. 财经论丛，8：95-103.

李雷，简兆权，2013. 服务接触与服务质量：从物理服务到电子服务[J]. 软科学，27(12)：36-40.

李雷，简兆权，张鲁艳，2013. 服务主导逻辑产生原因、核心观点探析与未来研究展望[J]. 外国经济与管理，35(4)：2-12.

李雷，李倩，刘博，2021. 分隔机制与创业孵化型平台企业合法性保护[J]. 管理学报，18(5)：722-730.

李雷，刘博，2020. 生态型企业的合法性溢出战略——小米公司纵向案例研究[J]. 管理学报，17(8)：1117-1129.

李雷，赵先德，简兆权，2012. 电子服务概念界定与特征识别——从商品主导逻辑到服务主导逻辑[J]. 外国经济与管理，34(4)：2-10.

李雷，赵先德，杨怀珍，2012. 国外新服务开发研究现状述评与趋势展望[J]. 外国经济与管理，34(1)：36-45.

李文秀，邱月明，马鹏，2016. 基于服务主导逻辑的商业模式创新[J]. 广东行政学院学报，28(3)：80-89.

刘官华，梁璐，2018. 新零售：从模式到实践[M]. 北京：电子工业出版社.

刘嘉慧，高山行，2021. 数字经济环境下企业跨界内涵：价值主张视角[J]. 科技进步与对策，38(1)：63-70.

刘绍荣，夏宁敏，胡方敏，等，2021. 产业赋能平台：成就产业互联网时代的高维新物种[M]. 北京：中信出版社：21-30.

刘洋，董久钰，魏江，2020. 数字创新管理：理论框架与未来研究[J]. 管理世界，7：198-217.

刘云，王·格雷格，2017. 基于评价者视角的组织合法性研究：合法性判断

[J]. 外国经济与管理,39(5):73-84+114.

林晨雨,等,2020. 互联网场域边缘企业合法性获取及其制度创业过程研究——以滴滴出行为例[J]. 东北大学学报(社会科学版),22(6):31-41.

林文彬,林庭蔚,2018. 互联网+新零售商业模式可持续性发展的长效机制研究[J]. 未来与发展,42(8):44-50.

梁启华,何晓红,2006. 空间集聚:隐性知识转移与共享机理与途径[J]. 管理世界,3:146-147.

令狐克睿,简兆权,李雷. 服务生态系统:源起、核心观点和理论框架[J]. 研究与发展管理,30(5):147-158.

陆亚东,孙金云,2014. 复合基础观的动因及其对竞争优势的影响研究[J]. 管理世界,30(7):93-106.

陆亚东,孙金云,2013. 中国企业成长战略新视角:复合基础观的概念、内涵与方法[J]. 管理世界,29(10):106-117+141.

罗光,李亚雅,2020. 上下一起才不会卡——良品铺子的新零售探索之路[EB/OL]. [2022-12-30]. http://www.cmcc-dlut.cn/Cases/Detail/4818.

罗伯特·斯考伯,谢尔·伊斯雷尔,2014. 即将到来的场景时代[M]. 赵乾坤,周宝曜,译. 北京:北京联合出版公司.

迈克尔 A. 希特,R. 杜安 爱尔兰,罗伯特 E. 霍斯基森,2012. 战略管理——竞争与全球化(概念)[M]. 吕巍,等译. 北京:机械工业出版社.

马浩,2015. 战略管理:商业模式创新[M]. 北京:北京大学出版社.

毛基业,2020. 运用结构化的数据分析方法做严谨的质性研究——中国企业管理案例与质性研究论坛(2019)综述[J]. 管理世界,3:220-225.

莫温,迈纳,2003. 消费者行为学[M]. 黄格非,束珏婷,译. 北京:清华大学出版社:187-207.

牛振邦,白长虹,张辉,陈晔,2015. 浅层互动能否激发顾客价值共创意愿——基于品牌体验和价值主张契合的混合效应模型[J]. 科学学与科学技术管理,36(11):112-123.

潘建林,2019. 新零售理论文献综述:兼论四构面商业模式[J]. 商业经济研究,5:9-11.

彭兰,2015. 场景:移动时代媒体的新要素[J]. 新闻记者,3:20-27.

彭伟,顾汉杰,符正平,2013. 联盟网络、组织合法性与新创企业成长关系研究[J]. 管理学报,10(12):1760-1769.

齐永智，张梦霞，2015. SOLOMO消费驱动下零售企业渠道演化选择：全渠道零售[J]. 经济与管理研究，36(7)：137-144.

邱斌，叶龙凤，孙少勤，2012. 参与全球生产网络对我国制造业价值链提升影响的实证研究-基于出口复杂度的分析[J]. 中国工业经济，1：57-67.

任曙明，原毅军，2003. 产业分工细化与经济中介组织的发展[J]. 中国工业经济，11：91-96.

史锦梅，2018. 新零售：零售企业供给侧结构性改革的新业态——基于需求满足论的视角[J]. 当代经济管理，40(4)：1-7.

宋旖旎，张永庆，2019. 我国传统零售企业向"新零售"模式转型的商业路径探析[J]. 电子商务，5：1-2＋23.

W.理查德·斯科特，2020. 制度与组织：思想观念、利益偏好与身份认同[M]. 姚伟，等译. 北京：中国人民大学出版社.

王甫，付鹏飞，崔芸，2017. 新零售的关键技术与技术边界[J]. 中国商论，35：1-2.

王坤，相峰，2018. "新零售"的理论架构与研究范式[J]. 中国流通经济，32(1)：3-11.

王淑翠，俞金君，宣峥楠，2020. 我国"新零售"的研究综述与展望[J]. 科学学与科学技术管理，41(6)：91-107.

王雪冬，冯雪飞，董大海，2014. "价值主张"概念解析与未来展望[J]. 当代经济管理，36(1)：13-19.

王朝辉，陈洁光，黄霆，等，2013. 企业创建自主品牌关键影响因素动态演化的实地研究——基于广州12家企业个案现场访谈数据的质性分析[J]. 管理世界，6：111-127.

魏江，王诗翔，2017. 从"反应"到"前摄"：万向在美国的合法性战略演化(1994—2015)[J]. 管理世界，8：136-153.

吴锦峰，常亚平，侯德林，2016. 多渠道整合对零售商权益的影响：基于线上与线下的视角[J]. 南开管理评论，19(2)：170-181.

武文珍，陈启杰，2012. 价值共创理论形成路径探析与未来研究展望[J]. 外国经济与管理，34(6)：66-73＋81.

武亚军，2013. "战略框架式思考""悖论整合"与企业竞争优势——任正非的认知模式分析及管理启示[J]. 管理世界，4：150-163＋166-167＋164-165.

武永红，范秀成，2004. 基于顾客价值的企业竞争力整合模型探析[J]. 中国软科学，11：86-92.

项国鹏，黄玮，2016. 利益相关者视角下的制度创业过程研究[J]. 科技进步与对策，33(2)：26-31.

项国鹏，阳恩松，2013. 国外制度创业策略理论探析及未来展望[J]. 科技进步与对策，30(13)：154-160.

项国鹏，张志超，罗兴武，2017. 利益相关者视角下开拓型制度创业机制研究——以阿里巴巴为例[J]. 科技进步与对策，34(2)：9-17.

肖红军，2020. 责任型平台领导：平台价值共毁的结构性治理[J]. 中国工业经济，7：174-192.

小米生态链谷仓学院，2017. 小米生态链战地笔记[J/OL]. 北京：中信出版社.

宣烨，孔群喜，李思慧，2011. 加工配套企业升级模式及行动特征——基于企业动态能力的分析视角[J]. 管理世界，8：102-114.

薛有志，周杰，2007. 产品多元化、国际化与公司绩效——来自中国制造业上市公司的经验证据[J]. 南开管理评论，3：77-86.

杨坚争，齐鹏程，王婷婷. "新零售"背景下我国传统零售企业转型升级研究[J]. 当代经济管理，40(9)：24-31.

杨善林，周开乐，张强，等，2016. 互联网的资源观[J]. 管理科学学报，19(1)：1-11.

杨学成，陶晓波，2015. 从实体价值链、价值矩阵到柔性价值网——以小米公司的社会化价值共创为例[J]. 管理评论，7：232-240.

于晓宇，等，2021. 复歌科技：先进技术的合法性"陷阱"[EB/OL]. [2022-12-30]. http://www.cmccdlut.cn/Cases/Detail/5696.

曾楚宏，林丹明，2004. 信息技术应用与企业边界的变动[J]. 中国工业经济，10：69-75.

曾楚宏，朱仁宏，李孔岳，2008. 基于战略视角的组织合法性研究[J]. 外国经济与管理，348(2)：9-15.

詹姆斯 A.菲茨西蒙斯，莫娜 J.菲茨西蒙斯，2013. 服务管理运作战略与信息技术[M]. 张金成，范秀成，杨坤，译. 北京：机械工业出版社.

张璐，王岩，苏敬勤，等，2021. 资源基础理论：发展脉络、知识框架与展望[J/OL]. [2022-12-30]. http://kns.cnki.net/kcms/detail/12.1288.f.20210928.0209.002.html.

张乾友，2021. 知识经济时代的生产转型与治理转型[J]. 科学学研究，39
(5)：786-793+832.

赵树梅，徐晓红，2017. "新零售"的含义、模式及发展路径[J]. 中国流通经
济，31(5)：12-20.

赵宇楠，程震霞，井润田，2019. 平台组织交互设计及演化机制探究[J]. 管
理科学，32(3)：3-15.

周键，王庆金，2017. 新创企业如何获取持续性成长？基于创业动态能力的
研究[J]. 科学学与科学技术管理，38(11)：128-141.

周三多，陈传明，鲁明泓，2013. 管理学——原理与方法[M]. 5 版. 上海：复
旦大学出版社.

周筱赟，2018. 女孩顺风车遇害案：滴滴不仅是产品设计有问题[EB/OL].
[2022-12-30]. https://guancha.gmv.cn/2018-08/27/content_30803258.htm.